ENCYCLOPÉDIE-RORET.

PEINTURE SUR VERRE

SUR PORCELAINE

ET SUR ÉMAIL

MANUELS-RORET

NOUVEAU MANUEL COMPLET

DE LA

PEINTURE SUR VERRE

SUR PORCELAINE

ET SUR ÉMAIL

TRAITANT

de l'emploi des Couleurs et des Emaux
sur le Verre et sur la Porcelaine;
de la Gravure, de la Dorure et de la Décoration du Verre;
de la fabrication des Emaux;
de l'Emaillage sur Métaux précieux et communs,
et sur Terre cuite;
des Emaux artistiques
et de la Chimie des Couleurs vitrifiables

Par MM. REBOULLEAU et MAGNIER.

NOUVELLE ÉDITION, ENTIÈREMENT REFONDUE

Par M. A. ROMAIN,

Ancien Élève de l'Ecole Polytechnique.

OUVRAGE ACCOMPAGNÉ D'UNE PLANCHE

CONTENANT 32 FIGURES.

PARIS

LIBRAIRIE ENCYCLOPÉDIQUE DE RORET

RUE HAUTEFEUILLE, 12.

1883

AVIS

Le mérite des ouvrages de l'**Encyclopédie-Roret** leur a valu les honneurs de la traduction, de l'imitation et de la contrefaçon. Pour distinguer ce volume, il porte la signature de l'Editeur, qui se réserve le droit de le faire traduire dans toutes les langues, et de poursuivre, en vertu des lois, décrets et traités internationaux, toutes contrefaçons et toutes traductions faites au mépris de ses droits.

Le dépôt légal de ce Manuel a été fait dans le cours du mois d'Août 1883, et toutes les formalités prescrites par les traités ont été remplies dans les divers Etats avec lesquels la France a conclu des conventions littéraires.

PRÉFACE

Ce Manuel embrasse à la fois quatre professions, la Peinture sur Verre, la Peinture sur Porcelaine, la Peinture sur Email, l'Emaillage des métaux communs et de la terre cuite. Au premier abord, ces professions semblent absolument distinctes, et en effet, dans l'industrie, elles sont exercées par des corps d'état qui sont séparés les uns des autres ; mais cependant elles se touchent de la façon la plus intime, soit par les procédés d'exécution, soit par le nature des matériaux qu'elles mettent en œuvre. Une autre considération, que celle qui résulte de cette première parenté, nous a encore conduit à les présenter l'une à côté de l'autre. Si l'Emaillage des métaux communs n'est exécuté que par l'industrie proprement dite, la Peinture sur Verre, sur Porcelaine, sur Email, pratiquée dans des ateliers considérables, dépendant de manufactures de première importance, forme aussi un art d'agrément pour un grand nombre d'amateurs, travaillant isolément, qui souvent, à cause même de la simili-

tude de ces arts divers, se livrent à chacun des
genres qu'ils comportent. D'ailleurs, la connexité
intime qui existe entre les pratiques de ces divers
arts, et surtout l'emploi de matières fondamentales
identiques, exigent que les divers lecteurs qui se ser-
viront de ce Manuel, trouvent réunies toutes les
questions relatives à ces trois variétés. Ce mode,
loin de nuire ou même d'être inutile, permettra au
contraire des emprunts, des rapprochements d'un
grand intérêt pour l'homme studieux, qui peuvent
quelquefois aider dans la solution des nombreux problèmes, que les artisans, auxquels nous nous adres-
sons, sont sans cesse amenés à résoudre.

La division de ce Manuel résulte naturellement de
ce qui précède.

La *première Partie* traite spécialement de la Peinture sur Verre, de la composition des couleurs en
émail qui servent à ce travail, soit pour la fabrication des vitraux proprement dits, soit pour l'exécution plus restreinte de la peinture qu'on pourrait
appeler d'agrément, ainsi que la confection de ces
vitrages en verres de couleur, aujourd'hui si répandus, et qui, bien que dénommés également vitraux,
ne doivent pas être confondus avec ces grandes peintures dont le moyen âge nous a laissé tant d'exemples précieux, et que l'on distingue aussi quelquefois
sous le nom de verrières.

A côté de la peinture proprement dite, nous nous
sommes également préoccupé des procédés généraux
d'ornementation du verre, qui forment, avec la peinture, le moyen d'employer cette matière pour en tirer

une foule de motifs de décoration. Telles sont les questions relatives à la gravure, à la dorure, à l'argenture du verre, etc.

La *seconde Partie* est consacrée à la Peinture sur Porcelaine. Nous avons suivi dans les divisions le même ordre que pour la partie précédente, en nous efforçant de réunir tous les documents utiles aussi bien à la pratique industrielle de cet art qu'à celle de l'amateur qui y trouve un si agréable passe-temps. Bien que, généralement, ce dernier ne soit pas toujours à même de préparer lui-même les matériaux qui lui sont nécessaires, et que souvent il se les procure tout disposés chez des marchands spéciaux, l'étude des chapitres consacrés à leur préparation ne sera pas superflue pour lui, il pourra y trouver des notions utiles qui le guideront dans un emploi raisonné des matières vitrifiables, et qui lui assureront une meilleure réussite dans les effets qu'il cherche à obtenir.

Dans la *troisième Partie*, nous nous occupons de la Peinture sur Email, c'est-à-dire de l'Emaillage des métaux précieux et de la décoration des objets ainsi établis ; de plus, nous y avons adjoint l'Emaillage des métaux communs et de la terre cuite. Car, bien que ces deux industries soient absolument distinctes, il est impossible de les séparer l'une de l'autre, leur pratique étant aussi rapprochée que les deux résultats sont en quelque sorte différents.

La fabrication des matières vitrifiables employant tous les corps de la chimie, un traité sur cette matière était presque indispensable à ceux qui s'occupent de ces questions. Toutefois, notre cadre ne nous permettant pas de nous étendre indéfiniment sur ces questions, que d'ailleurs on trouvera largement étudiées dans tous les traités spéciaux, nous avons cru pouvoir nous borner à l'exposé des renseignements indispensables pour comprendre et exécuter les manipulations que cette fabrication exige, en indiquant les propriétés principales des matières mises en œuvre. Cet abrégé fait l'objet de la *quatrième Partie*.

Au moyen de ce rapide exposé et à l'aide de la table des matières, qui a été détaillée autant qu'il a été possible, le lecteur trouvera dans ce Manuel des renseignements précieux, qu'il eût dû chercher dans des traités volumineux et d'un prix élevé. Nous ne doutons pas que cette nouvelle édition soit accueillie avec autant de faveur que les précédentes ; c'est la récompense que nous ambitionnons pour notre travail qui a été long et consciencieux.

NOUVEAU MANUEL COMPLET

DE LA

PEINTURE SUR VERRE

SUR

PORCELAINE ET SUR ÉMAIL

PREMIÈRE PARTIE

PEINTURE SUR VERRE

CHAPITRE PREMIER.

Introduction sur l'Art des vitraux.

Préceptes et Considérations.

La peinture sur verre étant un art *essentiellement monumental*, on a posé comme axiome que les vitraux doivent toujours être en harmonie avec les monuments qu'ils décorent. De plus, l'art des vitraux est un mélange de naturel et de convention. Il présente une grande difficulté qui dépend précisément de cette juste mesure qu'il faut savoir garder entre le naturel et la convention. On doit exclure des vitraux bien des détails qui sont, au contraire, une excellente ressource dans la peinture ordinaire.

Entre les vitraux et les tableaux, dit M. Boulongue, il y a la même différence qu'entre le *bas-relief* et la statuaire *ronde-bosse*. On sait, en effet, que le bas-relief ne doit point se permettre les raccourcis, qu'il doit éviter la multiplicité des plans et rechercher, avant tout, la simplicité des gestes et la vérité incontestable des poses, des attitudes; la loi du bas-relief a donc beaucoup d'analogie avec celle des vitraux. Dans la *statuaire ronde-bosse*, au contraire, ainsi que dans *les tableaux*, l'artiste a pour but une imitation plus complète du naturel; la convention, si essentielle au style monumental, serait très déplacée dans cette application de l'art; ainsi donc les vitraux sont l'expression la plus éloignée du *genre portrait*.

Pour mieux juger la vérité de ces principes, on n'a qu'à examiner le passé; on verra que les vitraux sont déjà excellents aux époques où la vérité dans l'art n'existe pas encore, et qu'ils sont détestables lorsque la décadence des doctrines de l'art du verrier fait tenter d'imiter en vitraux toutes les vérités de la nature. Hâtons-nous de dire, toutefois, qu'il y a un juste milieu, une sage mesure qu'il faut savoir garder, et qui demandent un esprit juste et judicieux, en un mot incapable d'entraînement.

Cette différence essentielle entre le tableau et le vitrail est incontestable, mais les anciens peintres-verriers n'avaient pas à s'en occuper; car, dans ce temps, l'art des tableaux n'existait pas encore, la sculpture seule était appelée, avec les vitraux, à la décoration des monuments. Ceci s'applique exclusivement à l'époque des XIe au XIVe siècles, car, plus tard, les fresques concoururent, conjointement avec les vitraux, à l'embellissement des églises; et encore est-il vrai de dire que, dans le principe, l'art des fresques reposait à peu près sur les mêmes bases que celui des vitraux.

Il faut bien remarquer que la Renaissance, qui éleva si haut l'art des tableaux, introduisit des principes qui séduisirent les peintres-verriers et les firent, pour ainsi dire, tomber dans un piège. Dès lors, les vitraux cessèrent d'être simples; ils visèrent au mouvement, à l'effet, à la perspective; ils s'éloignèrent rapidement de la ligne tracée par les siècles précédents et s'abaissèrent par degrés, malgré le mérite incontestable des grands coloristes qui voulurent exécuter sur verre les tours de force, les prodiges qu'ils réalisent sur toile par la peinture ordinaire.

On le voit, des artistes médiocres firent de beaux vitraux en suivant les principes de l'art monumental, tandis que des artistes supérieurs firent, au contraire, des vitraux de décadence pour avoir méconnu ou négligé ces principes invariables.

De nos jours, où, grâce aux progrès de la chimie, le peintre-verrier possède la plus riche palette que l'on puisse désirer, on a eu la malheureuse idée de faire répéter en vitraux des tableaux de maîtres célèbres ; le résultat a été peu satisfaisant. L'Assomption de la Vierge a fait un très-mauvais vitrail, et cela s'explique facilement. Prudhon, l'auteur de ce tableau, est flou, gracieux, rempli de morbidesse (souplesse des chairs) et d'indécision dans les contours ; comment rendre de pareilles choses avec de petits morceaux de verre de couleur réunis *par des plombs ?*

Les vitraux veulent être dessinés durement, pour accompagner les plombs qui suivent tous les traits.

L'un des caractères les plus essentiels des vitraux est de ne point modeler autant que dans les tableaux ; il faut, en cela, suivre la même méthode que dans les bas-reliefs, c'est-à-dire ne modeler que près des contours. Une grande qualité des verrières et du peintre-verrier, c'est la simplicité ; mais, ici comme en tout, il y a des degrés à observer. Quand, par exemple, on fait des vitraux destinés à la restauration d'un monument où il en existe déjà d'une époque bien tranchée, on doit suivre servilement le modèle que l'on a sous les yeux, et se bien garder de restaurer des vitraux du xv° ou du xvi° siècle, en suivant le style de ceux du xiii° siècle, sous prétexte que c'est dans ce siècle que l'art est arrivé à son apogée. Quand, au contraire, on est obligé de tout créer, l'artiste peut bien davantage donner un libre essor à son imagination ; mais ce n'est pas chose facile, car là gît une sérieuse difficulté : il faut, tout en dérobant les beautés des anciens, savoir les adapter à notre époque, qui veut, avant tout, voir clair dans les églises, puisqu'à l'heure qu'il est on a remplacé le chapelet par des livres, et qu'il ne suffit pas, comme autrefois, d'avoir les yeux au bout des doigts.

Rien ne peut mieux justifier les remarques qui précèdent que le vitrail refait en entier à neuf, dans l'une des chapelles de l'abside de l'église de Saint-Denis, et copié sur un autre qui est placé en regard dans la même chapelle. Par ce rapprochement, on constate la fausse voie dans laquelle on peut s'engager en fait de restauration d'anciens vitraux. Le vieux vitrail du XIIe siècle est ferme de couleur, large d'exécution, et d'une harmonie pleine et sévère. Le vitrail neuf paraît, au contraire, sec et cru, quoiqu'il soit beaucoup plus brillant. Je serais porté, dit à ce sujet M. Schmit dans le *Manuel des Monuments religieux*, à caractériser la différence de sensations qu'ils font éprouver à la vue, en comparant l'effet de l'un à celui que produit un splendide coucher du soleil au déclin d'un jour orageux d'été, l'effet de l'autre à celui d'un beau ciel de midi par un jour de gelée à dix degrés.

Cependant les couleurs sont les mêmes ; leur ordre a été bien observé ; les personnages et les arabesques sont calqués, par conséquent, exacts. Ceux du vitrail ancien sont tracés lourdement par une main paresseuse, tremblante, bavochant (sans netteté), cassant quelque peu les courbes, arrondissant assez mal les perles, commettant quelques irrégularités de symétrie sans trop de scrupule ; sur le vitrail nouveau, au contraire, les traits sont filés avec une grande sûreté de main, d'une netteté parfaite ; s'amincissant, se renflant à volonté, comme en se jouant. Le premier est le produit de l'art encore barbare ; le second celui de l'art perfectionné ; à lui donc devrait être l'avantage. Point, c'est l'ancien qui l'emporte.

M. Schmit conclut, et en toute vraisemblance, que si le copiste avait reproduit son modèle avec plus de fidélité d'exécution, en manière de fac-simile, d'une façon moins habile, son travail se fût plus rapproché, comme effet et vérité, du vitrail ancien.

D'autre part, il y a lieu de tenir compte des différences des époques, et en particulier des changements apportés dans la manière d'éclairer les habitations. Au moyen-âge, c'était à dessein qu'on plongeait les églises dans une demi obscurité, il n'en est plus de même aujourd'hui, surtout lorsque l'on emploie les verrières à la décoration des habitations privées, usage qui prend tous les jours un plus grand développement.

Le peintre-verrier ne doit jamais compter sur la bonne exécution *des parties*, dit encore M. Boulongue ; c'est *l'ensemble*, *avant tout*, qui fait de bonnes verrières. En effet, à la distance à laquelle se trouvent habituellement situés les vitraux, à peine si l'on peut distinguer l'œil ou la bouche d'une tête, tant la distance rapetisse les objets et la vivacité des tons éblouit.

Il est essentiel de laisser les têtes lumineuses ; c'est par elles que la lumière doit arriver lorsque les vitraux ont besoin d'être vus de loin. La composition exige la plus grande simplicité, surtout très peu d'effets de raccourcis, pas trop de têtes de profil, peu de détails, qui amène- raient la confusion. Les couleurs les plus vives appar- tiennent de droit aux principaux personnages, tandis que les teintes binaires ou peu brillantes doivent être l'apanage exclusif des personnages secondaires.

Il faut se défier du prétendu effet résultant du mé- lange des rayons colorés qui, venant de loin se con- fondre en route, font percevoir à l'œil un ton que l'on n'a pas mis en réalité. Cette heureuse métamorphose réussit quelquefois très bien ; mais ce n'est jamais un effet de hasard, elle doit toujours être savamment cal- culée : c'est là la plus grande partie du véritable secret des anciens.

Le *secret des anciens !* voilà un grand mot qui a préoc- cupé bien des intelligences, a fait tourner bien des têtes et intrigué bien des artistes et des savants.

On peut croire que les anciens qui ont écrit sur l'art du peintre-verrier, tenaient toujours cachés certains se- crets à eux seuls connus, et qui ne pouvaient se décou- vrir que par hasard ou par trahison. Dans ce temps où tout était empirisme, il était facile de se réserver le monopole de moyens particuliers pour produire certains effets; mais, à l'heure qu'il est, on ne peut penser que la supériorité des anciens vitraux dépende d'une impuissance à les reproduire, que quand on n'a pas étudié la question à fond.

On vient de voir que, d'abord, l'artiste moderne doit se soumettre à l'exigence de laisser passer par ses vitraux plus de lumière que dans le temps, ce qui ne lui permet plus d'obtenir ces magnifiques effets produits par le sombre. Ensuite, comme l'explique très bien M. Chevreul à la fin du mémoire qui se trouve reproduit plus loin, parmi les qualités attribuées aux vitraux anciens, il en est deux qui tiennent à des *défauts de la fabrication des verres anciens* : 1° l'inégale épaisseur du verre ; 2° le manque de transparence parfaite. Il faut encore tenir compte, en faveur des anciens vitraux, de l'effet produit par l'altération du verre, ou par un enduit convenable résultant de l'*action du temps*. Quant à des secrets, il n'y en a point, et l'on peut aujourd'hui faire des vitraux au moins aussi beaux que les anciens.

Dans cette question, il ne faut pas oublier non plus le bon effet *des plombs*, dont il sera parlé dans le chapitre qui traite spécialement de cette question.

Si l'on veut, au xixᵉ siècle, faire du vitrail du xiiiᵉ, il faut, comme l'exprime M. Schmit, en revenir aux armatures solides et apparentes et aux plombs multipliés ; aux dispositions architecturales de l'armature, au verre épais, verdâtre et plein des défauts qui caractérisaient la fabrication d'alors ; il faut remplacer les émaux actuels, trop fusibles, par d'autres émaux mieux assimilables avec ce verre plus dur que celui qui sort de nos fabriques ; que l'artiste se borne au simple trait ou au modelé imparfait des anciens verriers, pour conserver la franchise de ses tons, portés à la vigueur de ceux des anciens verres ; qu'il emprunte aux procédés anciens de cuisson, dont il sera parlé dans le deuxième chapitre, ce qui pouvait concourir à répandre sur ce vitrail une teinte générale qui en harmonisait l'ensemble en achevant de réduire la translucidité du verre à la simple transparence.

Lorsqu'on veut avoir un vitrail dans le style du XIII⁰ siècle, il faut se résigner à l'admettre avec tout ce que les uns regardent comme ses qualités et ce que les autres nomment des défauts : avec sa vigueur harmonique, sa demi-transparence dénuée de la faculté de colorer les murailles. Ceci n'interdit pas à l'artiste de chercher à devenir un peu plus lumineux, non par la diminution des tons typiques, non par l'emploi des roses, des lilas, des jaunes nacrés et autres couleurs fades entièrement inconnues aux verriers des belles époques, mais par une sage abondance des couleurs les mieux transmissibles de la lumière.

Renseignements historiques.

Hérodote et Théophraste racontent qu'il existait dans le temple d'Hercule, à Tyr, une colonne faite d'une seule émeraude, laquelle jetait un éclat extraordinaire ; il est très probable que cette colonne, de même que la fameuse statue de Sérapis dont parle Appien, était formée de blocs de verre teints dans la masse.

Les savants les plus compétents sont à peu près tous d'avis que l'on doit considérer les Egyptiens comme les plus habiles verriers de l'antiquité ; quelques-uns même ajoutent que l'art de travailler le verre, et la première fabrique établie dans ce but, ont pris naissance à Diospolis, capitale de la Thébaïde, en même temps qu'à Thèbes et à Memphis, où les prêtres de Vulcain, les plus grands métallurgistes de l'antiquité, en eurent fort longtemps le monopole. Il est prouvé que les artistes de ces antiques cités savaient composer des émaux de diverses couleurs et les appliquer parfaitement sur des poteries dont il nous reste heureusement de magnifiques échantillons. Le musée de Livourne est surtout riche en ce genre ; il possède plus de deux cents *porcelaines égyptiennes* d'un travail admirable. Ils excellaient surtout dans l'art difficile d'imiter les pierres précieuses et de dorer le verre.

Ainsi, avant l'ère chrétienne, la coloration du verre était déjà connue. Les Romains ne l'apprirent qu'après leurs conquêtes en Asie, à peu près vers l'époque de Cicéron, au commencement de l'Empire. Vers ce temps, une foule d'ouvriers de toute espèce et de toutes industries afflua subitement à Rome, venant les uns de l'Egypte, les autres de la Grèce, apportant avec eux les secrets des arts luxueux peu connus des Romains de la république. Il est probable que de leur arrivée date l'établissement des premiers verriers Romains. Ce fut à l'amphithéâtre de Scaurus que l'on fit, pour la première fois, usage du verre sur une très grande échelle et comme décoration monumentale. Pline dit que ce théâtre, décoré de trois cent soixante colonnes, avait trois étages superposés, dont le premier était formé d'un revêtement de marbre, le second de grandes plaques ou colonnes de verre colorées, et le troisième d'une boiserie dorée. Les colonnes du premier étage avaient 38 pieds de haut ; trois mille statues de bronze mettaient le comble à la magnificence de cet édifice, dont les vastes flancs pouvaient contenir quatre-vingt mille spectateurs.

Les Romains connaissaient toutes les branches de l'art du verrier : ils doraient le verre, le filaient, en faisaient des tresses, et, au moyen de ces tresses, des mosaïques d'un effet ravissant. Ils savaient fabriquer des coupes opaques rouges ; c'est ce que Pline appelle *hematinum*. Enfin Buonarotti pense que les vases appelés *alassonti*, dont il est question dans la lettre d'Adrien, étaient ainsi nommés parce qu'ils possédaient la singulière propriété de présenter des couleurs et des reflets différents, suivant l'angle sous lequel on les examinait.

La fameuse coupe du célèbre Glaucus de Scio, consacrée aux libations de Bacchus, était en verre ciselé, taillé au rouet ; une treille qui semblait avoir pris naissance dans le fond, s'élevait en serpentant jusqu'aux bords du vase, qu'elle couronnait de ses feuillages ; les pampres étaient entremêlés de grappes qui paraissaient vertes lorsque la coupe était vide et mûres lorsqu'on la remplissait de vin.

Dans ces derniers temps, on a découvert un très grand nombre de petites mosaïques en verre représentant soit des arabesques, soit des oiseaux ou des fleurs, sur fond bleu céleste ou rouge, formées par la juxtaposition et l'union, au moyen du feu, d'un nombre infini de petits fils de verre.

Dans les premiers siècles de l'ère chrétienne, le verre servit presque exclusivement à orner les palais des empereurs et des riches patriciens ; il acquit une telle vogue, qu'il devint de mode de couvrir de plaques de verre coloré les plafonds, les murailles, et jusqu'aux parquets mêmes des appartements.

De là à la création de mosaïques plus compliquées il n'y a qu'un pas ; de plus, comme il est aujourd'hui prouvé que les Romains se servaient, du moins du temps de l'empire, de véritables vitres pour clore leurs fenêtres, il est facile de comprendre comment on arriva graduellement à remplacer les vitres de verre blanc par des vitres colorées, les vitres d'une seule pièce par de véritables mosaïques translucides, et *ainsi fut créée l'enfance de la verrerie*, ce que l'on explique facilement en réfléchissant qu'il a dû venir assez rapidement à l'idée de quelques artistes de rompre la monotonie des fenêtres ordinaires, en associant, avec plus ou moins de bonheur, selon son goût, les couleurs variées qu'il avait à sa disposition.

A partir du iv⁰ siècle, il est souvent question des vitraux dans les auteurs grecs et latins. Prudence parle des vitraux dont était ornée la basilique de Saint-Paul-hors-les-Murs, à Rome. « La magnificence de ce temple, dit-il, est toute royale, le prince pieux qui l'a consacré en a fait peindre les voûtes à grands frais, et l'a revêtu de lambris dorés afin que la lumière du jour répétât les feux de l'aurore. Dans les fenêtres cintrées se déploient des vitraux de diverses couleurs. Une inscription placée à Sainte-Agnès apprend que cette basilique, rebâtie par l'empereur Honorius, était décorée de vitraux qui produisaient le plus magnifique effet. » (Voyez *Hist. byzant.* de Ducange, t. II, p. 39). Dans ce siècle, Sainte-Sophie de Constantinople reçut également des verres de couleur. Paul le silentiaire et Procope parlent avec admiration de leur éclat.

Dès le ve siècle, l'usage des vitres colorées, venant de l'Italie et de l'empire d'Orient, se répandit bientôt dans les Gaules, où les fenêtres des basiliques chrétiennes étaient garnies de vitres colorées. Saint Fortunat, évêque de Poitiers, vante, dans ses poésies, l'éclat des verrières colorées; il admire l'effet que produisait sur les murs et les voûtes de Notre-Dame de Paris, construite par Childebert, la lumière décomposée par les vitraux aux premières approches de l'aurore.

C'est l'abbé Didier qui, alors, eut l'idée, comme il est dit plus loin, de remplacer par des armatures de fer et des châssis de plomb, les châssis en pierre, marbres, plâtre ou bois, dont on se servait pour relier entre elles les diverses pièces du vitrail.

Dans les premiers siècles de l'Eglise, l'art des verrières consistait uniquement dans l'association plus ou moins artistique, plus ou moins savante de morceaux de verre colorés dans la masse. Une verrière d'alors était une véritable mosaïque; mais l'esprit de progrès fit bientôt naître l'idée de raccorder par quelques traits les combinaisons de verres colorés que le fer et le plomb n'indiquaient pas suffisamment; ces traits, peints sans doute dans l'origine avec un mordant quelconque, durent passer promptement dans la fabrication des morceaux eux-mêmes; arrivée à ce point, la peinture sur verre proprement dite était trouvée.

Quoi qu'il en soit, il n'existe pas actuellement de traces positives *de figures peintes sur les vitraux des églises* avant la moitié du xe siècle. D'après l'opinion de M. Boulongue, qui est aussi celle de MM. Emeric David, Batissier, Lasteyrie, etc., il est impossible d'admettre, cependant, lorsqu'on examine l'état de perfection extrême auquel cet art était parvenu au xiie siècle, que sa pratique ne fût déjà, depuis fort longtemps, en grand honneur dans notre pays. On ne peut attribuer cette absence qu'à ce que les verrières plus anciennes ont été détruites.

L'historien de Saint-Bénigne de Dijon, qui écrivait vers l'an 1052, dit M. Ferdinand de Lasteyrie dans son *Histoire de la peinture sur verre,* assure que de son temps il existait encore, dans un monastère, un très ancien vitrail représentant sainte Paschasie. L'église de Saint-Bénigne fut réparée vers 816, puis vers 1001 ou 1002; par conséquent, il est probable que ce vitrail remonte aux premières années du x⁰ siècle, et le talent remarquable avec lequel il était exécuté prouve amplement que les peintres-verriers n'en étaient pas, à cette époque, à leurs débuts.

Dans l'enfance de l'art, les couleurs servaient à marquer les ombres, les plis des draperies, à modeler les *chaires*, à dessiner les ornements, à donner, en un mot, une imitation plus ou moins juste de la nature; elles consistaient en un trait dont le renflement, placé avec intelligence, donne un relief suffisant; la composition des verrières d'alors est toujours claire, car l'artiste s'adressait à la foule ignorante, qui y lisait comme dans un livre. C'était, du reste, le seul moyen que le peuple eût alors d'apprendre l'histoire de l'Ancien et du Nouveau-Testament, et d'étudier le dogme religieux.

Les couleurs appliquées de cette manière sont presque toujours des gris, des bruns ou des noirs sans éclat, tandis que les verres teints dans la masse en rouge, en jaune, en vert, en bleu ou en violet, sont, au contraire, d'un ton magnifique.

Les peintres du xii⁰ siècle n'employaient que des verres rehaussés de couleurs primitives et repoussaient les couleurs pâles et composées qui ne produisent que des effets criards.

Sauf quelques rares exceptions, les grandes figures sont à peu près inconnues dans la peinture sur verre de la fin du xii⁰ siècle; un vitrail de cette époque, dit M. Batissier, est une véritable mosaïque transparente, tout y est sacrifié à l'harmonie, et l'effet général passe en première ligne. C'est dans ces verrières que l'on voit des chevaux jaunes, verts, rouges, suivant les nécessités de la loi du contraste des couleurs si bien formulée par

M. Chevreul, et qui se trouve plus loin dans ce manuel ; c'est là surtout que cette vérité : la peinture sur verre est un art essentiellement monumental, brille dans tout son éclat. Malgré tout ce que de pareils contre-sens (chevaux verts, rouges, jaunes, etc.) peuvent avoir de choquant pour l'esprit, avec quel plaisir, je dirai même plus, avec quelle profonde admiration ne contemple-t-on pas encore aujourd'hui les précieux vitraux de cette époque. Les verrières du xiie siècle n'offrent qu'un assemblage de petites pièces de verre agencées dans des tiges de plomb creusées au rabot ; ces plombs dessinent les principaux motifs de la peinture, tandis que l'ensemble de la verrière est solidifié par une armature générale en fer.

Ces verrières sont devenues très rares, il n'en reste que bien peu en France, surtout de parfaitement authentiques ; les principales sont : quatre fenêtres de la cathédrale d'Angers, de 1125 environ ; deux fenêtres de l'abbaye de Saint-Denis (1140) exécutées par les ordres de l'abbé Suger ; quelques verrières d'ornement d'un type byzantin bien caractérisé, la vierge de Vendôme (1180) : on en retrouve encore dans l'église de Saint-Père, à Chartres, et peut-être à l'abside de la cathédrale de Bourges ; dans le chœur de celle de Lyon, mais l'authenticité de ces dernières n'est pas bien démontrée.

Dans la plus grande partie des vitraux du xiiie siècle, dit M. Bontemps, l'art semble continuer, à peu de chose près, l'inspiration qui a guidé les artistes du xiie. Ce qui caractérise le plus particulièrement les vitraux de ces deux époques, c'est l'harmonie qui existe entre eux et l'ensemble de l'édifice ; à quelque distance que vous les considériez, vous êtes frappés d'admiration par l'élégance de la forme et le prestige de la couleur. Si vous vous approchez, vous découvrez de nouvelles beautés dans ses bordures de dessins si gracieux et si variés et dans les mosaïques qui forment le fond du tableau.

La disposition des verrières légendaires à cartouches sur un fond réticulé à bordures en lacis, avec enroulement de feuillage, resta le même qu'au siècle précédent.

Ce genre de verrière occupe de préférence les fenêtres
des bas-côtés de l'abside, tandis que pour la grande
nef, qui a besoin de laisser passer plus de jour, les artistes commencent à peindre, sur les vitraux, des figures
tantôt de proportions ordinaires, tantôt gigantesques et
colossales : elles représentent des saints, des prophètes
et des patriarches. N'allez pas y chercher de la perspective et des raccourcis, il n'y en a pas ; ces figures sont
longues, raides, graves et drapées à plis serrés à la manière byzantine. En général, on trouve dans ces grandes
figures le même agencement, le même goût que chez
celles qui sont peintes ou sculptées dans les monuments
du XIIIᵉ siècle. Les ferrures commencent à jouer un rôle
si important dans l'ornementation, qu'elles ne pouvaient
être exécutées que sur les dessins des architectes, et que
les peintres-verriers n'avaient plus qu'à remplir suivant
des données évidemment traditionnelles. Dans les accessoires, tout est rudimentaire : un temple ne se compose
que d'un fronton et de quelques colonnes, une église
s'explique par une porte ou un clocher, une arbre par
une simple branche avec quelques fleurs, une rivière par
une bande ondulée. L'artiste veut-il indiquer une forte-
resse, il se contente de créneler un pan de muraille. Les
figures sont, en général, sur un plan unique tout à fait
en dehors de la perspective linéaire et aérienne ; la composition des sujets mystiques est tout allégorique, et leur
explication quelquefois tout à fait impossible.

S'il nous reste peu de verrières du XIIᵉ siècle, celles
du XIIIᵉ, au contraire, abondent dans nos cathédrales.
Parmi les plus remarquables, on cite les verrières de la
cathédrale de Rouen : elles représentent la vie de saint
Séver, de saint Julien le pauvre, du patriarche Joseph,
des scènes de la Passion et des légendes des saints. Il
existe encore des verrières authentiques du XIIIᵉ siècle à
Sainte-Radégonde de Poitiers, à la cathédrale de Bourges ;
celle de Tours en compte quinze remarquables, celle
d'Angers seize. Les verrières de la Sainte-Chapelle sont
de cette époque ; les neuf fenêtres de la nef et du sanctuaire de la cathédrale de Reims, Saint-Victor et Saint-

Maurice de Strasbourg, les grisailles des cathédrales de
Laon et de Troyes sont aussi du XIIIᵉ siècle. Mais ce qu'il
nous en reste de plus remarquable, ce sont, sans contredit,
les immenses rosaces de Notre-Dame de Paris et les cent
quarante-six fenêtres de la cathédrale de Chartres ; ces
dernières renferment seize cent cinquante-neuf sujets,
parmi lesquels on remarque vingt-huit corps de métiers,
des figures historiques et des scènes tirées de l'Ancien et
du Nouveau-Testament. L'effet de ces verrières est magnifique ; lorsque les rayons du soleil viennent à traverser ces harmonieuses mosaïques, on se croirait transporté
dans un des fantastiques palais des *Mille et une Nuits.*
Nous ne taririons pas, ajoute M. Boulongue, si nous nous
laissions aller à détailler à combien de titres ces vitraux
du XIIIᵉ siècle nous charment par leur harmonie riche et
calme à la fois, par la science et le sentiment essentiellement naïf et religieux de leur composition. Pour nous,
nous n'hésitons pas à proclamer que, depuis la fin du
XIIIᵉ siècle, l'art des vitraux, *et non pas la peinture sur
verre proprement dite,* n'a fait que décroître jusqu'au
XVIᵉ siècle, tandis que la peinture sur verre, au contraire,
a suivi une marche ascendante jusqu'à nos jours où la
manufacture de Sèvres l'a portée à son plus haut degré
de perfection.

Au XIVᵉ siècle, l'artiste commence à se préoccuper
moins de l'ensemble du vitrail ; le verre et la pierre ne
forment plus un tout harmonieux, la peinture sur verre
ne dépend plus autant de l'architecte, peut-être parce
que celui-ci ne sent plus la même puissance en lui. Le
peintre-verrier cherche une imitation plus parfaite de la
nature ; il n'a pas encore la prétention de représenter
sur un vitrail tout une scène en grandes figures avec les
lois de la perspective, mais il compose de grandes figures
isolées d'un beau dessin, dont le modèle est plus finement accusé par les ombres. Ce siècle est une époque de
transition où l'architecture conserve encore une partie de
la sévérité grandiose qui caractérisait le siècle précédent,
mais l'anarchie a commencé : l'architecte, n'étant plus
doué de la même supériorité, n'imprime plus sa seule

volonté ; vienne le xve siècle, et cet architecte ne sera plus qu'un constructeur composant, pour le sculpteur, l'élément de ces charmantes dentelles de pierre, et pour le peintre-verrier les cadres où ce dernier tracera des peintures d'un fini délicieux, mais sans effet à distance.

Dans ces verrières, on ne peut méconnaître le talent du peintre au point de vue de l'exécution ; mais le fini des détails, la beauté des formes l'emportent de beaucoup sur l'expression du drame.

Les verrières du xive siècle ont un tout autre aspect que celles du siècle précédent ; les meneaux qui divisent les fenêtres en deux ou trois travées favorisent davantage l'emploi des grandes figures d'apôtres, de prophètes, de saints, soit debout, soit assis sous des dais, simulacres d'architecture, énormément élevés et divisés même en plusieurs étages ; on en trouve de tellement développés, qu'ils forment, en hauteur, le double de la figure dont ils sont le couronnement. Des bordures à larges rinceaux de couleurs variées viennent encadrer le tout. Le développement de la peinture sur verre est arrivé au xive siècle, à son plus haut point ; non seulement il n'existait pas une seule fenêtre de chapelle qui ne fût remplie par des verrières ; mais les palais, les châteaux et même les maisons des riches bourgeois étaient ornés de vitraux représentant les portraits de leurs aïeux, le leur et les armoiries de la famille. Ainsi le Louvre et les autres châteaux royaux possédaient de fort beaux vitraux peints dans ce style (1). Parmi les vitraux de cette époque, nous citerons ceux de l'église

---

(1) Le goût des vitraux peints devint si général et si dominant, que les rois de France, cédant à l'impulsion générale et imitant en cela l'empereur Justinien, accordèrent leur protection toute générale et des privilèges très considérables à tous les peintres-verriers. La pratique de cet art était considérée comme une noble profession, et tout individu blasonné pouvait l'exercer sans déroger de sa noblesse. Charles V et Charles VII, par lettres patentes octroyées aux peintres-verriers, les déclarent francs, quittes et exempts de toutes tailles, aides et subsides, garde de porte, guet, arrière-guet et autres subventions quelconques, etc.

Saint-Thomas, à Strasbourg, et les figures de saint Valère et saint Maxime, à Limoges ; la rose de Saint-Nazaire, à Carcassonne ; les grandes figures de la chapelle de Saint-Piat, à la cathédrale de Chartres. Enfin, la cathédrale de Strasbourg renferme, elle aussi, de remarquables vitraux du xive siècle : ils sont dus à Jean de Kircheim, qui vivait vers l'an 1348. Dans la foule de sujets religieux que représentent ces peintures, on remarque surtout avec intérêt plusieurs portraits de dimensions plus fortes que nature, disposés dans les six fenêtres qui regardent depuis la chapelle Saint-Laurent jusqu'au bas-côté septentrional. Ce sont des rois et des empereurs qui, la plupart, ont été les bienfaiteurs de cette cathédrale.

Au xve siècle, la peinture sur verre s'éloigne de plus en plus de la ligne tracée par les artistes du xiie et du xiiie ; c'est à partir de cette époque que les vitraux ont complètement cessé de faire partie intégrante de la décoration générale des monuments religieux. Ce ne sont plus, à proprement parler, des verrières, mais bien de véritables tableaux peints sur verre, dans la conception et l'exécution desquels l'artiste verrier essaie de rivaliser avec la peinture à l'huile. Son œuvre qui, la plupart du temps, est admirable de fini et de détail, demande, pour être appréciée à sa juste valeur, à être vue de près ; mais, placée à la distance à laquelle se trouvent habituellement les vitraux, elle perd la plus grande partie de son mérite : l'effet en est médiocre, malgré l'extrême talent que le peintre y a dépensé.

Une telle révolution ne s'accomplit pas par le seul fait d'un revirement d'idées chez les artistes de cette époque ; elle fut amenée par deux grandes découvertes dues aux progrès de l'alchimie : la première, celle du jaune d'argent (1) ; la seconde, l'art de fabriquer les verres doublés, c'est-à-dire des lames de verre colorées, en rouge ou en toute autre couleur, sur une de leurs faces et dans une minime portion de leur épaisseur, tandis que la face

_____

(1) Voir « sulfure d'argent » dans la quatrième partie de ce manuel.

opposée conservait la coloration du verre ordinaire. On comprendra aisément tout ce que ces deux découvertes, faites à peu près à la même époque, durent apporter de facilité aux peintres-verriers dans l'exécution de leurs vitraux. S'agissait-il, en effet, de produire des dessins jaunes sur un fond rouge, bleu, vert, violet, etc., on enlevait à l'émeri la couche légère de couleur qui entrait dans la composition de ce verre doublé, et l'on avait à sa disposition un fond blanc sur lequel on appliquait soit du jaune d'argent, soit un émail d'or ou tout autre, selon le désir du peintre. Mais c'est surtout dans le siècle suivant que cet art des enlevages, combiné avec l'application des couleurs d'émail, atteignit son plus haut degré de perfection, et nous verrons bientôt que, s'il permit à des artistes d'un immense talent de pouvoir étaler sur le verre toute la magnificence de leurs compositions, couvrir leurs personnages de manteaux étincelants de pierreries, exécuter enfin les tours de force de la peinture à l'huile, c'est à lui aussi que l'on doit, nous ne cesserons de le répéter, la décadence des vitraux considérés comme décoration monumentale.

Le dessin des figures se perfectionne ; les têtes se peignent sur verre incolore avec un ton légèrement roux ; les personnages, couverts de riches vêtements à plis cassés, comme les faisaient alors les miniaturistes des manuscrits, se détachent sur des fonds de tapisserie, bientôt remplacés par des perspectives architecturales et des paysages.

Les artistes de cette époque (xve siècle) placent, en général, le sujet principal de leur composition vers la partie inférieure du vitrail, réservant la moitié supérieure, quelquefois les deux tiers de la hauteur, sous les dais, les clochetons et autres accessoires. Le fond du tableau varie ; tantôt il est uni ou damassé, tantôt il est rempli par des monuments, des paysages que l'artiste s'efforce de mettre en perspective ; de plus, très souvent sur le premier plan, se trouvent des bouquets de fleurs. Tels sont, à peu de choses près, les qualités et les défauts des verrières du xve siècle.

Parmi les vitraux les plus remarquables de cette époque, nous citerons ceux de la cathédrale d'Évreux, de l'église de Walbourg (Bas-Rhin), de la chapelle souterraine; de celle de Saint-Benoît, de Jacques-Cœur, de Saint-Loup, de Sainte-Claire, à la cathédrale de Bourges; les belles verrières de Saint-Gervais, à Paris, derrière le chœur; celles de Saint-Séverin, dans la nef, et celles de la Sainte-Chapelle de Riom; enfin les verrières des hautes voûtes de la cathédrale de Rouen, décorées, sur fond blanc, de figures colossales représentant des prophètes, des apôtres, des prélats et des abbés vêtus de robes d'un bleu tendre. Mais les plus remarquables, peut-être, sont celles de Beauvais; elles ont joui d'une immense célébrité; elles sont l'ouvrage d'Enguerrand le Prince, un des peintres-verriers les plus remarquables qui aient jamais existé. Le vieil nous raconte que cet artiste, ne reculant devant aucun sacrifice pour assurer la supériorité de ses verrières, envoyait aux plus habiles peintres d'Italie et d'Allemagne le dessin des compositions et ordonnances de la pierre, des vitraux qu'il désirait peindre, afin qu'ils pussent mieux, dans les cartons qu'il leur demandait, en distribuer les figures et les ornements. La plupart des verrières d'Enguerrand le Prince ont été exécutées d'après les cartons de Jules Romain, de Raphaël et d'Albert Durer; c'est dire assez que tous ces ouvrages se recommandent autant par la vivacité des couleurs que par l'exécution du dessin, l'élévation du style et le charme de la composition.

Dans la première moitié du xvi° siècle, les peintres-verriers suivirent exactement les traditions de leurs devanciers, aussi les vitraux de cette époque ne diffèrent-ils en rien de ceux du xv°; on y retrouve seulement un peu plus de finesse peut-être, et une tendance déjà prononcée à tout sacrifier à la ligne, au modelé, à remplacer la couleur par la grisaille ou pour le moins par des tons tendres et violacés; c'est la continuation du même système, c'est le triomphe de ce que l'on a nommé, en terme d'atelier, les *ficelles du métier*. La peinture sur verre devint un travail d'émailleur plutôt que de peintre

véritable, tout le talent consiste dans le dessin, les enlevages et l'application des couleurs d'émail; aussi quelle
perfection remarquable, quelle beauté infinie de détails,
mais quel manque de réelle harmonie! Combien nous
sommes éloignés de ces belles mosaïques du XIIe siècle
qui réjouissent l'œil, le reposent, le captivent, élèvent
l'âme et plongent l'esprit dans de délicieuses rêveries!
Ici, au contraire, l'esprit a besoin d'être tendu pour apprécier la valeur du travail, c'est qu'en effet tout dépend
de l'exécution; la conception, l'ensemble, ne sont que
secondaires, l'artiste devient une individualité exclusive.
Les chairs s'exécutent à la brosse par une espèce de
pointillé; les étoffes, les vêtements se couvrent des dessins les plus riches et les plus compliqués.

Mais la découverte de l'imprimerie, d'une part, qui
fait naître l'usage général des livres de prières, et demande, par conséquent, à ce que l'on puisse lire dans les
églises, les guerres de religion, la Réforme, d'une autre,
augmentent insensiblement l'emploi des grisailles et préparent ainsi l'abandon des vitraux fortement et richement colorés.

Aussi, à partir de la fin du XVIe siècle, doit-on regarder la peinture sur verre comme un art entièrement
perdu, et nous allons le voir décroître rapidement jusqu'à la Révolution, quand le peuple, dans sa fureur et
son juste ressentiment, s'égara, à l'égard des vitraux,
jusqu'à anéantir en quelques mois le travail de tant de
siècles, les chefs-d'œuvre d'aussi grands génies.

Quelques-uns heureusement ont échappé à l'injure du
temps et des hommes, et la France possède encore d'assez beaux échantillons des verrières du XVIe siècle; les
plus remarquables sont celles d'Auch (de Jean de Molles,
peintre-verrier d'un admirable talent), de l'église Saint-
Hilaire de Chartres (exécutées par Robert Pinaigrier, ainsi
que celles de Saint-Gervais, à Paris), de Saint-Etienne-
du-Mont (chefs-d'œuvre de Jean Cousin), de Beauvais, de
Brou, de Clermont, de Metz, de Rouen, de Saint-Eustache,
enfin les belles grisailles qui décoraient la salle des gardes
dans le château d'Ecouen; elles représentaient les amours

de Psyché; Bernard Palissy, alors peintre-verrier, les avait exécutées d'après les cartons de Raphaël (1).

Aux xvII^e et xvIII^e siècles, la peinture sur verre était tombée si bas que les artistes de quelque mérite furent obligés pour vivre, de quitter la France pour la Suisse, l'Angleterre et la Hollande, où ils étaient sûrs de trouver des travaux dignes d'eux, et qui leur rapportaient honneur et profit; car ce n'est guère que dans ces pays, en Suisse surtout, que les traditions de la peinture sur verre se sont conservées à cette époque de décadence, et on y exécutait encore, au xvII^e et même au xvIII^e siècle, des petits vitraux où l'on retrouve tout le mérite des grands vitraux du xve siècle, c'est-à-dire une grande finesse d'exécution jointe au charme produit par l'opposition de couleurs vives des verres teints dans la masse, et de quelques couleurs d'application.

Telle est, suivant M. Boulongne, l'histoire de la peinture sur verre pendant les siècles passés. La Révolution française, dit-il, est venue lui donner le dernier coup, et, si elle a laissé parvenir jusqu'à nous les quelques chefs-d'œuvre dont nous avons parlé, cela tient unique-

(1) Le passage suivant, tiré de Bernard Palissy, donne une idée de l'état de décadence dans lequel la peinture sur verre était tombée à cette époque; dans ce passage, cet homme extraordinaire, si grand dans les sciences et dans les arts qu'on s'étonne de le voir s'occuper, avec une certaine acrimonie, de ses contemporains, indique ainsi les motifs qui l'engagèrent à renoncer à l'art du peintre-verrier. « Il se détermina, dit-il, à quitter la peinture sur verre pour faire des vaisseaux de faïence émaillée. L'art du verrier est noble, mais plusieurs sont gentilshommes pour exercer ledit art, qui voudraient être roturiers, et avoir de quoi payer les subsides des primes, et vivent plus mécaniquement que les crocheteurs de Paris..... Il vaut mieux qu'un homme ou un petit nombre d'hommes fassent leur profit de quelque art en vivant honnêtement, que non pas un grand nombre d'hommes, lesquels s'endommageront si fort les uns les autres qu'ils n'auront pas moyen de vivre. Il en est de même, ajoutait-il, des émailleurs de Limoges, dont l'art est devenu si vil qu'il leur est difficile d'y gagner leur vie aux prix qu'ils donnent leurs œuvres si bien labourées et les émaux si bien fondus sur cuivre qu'il n'y avait peinture si plaisante. »

ment à ce que Darcet prouva que, contrairement à l'opinion généralement répandue, les verres rouges ne renfermaient aucune parcelle d'or ; sans cela, il est fort probable qu'aucune des magnifiques verrières qui font encore aujourd'hui l'admiration des artistes et des connaisseurs n'aurait échappé à l'entraînement révolutionnaire.

Au commencement de notre XIXᵉ siècle, des artistes anglais imaginèrent de peindre, au moyen d'émaux, sur des verres blancs rectangulaires, encadrés dans des châssis en fer de même forme, des sujets de toute nature, et, comme la palette actuelle de l'émailleur est d'une richesse extrême, ils obtinrent, par ce moyen, de magnifiques résultats; mais c'était là un véritable travail d'émailleur, c'était le XVIᵉ siècle exagéré; il était, de plus, impossible d'appliquer ces données à la restauration des verrières anciennes; aussi cette manière de faire fut-elle bientôt généralement abandonnée.

Art moderne.

De nos jours, enfin, l'espèce d'engouement qui, après la publication du roman de *Notre-Dame de Paris,* par Victor Hugo, saisit tout à coup la génération de 1830 pour tout ce qui touchait de près ou de loin au moyen-âge, par amour de l'art exclusivement, et le soin que l'on mit à restaurer les édifices de cette époque, firent renaître en France le goût des verrières. Aussitôt, peintres et fabricants, artistes et ouvriers, tous rivalisèrent de zèle pour tirer de l'oubli un art aussi séduisant.

Parmi les nombreux artistes qui s'adonnèrent de suite à cette branche particulière de la peinture, et qui tentèrent les premiers, peut-être, dit M. Boulongne, de rendre aux verrières leur véritable caractère, et de ramener la peinture sur verre dans le sentier tracé par les peintres du moyen-âge, nous citerons en première ligne MM. Gérente, Hesse et Galimard, Maréchal, Larivière, etc. Le premier de ces artistes est, sans contredit, celui de tous les peintres-verriers modernes qui a le mieux compris et le mieux exécuté la restauration des vitraux du moyen-âge, et surtout des XIIᵉ et XIIIᵉ siècles, c'est-à-dire de la plus belle époque. La restauration des vitraux de Saint-Denis (malgré ce qui en a été dit), la splendide verrière d'A-miens, celles qu'il a exécutées pour les cathédrales d'An-gleterre parlent assez haut par elles-mêmes pour qu'il soit inutile d'insister ici plus longuement en sa faveur. Quant à MM. Hesse et Galimard, l'art est redevable, au dernier surtout, de nombreuses productions dans les-quelles brillent des qualités remarquables ; nous citerons sa Reine des Anges, exposée au Louvre en 1836, ses vi-traux pour l'église Saint-Laurent, ceux de l'oratoire de la marquise de Plessis-Bellion, différentes productions pour la Russie, et enfin les cartons de la nef de Sainte-Clotilde, etc. M. Hesse a le mérite d'avoir, un des pre-miers, mis la main à l'œuvre. C'est lui qui peignit les têtes des rois de France pour Rosny ; il est aussi l'auteur des vitraux de la chapelle située derrière le chœur de l'é-glise de Sainte-Clotilde ; ces derniers vitraux, dont le fond rappelle le xiiie siècle, pèchent, selon nous, par un trop grand fini d'exécution dans les sujets des médaillons. Cette association de la manière de faire du xvie siècle sur un fond du xiiie choque un peu les idées archéologiques ; hâtons-nous de dire cependant que, malgré ces petites remar-ques, ces vitraux ont aussi leur mérite ; il y a du sen-timent dans les têtes, de la vérité dans les poses, etc.

Pour ce qui est de M. Maréchal, ses verrières seraient parfaites, d'après M. Boulongne, si cet artiste n'abusait pas un peu trop du rouge associé au jaune et à l'orange ; le résultat de cet assemblage, qui a du bon en ce qu'il donne du brillant, a l'inconvénient immense de blesser la vue et d'empêcher, par cela même, de pouvoir appré-cier les autres qualités. D'autres fois, les verrières de cet artiste pèchent par l'excès contraire ; elles sont très som-bres. Malgré cela, cet artiste possède deux qualités im-menses pour tout peintre-verrier : il compose bien et a une entente parfaite du style. Tous les détails de ses ver-rières sont en corrélation avec l'époque : ainsi, celles qu'il a exécutées pour le chœur de Sainte-Clotilde sont peut-être les seules jusqu'à présent qui sont réellement du xive siècle ; les dais y sont parfaitement compris.

Puisque nous parlons de l'art moderne, il faut aussi reconnaître qu'une fois le goût des verrières revenu à la mode, les artistes qui s'en occupèrent ne s'attachèrent pas exclusivement à la recherche des sujets religieux destinés à la décoration des églises. La construction des riches hôtels particuliers, qui marquera une place dans l'art, pour notre époque, leur offrait la possibilité d'élargir considérablement le champ de leurs inventions, en leur permettant d'aborder des sujets gracieux qui n'auraient su trouver leur place autrefois. Bien que les principes sur lesquels s'appuient les beaux vitraux soient restés les mêmes, il ne faut pas méconnaître que l'art de la peinture sur verre a fait des progrès considérables. Certaines circonstances sont également venues offrir pour cette branche de la décoration des édifices, des modèles nouveaux qui ont influé sur le goût moderne d'une façon qui ne saurait être méconnue. Nous voulons parler de l'étude des nombreux spécimens de l'art chinois que les artistes ont eus à leur disposition en si grande quantité depuis quelques années. Tout le monde sait que les peuples de la Chine et du Japon vivent dans des habitations presque entièrement ouvertes, sortes de petites cases, sans murs ni cloisons solides. Des nattes de jonc, des stores d'étoffe ou de papier forment, en quelque sorte, les murs de ces demeures. La plupart de ces stores sont décorés de riches et élégantes peintures qui, par suite de la demi-transparence du fond sur lequel elles sont posées, rentrent dans une certaine mesure dans la classe des peintures sur verre, et qui, d'ailleurs, aussi bien par la composition des sujets, que par leur coloration, obéissent parfaitement aux règles que nous avons énoncées pour guider dans cet art. Il est donc incontestable que les artistes modernes ont trouvé là une nouvelle source d'enseignement qui a influé dans une certaine mesure sur la manière actuelle. La suppression des plombs dans beaucoup de cas, pour des sujets de fantaisie, tels que fleurs, paysages de convention, etc., et l'emploi de larges compositions d'où sont proscrits les sujets historiques qui ont fourni l'objet de tant de peintures agréables et intéressantes, nous semble, sans contredit, provenir des raisons que nous venons d'exposer.

L'art de la peinture sur verre ne pouvait que gagner à ce nouveau développement, et il a vu s'ouvrir une voie nouvelle pleine de ressources qui permet d'espérer qu'il ne retombera plus dans la désuétude où il est resté plongé pendant bien des années.

Nous terminerons cet essai rapide d'étude historique et artistique de la question, en faisant au mémoire très complet, publié par M. Chevreul, sur les vitraux peints, quelques extraits utiles pour nos lecteurs.

Distinction des diverses sortes de verres qui entrent dans la fabrication des vitraux colorés.

I. On peut distinguer jusqu'à trois sortes de verres dont on fait usage dans la fabrication des églises dites *gothiques :* 1° du verre blanc ordinaire ou incolore ; 2° du verre blanc dont une face seulement est colorée. Le verre rouge de protoxyde de cuivre est toujours dans ce cas ; car le verre coloré par cet oxyde est tellement foncé, que, vu en masse, il paraît noir ; de là, dérive la nécessité, pour avoir un verre transparent de couleur rouge, de plonger une canne de verrier dans un pot de verre incolore, et de la plonger ensuite dans un pot de verre rouge ; en soufflant le verre, on obtient un manchon de verre incolore recouvert d'une couche de verre rouge d'autant plus mince que la proportion du verre incolore au verre rouge est plus forte à égalité d'épaisseur de l'ensemble des deux verres. Il est évident que ce procédé est applicable à des verres d'une couleur quelconque.

3° Du verre coloré en toute sa masse ; tels sont les verres bruns, bleus, pourpres, jaunes, oranges, verts et leurs nuances.

II. On peut peindre sur trois sortes de verre, et si l'on veut se rendre compte des effets, il faut distinguer la face interne du verre qui voit l'intérieur de l'église d'avec la face externe qui voit le dehors.

III. *Face interne.* — C'est sur elle qu'on dessine le trait et qu'on applique l'ombre, que l'on peut monter jusqu'au noir.

IV. *Face externe.* — Par exception, on peint une ombre sur la face externe quand on juge nécessaire d'augmenter la vigueur de l'ombre de la face interne.

V. On doit mettre les *couleurs unies,* c'est-à-dire qui ne sont pas ombrées, sur la face externe, à savoir : le jaune, les carnations (oxyde de fer sanguin), le vert, le bleu, le pourpre. Le pourpre et les carnations sont exclusivement appliqués à la face externe.

VI. Le vert, le bleu et le pourpre, qu'on appelle *émaux,* s'appliquent quelquefois sur la face externe.

VII. Au XVIIᵉ siècle, on a fréquemment employé, dans les petits sujets et dans les bordures de fenêtres, les *verres* dits *émaillés.*

Ces verres sont blancs ou incolores.

On les peint avec un émail coloré :

En *bleu* par le cobalt;

En *vert* par le cuivre brûlé;

En *pourpre* par le manganèse.

VIII. L'émail est mêlé, avant d'être appliqué sur le verre, avec une composition appelée *fondant, raquette, rocaille,* que l'on prépare avec un sable siliceux ou des cailloux incolores, du minerai de plomb et du nitre. C'est donc un silicate de potasse et de plomb, une sorte de cristal.

L'examen de diverses matières retirées mécaniquement des vitraux peints de l'église Saint-Gervais, a conduit M. Chevreul à conclure qu'il y avait sur ces vitraux deux matières différentes : une *matière grumelée,* fortement adhérente au verre, et une autre matière également adhérente formant une sorte d'*enduit* à la surface externe des vitraux. La face interne est salie par une matière bien moins abondante que ne l'est l'enduit de la face externe.

La matière grumelée n'est autre chose que du *vieux mastic* de vitrier, formé, comme on le sait, d'*huile siccative* et de *craie.*

Peint. sur Verre. 2

L'enduit qui recouvre la face externe des vitraux de Saint-Gervais est formé : de sulfate de chaux, de sous-carbonate de chaux, d'un sel calcaire dont l'acide est organique, de chlorure de sodium, d'un sel ammoniacal, d'une matière grasse d'origine organique, d'une matière très carburée, une sorte de noir de fumée ; d'argile ferrugineuse, de silice sableuse.

Cet enduit peut avoir deux origines : 1° il peut provenir des matières enlevées aux murs par les eaux pluviales qui viennent ensuite mouiller les vitraux, et au mastic employé par le vitrier ; 2° il peut provenir des poussières.

Indubitablement, les matières organiques, la matière très carburée, ressemblant à du noir de fumée, le chlorure de sodium, l'argile, la silice sableuse ont cette dernière origine ; il est probable qu'il en est ainsi de la plus grande partie au moins du sulfate de chaux.

Je ne crois pas, d'après les observations que j'ai pu faire, que la totalité de la *matière grasse* de l'enduit provient du mastic ; je pense que la plus grande partie provenait de l'atmosphère.

J'ajouterai que, dans plusieurs essais, j'ai reconnu que le chlorure de sodium était accompagné d'une matière qui développe une couleur violette, du moins sous l'influence de la lumière, avec l'azotate d'argent.

Procédé pour nettoyer les vitraux peints, dont le temps a altéré la transparence par des dépôts produits sur la surface de la terre.

J'expose la série des opérations à faire pour enlever la matière des dépôts.

(*a*) On les lave à grande eau. (*b*) On les tient plongés dans de l'eau de sous-carbonate de soude marquant 9 degrés à l'aréomètre de Baumé, pendant le temps nécessaire à ce que l'enduit soit mouillé, ainsi que la surface du verre que cet enduit recouvre. Le temps peut varier de cinq à douze jours. (*c*) On les lave alors à grande eau.

(*d*) On les tient plongés ensuite dans de l'acide chlorhydrique à 4 degrés. (*e*) On les lave à grande eau.

Voilà le traitement qui suffit aux vitraux de l'église de Saint-Gervais sur lesquels j'ai opéré. Dans le cas où des vitraux présenteraient des parties dont l'enduit n'aurait pas été enlevé, on pourrait soumettre ces parties aux opérations suivantes: Frotter les parties avec de la poudre de brique tamisée, simplement mouillée ou imprégnée d'acide chlorhydrique à 4 degrés.

Enfin, dans le cas où l'on serait pressé d'opérer un nettoyage en quelques heures, on pourrait aider l'action de l'eau, celle du sous-carbonate de soude ou de l'acide chlorhydrique à 4 degrés, de l'action mécanique d'un couteau de corne et, en outre, de la poussière de brique.

Au reste, je ne puis trop recommander aux personnes qui voudraient recourir au procédé qui précède, de l'essayer sur une pièce insignifiante des vitraux à nettoyer, afin de s'assurer que les opérations auxquelles ils seraient ensuite soumis n'auraient aucune fâcheuse conséquence.

Les vitraux de deux fenêtres de la nef de l'église Saint-Gervais ont été réparés par M. Lafaye, puis remis en place; ils n'ont point été nettoyés. Les fenêtres, si je suis bien informé, ont huit mètres de hauteur; la frise avec les inscriptions occupe les deux mètres inférieurs; l'un des sujets est Jésus-Christ lavant les pieds aux apôtres; l'autre sujet est Jésus-Christ parmi les docteurs. Il sera donc facile de comparer leurs effets avec ceux des autres fenêtres, lorsque M. Lafaye y aura appliqué mon procédé. Au reste, j'ai mis sous les yeux de l'Académie des sciences, des vitraux dont j'ai nettoyé, il y a une vingtaine d'années, quinze pièces; les autres vitraux ne l'ont point été, afin de témoigner de l'efficacité du procédé. Je lui ai présenté aussi quelques vitraux de Saint-Gervais que j'ai nettoyés, et un grand échantillon qui l'a été par M. Lafaye.

Nécessité, pour le bel effet des vitraux peints, que les pièces qui les composent soient de petite dimension et encadrées dans du plomb.

Il existe une différence extrême, quant à l'effet sur la vue, entre des verres colorés de petite dimension réunis par des bandes de 4 à 10 et même 12 millimètres, et les mêmes verres simplement juxtaposés sans encadrement opaque. Quelle en est la cause? C'est que dans le premier cas la *vision est distincte*, tandis qu'elle ne l'est pas dans le second.

Effectivement, la plupart des yeux, à une certaine distance ont peine à percevoir distinctement des sensations de couleurs diverses, lorsque les objets colorés de petite dimension sont juxtaposés sans être séparés par un trait ou une zone étroite, distincte à la vue et délimitant parfaitement les surfaces colorées. Or, c'est la *vision confuse des bords des verres simplement juxtaposés* qui nuit excessivement à l'effet qu'ils produiraient s'ils étaient enchâssés dans du plomb.

On s'est grandement trompé à mon sens, quand on a cru perfectionner les *vitraux peints* des grandes églises, et surtout ceux de la nef, en augmentant l'étendue des pièces de verre, et en diminuant ainsi l'étendue du plomb servant d'encadrement, sous le prétexte de s'approcher davantage des effets de la peinture.

A mon sens, *les arts divers doivent conserver leur caractère spécial.* Je n'admets donc pas que des vitraux anciens, d'une incontestable beauté de couleur, seraient perfectionnés, sous prétexte qu'on en rendrait le dessin plus correct en agrandissant les pièces ou en diminuant les plombs. Il est entendu que je ne parle que des vitraux des grandes églises, des vitraux de la nef et des rosaces surtout; car je reconnais que, pour des chapelles, des oratoires, des *vitraux suisses* peuvent être souvent d'un bel effet. Au reste, un des mérites de l'artiste verrier est d'avoir calculé les effets des vitraux d'après la distance à laquelle ils apparaissent au spectateur.

Conformément à cette manière de voir, je ne pense pas que les vitraux actuels de la nef de Notre-Dame de Paris produisent autant d'effet que les anciens vitraux : de près, le dessin peut en paraître plus correct que celui des anciens; mais à la distance où on les voit du bas de l'église, ce mérite disparait, et alors l'infériorité des effets de couleur se fait sentir.

A la vérité, au-dessous de ces vitraux se trouvent des fenêtres éclairant surtout la partie de l'église qu'on appelle les *tribunes;* elles ne sont point à *vitraux peints,* mais à *verres peints en tons légers* dits *grisailles,* avec encadrement de verres colorés, formant un ensemble dont l'effet rappelle le *store* plutôt que les *vitraux peints.* Quelle est la conséquence du voisinage de ces deux rangées de fenêtres? C'est que la lumière à peine colorée, transmise par la rangée inférieure, qui arrive à l'œil en même temps que la lumière colorée des vitraux de la rangée supérieure, nuit excessivement à celle-ci par sa vivacité. Malheureusement ces effets sont peu connus, même d'un grand nombre d'artistes.

Un exemple plus frappant encore de l'inconvénient dont je parle, est la contiguïté des verres incolores doués de toute leur transparence, avec non plus des *vitraux peints,* mais des *verres peints* rappelant, par le dessin, la grandeur des figures et la dégradation de la lumière, les effets des tableaux proprement dits. Cet exemple se voit aux Champs-Élysées, dans le Palais de l'Industrie : la couverture en verre incolore touche à des peintures qui sont l'œuvre d'un artiste justement renommé, dont il ne m'appartient pas de faire la critique; mais dans l'intérêt de l'art, je n'hésite pas à soumettre les remarques suivantes au public, relativement à la nécessité d'observer, dans les œuvres du ressort des beaux-arts qui parlent aux yeux, le *principe de l'harmonie générale* (voir le chapitre: *Application de la loi du contraste simultané des couleurs).* Ce principe, auquel il est si indispensable de satisfaire, pour que les œuvres répondent à l'attente de ceux qui en ont eu la pensée, est d'une grande difficulté à observer dans la pratique, à cause du grand

nombre de personnes qui concourent presque toujours
à l'exécution d'une *œuvre unique*, comme l'est l'œuvre
d'un palais où interviennent l'architecture, la peinture, la
peinture en bâtiments, le tapissier pour la tenture et l'é-
béniste pour le meuble! Si cette difficulté n'existait pas,
comment s'expliquerait-on que la même volonté eût placé
dans le Palais de l'Industrie une peinture sur verre, qui
ne doit apparaître aux yeux que par une lumière tout à
fait affaiblie relativement à la lumière blanche, transmise par les vitraux transparents de la couverture de
l'édifice contiguë à cette même peinture? Evidemment
cette lumière blanche, refléchie de toutes les surfaces de
l'intérieur vers la surface intérieure des verres peints,
nuit excessivement à l'effet de ceux-ci, puisque cette lumière blanche est réfléchie en partie par la surface intérieure des verres peints, en même temps que ceux-ci
transmettent une lumière colorée qui, toujours plus faible que la lumière blanche, est encore affaiblie par les
ombres destinées à donner du relief à la peinture; l'effet
résultant de la contiguïté des verres incolores et des
verres colorés est donc tout différent de l'effet qui serait
produit dans le cas où les verres peints seraient placés
dans une pièce limitée où la lumière ne pénètrerait que
par ces mêmes verres, et frapperait les yeux d'un spectateur placé assez près des verres pour apprécier tous
les effets que l'artiste a voulu produire !

De quelques opinions relatives aux vitraux peints.

Si les effets optiques des vitraux étaient plus connus et
mieux conçus, les jugements portés sur les vitraux *modernes,* comparés aux *anciens,* seraient plus près de la
vérité, et dès lors, connaissant la cause des grands effets
de ceux-ci, on n'exigerait pas la reproduction des mêmes
effets dans des conditions fort différentes, que dans la plupart des cas on a imposés aux artistes verriers modernes.

J'ai dit pourquoi les verres de petite dimension plutôt
que de grande, encadrés dans du plomb, produisent le
maximum d'effet, toutes choses égales d'ailleurs.

La conséquence est donc que si l'on exige des pièces de grande dimension et la suppression d'un grand nombre de plombs, l'artiste verrier ne pourra produire les effets anciens.

J'ai montré l'inconvénient d'éclairer une église à la fois par des lumières colorées et par des lumières plus vives incolores ou faiblement colorées ; conséquemment cette circonstance déterminera le bon effet des vitraux peints.

Je dois ajouter que l'économie fait employer aujourd'hui des verres beaucoup plus minces qu'ils ne l'étaient autrefois ; il y a là une cause indépendante de l'artiste moderne, pour que des vitraux, toutes choses égales d'ailleurs, soient plus *criards* que ne l'étaient les anciens. En outre, on ne doit pas faire un mérite à ceux-ci, relativement au défaut d'être *criards* qu'on reproche aux vitraux modernes, de l'effet produit par l'altération du verre, ou par un enduit convenable résultant de l'action du temps.

Enfin, pour être juste envers l'artiste, il faut lui tenir compte de l'exigence à laquelle il est aujourd'hui souvent soumis, à savoir, que ces vitraux laissent passer une lumière suffisante pour permettre une lecture facile aux fidèles qui assistent aux offices.

D'un autre côté, parmi les qualités attribuées aux *vitraux anciens* et refusées aux *vitraux modernes*, il en est deux qui tiennent à des défauts de la fabrication des verres anciens.

Le premier défaut tient à ce que beaucoup de verres anciens sont d'inégale épaisseur ; en d'autres termes, que leurs deux surfaces ne sont point parallèles, qu'elles présentent des parties convexes et des parties concaves qui agissent tout différemment sur la lumière, de manière à produire en définitive des effets agréables.

Le second défaut est chimique. Il tient à la composition du verre ancien même, qui n'est point équivalente à du *verre incolore*, plus un principe colorant, tel que le protoxyde de cobalt, le sesquioxyde de manganèse, etc. ; le verre ancien contient beaucoup d'oxyde de fer intermédiaire qui le colore en vert, indépendamment des

oxydes de cobalt, de manganèse, etc. ; et c'est à cette
existence du fer qu'il faut attribuer la propriété qu'ont
certains verres anciens colorés par le cobalt, de transmettre une couleur bleue dépouillée de violet, et certains verres anciens colorés par le maganèse, de transmettre une couleur fort différente de la couleur donnée
par l'oxyde de ce métal pur à un verre incolore.

On voit donc que les beaux effets des verres anciens
tiennent à des défauts de fabrication.

M. Regnault, après la communication de mon travail,
a exprimé une opinion conforme à la mienne, relativement à la nécessité, pour le bon effet des vitraux colorés,
que la lumière transmise dans les lieux qu'ils éclairent
y pénètre à l'exclusion de toute lumière blanche.

Il avait remarqué, en outre, qu'une des causes de la
supériorité d'effet des vitraux anciens sur les vitraux
modernes tient aux accidents de lumière provenant de
l'inégalité d'épaisseur des premiers, d'où résultent des
surfaces convexes et concaves qui agissent tout autrement sur la lumière que des surfaces planes et parallèles.

C'est sous l'impression des idées précédentes qu'il a
proposé à l'autorité supérieure, dans un rapport resté
inédit : 1° de fabriquer des verres destinés aux vitraux
non plus par le soufflage, mais par le coulage, afin d'éviter l'effet monotone, sur la lumière, des surfaces planes ;
2° de mêler différentes matières étrangères aux verres
pour en diminuer la transparence.

Je regrette vivement que M. Regnault n'ait pu réaliser
ses projets, dans la conviction où je suis du service que
Sèvres, sous son habile direction, aurait encore rendu à
l'industrie, en lui donnant des *spécimens* susceptibles de
reproduire les effets des anciens vitraux. Certes, si les
manufactures nationales ont une raison d'être, c'est à la
condition de maintenir le *bon goût* dans les produits
qu'elles confectionnent respectivement, et d'éclairer des
lumières de la science les différentes branches de l'industrie qui se rattachent à chacune d'elles en particulier. »

CHAPITRE II.

Couleurs en émail qui servent à la peinture sur verre. Fondants.

Des conditions à remplir par ces matières. — Dans la peinture sur verre, on appelle émaux des substances vitrifiées ou vitrifiables, qui servent à peindre et qu'on fait adhérer au verre par l'action d'une température suffisante pour les mettre en fusion. Ces émaux sont de couleurs différentes. Ils se divisent en deux classes, comme nous le verrons bientôt.

Ces émaux, en tous cas, doivent réunir plusieurs conditions indispensables à leur usage : 1º être fusibles à une température déterminée; 2º adhérer fortement au verre et faire corps avec lui; 3º jouir d'une transparence ou quelquefois d'une opacité convenable ; 4º conserver une apparence vitreuse après leur fusion ; 5º posséder une dureté suffisante pour résister puissamment au frottement des corps solides ; 6º être insolubles dans l'eau ; 7º subir sans altération l'action de l'air, de l'humidité et des gaz ordinairement répandus dans l'atmosphère ; 8º enfin, être doués d'une dilatabilité conforme à celle des verres qu'ils doivent recouvrir.

La fusibilité des émaux doit toujours être plus grande que celle du verre. Celui-ci se ramollissant à la chaleur rouge un peu intense, il est nécessaire que les émaux entrent en fusion et se fixent sur lui, avant d'arriver à la température où il se déformerait par un commencement de liquéfaction.

La peinture sur verre recevant sa coloration des rayons lumineux dont le verre se laisse pénétrer, à l'opposé des autres peintures en émail, qui n'envoient aux yeux que des rayons réfléchis, les émaux pour le verre sont presque toujours transparents et l'on conçoit que cette transparence est une condition le plus souvent nécessaire. Cependant, il n'est pas toujours indispensable que cette

transparence soit parfaite, et qu'elle ait la limpidité du
verre ; il est, au contraire, quelquefois utile que les objets
placés derrière le verre peint, ne puissent être dis-
tingués. Une demi-transparence suffit ordinairement,
pourvu qu'elle admette une coloration riche et brillante.
Mais il est des circonstances où la peinture ne doit pas
se laisser traverser par la lumière. En ce cas, on se sert
d'émaux complètement opaques. Il n'en existe que quelques-uns.

La dureté des émaux varie avec leur composition. On
doit toujours leur donner le degré de dureté nécessaire
pour qu'ils résistent puissamment au frottement des
corps durs; mais comme les causes qui agissent mécaniquement sur les vitraux peints, de manière à user les
émaux, sont extrêmement rares, on est autorisé à ne pas
exclure toujours les émaux d'une dureté médiocre.

Quant à leur résistance à l'action chimique des corps,
elle doit être telle qu'ils ne puissent être altérés par
aucun des agents à l'influence desquels ils sont exposés,
dans les conditions ordinaires, tels que l'air, l'eau, l'acide
hydro-sulfurique, et les autres gaz répandus dans l'atmosphère; mais il importe peu qu'ils soient ou ne soient
pas attaquables par les corps avec lesquels ils ne peuvent
être en contact que d'une manière accidentelle et for-
tuite. L'inaltérabilité des émaux n'est pas plus absolue
que celle du verre : elle est ordinairement proportion-
née à leur dureté.

Une propriété physique que les émaux doivent avoir
dans une mesure strictement déterminée, c'est la faculté
de dilatation. Dans les fréquents changements de température que subissent les verres peints, pendant et après
leur fabrication, la dilatation de l'émail doit être en rapport exact avec le verre. S'il en était autrement, l'extension et la contraction qui s'opèreraient inégalement dans
les deux corps, produiraient des mouvements opposés,
des tiraillements contraires, d'où résulteraient infailli-
blement de nombreuses solutions de continuité. Tels
sont, en effet, les accidents que produisent ordinairement
les émaux d'une dilatabilité mal appropriée à celle du

verre qu'ils recouvrent : ils se fendillent, se gercent et
se détachent bientôt par écailles de la surface du verre,
tandis que celui-ci, qui a plus de résistance et de solidité en raison de son épaisseur, conserve son intégrité.

NATURE DES COULEURS.

Division des émaux en deux classes.

Les émaux sont composés : 1° des substances colorantes qui sont, le plus souvent, des oxydes métalliques ;
2° des *fondants* ou véhicules des couleurs, qui sont des
composés vitreux ou vitrescibles. C'est par leur intermédiaire que les matières colorantes se fixent sur le verre.

Les fondants sont ordinairement des silicates, des borates, ou des boro-silicates, unis en différentes proportions, et dont l'état de saturation est variable.

Pour colorer les émaux, on met à profit tantôt la couleur que présente un corps à l'état libre, tantôt celle que
nous offre sa combinaison avec un autre corps qui fait
ordinairement partie du fondant. C'est toujours dans
l'une ou l'autre de ces conditions que se trouvent les
matières colorantes dans les émaux.

L'observation précédente établit entre les émaux une
distinction bien tranchée, qui a donné lieu de les diviser
en deux classes.

La *première classe* comprend les émaux dans lesquels
la substance colorante est libre dans le fondant, et ne s'y
trouve qu'à l'état de mélange, comme dans la peinture à
l'huile la couleur est mêlée à ce liquide. Nous les appellerons *émaux colorés par mélange.* (Dans la peinture
sur porcelaine, nous donnons à ces peintures le nom de
couleur.)

La *deuxième classe* réunit les émaux dont la matière
colorante est en combinaison avec le fondant, qui en est
devenu partie constituante. La matière colorante et le
fondant forment une vitrification parfaite, jouissant de
toutes les qualités du verre lui-même. Nous les nommerons *émaux colorés par combinaison.*

Principes de la composition des fondants.

La division que nous avons établie entre les émaux, n'est pas purement systématique et conçue dans un simple but d'ordre, pour faciliter l'étude des émaux. Elle est fondée sur des considérations pratiques de la plus grande importance.

La composition des fondants n'est pas arbitraire. Indépendamment des qualités particulières dont ils doivent être pourvus pour être inaltérables par eux-mêmes, comme ils servent d'intermédiaire entre le verre et les matières colorantes, il est nécessaire qu'ils soient appropriés à la nature du verre, pour y adhérer d'une manière durable, et, en outre, qu'ils se conforment aux conditions des couleurs qu'ils doivent fixer avec eux. La nécessité pour les fondants de se prêter même à toutes les exigences des matières colorantes, est la principale cause qui rend nécessaire l'emploi d'un plus grand nombre de ces véhicules, ainsi que nous l'exposerons plus loin. Nous étudierons d'abord la composition des fondants dans leurs rapports avec la matière colorante.

Dans les émaux de première classe, il est nécessaire que le fondant soit de nature à maintenir le corps colorant dans l'état d'isolement auquel est attachée la coloration qu'on doit obtenir, et qu'il n'ait sur lui aucune action capable de changer ses qualités. Dans les émaux de deuxième classe, au contraire, il est indispensable que le fondant ait sur le corps colorant une influence active qui détermine la combinaison dont la coloration doit résulter. Nous allons développer quelques observations desquelles nous ferons ressortir les principes de la composition des fondants sous le point de vue que nous nous sommes d'abord proposé.

Les acides fixes se combinent avec les bases en toutes proportions; mais il existe pour ces composés un degré de saturation tel que, lorsqu'ils sont en fusion, ils ont aussi peu de tendance à s'unir à une plus grande quantité de base, qu'à une plus grande quantité d'acide. Cet état neutre se réalise dans la combinaison la plus fusible. Voici sur quoi se fonde notre assertion :

Si parmi les combinaisons d'un acide fixe avec une base peu ou point fusible, on prend celle qui jouit de la plus grande fusibilité, et qu'on essaie de combiner successivement de nouvelles quantités de base, on observe que la température doit être portée d'autant plus haut, que la quantité de base est déjà plus considérable. C'est ce qui a lieu pour les silicates de chaux, de fer, de cobalt, de cuivre, etc.

Si, au contraire, à une combinaison d'un acide fixe infusible avec une base, dans les mêmes conditions que la précédente, on veut ajouter successivement de nouvelles quantités d'acide, il est bien reconnu que la température devra également être augmentée en proportion de la quantité relative de l'acide en combinaison.

C'est pourquoi nous disons qu'en général, dans les composés formés d'un acide fixe et d'une base, à partir de la combinaison la plus fusible, l'augmentation de la base ou de l'acide exige un accroissement proportionnel de température, à moins que le corps qu'il s'agit d'ajouter ne soit très fusible, et qu'ainsi sa combinaison ne devienne indépendante de la chaleur.

En effet, l'exercice de la loi que nous avons énoncée se modifie, tantôt en faveur des bases, tantôt en faveur des acides, quand les uns ou les autres sont plus ou moins fusibles. Dans les silicates de plomb, l'accroissement de température nécessaire à la combinaison d'une plus grande quantité d'acide ne l'est pas également pour la base, puisque la fusibilité de celle-ci détermine son union avec la silice, indépendamment de la température. Mais nous avons un exemple du contraire dans les borates de fer, de cobalt, de cuivre, et ici la loi ne s'exerce guère qu'en faveur des bases, puisque la fusibilité de l'acide borique rend inutile l'augmentation de la température.

Cependant, ces sortes d'exceptions disparaissent dans les composés mêmes dont nous venons de parler, si à l'élément fusible qu'il s'agit d'ajouter, on en substitue un d'une autre nature, qui soit infusible. C'est ce qui a lieu lorsque, par exemple, à un silicate de plomb, on ajoute un oxyde de fer, ou lorsqu'à un borate de plomb, on ajoute de l'acide silicique.

Nous concluons de ce qui précède, qu'à partir de l'état neutre dont nous avons parlé, la température nécessaire pour combiner un oxyde à un fondant, donne la mesure de la tendance de ce fondant à se saturer davantage. Plus il est saturé, plus il s'unit difficilement à une plus grande quantité de base, pourvu que celle-ci soit peu fusible. Les proportions de base qu'il peut admettre en combinaison sont subordonnées à la température. A une température déterminée, la quantité de base relative est déterminée : si nous excluons, toutefois, les cas de fusibilité que nous avons prévus. De sorte que, si, dans les mêmes conditions, on ajoutait une nouvelle quantité de base, elle resterait en dehors de la combinaison. On a tiré parti de cette circonstance pour la composition des fondants des émaux de première classe.

Étant déterminée la température à laquelle les émaux doivent entrer en fusion, le degré de saturation qui lui répond, est celui qu'il convient de donner au fondant, puisqu'on est assuré que les matières colorantes qui lui seront unies, se maintiendront dans leur intégrité. Or, si nous adoptons pour point de fusion des émaux, la chaleur rouge cerise, l'expérience nous apprend qu'à cette température, les trisilicates et les borates bibasiques de plomb, de soude et de potasse, alors en pleine fusion, ne peuvent se saturer davantage. En conséquence, lorsqu'il s'agira de colorer un émail avec un oxyde qui devra rester à l'état de simple mélange avec son fondant, on composera ce dernier avec les trisilicates et les borates bibasiques dont nous venons de parler.

Mais lorsqu'on voudra obtenir une coloration d'un oxyde qui doit entrer en combinaison avec le fondant, pour déterminer cette combinaison, le degré de saturation n'est pas rigoureusement limité, non plus que la température. S'il est rationnel, dans ce cas, d'employer un fondant moins saturé, on devra ne le faire que dans les limites qui permettront de conserver à l'émail ses qualités physiques indispensables. La température aidant, la combinaison de l'oxyde sera toujours obtenue. On voit que si les fondants des émaux de la première classe ont une composition spéciale, rigoureuse, il n'en est pas de même pour ceux des émaux de la deuxième classe. Ceux-ci ont cependant des indications fort importantes à remplir, ainsi que nous le verrons bientôt.

Dans la composition des fondants pour les émaux de la première classe, nous avons pris pour base le degré de saturation qui répond au rouge modérément vif. Voici pour quelles raisons : d'abord le verre que l'on peint ne peut supporter qu'une chaleur peu intense, dont sa fusibilité donne la mesure, et l'on doit se tenir en deçà de ces limites; en outre, le degré de saturation que nous avons signalé, est celui dans lequel le fondant s'accommode le mieux à la dilatabilité du verre, sans sacrifier les autres qualités désirables dans les émaux.

Dans la composition des émaux, l'état de saturation du fondant, et la température que celui-ci doit subir, ne sont pas les seules choses à considérer. Il est d'autres conditions accessoires qui ont aussi leur importance, soit pour prévenir la combinaison des oxydes pour les émaux de première classe, soit pour la favoriser dans ceux de la deuxième. Le degré de température déterminé n'est pas toujours facile à atteindre d'une manière exacte. S'il arrive qu'on le dépasse pour les émaux de la première classe, le fondant reprend aussitôt son empire sur l'oxyde colorant; l'altération de cette substance est alors d'autant plus grande, que la quantité de fondant est plus considérable. De là, l'indication dans ces sortes d'émaux de mettre le moins possible de fondant.

Une raison opposée prescrit de mettre le plus de fondant possible dans les émaux de la deuxième classe. On conçoit, d'ailleurs, qu'une plus large imprégnation de l'oxyde favorise encore sa combinaison. Pour soustraire les émaux de la première classe aux chances fâcheuses de la température, on évite aussi de mettre en fusion les fondants avec les oxydes, avant de les employer; tandis, qu'au contraire, on ne fait usage des émaux de la deuxième classe, qu'après qu'une fusion préalable a donné la certitude de la parfaite combinaison de la substance colorante.

Nous disions précédemment que la saturation du trisilicate et du borate bibasique avait été choisie, parce qu'elle satisfaisait aux exigences de la matière colorante et à celle du verre, sans compromettre les qualités propres de l'émail. On est, en effet, rigoureusement obligé de se renfermer dans ces limites, si l'on ne veut pas entrer dans des conditions fâcheuses que nous allons signaler.

Si l'on unit par la chaleur un silicate métallique avec un silicate alcalin, ils se dissolvent l'un dans l'autre. Est-ce en vertu d'un acte de combinaison, ou de simple mélange? Les savantes observations de M. Dumas sur la cristallisation accidentelle du verre, ont établi que les verres sont formés de silicates définis. Nous avons lieu de croire qu'ils sont à l'état de combinaison entre eux. Quoi qu'il en soit de la nature de ces silicates, leurs différents états de saturation apportent de nombreuses modifications dans les qualités de ces composés. Voici, toutefois, ce qu'il nous importe le plus de signaler. M. Faraday a observé que si l'on augmente quelque peu la quantité d'oxyde de plomb que contient le flint-glass ordinaire, ce verre qui résistait fort bien à l'humidité, devient très hygrométrique, et sous l'influence de l'air humide, il ne tarde pas à se ternir. Cet effet nous a été confirmé à nous-même par nos propres expériences. Or, le flint-glass est un silicate composé dont les acides contiennent huit fois l'oxygène des bases. Dès que les verres, en général, contiennent une plus grande quantité de base, ils deviennent beaucoup plus attaquables à l'eau; tels sont les verres à vitres, à glaces, etc., surtout quand ils ont subi le polissage : tous ces composés cèdent à l'eau bouillante, du silicate alcalin soluble, et il s'en sépare un silicate terreux insoluble qui se précipite. C'est ce qui arrive aux différents degrés de saturation qui se trouvent entre l'octosilicate et le bisilicate. Mais, un fait extrêmement remarquable, que nous avons observé en particulier dans les verres plombeux, c'est que, si l'on ramène un cristal renfermant un alcali soluble, à l'état de bisilicate, en y faisant entrer une plus grande quantité de plomb, ce verre, réduit en poudre, abandonne presque tout son silicate alcalin à l'eau froide elle-même, et même presque instantanément.

Il résulte de cela, que la combinaison d'un silicate plombeux avec un silicate alcalin, déjà fort altérable à mesure qu'on descend de l'octosilicate, n'a plus aucune stabilité lorsqu'on arrive au bisilicate ; car alors le dernier, devenu soluble dans l'eau froide, s'y dissout immédiatement. Cependant, il est probable qu'il n'en est pas ainsi de tous les bisilicates composés : car, dans les verres de plomb, ce sont des silicates basiques unis l'un à l'autre ; tandis que dans le verre à bouteille, par exemple, ce sont des silicates indifférents unis à des silicates basiques ; et ces sortes de combinaisons ont plus de stabilité. Mais nous n'avons guère à nous occuper ici que des silicates plombifères ; car les émaux employés pour la peinture sur verre sont presque toujours plombifères. La raison en est que les silicates de plomb sont extrêmement avantageux pour modifier facilement la dilatabilité des émaux. En augmentant ou diminuant la quantité d'oxyde de plomb, on arrive toujours à donner aux émaux une dilatabilité convenable à celle du verre. On ne saurait tirer le même parti d'un silicate alcalin. Dans ce qui précède, on trouve la raison pour laquelle on évite de faire entrer de la potasse dans la composition des émaux. La fusibilité et la dilatabilité nécessaires exigent d'amener les fondants à un état de saturation telle, qu'ils auraient très peu de stabilité, et deviendraient très altérables. A une température élevée, la potasse se sépare d'elle-même et se volatilise ; à froid, les émaux sont facilement attaqués par l'humidité. On évite cet inconvénient, en substituant le borate de soude à la potasse. Ce dernier, beaucoup plus fusible que le silicate de potasse, permet d'arriver à une fusibilité convenable, sans trop abaisser le degré de saturation. On obtient ainsi, à la fois, moins de coloration, moins d'altérabilité, et plus de dureté.

En résumé, nous dirons que :

1º Dans les émaux colorés par mélange, on ne doit employer pour fondants que des silicates dont les acides renferment au plus trois fois autant d'oxygène que les bases;

2º Dans les émaux colorés par combinaison, une plus grande quantité d'oxygène dans les acides ne peut être que favorable, toutes conditions, d'ailleurs, étant remplies;

3º Il ne faut pas produire d'émail plombifère renfermant un silicate alcalin à un état de saturation qui passe le trisilicate, c'est-à-dire renfermant une moindre dose d'acide, ou une plus grande quantité de base ;

4º On doit, dans tous les cas, satisfaire aux conditions de fusibilité, de dureté ou de dilatabilité qui sont indispensables.

Dans la composition des fondants, on réunit ordinairement des silicates et des borates de métaux différents, parce que les sels composés qui en résultent jouissent d'une plus grande fusibilité, et parce que ceux d'entre les silicates et les borates simples, qui pourraient être assez fusibles, n'auraient pas la blancheur désirable, s'ils étaient employés seuls. Les silicates et borates de plomb, par exemple, qui contiennent une assez grande quantité de base, auraient assez de fusibilité, mais ils ont une coloration jaune, d'autant plus prononcée qu'ils sont plus saturés. C'est pourquoi, on est obligé de les unir à une certaine quantité de silicates ou de borates alcalins, pour rendre cette coloration moins sensible.

Il serait avantageux que les silicates ou les borates qu'on fait entrer dans les émaux fussent tous insolubles, comme ceux de chaux, d'alumine, de plomb, etc. Mais le besoin d'obtenir une grande fusibilité nécessite l'emploi des silicates ou borates alcalins qui, dans certaines limites, reçoivent de leur combinaison une stabilité suffisante.

D'après les principes précédemment émis, il semblerait que deux espèces de fondants dussent suffire aux deux classes d'émaux. Il en serait ainsi, en effet, si dans la préparation des émaux, on n'avait en vue que leur coloration propre. Mais ces émaux, destinés à être appliqués sur le verre, doivent avoir la même dilatabilité que lui. Or, les différents corps colorants employés modifient singulièrement les qualités physiques des émaux, chacun d'une manière différente ; il n'y a donc qu'en changeant la nature du fondant qu'on peut ramener les émaux aux conditions de dilatabilité qu'ils doivent avoir. De là encore le besoin d'admettre une grande variété dans les fondants. En parlant des émaux, en particulier, nous indiquerons les fondants appropriés à chacun : cependant, nous en citerons ici quelques-uns, que nous offrirons comme exemples des règles que nous avons posées.

Fondants pour émaux de la 1re classe.

	No 1.	No 2.	No 3.
Silice.	1 p.	3 p.	2 p.
Oxyde de plomb. .	3	8	6
Borax calciné. . . .	»	1	1

Le no 1, appelé *rocaille* par Haudicquer de Blancourt, qui en a décrit la préparation dans son *Art de la Verrerie,* était autrefois employé comme émail, pour recouvrir les poteries communes. Ce fondant, dont l'état de saturation se prête merveilleusement à la préparation des émaux de première classe, ne saurait cependant être employé avantageusement dans tous les cas. Il arrive souvent qu'un oxyde colorant mêlé avec lui, tend à le décomposer en favorisant la séparation de ses éléments. L'émail est alors altérable à l'air ; sa surface perd son poli et devient pulvérulente. Nous ne saurions dire de quelle nature est l'action du corps colorant : peut-être est-elle simplement mécanique, et son effet résulte-t-il de la grande division, et même de la porosité que donne à l'émail une poudre à l'état de simple mélange ; peut-être aussi, l'oxyde de plomb a-t-il moins d'affinité pour la silice que le nouveau corps qui, en conséquence, tend à déplacer le premier. Toutefois, le fondant rocaille n'est

employé avec succès dans les émaux de première classe,
que quand ceux-ci doivent être fondus préalablement
à l'emploi. Alors le mélange plus intime du fondant
avec les matières colorantes, donne à l'émail une densité plus grande, qui le préserve de l'action de l'air :
telle est l'explication que nous préférons. Quand l'émail
ne doit pas être préalablement fondu, il est utile de substituer au fondant rocaille les nos 2 ou 3, qui n'en sont
qu'une modification, et qui ont plus de stabilité.

Fondants pour émaux de la 2e classe.

	No 1.	No 2.	No 3.	No 4.
Silice.	3	1	3	3
Minium.	3	8	6	6
Borax.	3	2	3	2
Nitre.	»	»	1	»

C'est suivant les principes précédents que pourraient
être préparés tous les émaux, si l'on ne se proposait que
la bonne qualité de ces composés vitreux. Mais les émaux
par combinaison, surtout, sont tellement influencés par
leur dilatabilité, par certains oxydes, tels que le deutoxyde
de cuivre et le deutoxyde de manganèse, que, pour détruire leur effet, on est obligé de ramener les fondants à
un état de saturation qui ne permet plus d'employer les
silicates alcalins, à moins de ne les y faire entrer qu'en si
petites quantités, qu'ils soient enveloppés et protégés
contre l'action de l'eau, par les autres silicates.

Dans ce cas, les fondants se trouvant très saturés, dé-
viennent moins propres à dissoudre les oxydes. Mais on
peut alors, pour favoriser leurs combinaisons, employer
des procédés que nous décrirons plus loin en parlant
des émaux en particulier.

Fusion des fondants.

Après avoir réduit en poudre, et pesé exactement les
doses des différents corps qui doivent faire partie d'un
fondant, il ne reste plus qu'à les mettre en fusion. D'a-

bord, on mêle les poudres en les triturant dans un mortier. Quand le mélange est intime, on place le tout dans un creuset couvert que l'on chauffe au fourneau de fusion (fig. 9), d'abord doucement, ensuite fortement, jusqu'à ce que la masse soit en fusion tranquille, et qu'il ne s'y forme plus de petites bulles. On retire alors le creuset, et l'on verse doucement le produit dans un vase plein d'eau froide. On le recueille ensuite et on le fait sécher sur du papier. L'action de l'eau froide le met en petits fragments qui se réduisent plus facilement en poudre. Autrement, il se prendrait en masse vitreuse, difficile à pulvériser. On opère de même, quand il s'agit de combiner un fondant avec son oxyde colorant, pour la préparation d'un émail de seconde classe, et en général, dans toutes les vitrifications des fondants ou des émaux.

Il importe de ne préparer les émaux qu'avec des substances aussi pures que possible, si l'on veut que les couleurs soient fraîches et pures. En conséquence, il est nécessaire de bien connaître les qualités des matières que l'on doit employer.

Généralités sur la préparation des émaux.

La préparation des émaux, qui comprend une foule de particularités pour chacun d'eux, se résume cependant en deux modes généraux, suivant qu'ils sont colorés par mélange ou par combinaison.

Dans le premier cas, on fait choix, comme nous l'avons dit, d'un fondant riche en base, et, dans le même but, on fait en sorte que l'oxyde colorant soit le moins longtemps possible en contact avec le fondant en fusion. A cet effet, on ne les mêle ensemble que par la porphyrisation, et le mélange n'est chauffé que quand il est mis en œuvre sur le verre : encore n'y fait-on entrer que la quantité de fondant, strictement nécessaire pour que l'émail ait du corps, soit lisse et glacé après la cuisson.

Dans le deuxième cas, 1° il faut choisir un émail où les acides dominent autant que possible ; 2° il est nécessaire, en outre, de les fondre préalablement ensemble à une

3.

forte chaleur, pour faciliter la réaction ; 3º il faut aussi que le fondant y soit en aussi grande quantité que possible, sans nuire à la richesse de la coloration ; 4º enfin que l'oxyde soit libre de toute combinaison qui pourrait rendre difficile son union avec le fondant.

Telles sont les différences capitales qui existent entre les émaux, sous le rapport de leur composition et de leur préparation. Nous devons ajouter à cela quelques considérations qui leur sont communes, sur les moyens de modifier leurs qualités, suivant les circonstances.

Eu égard à la transparence, les émaux colorés par mélange se distinguent remarquablement des émaux colorés par combinaison. On imagine facilement qu'une matière colorante, opaque, disséminée dans une masse vitreuse, diminue la translucidité de celle-ci, de sorte que l'émail qui en résulte, est moins perméable à la lumière que celui qui se colore par une matière dissoute dans le fondant, qui lui sert de véhicule. Il est évident aussi que, dans le premier cas, la matière colorante opaque diminue la transparence du fondant, en raison de la quantité qui s'y trouve. Donc, on augmente la transparence des émaux en diminuant la quantité relative de la matière colorante. Mais ce ne peut être qu'aux dépens de la coloration ; et de plus, dans les circonstances où celle-ci n'a pas besoin d'être d'une grande intensité, ce sera aussi porter atteinte à la stabilité de sa coloration ; car nous savons que plus le fondant abonde, plus il a d'action sur les acides colorants. Quant à la transparence des émaux de deuxième classe, elle ne peut être diminuée qu'en y ajoutant des corps qui lui donnent de l'opacité.

La dureté des émaux croît avec la quantité de silice, toutes choses égales d'ailleurs. Il en est de même de leur résistance à l'action des agents chimiques. On produit par conséquent l'effet opposé en faisant dominer la base.

Il nous reste à parler de la dilatabilité. Cette propriété, qu'il est bon de mettre en harmonie avec celle du verre, se modifie assez facilement dans les émaux. Nous croyons avoir observé, à ce sujet, dans les borates, silicates et borosilicates de plomb, que la base produit ordinairement l'effet opposé à celui de l'acide. Nous ne saurions dire de quel côté est le plus ou le moins : si celui-ci augmente la dilatabilité, ou si celui-là la diminue ; il nous suffit de savoir que quand un émail se gerce, on le ramène facilement à la dilatabilité convenable, tantôt en diminuant, tantôt en augmentant la quantité d'oxyde de plomb. Presque toujours le premier moyen est celui qu'il convient d'employer.

Généralités sur les substances colorantes.

La plupart des substances colorantes des émaux sont des oxydes métalliques. Tantôt ils sont simplement mêlés à la matière vitreuse, tantôt ils sont combinés à la silice, et forment probablement des sels doubles avec les silicates et les fondants. Ce qui vient à l'appui de cette dernière hypothèse, c'est l'analogie des émaux avec les autres verres. On sait que dans ces composés, tels silicates alcalins qui sont solubles dans l'eau, quand ils sont isolés, deviennent complètement insolubles, s'ils sont unis à d'autres silicates, comme ceux de chaux, de plomb, d'alumine, etc.

Or, il n'y a que le fait de la combinaison de ces corps entre eux, qui puisse modifier ainsi leurs propriétés.

Dans les émaux colorés par mélange, on n'emploie pas toujours un oxyde colorant seul ; quelquefois, on en fait entrer plusieurs préalablement combinés ensemble. Mais les combinaisons qu'ils forment entre eux, sont toujours indépendantes du fondant.

Les oxydes qui se trouvent réunis dans un émail de ce genre, ne se colorent pas comme le ferait le mélange de leurs couleurs propres ; mais ils lui donnent des nuances spéciales qu'ils tiennent de leur état de combinaison.

Dans les émaux de la deuxième classe, on emploie souvent plusieurs oxydes ; mais ils ne sont pas unis l'un à l'autre, et la teinte produite n'est que le résultat du mélange des couleurs qu'ils développent, chacun en particulier.

La combinaison des oxydes entre eux offre, pour la préparation des émaux, des ressources précieuses. Tantôt ces combinaisons donnent aux oxydes plus de résistance à l'action du fondant, tantôt, au contraire, elles favorisent leur dissolution dans ce dernier. On comprend d'avance comment les unes sont mises à profit pour les émaux de première classe, et les autres utilisées pour ceux de la deuxième. Dans le premier cas, par exemple, on combinera le peroxyde de fer avec l'oxyde de zinc, parce que le premier, en vertu de cette union qui jouit d'une grande stabilité, sera beaucoup plus rebelle à l'action du fondant, et qu'il pourra ainsi donner à l'émail une coloration particulière.

Dans le deuxième cas, au contraire, on combinera l'oxyde de cobalt avec l'oxyde de plomb, afin que leur union qui a peu de stabilité, mette le premier de ces corps dans un état de division favorable à l'action du fondant. On remplira cette indication d'une manière très simple, si au lieu de préparer d'avance un fondant pour l'unir à la matière colorante, en le faisant fondre une seconde fois, on chauffe l'oxyde colorant mêlé avec des substances qui doivent composer le fondant ; car l'oxyde de plomb, qui en fait partie, dissoudra cet oxyde colorant, et le préparera ainsi à s'unir à la silice, avec plus de facilité. C'est pourquoi nous n'hésitons pas à prescrire cette méthode pour la préparation des émaux de la deuxième classe en général. Nous ne connaissons pas de raison grave qui exige l'emploi des fondants vitrifiés d'avance, comme pour les émaux colorés par mélange.

L'union de deux oxydes constitue un véritable sel, dans lequel l'un joue le rôle de base, l'autre celui d'acide. Nous allons présenter une série de ces corps où sont rangés dans l'ordre de leur énergie, ceux qui remplissent le rôle de base et ceux qui servent d'acide.

Oxydes acides. . . . . Acide antimonique.
Acide antimonieux.
Acide stannique.
Oxydes indifférents. . . Protoxyde d'étain.
Oxyde d'antimoine.

Oxydes indifférents. . .   Oxyde de chrome.

                               Sesquioxyde de manganèse.

                               Peroxyde de fer.

                               Oxyde d'aluminium.

                               Oxyde de zinc.

Oxydes basiques. . . . . .   Protoxyde de fer.

                               Protoxyde de manganèse.

                               Protoxyde de plomb.

                               Oxyde d'argent.

                               Oxyde de bismuth.

                               Protoxyde de cobalt.

                               Bioxyde de cuivre.

Nous citerons quelques exemples des composés dont nous venons de parler, parmi ceux qui sont fréquemment mis en usage :

Antimonite de plomb.	Jaune.
— de cobalt.	Vert foncé.
— de cuivre.	Vert pistache.
— de peroxyde de fer.	Jaune de cire.
— de zinc.	Jaune.
Zincate de fer.	Jaune d'ocre.

On conçoit qu'on peut former un grand nombre de combinaisons analogues à celles que nous venons de rapporter. On obtient avec ces composés une foule de nuances mixtes que l'on appelle, en peinture, des *tons rompus,* et qui sont d'une grande ressource pour l'artiste; tels sont :

       Le ferrate de manganèse.

           —   de chrome.

           —   de cobalt.

           —   de cuivre.

       Le manganate de cobalt.

              —   de cuivre.

              —   de chrome.

       Le cuprate d'argent, etc.

Nous parlerons plus loin de la préparation de ces substances colorantes.

CHAPITRE III.

Des Émaux en particulier.

Rouge pour les chairs.

Cet émail est coloré par le tritoxyde de fer, obtenu par la calcination du sulfate de fer du commerce. Mais ce sel a besoin d'être préalablement purifié pour être débarrassé surtout du sulfate de cuivre qu'il contient généralement, et qui noircit le rouge à l'emploi.

Nous parlerons de la purification et de la dessiccation de ce sel dans le chapitre intitulé *Chimie*.

Préparation du rouge.

Il faut avoir, pour cette opération, une capsule en fonte de fer, très épaisse. Il ne serait pas indifférent d'employer pour cet usage une simple capsule de fer d'une médiocre épaisseur : elle risquerait d'être trouée et détruite même avant la fin de l'opération (1).

Il est besoin d'avoir d'ailleurs un fourneau formé d'un manchon de terre, ayant pour fond un disque de même substance, ouvert à sa partie supérieure. Un trou percé dans le bas près du fond, recevra la tuyère d'un petit soufflet de forge; 16 centimètres de diamètre et autant de hauteur, sont les dimensions que l'on doit donner à ce fourneau. On pourrait se servir, au besoin, d'un fourneau ordinaire; mais celui que nous avons décrit, est plus commode pour régler la température; car, dès que

---

(1) On peut se servir avec avantage, pour cette préparation, d'une espèce de casserole en fonte, connue dans le commerce sous le nom de *coquotte*. Ce vase nous a toujours paru préférable à tout autre pour sa forme, son épaisseur et sa durée. La fonte résiste mieux que le fer.

l'on cesse de souffler, le combustible ne recevant d'air nulle part, tend à s'éteindre. La capsule doit avoir la même largeur que le fourneau.

Les dimensions que nous avons déterminées pour le fourneau et pour la capsule, sont proportionnées à la quantité de matière que l'on peut traiter, pour faire l'opération avec le soin qu'elle réclame.

Le sulfate de fer, préparé comme nous l'avons dit, est exposé à la chaleur, jusqu'à ce qu'il soit porté au rouge sombre. On l'agite sans cesse avec la raclette ; et cette manœuvre doit être continuée jusqu'à la fin de l'opération, afin de renouveler constamment les surfaces, et de chauffer la matière d'une manière toujours égale. La poudre jaunit d'abord, puis brunit, et prend une teinte brune verdâtre, qui passe au rouge quand on la fait refroidir. Il se dégage alors un gaz acide et piquant. On continue ainsi, jusqu'à ce que la poudre soit réduite aux 2/3 environ de son volume ; on la retire du feu, et on la laisse refroidir.

L'habitude nous montre, d'après la couleur du produit, quand l'opération est terminée. Mais si l'on n'est pas expérimenté, on retire à différentes époques de l'opération, des fractions du produit, et l'on est ainsi assuré d'en avoir toujours de la nuance qu'on désire. Dans tous les cas, il faut arrêter l'opération bien avant que le gaz cesse de se dégager ; car si l'on arrivait à ce point, l'opération serait manquée, et le produit ne pourrait plus servir qu'à faire du brun foncé, ou du violet de fer.

Le rouge obtenu étant mis dans un vase, on verse dessus de l'eau bouillante pour dissoudre le sulfate de fer non décomposé. On agite à plusieurs reprises et, après avoir laissé reposer, on décante l'eau qui surnage. On sépare ensuite le rouge de quelques impuretés qui s'y trouvent, en l'agitant avec de nouvelle eau dans une capsule, et en décantant rapidement, dès que ces impuretés sont précipitées. En répétant cette manœuvre autant qu'il est nécessaire, on les isole complètement. Elles ont ordinairement une couleur grise verdâtre. La poudre d'oxyde de fer est ensuite jetée sur un filtre, et lavée à l'eau froide, jusqu'à ce que celle-ci sorte sans aucune saveur. Le produit séché est propre à être mêlé au fondant.

Théorie.

Que se passe-t-il dans cette opération? D'abord une partie de l'acide du sulfate se décompose en acide sulfureux qui se dégage, et en oxygène qui transforme le sel restant en sulfate de tritoxyde de fer, mêlé à de l'oxyde devenu libre. Ce sulfate, à son tour, est décomposé; il se dégage de l'acide sulfurique, et il reste du tritoxyde mêlé de sel non décomposé.

Nous savons que l'oxyde rouge de fer change de nuance à mesure qu'il est chauffé davantage. D'abord d'un rouge jaunâtre, il devient d'un rouge de plus en plus intense, puis violet, à mesure qu'il est contracté par le calorique. On comprend, dès lors, que pour obtenir, par la calcination du sulfate de fer, un rouge tendre pour la coloration des chairs, il faut maintenir ce sel à une température suffisante pour le décomposer, mais pas assez élevée pour foncer la teinte du rouge déjà formé. De là, l'importance de le tenir toujours au rouge sombre, et de remuer sans cesse la matière pour que la partie qui touche le fond ne s'échauffe pas trop fortement. Nous ferons remarquer à ce sujet, que pour que la poudre que l'on agite soit au rouge sombre, il faut que le fond de la capsule soit au rouge cerise.

Il faut arrêter l'opération avant que tout le sulfate soit décomposé (et c'est une condition capitale), pour que le rouge formé se trouve mêlé à une certaine quantité de ce sel. Quand celui-ci est dissous par l'eau de lavage, il laisse l'oxyde plus divisé, et d'un rouge plus vif.

Ensuite, une opération d'une trop longue durée paraît altérer aussi la beauté du rouge, bien que la température n'ait pas été trop élevée; observation qui porte à conclure que l'oxyde de fer se contracte, non seulement en raison de l'élévation de la température qu'il a subie, mais encore en raison du temps pendant lequel il a été chauffé. C'est encore une raison pour n'opérer que sur une petite quantité à la fois.

On peut obtenir plus sûrement le rouge de fer d'une belle nuance, par un procédé qui repose sur la théorie que nous venons d'exposer. On calcine, comme dans l'opération précédente, un mélange de sulfate de fer et de sulfate de potasse, unis d'abord à l'état de dissolution, puis évaporés et desséchés par la chaleur. On peut encore le chauffer simplement dans un creuset, en ayant la précaution d'élever lentement la température au rouge sombre, et de l'y maintenir jusqu'à la fin de la préparation. Mais cette dernière méthode est la moins sûre. Dans tous les cas, on sépare par des lavages à l'eau chaude, le sulfate de fer non décomposé, ainsi que le sulfate de potasse.

Il est un autre procédé qui produit aussi un rouge de chair d'une grande richesse de ton. Il consiste à broyer de la terre de Sienne avec une dissolution de sulfate de potasse, à la faire dessécher à la chaleur, dans une capsule de fer, ou même simplement dans un creuset, et à la calciner au rouge naissant, pendant le temps nécessaire pour développer la couleur du peroxyde de fer. On lave ensuite le produit à l'eau bouillante, pour en séparer le sulfate de potasse.

On obtient encore un résultat analogue, en calcinant un mélange de parties égales de sulfate de fer et d'alun, unis ensemble à l'état de dissolution, en procédant, du reste, comme nous venons de le dire pour le rouge, par le sulfate de fer et le sulfate de potasse.

La préparation du rouge de fer est plus délicate qu'on ne pourrait le penser. Quel que soit le procédé que l'on adopte, la calcination doit être faite avec le plus grand soin. Nous recommandons au lecteur de ne pas considérer comme des futilités, les détails que nous avons donnés à ce sujet. Il serait difficile de dire à quel mode de préparation on doit donner la préférence, parce qu'en les comparant, on n'est pas toujours sûr de se mettre dans les mêmes conditions, et qu'on pourrait attribuer au procédé, ce qui serait le fait de l'opération. Cependant, nous avons le plus souvent suivi le deuxième procédé.

Il nous reste à expliquer l'emploi que nous faisons du sulfate de potasse, dans la préparation du rouge de fer. Ce sel est inaltérable à la chaleur rouge; il n'a aucune action à cette température sur les éléments du sulfate de fer. Son action est ici toute mécanique. Il assiste, pour ainsi dire, à la décomposition du sulfate de fer tout entier. Mais bien qu'il conserve son intégrité, sa présence n'est pas indifférente. On conçoit que quand le sulfate de fer se dessèche en contact avec le sulfate de potasse, il est maintenu par ce dernier dans un état de division que l'on peut comparer à celui dont il jouit à l'état de dissolution, car chaque molécule de fer se trouve enveloppée de nombreuses molécules de sulfate de potasse; de sorte que, quand l'oxyde de fer se sépare, il doit conserver aussi l'extrême division du sel qui lui a donné naissance. Il échappe ainsi à cette contraction, et à cette agglomération que subit toujours l'oxyde de fer chauffé isolément. L'inaltérabilité du sulfate de potasse à la chaleur rouge, est la seule raison du choix que nous avons fait de ce sel, dans la circonstance dont il s'agit. Du reste, nous lui faisons jouer le même rôle dans d'autres cas analogues, où il s'agit, comme ici, d'obtenir des oxydes anhydres, dans un état de division extrême. Il est plusieurs manières de procéder pour le faire servir à cet usage : 1º On calcine ensemble le sulfate de potasse et le sulfate du métal dont on veut obtenir l'oxyde, si ce sulfate est décomposable, à la chaleur rouge. On procède comme nous l'avons dit pour le rouge de fer. 2º Si le sel n'est pas décomposable, on précipite par la potasse l'oxyde dont il s'agit; on évapore la liqueur à siccité, et l'on chauffe le produit au rouge dans un creuset. On sépare ensuite le sulfate de potasse par l'eau bouillante. 3º Si c'est d'un autre sel que du sulfate, qu'on veuille séparer l'oxyde, on agira de la manière suivante : après avoir précipité l'oxyde par la potasse et l'avoir lavé, on le mêle avec une dissolution concentrée de sulfate de potasse, on évapore, et on termine comme ci-dessus.

M. de Montami faisait subir à certains oxydes un traitement analogue, probablement dans le même but, en employant le chlorure de sodium. Mais l'emploi qu'il faisait de ce sel était mal dirigé. Il triturait ensemble, à sec, de l'oxyde rouge de fer et du chlorure de sodium, et calcinait le mélange à une forte chaleur. C'étaient des oxydes anhydres déjà contractés par l'action du feu, qu'il exposait ainsi à la calcination avec le chlorure. Ce composé y étant mis à l'état solide, ne pouvait pénétrer intimement les oxydes, que quand il était en fusion ignée, et alors les oxydes avaient déjà subi une profonde altération par la chaleur.

L'émail rouge se compose de :

Oxyde rouge de fer.. . . . . 1 partie.
Fondant n° 1 ou 3 de la 1re classe.. 3 —

Le fondant doit être réduit en poudre avant d'être pesé, parce qu'il est rare que la pulvérisation dans un mortier de fer, n'en disperse pas une certaine quantité. On le mêle ensuite avec l'oxyde de fer, et l'on pulvérise le tout en y ajoutant assez d'eau pour en faire une pâte liquide que l'on fait ensuite sécher sur des assiettes.

Dans cet émail, la quantité du fondant doit être suffisante, pour que l'émail prenne du brillant, quand il sera exposé à la chaleur rouge cerise ; mais il faut éviter d'en mettre davantage, car il réagirait sur l'oxyde colorant, et donnerait lieu à la formation de silicate de fer, de couleur verte, qui altèrerait la pureté du rouge. Nous dirons, en temps et lieu, comment on prépare cet émail pour l'emploi, et dans quelles conditions il doit être chauffé, lorsqu'il est appliqué sur le verre.

Si l'on veut donner plus d'éclat et de fraîcheur à l'émail rouge employé pour les chairs, il faut y ajouter une certaine quantité de chlorure d'argent. La nuance jaune que ce composé produit donne plus de vivacité à la coloration rouge du fer. Le goût du peintre détermine seul les proportions qu'il convient d'y introduire. Le chlorure d'argent doit être préalablement uni au fondant par la fusion. On ajoute ensuite l'oxyde de fer.

Émail rouge pourpre.

La préparation du pourpre passe pour une opération très délicate et d'un succès très incertain. Cela tient à ce que le procédé le plus généralement suivi pour obtenir la dissolution d'étain, donne un composé extrêmement variable, bien que l'on opère de la même manière. Souvent le précipité qu'il produit dans des conditions en apparence les mêmes, varie du pourpre plus ou moins vif, au violet plus ou moins sombre, et même noirâtre; encore celui de la plus belle nuance ne résiste-t-il pas toujours à la dessiccation, et tourne-t-il au noir par la séparation de l'or.

Voici comment on procède généralement. On prépare une eau régale composée de 8 parties d'acide nitrique et d'une partie de sel ammoniac, étendue de deux fois son poids d'eau distillée. L'appareil étant placé dans un endroit frais, on y jette de petits morceaux d'étain, l'un après l'autre, à mesure qu'ils se dissolvent. L'action de l'acide doit être lente et sans dégagement sensible de calorique. Quand la liqueur a pris une teinte jaune peu intense, elle est propre à être employée. D'autre part, on fait dissoudre de l'or pur dans une eau régale qui contient 1 partie d'acide nitrique et 2 parties d'acide chlorhydrique. Il ne s'agit plus alors que de précipiter l'or par la dissolution d'étain.

On verse quelques gouttes d'or dans un verre, et l'on y ajoute au moins mille fois leur volume d'eau. On fait tomber dans ce liquide des gouttes de la dissolution d'étain, successivement, et en agitant sans cesse avec une baguette de verre, jusqu'à ce que l'eau se colore en rouge. On met cette eau en réserve dans un vase, et l'on continue de la même manière, jusqu'à ce que l'on ait réuni la quantité de pourpre désirée. Au bout de quelques instants, le pourpre se rassemble en flocons rouges qui se précipitent. Quand tout le pourpre obtenu s'est déposé, on décante l'eau qui surnage; on le lave ensuite à plusieurs fois avec de l'eau distillée que l'on décante également; puis, on le jette sur un filtre, et, pendant qu'il est encore en gelée, on le broie avec son fondant.

Le succès de l'opération dépend de la bonne préparation du sel d'étain. Pour qu'il ait les qualités désirables, il faut que l'action de l'acide sur l'étain ne soit ni trop forte, ni trop faible : trop faible, elle produit trop de protochlorure; trop forte, elle ne donne que du deutochlorure. Il faut la maintenir dans un juste équilibre, de manière à obtenir un mélange des deux sels, autant que possible en proportions égales. On comprend combien il est difficile de régler l'action de l'acide de manière à obtenir un produit toujours identique, si l'on n'opère pas dans les mêmes conditions de température. Tantôt le protochlorure domine, tantôt le deutochlorure est en excès. De là, la différence qui se manifeste à l'emploi de ce composé.

ᐧ Quand l'opération donne des produits incertains, variables dans leur coloration et susceptibles de se décomposer par la dessiccation, il y a tout lieu de croire que le sel d'étain est d'une mauvaise qualité.

La difficulté de donner à ce composé des qualités convenables, nous a fait chercher un moyen simple et facile d'obtenir, à coup sûr, une liqueur d'étain propre à la préparation du pourpre. Nous nous sommes attaché à lui donner la composition que M. Dumas a pensé devoir être la plus convenable. Elle contient un atome de protochlorure pour un atome de deutochlorure.

Voici quel procédé nous suivons (1) :

On prépare d'abord du protochlorure d'étain. Pour cela, on met de l'étain en grenaille dans un verre de plomb fermé d'un couvercle du même métal. On verse d'abord dessus, une petite quantité d'acide chlorhydrique concentré. L'appareil, placé sur un bain de sable, est chauffé à une douce chaleur. On y verse successivement de petites quantités d'acide, jusqu'à ce que l'étain soit dissous. On évapore jusqu'à 40°, et l'on fait cristalliser. Il ne s'agit plus alors que de convertir une partie déterminée du proto-

---

(1) Voir dans le chapitre de la *Chimie* la préparation du pourpre e Cassius.

chlorure en deutochlorure. On fait dissoudre le protochlorure cristallisé dans une suffisante quantité d'eau ; on
divise la dissolution en deux parties : l'une est mise en
réserve, l'autre est soumise à un courant de chlore, jusqu'à ce que le protochlorure soit complètement converti
en deutochlorure, ce que l'on reconnaît à ce qu'il ne précipite pas l'or. On réunit cette dissolution à celle que l'on
a mise de côté, et l'on a ainsi une liqueur d'étain où les
chlorures se trouvent en proportions bien déterminées.
Le succès que l'on en obtient dans la préparation du
pourpre, nous porte à recommander aux artistes l'usage
de ce procédé d'un résultat assuré.

La liqueur d'étain sert à précipiter le chlorure d'or,
que l'on prépare en faisant dissoudre ce métal dans l'eau
régale formée de 1 partie d'acide nitrique et de 4 d'acide
chlorhydrique, en évaporant jusqu'à siccité pour dégager
l'excès d'acide, et en ajoutant une quantité d'eau distillée,
suffisante pour dissoudre le sel obtenu.

La précipitation du pourpre est une partie délicate de
sa préparation. Le mélange des deux sels ne se fait pas
d'une manière indifférente ; il doit se faire en certaines
proportions, et avec des précautions particulières. On
peut suivre deux procédés : verser l'or dans l'étain, ou
l'étain dans l'or ; mais les deux n'offrent pas les mêmes
chances de succès. Les observations suivantes nous conduiront à apprécier les raisons de la préférence à donner
à l'un ou à l'autre.

Lorsqu'on opère la précipitation du pourpre par le mélange des sels d'étain et d'or, il doit arriver l'une des trois
circonstances suivantes : ou les sels se trouvent en proportions convenables ; ou le sel d'étain domine ; ou bien,
enfin, le sel d'or est en excès.

Lorsque les sels sont dans des proportions convenables, la précipitation se fait avec des caractères qu'il importe de connaître. La liqueur prend une couleur rouge
intense, analogue à celle du vin. Le précipité n'a pas lieu
immédiatement ; le pourpre se tient en dissolution pendant un temps plus ou moins long. Il faut quelquefois plu
sieurs heures, pour que la séparation soit complète. S

la précipitation est trop prompte, c'est une preuve que le pourpre est d'une mauvaise qualité, et qu'il y a un excès d'or.

Lorsque le sel d'or est en excès, suivant les quantités qui s'y trouvent, il se forme un précipité qui varie du blanc rose au rouge plus ou moins vif, et qui se sépare instantanément; dans ce cas, le pourpre est aussi défectueux.

Quand, au contraire, c'est le sel d'étain qui domine, la formation du pourpre n'a pas lieu; la liqueur prend une teinte jaunâtre ou rosée, sans donner lieu à aucun précipité.

On juge, d'après ce que nous venons de dire, que si les quantités des deux sels étaient déterminées d'avance, il suffirait de verser l'un dans l'autre et d'agiter. Mais cette évaluation ne se ferait pas facilement, et l'on préfère arriver par le tâtonnement à un mélange convenable, en versant le liquide goutte à goutte. Il n'est pas alors sans importance de verser l'étain dans l'or, ou l'or dans l'étain.

Verse-t-on l'étain dans l'or? comme l'affusion s'opère goutte à goutte, l'or s'y trouve en excès, tant que l'étain n'est pas complètement versé. Il peut donc se former un précipité défectueux, si l'on n'ajoute pas assez promptement la quantité convenable d'étain; ce qui arrive trop souvent. Au contraire, si l'on verse trop d'étain, le précipité n'a pas lieu; on est obligé d'intervertir l'opération et de verser de l'or à son tour. Ce procédé est donc très incertain.

Verse-t-on le sel d'or dans le sel d'étain? tant que le dernier est en excès, le précipité n'a pas lieu; mais si l'on continue d'ajouter de l'or, le pourpre ne tarde pas à se manifester, et l'on peut toujours s'arrêter à temps, parce qu'on n'est pas obligé d'agir avec précipitation. Il ne peut arriver qu'à un opérateur peu expérimenté, d'y introduire trop de liqueur d'or; dans ce cas, le précipité de mauvaise nature prendrait naissance, et la préparation serait manquée.

On voit que de ces deux manières de procéder, celle qui consiste à verser l'or dans l'étain, offre plus de chances de succès, et permet d'éviter plus facilement les accidents. On peut dire qu'elle est la seule qui puisse donner des produits invariables. Elle permet d'opérer sur une quantité quelconque, tandis que l'autre n'est guère praticable qu'en opérant sur quelques décagrammes de liquide à la fois.

Quel que soit, d'ailleurs, le procédé que l'on suive, la liqueur d'étain doit toujours être étendue de mille fois son poids d'eau, au moins, afin que le précipité soit plus divisé et plus gélatineux. Quand le pourpre est précipité, on le rassemble sur un filtre et on le lave à l'eau distillée. Nous conseillons de le dissoudre ensuite dans l'ammoniaque, pour le conserver dans un flacon bien bouché. La faculté dont jouit le pourpre de se dissoudre dans l'ammoniaque, est le critérium de sa bonne qualité. S'il en est privé, on peut être certain qu'il sera d'un mauvais emploi ; il manque de fixité. Lorsqu'on veut unir le pourpre à son fondant, on met celui-ci en poudre ; on l'humecte avec la solution ammoniacale, et on les mêle sur une glace à broyer. Les quantités relatives de pourpre et de fondant dépendent de la richesse de coloration qu'on veut donner à l'émail. $1/10^c$ de pourpre à l'état sec colore fortement. Connaissant la composition du pourpre, la quantité d'or employée, la quantité d'ammoniaque servant à dissoudre le pourpre, il est facile de déterminer les proportions de cette dissolution, qu'il convient de mêler au fondant pour avoir la valeur d'un dixième de pourpre sec.

La couleur pourpre que produit dans les émaux le composé dont il s'agit, est due à l'or métallique réduit à un état de division extrême. Cette coloration est la même que fournit l'or pur obtenu par l'emploi du chlorure, du sulfure d'or, de l'or fulminant, dans des circonstances analogues. Le rôle du pourpre est le même que celui des corps dont nous venons de parler. Lorsque mêlé à son fondant, il est porté à une température élevée, la séparation de l'étain et de l'or a lieu ; ce dernier ramené à

tat métallique, se maintient dans un état de division
xtrême, grâce à la présence du fondant en fusion. Mais
ès que l'or peut se rassembler en particules moins dé-
.iées, il passe du rouge au violet et au bleu. Ce résultat
arrive dans plusieurs circonstances qui vont ressortir de
ce qui suit.

Le fondant pour le pourpre doit renfermer peu de
plomb, être au contraire pourvu d'une grande quantité
d'acide, et, cependant, jouir d'une grande fusibilité. En
effet, l'acide stannique a une grande affinité pour l'oxyde
de plomb. Lorsqu'il est combiné avec l'or dans le pourpre, si on le met en contact avec un fondant riche en
base, et contenant du plomb, il abandonne l'or pour
s'unir à celui-là, avant même que l'émail soit en fusion
complète. Cette séparation prématurée de l'étain et de
l'or, facilite l'agglomération de ce dernier, qui revêt la
couleur violette ou bleue dont nous avons parlé.

Une grande proportion d'acide donne aux silicate et
borate de plomb plus de solidité et le fait résister plus
puissamment à l'action de l'acide stannique.

La couleur du pourpre est encore détruite, quand le
fondant auquel il est mêlé manque de fusibilité. La température nécessaire pour déterminer la fusion, amène
aussi la décomposition du pourpre, avant qu'il puisse
être maintenu dans son état de division primitif.

Par un effet opposé, un émail pourpre bien composé,
s'il était chauffé trop fortement, subirait la même altération, parce que la trop grande fusibilité du fondant
favorise l'agglomération de l'or.

Nous concluons, en résumé, qu'il est nécessaire que le
pourpre, au moment où il se décompose, soit noyé dans
une masse vitreuse, épaisse, au sein de laquelle chacune
de ses particules reste isolée, pour ainsi dire, de la même
manière qu'un corps oléagineux demeure suspendu dans
un mucilage.

Le fondant qui nous paraît convenir le mieux au pourpre, est le suivant :

Peint. sur Verre. 4

Premier fondant.

Borax calciné. . . . . 7 parties
Silice. 3   —
Minium. 1   —

Il est assez fusible, et jouit d'une grande inaltérabilité.

Autre fondant plus fusible.

Borax calciné. . . . . 7 parties.
Silice. 2   —
Minium. 1   —

Autre fondant plus fusible encore.

Borax calciné. . . . . 7 parties.
Silice. 1   —
Minium. 1   —

Quelques personnes, dans le but d'avoir un émail plus
fusible encore, augmentent d'une quantité considérable
la dose de borax, toutes choses égales d'ailleurs, et emploient un fondant analogue au suivant :

Borax calciné. . . . . 12 parties.
Sable. 1   —
Minium. 1   —

Ces derniers sont en effet beaucoup plus fusibles, et
peut-être d'un emploi plus commode pour la peinture
sur verre, parce qu'ils ne demandent qu'une température
médiocre; mais ils sont d'une composition vicieuse, et ont
l'inconvénient d'être plus facilement attaqués par l'humidité, et aussi celui de s'écailler. En général, les émaux
de pourpre sont sujets à cet inconvénient. La grande
quantité d'acide qu'ils renferment, rend leur dilatabilité
peu conforme à celle de certains verres. Après leur cuisson, si on les regarde à la loupe, on les voit quelquefois
gercés, *fendillés, tressaillis*, et au bout d'un certain temps,
surtout s'ils sont exposés à l'humidité et à une tempé-

rature variable, ils se détachent en écailles, et finissent même par laisser le verre à nu. Aussi est-il important d'essayer toujours si l'émail est bien assorti avec le verre ; et souvent l'on est obligé d'apporter quelque modification à la composition du fondant, ou de changer de verre.

On donne au pourpre une nuance carmin, en y ajoutant une petite quantité de chlorure d'argent, fondue d'avance avec dix fois son poids de fondant pour le pourpre.

Du Bleu.

L'émail bleu pour la peinture sur verre se colore avec le protoxyde de cobalt. C'est un des émaux colorés par combinaison. Le protoxyde de cobalt y joue réellement le rôle de base, uni avec la silice et l'acide borique. Aussi cet émail est-il un de ceux auxquels il est nécessaire de faire subir la fusion avant l'emploi. Des oxydes de cobalt, le peroxyde étant le plus facile à préparer, c'est lui que l'on choisit pour mêler au fondant. On sait qu'il se convertit en protoxyde à une température élevée ; ce changement d'état a lieu d'une manière plus prompte et plus complète, sous l'influence d'un acide fixe. La présence du fondant fournit à cette dernière condition. Le peroxyde de cobalt sollicité par la silice et l'acide borique, se réduit et se combine facilement avec eux, à l'état de protoxyde. On conçoit que la réduction et la combinaison se font d'autant plus facilement, que le fondant est plus abondant en silice ou en acide borique. Quand, au contraire, le fondant renferme une trop grande quantité de base, le cobalt cessant d'être sollicité par les acides, est ramené difficilement à l'état de protoxyde, et il exige une température excessivement élevée pour sa combinaison complète. Il est même rare alors que la coloration qu'il donne soit bien pure. Elle prend ordinairement une nuance noirâtre. Une autre circonstance contribue encore à rendre la dissolution du cobalt dans le fondant plus difficile, c'est le défaut de pureté. En effet, les combinaisons antérieures qui peuvent l'unir à certains oxydes qui l'accompagnent souvent, le rendent très rebelle à l'action du fondant. Dans ce cas, il prend le plus souvent un ton verdâtre. On voit donc que tout ce qui tend à combattre la conversion du peroxyde en protoxyde, s'oppose à sa combinaison avec les acides du fondant. Là est toute la résistance ; car le protoxyde une fois produit, est promptement absorbé. C'est ce que prouvent les observations qui suivent.

Quelquefois des conditions de dilatation nécessaires exigent que, contrairement à l'indication, la vitrification du cobalt se fasse dans des fondants déjà très saturés. Voici par quel procédé on peut faciliter singulièrement sa combinaison. Si l'on ajoute au peroxyde de cobalt, au moment de son mélange avec le fondant, une certaine quantité de protoxyde d'antimoine, ce dernier, en vertu de son avidité pour l'oxygène, détermine la réduction prompte et complète de ce peroxyde. L'acide antimonieux qui en résulte ne nuit aucunement à la pureté de la teinte et ne lui ôte pas sensiblement de transparence, pourvu qu'on n'en mette pas en excès. Il est probable que le protoxyde d'étain aurait la même influence.

Le mélange de l'oxyde de zinc au peroxyde de cobalt produit le même résultat d'une autre manière. La tendance marquée de l'oxyde de zinc à former des combinaisons avec le protoxyde de cobalt, agit sur le peroxyde dans le même sens que la silice elle-même.

Les acides phosphorique et arsénique favorisent aussi la dissolution du protoxyde de cobalt dans les flux vitreux, soit qu'on les y introduise isolément, soit qu'on les y fasse entrer en combinaison avec le cobalt lui-même, c'est-à-dire à l'état de phosphates et d'arséniates. Dans le premier cas, c'est en augmentant la quantité des acides ; dans le second, c'est en y apportant le cobalt à l'état de protoxyde. Il n'y a plus guère alors qu'un simple mélange à faire avec le fondant.

Nous avons dit que c'est le peroxyde de cobalt que l'on emploie le plus ordinairement pour obtenir le silicate de cobalt qui colore l'émail bleu. La principale raison de ce choix, est que si l'on se servait du protoxyde, il serait converti en peroxyde avant que la combinaison se fût effectuée, puisqu'il s'enflamme dès qu'il est porté à la chaleur rouge. Le carbonate produirait le même résultat. Mais on peut employer avec avantage une combinaison de protoxyde de cobalt avec l'oxyde de zinc, qui résiste mieux à l'action de la chaleur. On l'obtient en faisant dissoudre dans suffisante quantité d'eau, 1 partie de sulfate de cobalt, et 2 parties de sulfate de zinc. On y verse une solution de sous-carbonate de potasse, jusqu'à ce que le précipité cesse de se produire. Ce précipité séparé par le filtre, lavé, puis séché, est le composé dont il s'agit.

L'oxyde de cobalt étant de tous les oxydes le plus riche en coloration, il n'en faut qu'une très petite proportion pour donner à l'émail une couleur intense. L'émail bleu se compose de la manière suivante :

Peroxyde de cobalt 1 p. ou zincate de cobalt 3 p.
Fondant.   6 à 9 parties.

Le fondant que l'on emploie ici, est l'un des trois que nous avons désignés pour les émaux de 2e classe. On réduit en poudre le fondant et l'oxyde réunis ; on introduit le mélange dans un creuset que l'on chauffe au rouge jusqu'à ce que la fusion soit complète et tranquille. L'émail est ensuite versé dans l'eau froide, séché et broyé.

On emploie l'oxyde de cobalt en différentes proportions pour obtenir des émaux plus ou moins colorés. Le goût de l'artiste peut être en cela aisément satisfait.

Nous ne saurions terminer ce chapitre sans dire quelques mots des émaux bleus des anciens : ce sont, entre tous, ceux qu'ils ont le mieux composés. Les formules que Felibien et Haudicquer de Blancourt nous ont transmises, réalisent un verre coloré d'une très heureuse combinaison. Celles que Levieil et les Frères Recollets ont mises en pratique, nous paraissent puisées à la même source, bien que l'imitation ne soit pas très fidèle. Voici la composition de cet émail :

Minium.	1 partie.
Oxyde de cobalt.	1 —
Silice.	4 —
Nitrate de potasse.	3 —

C'est un quadrisilicate. Il rappelle la composition du flint-glass de Guinant. Deux atomes d'oxyde de plomb y sont remplacés par deux atomes d'oxyde de cobalt.

Comme la plupart des émaux anciens, cet émail ne peut être d'aucun usage pour nous, à cause de son peu de fusibilité. S'il était parfaitement approprié aux verres à vitre anciens, il ne saurait convenir à ceux de notre temps, qui sont beaucoup plus fusibles.

L'état de saturation de cet émail a été adopté aussi par les anciens pour d'autres colorations, notamment pour le vert. C'est pourquoi nous lui avons apporté quelque intérêt.

Du jaune.

On peut colorer les émaux en jaune par un grand nombre de substances.

Au moyen de l'argent métallique, on obtient une coloration vive et brillante. L'oxyde d'urane seul, dissous dans un fondant, fournit aussi un beau jaune. Mais le plus souvent, les oxydes qui servent de matières colorantes jaunes, sont réunis deux à deux, quelquefois même en plus grand nombre. Ainsi, l'on combine à cet effet :

Le protoxyde de plomb avec le peroxyde d'antimoine ;
Le protoxyde de plomb avec le peroxyde de fer ;
L'oxyde de zinc avec le peroxyde de fer ;
Le peroxyde de fer avec celui d'antimoine.

D'autres composés fournissent encore des jaunes dont on peut tirer parti ; tels sont : le chlorure d'argent, le chromate de plomb, etc.

Chacune de ces substances colorantes produit une coloration particulière.

L'argent donne un jaune qui varie du jaune serin au jaune pourpre.

Les oxydes de plomb et d'antimoine donnent aussi un jaune serin; mais il est opaque.

Les oxydes de zinc et de fer colorent en jaune d'ocre.

Le chromate de plomb offre aussi une nuance d'un jaune vif, etc., etc.

Parmi toutes ces substances colorantes, on donne la préférence au chlorure d'argent, au zincate de fer et à l'antimoniate de plomb. Les trois sortes de jaune qu'ils produisent suffisent aux besoins de la peinture sur verre.

Jaune d'argent.

C'est une coloration du verre que l'on obtient sans l'intermédiaire d'aucun fondant. La substance colorante est l'argent métallique. Le procédé consiste à recouvrir les parties du verre que l'on veut colorer, d'une pâte composée de chlorure d'argent et d'ocre jaune calcinée, broyés ensemble avec de l'eau. Lorsque le verre a été chauffé au rouge dans le moufle, on enlève, au moyen d'un grattoir, la couche d'ocre adhérente, qui laisse voir alors le verre coloré. Le jaune obtenu varie du jaune serin au jaune-rouge pourpre. On n'obtient pas toujours à volonté ces différentes nuances : tel verre ne prend jamais qu'une couleur jaune clair, tandis qu'un autre est susceptible de prendre une nuance rouge intense. Souvent même on ne peut obtenir cette coloration rouge, qu'autant qu'on réitère l'application une ou deux fois.

Il nous a semblé que le verre qui se colore le mieux est celui qui, sous l'influence des céments d'argile, est le plus disposé à se dévitrifier, et laisse dégager la potasse qu'il contient, en partie ou en totalité.

M. Dumas pense que les verres blancs, riches en alumine, sont ceux qui sont le plus susceptibles de se colorer par l'argent; et, suivant le même auteur, ce sont aussi ceux qui se dévitrifient le plus facilement. Dans la dévitrification qui s'opère à l'aide d'un cément, il y a formation de silicates définis qui cristallisent, et séparation d'une partie des bases. Parmi elles, celles qui sont volatiles, les alcalis, se dégagent, et les oxydes fixes, tels que ceux de fer et manganèse, repassent à l'état de sesqui-oxyde.

C'est le fait de la séparation d'une partie de la soude ou de la potasse, qui est le principe de la coloration du verre par l'argent. Lorsque le verre recouvert du cément argileux mêlé de chlorure d'argent, est exposé à la chaleur rouge, le chlorure se volatilise ; sa vapeur imprègne le verre, et bientôt se trouvant en contact avec la potasse qui est mise en liberté, il est réduit à l'état métallique ; il y a formation de chlorure de soude ou de potasse qui se volatilise, et l'argent métallique se trouve fixé à la surface du verre. Il pénètre même quelquefois assez profondément dans sa masse. Quand la quantité d'argent réduit est petite, la couleur est jaune serin. Si elle est plus grande, le jaune devient plus foncé, et passe au rouge plus ou moins intense.

On peut obtenir cette dernière coloration plus promptement, et d'une manière plus assurée, avec du verre auquel on a ajouté, au moment de sa fabrication, une certaine quantité de chlorure d'argent, il faut, pour cela, que le verre soit bien affiné, et qu'il ne contienne pas un excès d'alcali non combiné, qui réduirait prématurément le chlorure. On développe ensuite la coloration par le moyen que nous avons décrit plus haut pour les autres verres.

Nous avons avancé que c'est l'argent métallique réduit qui colore le verre ; nous l'avons en effet constaté par des expériences qui nous semblent concluantes.

Si l'on prend du verre auquel on a mêlé 1/200e de son poids de chlorure d'argent, qu'on le fasse chauffer au rouge, et que, dans cet état, on dirige, à sa surface, un courant de gaz hydrogène, le verre prend immédiatement une coloration rouge intense, résultat qui se produit également sous l'influence de l'argile pure appliquée sur le verre. Il est évident que, dans le premier cas, c'est l'action du gaz hydrogène sur le chlorure qui colore le verre. Or, l'action de ce gaz est de ramener l'argent à l'état métallique ; car si l'on augmente la quantité du chlorure, sous l'influence du gaz hydrogène, la surface du verre se recouvre d'une couche d'argent qui jouit de l'éclat métallique.

La même coloration, avons-nous dit, se produit au contact d'une couche d'argile. Nous la jugeons tout à fait de même nature, mais il ne paraît pas que l'argile puisse produire ce résultat par une action directe, c'est-à-dire qu'elle réduise le chlorure d'argent. Nous attribuons cet effet à l'un des phénomènes qui accompagnent la dévitrification du verre, nous voulons dire la volatilisation de la potasse.

Jusqu'ici, l'on avait attribué la coloration du verre en jaune à l'oxyde d'argent. L'expérience ci-dessus prouve incontestablement que c'est le fait de l'argent métallique. Cette observation établit une analogie frappante entre la manière de colorer de ce métal et celle de l'or. La coloration jaune ou rouge est le produit de l'argent très divisé, comme la coloration pourpre résulte du même état de l'or.

Lorsque l'argent se trouve à l'état de division convenable pour colorer le verre, il ne s'y maintient que dans certaines conditions. Ainsi, le jaune une fois développé, il faut éviter de mettre le verre en état de fusion avancée, car l'agitation qui a lieu dans la masse, les courants qui s'y établissent, ont bientôt rassemblé les particules de l'argent en groupes moins déliés et moins ternis, qui revêtent une coloration nouvelle, substituée à la première. L'argent, dans cette moindre atténuation, prend une couleur bleue très intense. Il faut en conclure, pour la pratique, que l'argent ne pourrait colorer le verre au moment de sa fabrication, que quand il serait ramené à l'état d'épaississement convenable pour être mis en œuvre; qu'il ne pourrait servir à colorer les émaux, que dans certaines conditions de fusibilité à la chaleur que doit supporter le verre.

Il nous reste à dire quelques mots sur la préparation du cément pour le jaune. On emploie l'argile ferrugineuse, connue sous le nom d'*ocre jaune*. Cette argile a besoin d'être calcinée. Sans cela, lorsqu'elle serait portée à la température rouge, la couche du cément appliqué sur le verre offrirait une multitude de fissures produites par la contraction que subissent les argiles à une chaleur élevée. Les parties du verre correspondant à ces fissures seraient dépourvues de coloration. C'est pourquoi l'ocre jaune doit être chauffée à une température pour le moins égale à celle que doit supporter le verre dans le moufle.

Les quantités relatives de chlorure d'argent et d'ocre calcinée sont :

Chlorure d'argent.. . . . . 1 partie.
Ocre. . . . . de 6 à 12 p.

Une plus grande proportion de chlorure pourrait faire adhérer trop fortement le cément au verre. Le chlorure et l'argile sont broyés avec soin sur une tablette de verre, avec une quantité d'eau suffisante pour en faire une bouillie que l'on applique sur le verre, en couche épaisse, au moyen d'un pinceau.

On tire un grand parti de ce jaune, pour donner au rouge de fer, plus d'éclat et de vivacité. Dans ce cas, on l'applique au revers de la peinture.

Le chlorure d'argent peut encore par lui-même colorer les émaux en jaune; mais alors il leur communique une coloration qui lui appartient en propre, en se mêlant à eux sans se décomposer. L'argent métallique n'est plus ici l'agent de la coloration. Le chlorure doit être mis en fusion avec son fondant dans les proportions de 1 à 2 parties sur 10 de celui-ci. Uni à l'un des fondants des émaux de première classe, il est employé en mélange avec le rouge de chair pour lui donner de l'éclat. Uni au fondant du pourpre, il sert à produire la nuance carmin en en mêlant une petite quantité au pourpre.

L'émail jaune obtenu par le chlorure peut d'ailleurs être employé isolément.

Jaune d'argent (Recette de M. Boulongne).

Pour fabriquer le jaune d'argent, voici comment on procède : Dans une capsule placée sur un bain de sable chaud, on met de l'argent vierge que l'on fait dissoudre dans de l'acide nitrique, puis on y ajoute de l'eau et de l'acide sulfurique. Il en résulte un précipité blanchâtre que l'on lave à plusieurs eaux. Quand on veut l'employer, on le mélange avec de l'ocre jaune, on broie le tout parfaitement et l'on applique (à l'eau) à l'aide d'un pinceau sur la lame de verre qu'il s'agit de colorer. Quand la cuisson est terminée, on gratte la surface du verre, et la poudre ocreuse qui tombe peut encore resservir au même usage. L'intensité de la coloration jaune, qui arrive même quelquefois jusqu'au rouge, varie en raison directe de la proportion d'argent introduite dans le mélange et de l'élévation de la température.

Jaune orangé d'argent.

Le jaune dont il est ici question n'est qu'une nuance du jaune d'argent dont nous avons parlé; il s'obtient de la même manière, si ce n'est qu'on substitue le sulfure d'argent au chlorure dans les mêmes proportions. Toutefois, ce sont des phénomènes analogues qui se produisent, et l'argent métallique est toujours l'élément de la coloration. On obtient plus sûrement l'orangé avec le sulfure, tandis que le chlorure est employé avec plus d'avantage pour le jaune clair, bien qu'on ne soit pas maître de développer toujours une coloration déterminée.

Rouge d'argent.

Par l'emploi du sulfure d'argent, on obtient aussi la coloration rouge d'une manière certaine. Dans ce cas, on apporte une légère modification à la préparation employée pour l'orangé ci-dessus. Elle consiste à y ajouter quelques gouttes d'acide sulfurique au moment de l'employer. Si une première application ne développe pas le rouge, on en fait une seconde.

Le sulfure d'argent donne plus sûrement que le chlorure une coloration intense, parce que se décomposant de lui-même à la chaleur rouge, il peut agir sans le secours de la dévitrification. Celle-ci cependant ne lui est pas inutile, ne serait-ce que pour favoriser l'imprégnation du verre par la vapeur métallique. Nous pensons que l'addition de l'acide sulfurique n'a pas d'autre but ; il donne lieu sans doute à la formation de quelque sulfate, qui, se décomposant à la chaleur rouge sous l'influence de la silice de l'argile, détermine le mouvement intestin du verre, en attaquant sa surface. C'est, en effet, ce qui se passe dans la dévitrification du verre, opérée avec un mélange de sable et de sulfate de chaux, comme nous nous en sommes assuré.

La dévitrification, qui peut être utile pour la coloration du verre par l'argent, n'est pas cette altération profonde qui lui ôte toute sa transparence. Nous ne voulons parler que d'une légère modification qui ne porte pas atteinte à ses qualités. Cependant, il est à remarquer que le verre ainsi coloré en rouge, n'a pas la pureté de teinte du verre coloré par le cuivre ; à nuances égales d'ailleurs, il paraît sensiblement obscurci.

Le sulfure d'argent, comme nous le disons dans le chapitre *Chimie*, se prépare en faisant fondre de l'argent pur dans un creuset, et en y projetant la moitié de son poids de soufre. Celui que l'on emploie plus généralement, est obtenu en chauffant ensemble deux parties d'argent et une partie de sulfure d'antimoine.

Jaune d'ocre.

L'émail jaune d'ocre est un des émaux colorés par mélange. Il reçoit sa coloration d'un composé d'oxyde de zinc et de peroxyde de fer. C'est un zincate de fer qu'on obtient d'un mélange de persulfate de fer et de sulfate de zinc, que l'on précipite par la potasse, la soude ou leurs carbonates.

On unit le zincate de fer (substance colorante) au fondant qui doit lui servir de véhicule. Celui que l'on préfère pour le jaune d'ocre, est le n° 3 de la première classe (*Voir* chapitre précédent). On les mêle dans la proportion suivante :

Zincate de fer. . . . . 1 partie.
Fondant. . . . . 4 —

Cet émail faisant partie des émaux par mélange, ne doit pas être fondu avant son emploi : cependant nous avons observé qu'il était utile au moins de le fritter, c'est-à-dire de le chauffer quelque temps au rouge sombre. On le broie ensuite pour s'en servir. Sa coloration devient plus fine et plus transparente. Il est surtout indispensable d'agir ainsi, dans le procédé de peinture par enlevage.

Jaune d'antimonite de plomb.

L'émail coloré par l'antimonite de plomb, est de la même catégorie que le précédent. La substance colorante y est simplement à l'état de mélange. S'il y a combinaison, du moins le composé d'acide antimonieux et d'oxyde de plomb y est maintenu dans son intégrité. On prépare ce dernier, en faisant fondre dans un creuset, 1 partie d'acide antimonique et 3 parties de minium ; le produit qui en résulte est mis en poudre, et mêlé à deux fois son poids de fondant rocaille, pour être fondu de nouveau. Cet émail a l'inconvénient de manquer de transparence. C'est pourquoi, bien qu'il soit du nombre des émaux colorés par mélange, il est utile de le fondre, pour lui donner le plus de transparence possible. Aussi la dose du fondant doit-elle être plus considérable ; car l'oxyde de plomb sollicité par le fondant, abandonne facilement l'acide antimonieux, et ce dernier ne donne plus à l'émail qu'une coloration blanche mate, opaque. C'est aussi la raison du choix que l'on fait, dans ce cas, du fondant rocaille, comme étant le plus saturé, et par conséquent le moins susceptible d'attaquer la substance colorante.

On peut modifier la nuance de l'antimonite de plomb en y ajoutant quelque peu d'oxyde de fer ou de zincate de fer.

Nous rappellerons ici, pour l'intelligence de ce qui précède, que les antimoniates chauffés au rouge, sont convertis en antimonites.

Jaune par l'antimonite de fer.

Le jaune obtenu par ce composé est de la même classe que les deux précédents. Comme eux il manque de transparence, mais il jouit d'une coloration assez puissante, qui le rend utile dans beaucoup de cas, pour obtenir des tons mixtes, pour les verts et les bruns. Il est d'ailleurs d'un bon usage, employé seul. L'antimonite de fer s'obtient par double décomposition, en précipitant le sulfate de peroxyde de fer par l'antimoniate de potasse : le composé obtenu est lavé, séché et calciné. On le prépare aussi en mêlant directement l'acide antimonique avec le peroxyde de fer, dans les proportions de 4 à 1. Ce dernier procédé permet de varier à volonté les quantités relatives des deux composés. L'antimonite de fer s'emploie avec le fondant rocaille, comme le précédent, ou avec l'un des fondants de la première classe. Dans le premier cas, le mélange doit être mis en fusion, comme dans toutes les circonstances où le rocaille est employé. Dans le second cas, il ne doit être que trituré. Il faut trois parties de fondant pour une de la matière colorante.

Nous nous abstiendrons de parler des émaux qu'on peut obtenir à l'aide des autres matières colorantes jaunes dont nous avons fait mention ; ils ont été peu étudiés, et ne sont d'ailleurs pas en usage.

Du vert.

L'émail vert est ordinairement coloré par le deutoxyde de cuivre, par le protoxyde de chrome et celui de fer, soit isolément, soit réunis plusieurs ensemble. Ces composés y sont à l'état de combinaison avec le fondant. C'est un des émaux qu'il est le plus difficile de mettre en harmonie avec le verre, sous le rapport de la dilatabilité : l'oxyde de cuivre, même en quantité minime, modifie profondément cette faculté, et dispose l'émail à s'écailler et à se détacher du verre. L'oxyde de chrome ne jouit pas de cette faculté d'une manière aussi prononcée ; mais il exige, pour se dissoudre, un fondant très-fusible. Or, cette fusibilité ne s'obtient qu'à la condition d'introduire dans le fondant des substances qui modifient la dilatabilité dans le même sens que l'oxyde de cuivre, notamment le borate de soude. Quant à l'oxyde de fer, la coloration qu'il fournit n'est pas assez riche par elle-même, pour qu'il puisse être employé seul. Aussi, le plus souvent, n'est-il que l'auxiliaire de l'oxyde de cuivre.

Pour colorer un émail en vert, le deutoxyde de cuivre doit être en combinaison avec un ou plusieurs des acides fixes du fondant, c'est-à-dire à l'état de borate, silicate, ou borosilicate. Le fondant le plus capable d'opérer sa dissolution, semblerait devoir être l'un de ceux que nous avons désignés pour les émaux de deuxième classe ; mais, nous l'avons dit, ces émaux reçoivent du cuivre une dilatabilité qui se conforme mal à celle du verre. Il faut donc renoncer aux fondants riches en acides, pour choisir, au contraire, ceux qui sont abondants en bases, et surtout en oxyde de plomb, bien qu'ils aient une moindre propriété dissolvante. Le fondant rocaille est celui qui nous a paru le plus convenable, encore ne faut-il pas y faire entrer une grande proportion d'oxyde de cuivre, si l'on ne veut pas retomber dans l'inconvénient que nous venons de signaler. Voici la composition de cet émail :

Minium.	12	parties.
Silice.	4	—
Oxyde de cuivre.	1	—
Oxyde de fer (rouge).	» 1/8	—

Deux procédés se présentent à l'esprit pour la préparation de cet émail.

1° Faire fondre dans un creuset les oxydes colorants avec le fondant préparé d'avance et broyé avec eux.

2° Faire fondre les oxydes avec les substances qui entreraient dans la composition du fondant ; le tout mêlé et broyé intimement.

Il n'est pas indifférent de suivre l'un ou l'autre de ces procédés. C'est le dernier que nous avons choisi. Dans cette manière d'opérer, lorsque le mélange commence à rougir, l'oxyde de plomb entre en fusion et dissout l'oxyde de cuivre en même temps qu'il attaque la silice. Cette union préalable des deux oxydes a pour effet de diviser le cuivre, et de le disposer ainsi à se combiner lui-même avec la silice, dès qu'il est attaqué par elle. Dans le premier cas, au contraire, l'oxyde de cuivre est simplement sollicité par la silice du fondant.

La formule du vert, qui précède, ne donne qu'un émail d'une coloration peu intense : si l'on désirait un vert plus riche, il ne faudrait pas songer à l'obtenir en augmentant simplement la dose du cuivre. Nous avons dit tout-à-l'heure pour quelles raisons ce serait dangereux. Pour augmenter sans danger les proportions relatives des oxydes colorants, il est nécessaire de modifier la composition du fondant lui-même, de manière à augmenter en même temps le rapport de l'oxyde de plomb.

Vert plus foncé.

Silice. 1   partie.
Minium. . . . . 4 à 7 —
Deutoxyde de cuivre. 1   —

Dans les formules que nous avons données, nous n'avons pas prétendu poser des proportions absolues : nous n'ignorons pas qu'il est tel verre à vitre pour la peinture duquel on pourrait admettre dans le premier émail vert cité, une plus grande dose d'oxyde de cuivre sans qu'il devienne susceptible de s'écailler. Mais nous avons dû mettre nos émaux dans des conditions favorables à un succès constant. Nous avons préféré exagérer peut-être nos précautions, que de rester dans des voies douteuses.

Le protoxyde de chrome n'est pas d'un emploi aussi avantageux que le deutoxyde de cuivre pour colorer les émaux en vert. Il nous a paru rarement produire une coloration bien pure et bien limpide ; quoiqu'on l'unisse à des fondants très-fusibles, il manque ordinairement de transparence ; et l'on ne saurait cependant, sans danger, augmenter la quantité des substances qui donnent au fondant plus de fusibilité.

On unit le protoxyde de chrome à l'un des fondants des émaux par combinaison, à la dose de 1 partie pour 9 de fondant, ainsi que nous l'avons dit pour le deutoxyde de cuivre. Nous pensons qu'il vaut mieux aussi chauffer celui-ci avec les éléments du fondant, qu'avec le fondant lui-même.

Ce que nous avons dit des qualités du protoxyde de chrome, ne doit pas faire négliger ce composé dans la préparation des émaux. Comme la peinture sur verre s'accommode souvent fort bien d'un certain degré d'opacité, l'oxyde de chrome peut être d'un emploi fort utile, lors même qu'on ne le ferait servir qu'à colorer un émail par mélange. La coloration verte qui lui est particulière, et qu'il possède même avant d'être uni à un fondant, le rend très-propre à cet usage ; il ne s'agit pour cela que de l'obtenir assez divisé.

Il est d'autres substances qu'on pourrait encore employer pour les émaux verts; mais elles ne donneraient qu'une coloration opaque. Nous citerons le zincate de cobalt, vert de Rinnman, et l'antimonite de cobalt. Il est bien entendu, que ces composés devraient rester intacts dans le fondant, et ne pourraient former que des émaux de la première classe.

A ce sujet, nous proposerons un mode d'opérer qui nous paraît réunir de nombreux avantages. Toutes les fois qu'il s'agit de faire entrer le protoxyde de chrome dans un émail plombifère, on peut employer le chromate neutre de plomb, qui apporte à la fois l'oxyde de chrome et celui de plomb, ou du moins une partie de ce dernier. En effet, ce sel, chauffé au rouge, perd de l'oxygène, et laisse une combinaison de deux oxydes dans les proportions suivantes :

Oxyde de plomb.	1394,6
Acide chromique.	650,7
Chromate neutre.	2045,3

qui donne après la calcination :

Oxyde de plomb............	1394,6
— de chrome...........	502
Plombate de chrome........	1896,6

On comprend que l'oxyde de chrome ainsi obtenu en combinaison avec l'oxyde de plomb, doit être dans un état de division extrême, qui favorise singulièrement sa combinaison avec les silicates ou les borosilicates du fondant. On peut composer cet émail ainsi qu'il suit :

Silice..................	2 parties
Minium.................	5,5 —
Borax calciné.............	3 —
Chromate de plomb calciné......	2 —

Fondez et coulez.

Les anciens peintres sur verre ont souvent eu recours aux effets combinés du jaune et du bleu, pour obtenir une coloration verte. Ainsi, sur du verre bleu teint dans la masse, ils développaient une nuance jaune, au moyen du sulfure d'argent, par le procédé de cémentation. Ce moyen n'est plus en usage aujourd'hui.

Du violet.

Il y a deux manières d'obtenir des émaux violets : la première consiste dans l'emploi d'une matière colorante unique, susceptible de colorer par elle-même un fondant en violet; la deuxième résulte du mélange d'un émail bleu avec un émail rouge. Les substances qui peuvent individuellement produire une coloration violette, sont le pourpre de Cassius et le deutoxyde de manganèse.

Nous avons expliqué, en parlant de l'émail pourpre, dans quelle circonstance le stannate d'or fournit une couleur violette. Nous avons dit que toutes les fois que le pourpre de Cassius se décompose, avant que l'émail puisse enchaîner ses molécules dans sa masse en fusion il donne une coloration violette et même bleue, suivant que son changement d'état est plus ou moins complet. C'est ce qui arrive dans le cas dont il s'agit. Si l'on mêle, sans fondre, une partie de pourpre de Cassius avec neuf parties de l'un des fondants par combinaison, on obtient un émail qui se colore en violet. Ce résultat est l'effet de deux causes simultanées qui sont : le défaut de fusibilité de l'émail, et la trop grande abondance d'oxyde de plomb. Si la couleur violette obtenue ainsi que nous venons de le dire, n'était pas assez prononcée, on pourrait la développer davantage en y ajoutant quelque peu du fondant n° 1 des fondants de la première section.

Le deutoxyde de manganèse donne aussi une coloration violette extrêmement intense. Cet oxyde, ainsi que nous l'avons annoncé ailleurs, communique aux émaux une tendance extraordinaire à se gercer et à s'écailler ; mais on combat facilement cette fâcheuse disposition, en faisant entrer dans leur composition une grande quantité de minium.

Voici comment nous le composons :

Silice.	1 partie.
Minium.	6 à 8 —
Peroxyde de manganèse.	0,5 —

Le peroxyde de manganèse chauffé en contact avec de l'oxyde de plomb, abandonne promptement de l'oxygène, et se convertit facilement en deutoxyde.

Cet émail se distingue des autres émaux par une particularité remarquable : c'est qu'il ne peut être employé qu'à la condition de ne pas être délayé au moment de peindre, avec un liquide qui laisse dans sa masse une substance charbonneuse, lors de la cuisson. Cela se conçoit facilement, si l'on se reporte à l'usage que l'on fait du peroxyde de manganèse pour blanchir le verre, en lui enlevant le carbone qui altère sa limpidité. Dans ce cas, le carbone attaque le manganèse, lui enlève une partie de son oxygène, et le convertit en protoxyde incolore, tandis qu'il se dégage lui-même à l'état d'acide carbonique.

C'est précisément ce qui arriverait ici, si l'émail, au moment de la fusion, se trouvait renfermer du charbon provenant du véhicule qui aurait servi à le fixer sur le verre avant la cuisson. C'est pourquoi nous proposons, pour cet usage, une solution de borate de soude, à la place de l'eau gommée ou sucrée et de l'essence de térébenthine épaissie qu'on emploie ordinairement.

Quant au violet, qui résulte d'un mélange de bleu ou de rouge, on le produit avec l'émail bleu de cobalt ordinaire et celui de pourpre de Cassius, dans des proportions que l'artiste varie à son gré.

Il est encore une couleur violette que l'on obtient avec le peroxyde rouge de fer, chauffé pendant quelque temps au rouge blanc. Mais elle est d'une opacité presque complète, et ne produit sur le verre qu'une sorte de gris violacé opaque et sans éclat. L'émail qu'elle sert à colorer, est néanmoins d'une grande utilité pour la peinture sur verre. On le compose ainsi :

Peroxyde de fer violet. . . . . 1 partie.
Fondant. . . . . 3 —

Le fondant est le n° 3 des émaux de première classe.

Du brun.

Le brun est une couleur indéterminée, que l'on peut obtenir par une foule de moyens, suivant les exigences de l'art, ou le goût de l'artiste. Nous citerons les principaux.

Le zincate de fer, renfermant un atome de zinc et deux atomes de fer, donne un brun-jaune d'un fréquent usage. On le prépare de la même manière que pour le jaune d'ocre, si ce n'est que l'on double la quantité du sel de fer. Pour le composé dont il s'agit, le sel de zinc sera à celui de fer, comme 2 : 10. Le fondant qui convient ici, est le même que pour le jaune d'ocre, et s'emploie dans les mêmes proportions.

Le zincate de fer, dit jaune d'ocre, mêlé soit au peroxyde rouge de fer, soit à la terre de Sienne calcinée, fournit un brun-rouge dont la nuance varie avec les proportions.

Le même zincate de fer (jaune d'ocre) avec la terre d'ombre calcinée, forme un brun foncé plus sombre que le précédent, et qui s'éloigne du rouge.

Le peroxyde de fer convenablement préparé donne, à lui seul, un brun d'un emploi fort utile. Il doit être obtenu par voie humide, ainsi qu'il suit : on traite une dissolution de persulfate de fer par un oxyde ou un carbonate alcalin (la potasse, la soude, l'ammoniaque ou leurs carbonates); le précipité produit est un oxyde hydraté, ou un carbonate. On le recueille sur un filtre; on le lave et on le fait sécher, pour le calciner ensuite jusqu'au rouge, afin d'en séparer l'eau ou l'acide carbonique. Ainsi préparé, l'oxyde de fer offre une couleur brune, dont on peut faire varier la nuance en le chauffant plus ou moins fortement. Il ne ressemble nullement à celui que l'on obtient par voie sèche, bien que la calcination développe en lui un ton rouge plus ou moins prononcé.

La terre d'ombre calcinée, employée seule en mélange avec un fondant forme un émail brun.

Un mélange de peroxyde de manganèse et de peroxyde de fer, peut aussi servir d'élément à un émail brun de quelque utilité.

Pour composer tous ces émaux, il suffit de savoir que chacune des substances que nous avons signalées comme matière colorante brune, doit être unie à trois fois son poids de fondant n° 3 des émaux de première classe.

Il ne doit pas y avoir de fusion préalable. Les substances colorantes sont simplement mêlées intimement aux fondants par la porphyrisation. Ce sont tous des émaux de première classe qui forment les bruns. Ils ont une grande opacité; mais c'est une qualité pour l'usage qu'on en fait.

Du noir.

Les couleurs complètement opaques, quelle que soit d'ailleurs leur coloration propre, appliquées sur le verre, paraissent noires lorsqu'elles sont vues par transparence.

On conçoit qu'une substance qui ne laisse arriver à l'œil aucun rayon de lumière qui l'ait traversée, doit produire simplement un effet d'ombre, et par conséquent de noir.

C'est pourquoi on peut employer pour les traits et les ombres d'un dessin sur verre, soit une couleur noire, soit une couleur quelconque non transparente. Cependant il y a une différence entre l'effet produit par un émail réellement noir, et celui d'un émail d'une autre couleur, opaque.

Lorsqu'on regarde une grande surface transparente, telle qu'un vitrail, outre les rayons réfractés qui ont traversé le verre, l'œil perçoit encore quelques rayons réfléchis, émanés du milieu où elle se trouve, surtout quand la lumière extérieure est peu intense. Ainsi, les émaux qui ne produisent du noir que par leur opacité, se nuancent quelque peu de la couleur qui leur est propre. Le noir qui en résulte, perd de sa dureté et plaît davantage aux regards. C'est pourquoi on emploie de préférence, pour les traits et les ombres d'un dessin, des émaux de couleurs dites tons rompus, dont les bruns nous offrent une grande variété.

Veut-on se procurer un émail qui soit noir aux rayons réfléchis comme aux rayons réfractés ? Il y a deux procédés à suivre : 1° on peut mêler à un fondant des substances opaques de couleur noire, telles que le deutoxyde de fer, le tritoxyde de manganèse, le peroxyde de cobalt et le deutoxyde de cuivre, en quantité assez considérable pour que leur vitrification ne puisse avoir lieu au moment de la cuisson. Ce sera un émail noir par mélange. Par exemple, on prendra :

Deutoxyde de cuivre. . . . . 1 partie.
Peroxyde de manganèse. . . . . . 1 —
— de cobalt. . . . . 1 —
Deutoxyde de fer.. . . . . 1 —
Fondant rocaille.. . . . . 8 à 12 —

2° On peut préparer un émail noir par combinaison; et après la fusion, y ajouter, autant pour compléter son opacité que pour le rendre moins susceptible de s'écailler, une certaine quantité d'oxyde à l'état de simple mélange. C'est la réunion des deux systèmes d'émaux. Ainsi on fera fondre ensemble dans un creuset :

Deutoxyde de fer. . . . . 2 parties.
— de cuivre. . . . . 2 —
Fondant rocaille. . . . . 5 —
Borax fondu. . . . . 1/2 —

Fondez, coulez, puis broyez avec

Peroxyde de manganèse. . . . . . 1 partie.
Deutoxyde de cuivre. . . . . 2 —

La théorie de cet émail se comprend ainsi : la fusion des oxydes de fer, de cuivre et de manganèse, avec le fondant rocaille et le borax, forme des borosilicates ; les deux premiers sont verts ; le dernier est rouge-violet. Or, s'ils sont en proportion convenable, le vert et le rouge-violet doivent donner du noir : les oxydes ajoutés consécutivement ne font, comme nous l'avons dit, que compléter l'opacité, et donner à l'émail une dilatabilité normale. On conçoit l'utilité de cette dernière circonstance, si l'on se rappelle la propriété des oxydes de cuivre et de manganèse, relativement à la dilatabilité. Enfin, se propose-t-on, au contraire, d'obtenir un noir qui ne paraisse tel qu'aux rayons réfractés, on mêlera sans fondre :

Oxyde noir de fer. . . . . 1 partie.

ou bien :

Tritoxyde de fer calciné (rouge ou
violet). . . . . 1 partie.
Fondant rocaille. . . . . 2 à 3 —

Cette couleur mise en usage, paraîtra noire en transparence ; mais lorsqu'elle enverra à l'œil des rayons réfléchis, elle prendra un ton roussâtre ou violâtre plus agréable et moins dur que le noir.

Du blanc.

L'émail blanc est presque sans usage dans la peinture sur verre. Nous donnerons cependant quelques détails à son sujet, pour compléter la série des émaux dont nous avons fait l'histoire. Dans ces derniers temps, on s'en est servi pour orner des vitres d'une sorte de dessin, dont tout l'effet ressortait de la combinaison du blanc mat opaque de l'émail, avec la transparence du verre, sans aucune autre coloration. Cette industrie, qui tient un peu de l'art dont nous traitons, ne paraît pas avoir pris beaucoup de développement.

L'émail blanc est un composé vitreux, d'une opacité plus ou moins complète, qu'il doit à la présence de l'acide stannique, ou de l'acide antimonique. On procède ainsi dans sa préparation. D'abord, on fait un alliage d'étain et de plomb, dans les proportions de 20 du premier sur 80 du second. Le métal étant en fusion dans une cuillère à projection en fer, ou un autre vase, on enlève l'oxyde qui recouvre sa surface, à mesure qu'il se forme. Quand toute la masse est convertie en oxyde, on continue quelque temps sa calcination, en remuant sans cesse, jusqu'à ce qu'il paraisse bien homogène. On projette ensuite l'oxyde dans un vase contenant de l'eau, où on l'agite pour déterminer la séparation des grains d'alliage non oxydés qui s'y trouvent mêlés : ceux-ci se réunissent au fond du vase. L'oxyde recueilli et séché, est propre à être employé. Ce composé, mêlé avec de la potasse, de la silice et du borax, puis vitrifié à une haute température, donne un émail blanc.

L'émail blanc du commerce, qu'on emploie dans la peinture en émail (et dont nous donnerons la composition dans la partie de ce Manuel qui traite de cet art), peut servir aussi pour la peinture sur verre, bien qu'il manque un peu de fusibilité.

Nous recommandons l'émail suivant, qui nous paraît réunir les qualités désirables pour la peinture sur verre.

Nous l'avons composé ainsi qu'il suit :

Silice. . . . . 3 parties.
Calcine. . . . . 7,5 (à plomb 80, étain 20).
Borax calciné. . . . . 2 parties.

Fondez et coulez.

Les anciens peintres sur verre ont souvent employé des émaux blancs, d'une composition analogue à ceux que nous appelons émaux de première classe. Levieil faisait du blanc en mêlant du sulfate de chaux à du fondant rocaille. Felibien, Haudicquer de Blancourt, l'abbé de Marsy, proposent aussi cette substance, mais avec un émail différent. On a également fait usage, dans le même but, du silex, du cristal pulvérisé et de poudre d'os calcinés. Nous ferons observer ici, qu'on aurait obtenu un meilleur résultat avec l'acide stannique employé de la même manière.

CHAPITRE IV.

Du Verre.

Diverses espèces de verre du commerce.

L'analogie, pour ne pas dire la similitude, qui existe entre la composition du verre et celle des émaux ; les rapprochements utiles que l'on fait incessamment entre ces composés ; l'emploi du verre comme support d'une des peintures qui font l'objet de ce livre, auraient pu nous faire parler ici des qualités et des propriétés des verres, de leur composition, de leur fabrication, etc.; mais nous aurions naturellement été entraîné trop loin dans l'art du verrier, qui ne fait pas précisément partie de notre sujet, et nous nous bornerons à dire quelques mots des diverses espèces de verre, renvoyant les lecteurs pour plus amples détails au *Manuel du Fabricant de Verre, Glaces et Cristaux*, faisant partie de l'*Encyclopédie-Roret*, où tous ces sujets sont traités avec tous les développements désirables.

Nous commencerons par dire, et c'est important pour nous, que le verre s'altère assez rapidement lorsqu'il est en contact avec des matières animales en décomposition. On cite à ce sujet les fenêtres des écuries et les bouteilles placées dans de semblables endroits, qui présentent souvent de très-beaux reflets d'iris ; on attribue cet effet à ce que la matière siliceuse isolée prendrait la forme de pellicules minces disséminées sur la surface du verre. On sait d'ailleurs que le verre s'altère toujours avec le temps.

On nomme *verres* des substances dures, transparentes et cassantes, qui sont formées par la combinaison du silicate de potasse et du silicate de soude, avec un ou plusieurs des silicates suivants : silicate de chaux, silicate de magnésie, silicate de baryte, silicate d'alumine, silicate de fer.

On distingue les diverses espèces de verres en trois grandes classes :

1° Verres incolores ordinaires, qui sont des silicates doubles de chaux et de potasse, ou de soude.

2° Verres colorés communs, ou verres à bouteilles ; ce sont des silicates multiples de chaux, d'oxyde de fer, d'alumine, de potasse ou de soude.

3° Le cristal, qui est un silicate double de potasse et d'oxyde de plomb.

Le *flint-glass* est un silicate de potasse et de plomb, plus riche en oxyde de plomb que le cristal.

Le *strass* est un silicate de potasse et de plomb, encore plus riche en plomb que le flint-glass.

L'addition d'une petite quantité d'acide borique augmente beaucoup la fusibilité des verres. Cette propriété de l'acide borique a été mise à profit par MM. Maez et Clémandot pour préparer différents *borosilicates* (comme le borosilicate de zinc), qui présentent des qualités importantes pour l'art de la vitrification.

C'est un borosilicate de potasse et d'oxyde de plomb qui sert à faire les imitations de diamants et qui est la base de toutes les pierres artificielles, dont traite le *Manuel du Bijoutier-Joaillier*.

Les verres incolores ordinaires, employés pour les vitres, la gobeleterie et les glaces coulées, sont des silicates doubles de chaux et de potasse, ou des silicates doubles de chaux et de soude, suivant que la potasse ou la soude revient à meilleur marché. En France, la fabrication du verre blanc se fait avec la soude. En Allemagne et dans les pays du nord, où la potasse est moins chère, on lui donne la préférence. L'emploi de l'une ou l'autre de ces bases n'est pas indifférent.

La soude donne des verres plus fusibles et plus faciles à travailler; mais ces verres sont toujours un peu colorés. Il est vrai que cette coloration est peu sensible sur une petite épaisseur, mais elle est très-prononcée sur une épaisseur un peu forte et une teinte jaune verdâtre se voit quand on regarde une lame de verre par la tranche. En France, on fabrique le verre blanc de première qualité avec du sable quarzeux blanc, de la soude artificielle, de la chaux vive délitée, et une proportion plus ou moins considérable de débris de verres provenant des précédentes fabrications. Quand ces matières sont employées dans les proportions ordinaires, on obtient un verre facilement fusible, mais un peu tendre. Quand on veut obtenir un verre plus dur, on augmente la proportion d'acide silicique.

La potasse produit les verres de Bohême, remarquables par leur légèreté, leur belle transparence et leur inaltérabilité. En Bohême, on se sert des matières les plus pures pour la fabrication du verre, et on apporte les plus grands soins à cette fabrication. Les proportions des matières varient suivant que l'on veut faire des verres à vitres, des verres à gobeleterie ou des glaces coulées. On force la proportion de silice (quarz) quand on cherche à obtenir des verres durs et peu fusibles. Les tubes qu'on fabrique en Bohême pour la chimie sont beaucoup moins fusibles que les verres français et bien préférables pour les analyses des corps organiques.

Au commencement de 1865, M. Pelouze a communiqué à l'Académie le résultat de recherches qui ont eu pour objet et pour résultat de découvrir la raison de la colo-

ration en jaune plus ou moins foncé de certains verres
du commerce, et qui ont conduit l'auteur à étudier l'action colorante d'un grand nombre de métalloïdes ajoutés
à la matière qui constitue le verre. Le fait essentiel qui
résulte du travail de M. Pelouze, c'est que la nuance
jaunâtre, dans les glaces, est due à la présence des sulfates de soude ou de potasse qui font partie des matières
employées à la fabrication. C'est un effet de réduction.
Le sulfate passe à l'état de sulfure de potassium ou de
sodium, lequel, lorsqu'il se trouve divisé, est, comme on
sait, de nuance jaune verdâtre. Le résultat de l'analyse
a été confirmé par la synthèse. M. Pelouze a mis sous les
yeux de l'Académie des échantillons de verre composé
avec des matières exemptes de sulfate. Ces échantillons
étaient d'une blancheur et d'une limpidité parfaites. L'industrie pourra donc, dit M. Sanson, tirer un grand parti
de ces indications faciles à saisir, car elles sont d'une
extrême simplicité.

Verres colorés.

En ajoutant au verre, au moment de sa fabrication,
certains composés métalliques, on lui communique différentes couleurs, dont on varie à l'infini les nuances suivant les proportions que l'on adopte. Cette coloration
n'est pas superficielle comme dans la peinture, elle existe
dans la substance du verre. Du reste, l'on emploie pour
cet usage les mêmes corps qui servent à colorer les émaux
en général.

L'oxyde de fer peut donner, suivant le degré de température de la fusion du verre, trois des couleurs du
spectre, le pourpre, l'orangé jusqu'au jaune et le vert.

L'oxyde de cobalt fournit les bleus, et, uni au peroxyde
de manganèse, les violets. Le jaune d'antimoine coloré par
l'oxyde de plomb donne les jaunes. La combinaison des
oxydes de fer, de manganèse et de cuivre fournit les
noirs; l'or les verres pourpres, le cuivre les verres rouges.

Le verre blanc opaque s'obtient au moyen de l'acide
stannique et du phosphate de chaux des os calcinés.

A côté des verres colorés dans la masse, il y a encore les verres doublés ou à deux couches, formés de verres blancs recouverts d'une couche plus ou moins épaisse de verre coloré, et dont la gravure tire un si grand parti pour exécuter de riches effets de décoration. Ils sont fabriqués par les verriers, en prenant au bout de leur canne une quantité très minime du verre coloré, qu'ils soufflent de façon à l'étendre et à l'arrondir, puis ils plongent la canne dans du verre blanc afin d'envelopper complètement la boule colorée. Cela fait, il ne reste plus qu'à souffler et à donner la forme que l'on désire.

CHAPITRE V.

Exposé des procédés anciens et nouveaux de peinture sur verre.

D'après le moine Théophile, les couleurs employées par les Romains, pour la peinture sur verre, étaient puisées dans des verres peints, réduits en poudre. Souvent, ajoute-t-il, sur des feuilles d'or, que fixaient d'abord quelques gouttes de gomme, l'artiste traçait des fleurs, des feuillages, des figures humaines, ou bien enfin quelque inscription avec un poinçon qui découvrait le fond transparent du cristal; il indiquait également à la pointe sèche, par des hachures légères, les ombres et les modelés; puis, soit que cette image fût destinée à faire partie de la surface ou dût être renfermée dans le pied du vase, on la saupoudrait d'une légère couche de verre pilé, lequel, une fois fondu dans un fourneau, formait sur cette dorure un vernis ineffaçable, ou bien on soudait au fond et au pied du vase, au moyen d'un feu très violent, la lame épaisse de verre sur laquelle reposait le dessin.

On a retrouvé, comme il déjà été dit, un très grand nombre de petites mosaïques en verre représentant soit des arabesques, soit des oiseaux ou des fleurs sur fond bleu céleste ou rouge, formés par la juxtaposition et l'union, au moyen du feu, d'un nombre infini de petits fils de verre.

Jusqu'à l'abbé Didier (vers le ve siècle), on employa des châssis en pierre, marbre, plâtre ou bois, pour relier entre elles les diverses pièces du vitrail; cet abbé eut le premier l'heureuse idée de leur substituer des armatures de fer et des châssis de plomb, et cette innovation fut appliquée pour la première fois aux fameuses verrières dont cet artiste décora le sanctuaire, la façade et la nef de l'église de l'abbaye du Mont-Cassin.

Dans le premier âge de l'art, les vitraux se composaient : 1° de verres ou teints ou incolores qui faisaient, pour ainsi dire, le fond du tableau ; 2° de couleurs appliquées au pinceau et cuites au moufle. (Félibien pense que, primitivement, on peignait les verres avec des couleurs détrempées à la colle, ce qui pourrait bien être vrai, car on a découvert, il y a quelques années à la Sainte-Chapelle, des verres peints de cette manière.)

Les peintres du XIIe siècle, pour donner plus de solidité aux couleurs qu'ils voulaient avoir, repassaient au four leurs verres teints et obtenaient ainsi des verres dépolis légèrement sur une de leurs faces. A la suite de cette opération, les verres, au lieu d'être plans, unis et réguliers comme ceux que l'on emploie généralement aujourd'hui, étaient ondulés, inégaux en épaisseur, ce qui les rendait moins diaphanes, renforçait les teintes et contribuait puissamment à l'harmonie générale. Il est même très probable, comme nous avons pu nous en convaincre par l'examen direct de morceaux de verres provenant des vitraux de Saint-Denis, dit M. Boulongne, que, déjà à cette époque, les peintres verriers n'obtenaient pas la teinte qu'ils désiraient employer, d'une seule fois, et qu'ils usaient largement d'un stratagème analogue à celui des verres doublés, car nous avons observé, dans les verres en question, de véritables couches superposées de nuances très différentes et concourant toutes à un même but, c'est-à-dire à la formation d'une teinte unique bien plus belle que si elle eût été obtenue directement.

A cette époque, la peinture sur verre n'était pas, comme elle le devint plus tard et comme elle l'est aujourd'hui, une œuvre à part; l'architecte de l'édifice déterminait non seulement la forme générale du vitrail, mais il en traçait encore les divisions qui formaient elles-mêmes une décoration résultant d'une série de dessins géométriques dont la grâce n'est pas moins remarquable à l'extérieur qu'à l'intérieur, et qui se rattachent ainsi à l'ensemble tout en contribuant à la solidité du travail.

Manière d'opérer au XII° *siècle.*

Le manuel opératoire proprement dit de la peinture sur verre au XII° siècle, consistait dans les préceptes suivants, empruntés à un livre très curieux et généralement peu connu, écrit vers cette époque par un moine très savant, nommé Théophile, traduit par M. Ch. de l'Escalopier. Voici comment s'exprime Théophile :

« Lorsque vous voudrez composer des fenêtres de verre, d'abord faites une table de bois unie, assez longue et assez large pour que vous puissiez y travailler deux panneaux de chaque fenêtre ; prenant de la craie et la raclant avec un couteau par toute la table, aspergez d'eau partout et frottez partout avec un linge. Quand cela sera sec, prenez mesure de la longueur et de la largeur du panneau de la fenêtre, marquez-la sur la table à la règle et au compas, avec du plomb ou de l'étain. Si vous voulez y faire un bord, tracez-le avec la largeur et l'ornement que vous jugerez convenables. Cela fait, tracez les images en aussi grand nombre que vous voudrez, d'abord avec du plomb ou de l'étain, ensuite avec de la couleur rouge ou de la noire, faisant tous les traits avec soin ; car il faudra, lorsque vous aurez peint le verre, faire remonter les ombres et la lumière selon le plan de la table. Disposant les différentes draperies, marquez la couleur de chacune à sa place, et toute autre chose que vous vous proposez de peindre, indiquez-en la couleur par une lettre. Après cela, prenant un petit vase de plomb et y mettant de la craie broyée dans de l'eau, faites-vous deux ou trois pinceaux de poil, savoir de queue de martre ou de vair, ou d'écureuil, ou de chat, ou de crinière d'âne ; prenez un morceau de verre de l'espèce que vous voudrez, plus grand partout que l'espace qu'il doit occuper, le plaçant à plat sur cet espace. Alors, comme vous verrez les traits sur la table à travers le verre, tracez-y ainsi avec de la craie les traits extérieurs seulement, et si le verre est épais, au point que vous ne puissiez apercevoir à travers les traits qui sont sur la table, prenant du verre blanc, tracez-les dessus ; quand il sera sec, appliquez le verre épais contre le blanc, et, élevant à la lumière, calquez-les comme vous les verrez. Vous marquerez de même tous les genres de verre, soit pour les figures, soit pour les draperies, les mains, les pieds, la bordure ou tout ce que vous voudrez colorier. »

Cela fait, il s'agissait de découper tous ces morceaux de verre. Voici comment Théophile nous apprend que l'on pratiquait cette opération de son temps : « Vous ferez chauffer au foyer le fer à couper (on ne se servait du diamant que vers le XVIe siècle) ; il devra être mince partout, mais plus gros au bout. Quand il sera rouge, appliquez-en le gros bout sur le verre que vous voudrez diviser, et bientôt apparaîtra un commencement de fêlure. Si le verre résiste, humectez-le de salive avec votre doigt à l'endroit où vous aviez placé le fer ; il se fendra aussitôt. Selon que vous voudrez couper, promenez le fer, et la fissure suivra. Toutes les parties ainsi divisées, prenez le grésoir (ou égrisoir) : ce fer sera de la longueur d'une palme et recourbé à chaque tête ; avec lui, vous égaliserez et joindrez tous les morceaux, chacun à sa place. Ces choses étant ainsi disposées, prenez la couleur avec laquelle vous devez peindre le verre ; elle se compose de la manière suivante : prenez du cuivre mince battu, brûlez-le dans un petit vase de fer, jusqu'à ce qu'il soit réduit en poudre, puis des parcelles de verre vert et de saphir grec, broyées l'une après l'autre entre deux pierres de porphyre ; mêlez ces trois choses ensemble de façon que le cuivre soit à la dose d'un tiers, le verre d'un tiers et le saphir d'un tiers. Vous broierez le tout soigneusement sur la même pierre avec du vin ou de l'urine, et mettant dans un vase de fer ou de plomb, peignez le verre en suivant scrupuleusement les traits qui sont sur la table. Si vous voulez faire des lettres sur le verre, vous couvrirez les morceaux entièrement de couleur et vous écrirez avec la queue du pinceau. »

Dans un chapitre intitulé : *Des trois couleurs pour les lumières dans le verre*, le moine Théophile indique la manière d'obtenir des ombres graduées au moyen d'une seule couleur, suivant l'épaisseur de la couche employée. Puis il décrit le procédé de cuisson en usage de son temps.

Manière actuelle d'opérer.

Nous allons exposer brièvement les différentes opérations qui s'exécutent aujourd'hui dans la peinture sur verre, depuis la composition des cartons par l'artiste jusqu'à la mise en plomb des verrières par l'ouvrier. Cet exposé est extrait du mémoire de M. Boulongne à la société d'Encouragement. Nous aurons occasion de revenir sur ces sujets dans les chapitres spéciaux qui se trouvent plus loin.

Cartons (1). — La valeur des vitraux dépendant de deux choses, premièrement du mérite des cartons, secondement de la manière dont ils sont exécutés, il est à désirer que cette dernière opération ne soit confiée qu'à des gens habiles, sans quoi elle ferait souvent perdre aux verrières le véritable cachet que leur a imposé l'artiste.

Les cartons, comme on le sait, sont des dessins exécutés sur papier collé ou sur toile; on les fait soit au

(1) On appelle *carton* le modèle dessiné, peint, ou simplement tracé sur carton ou sur papier fort, de la grandeur de l'exécution, d'une *fresque*, d'un *vitrail*, d'une *mosaïque*, d'une *tapisserie*. On fait plusieurs cartons pour les verrières, les uns découpés par morceaux, pour donner les formes et les dimensions des pièces de verre qui doivent entrer dans la composition du vitrail, les autres demeurant entières, et servant à l'assemblage de ces mêmes pièces quand elles sont terminées, et qu'il est question de les monter.

crayon rouge, soit au crayon noir, souvent même à l'aquarelle. On doit avant tout, indiquer sur ce papier la place
des barres de fer qui forment l'armature de la fenêtre.
Alors on commence à dessiner les figures ou les compositions, en ayant soin de ne point faire passer une barre
de fer dans un endroit important d'un personnage; il
faut que l'artiste soit assez habile pour faire oublier,
pour dissimuler l'armature; il faut également savoir ha-
biller les figures de façon à amener beaucoup de divisions, afin que les plombs qui entourent les verres puissent être cachés dans l'ombre des plis ou dans leurs
contours. La gravité, la simplicité et l'immobilité doivent
être le but constant de la peinture sur verre.

Le carton doit être précis, d'un faire large et posi-
tif, rien de vaporeux; il ne faut jamais espérer que
l'expression délicate d'une tête sera rendue fidèlement
par l'exécutant, à moins que l'artiste n'exécute lui-
même. Le carton doit toujours être exécuté de grandeur réelle; une fois terminé, on le livre au peintre-vitrier. La tâche de l'artiste est terminée, celle de l'ouvrier
commence.

On calque ce carton sur papier végétal, afin de pouvoir couper les verres sans salir le dessin original, que
l'on respecte toujours matériellement. Quand le carton
a été dessiné et non exécuté à l'aquarelle, l'artiste donne
au peintre-vitrier une réduction de sa verrière où il
marque les couleurs qu'il doit assigner aux draperies,
aux têtes, etc. C'est d'après ces données que l'on assortit
les verres de couleur teints dans la masse. Il faut éviter généralement les tons très-foncés qui feraient trou
dans le vitrail. Cela fait, on passe à la coupe du verre.

Le verre se coupe aujourd'hui à l'aide d'un diamant;
autrefois, comme nous le savons, le verre se coupait
avec un fer chaud. Le verre une fois coupé, on en gruge
les bords inégaux et coupants au moyen d'un instrument particulier que l'on nomme égrisoir. On place peu
à peu les verres coupés sur le dessin calqué; il faut
avoir soin dans l'opération précédente, de ménager sur

le verre la place que doivent occuper les rebords du plomb.

Espèce de verre. — On emploie actuellement, dans la peinture sur verre ou plutôt dans la fabrication des verrières, deux sortes de verre : les uns peints dans la masse, composés d'une ou plusieurs couches, ce qui permet les enlevages et facilite l'application du jaune au pinceau ; les autres blanc verdâtres, sur lesquels on superpose une couche de verre coloré par les procédés analogues à ceux de la peinture en émail.

Dessin. — Quand on fait le trait sur le verre, on ombre toutes les draperies avec une seule et même couleur, d'un ton noirâtre ; elle se compose ordinairement d'un oxyde de fer mêlé avec un fondant destiné à fixer cet oxyde lors de la cuisson au four. Pour les chairs qui sont peintes sur verre à peu près blanc, on doit mettre une teinte de chair en sus du modelé ordinaire ; cette teinte est rougeâtre et ne vise guère à la vérité. Les anciens peignaient leurs figures en violet clair.

On étend la couleur avec un large pinceau, et on la frappe avec un pinceau court taillé en brosse. On revient alors avec des hachures et en grattant. On peut se servir comme véhicule, soit de l'eau gommée, de l'essence de térébenthine ou de lavande, soit enfin d'une essence grasse, selon les besoins.

Cuisson. — La cuisson s'exécute souvent plusieurs fois de suite, surtout pour les figures. Cela dépend aussi de la grandeur des vitraux et de l'effet qu'on désire obtenir. Quand on doit cuire plusieurs fois, on ne met le jaune d'or qu'à la deuxième ou troisième cuisson ; sans cela, il passerait rapidement au jaune orangé (1). Aujourd'hui on cuit au four en enfournant à froid et en laissant refroidir peu à peu avant de retirer les plaques de verre : la méthode contraire expose à des fêlures

----

(1) Le jaune au pinceau est, avec la couleur chair, à peu près la seule couleur d'application que l'on emploie aujourd'hui pour les vitraux d'église ; les autres tons sont pris dans des verres peints dans la masse.

continuelles dues à l'action subite de l'air froid sur le verre chaud. Cette opération dure environ trente-six heures. On cuit généralement sur une plaque de fonte enduite de craie, pour éviter que le verre ne s'attache au fer lui-même.

Mise en plomb. — Une fois les vitraux cuits et reconnus achevés, on passe à la mise en plomb. On soude les plombs à leur rencontre, et les vitraux sont montés (1); puis, pour consolider le vitrail, on y adapte des barrettes de fer rondes, en ayant la précaution de les plier à la forge, dans les endroits où leur direction rectiligne viendrait à couper d'une façon très disgracieuse quelque pièce importante du sujet, une tête par exemple. Le vitrail est alors entièrement terminé, il ne reste plus qu'à l'assujettir à la fenêtre, et ceci ne nous regarde plus, c'est l'affaire des maçons et des serruriers.

CHAPITRE VI.

Opérations de la Peinture sur verre.

Dans le chapitre précédent, on a vu, à la suite de quelques renseignements sur les moyens employés par les anciens, un exposé succinct des différentes opérations qui s'exécutent aujourd'hui dans la peinture sur verre, depuis la composition des cartons jusqu'à la mise en plomb; nous allons maintenant reprendre cette question avec plus de détails et d'une manière plus pratique.

Préparation des couleurs pour les employer.

Nous avons déjà donné précédemment la composition des couleurs ou émaux et des fondants. Ici nous entendons par couleurs les substances colorantes unies à leurs fondants.

(1) Les anciens étamaient les plombs dans toute leur longueur, ce qui leur donnait plus de solidité.

Les couleurs doivent être préalablement réduites à une ténuité extrême, par un broiement prolongé sur un porphyre, ou dans un moulin de porcelaine biscuit, destiné à ce but, et qui se trouve décrit plus loin. Pour cela, on les délaie avec suffisante quantité d'eau pure ; ensuite on les fait sécher, pour les conserver dans des flacons bouchés. Au moment de l'emploi, on mêle les couleurs en poudre à des liquides de différente nature, qui ont pour but : 1° de donner aux couleurs assez de gras et de liant pour qu'elles ne coulent pas sur le verre ; 2° de les faire adhérer suffisamment, quand elles sont sèches, en attendant qu'elles soient fixées par la cuisson ; 3° de s'approprier à l'application des différentes espèces de pinceaux que l'on met en usage pour la peinture sur verre, et dont il va bientôt être question. Ces liquides sont ordinairement de l'eau, de l'essence de térébenthine, de l'essence de lavande, rendues moins fluides par les substances qui doivent fixer les couleurs sur le verre après la dessiccation. A l'eau, c'est du sucre candi, du borax que l'on ajoute ordinairement. Aux essences de térébenthine et de lavande, c'est de l'essence grasse de térébenthine et de lavande. On appelle essence grasse, une essence altérée et épaissie par l'action prolongée de l'air. Parmi les préparations qui, dans le commerce, portent ce nom, il faut distinguer celles qui sont véritablement des essences épaissies à l'air, de celles qui sont le résidu de la distillation des essences de térébenthine et de lavande ordinaires. Les dernières sont d'un emploi beaucoup moins avantageux. Autant vaudrait se servir tout simplement de la térébenthine elle-même ou d'un vernis quelconque. Mais nous verrons plus tard pourquoi ces liquides doivent être rejetés.

On prépare les essences grasses en mettant des essences ordinaires dans un vase de verre à large ouverture, que l'on recouvre d'un tissu facilement perméable à l'air et que l'on expose à l'air et à la lumière. On agite de temps en temps. Elle est convenablement épaissie, quand elle a la consistance d'un sirop épais.

Les couleurs à l'eau et celles à l'essence ont chacune leur utilité. On les emploie souvent alternativement dans une même peinture.

Les instruments qui servent à transporter les couleurs sur le verre, sont des pinceaux de plusieurs sortes :

1° Les pinceaux de martre, pinceaux effilés qui servent ordinairement à l'aquarelle ;

2° Les putois, qui, au lieu d'être effilés, sont abruptement coupés par le bout, de manière à présenter une surface plane, perpendiculaire à la longueur ;

3° Les blaireaux plats, pinceaux larges et aplatis pour étaler les couleurs ;

4° Les queues de morue en soies de cochon douces, de le même forme que les précédents ;

5° Les brosses dures, en forme de petits putois, faites en soies de cochon ;

6° Les brosses en soie de cochon, usitées pour la peinture à l'huile.

Usage de ces pinceaux.

Veut-on appliquer sur le verre une couche égale de peinture ? Si l'espace qu'on veut couvrir est étroit, on prend un pinceau de martre ; s'il est étendu, on prend une queue de morue, ou un blaireau plat. Au moyen de ces instruments, on transporte la couleur sur le verre, et on l'étale en balayant, sur toute la surface, d'abord dans un sens, puis dans un autre opposé, jusqu'à ce que la couche soit égale. Cet à-plat conserve ordinairement des sillons que laissent après eux les poils des pinceaux. On les fait disparaître, si on le juge utile, par l'action du putois, ou mieux au moyen du blaireau plat.

Le putois, avons-nous dit, offre par le bout une surface plane ; on le fait agir en heurtant le verre par le bout des poils, et non en le faisant glisser, comme les autres pinceaux. Ce mouvement adroitement exécuté, et suffisamment continué, efface les traits, et égalise la couleur dans toute son étendue. Le pinceau ne doit cesser d'agir que quand la couleur est presque sèche. Ce n'est qu'un peu avant d'être sèche qu'elle s'égalise bien.

Veut-on mettre de légères couches de couleurs bien fondues ? c'est encore le putois qui nous rend ce service. On s'en sert pour prendre sur la palette un peu de couleur, que l'on applique en tamponnant légèrement, sur les endroits que l'on veut recouvrir.

Le pinceau de martre servira au contraire à faire des applications de couleurs qui n'auront pas besoin d'être fondues, des traits, etc.

La brosse dure en forme de putois a pour usage de gratter certaine couleur à l'eau, préalablement appliquée sur le verre, pour faire des enlevages, et exécuter ainsi une sorte de peinture dont nous parlerons bientôt.

Il est quelques précautions à prendre pour délayer convenablement les couleurs.

S'agit-il d'employer une couleur à l'essence ? On met sur la palette un peu de cette couleur broyée et séchée, comme nous l'avons dit précédemment. On la mêle, à l'aide du couteau à palette, avec de l'essence grasse en quantité suffisante pour former une pâte épaisse. On la délaie ensuite avec plus ou moins d'essence de térébenthine, suivant la richesse du ton que l'on veut appliquer ; on lui donne quelques tours de molette ; et l'on en fait usage de la manière indiquée dans les articles précédents. Ces précautions sont surtout importantes pour que le putoiser se fasse bien.

Pour les couleurs à l'eau, on agit d'une manière analogue, en substituant un sirop épais à l'essence grasse, et l'eau, à l'essence de térébenthine. Ce mode de procéder a pour but de déterminer facilement la proportion convenable de sucre ou d'essence grasse. Pour les couleurs au borax, et même à l'essence de térébenthine pure, on se borne à mettre assez de liquide pour faire une bouillie épaisse. En général les émaux doivent être peu humectés.

Il n'est pas indifférent d'employer une couleur à l'eau ou à l'essence, et l'essence de térébenthine, ou celle de lavande. Les couleurs à l'eau sont en général plus fluides que celles à l'essence, toutes choses égales d'ailleurs. Elles ont moins de liant, et par conséquent s'étendent moins bien sous le pinceau. Dans les *à-plats* d'une cer-

taine étendue, les couleurs à l'essence sont plus susceptibles de former une couche unie. Les stries et sillons
que laissent la queue de morue s'effacent mieux sous le
blaireau plat. Le putoiser des couleurs à l'essence donne
aussi un résultat plus satisfaisant. On préférera donc
celle-ci dans tous les cas analogues à ceux que nous venons d'énoncer.

Si l'on compare l'essence de lavande à celle de térébenthine, on remarque que la seconde est plus siccative
que la première. C'est pourquoi on fait usage de celle-ci
toutes les fois qu'on a besoin d'un liquide qui sèche
lentement. On ne l'emploie pas seule dans la préparation
des couleurs ; on en ajoute à l'essence de térébenthine
autant qu'il est nécessaire pour rendre la dessiccation
convenablement lente. On a principalement recours à ce
moyen dans le travail du putois, qui s'exécute toujours
avec lenteur. L'essence de lavande est d'une utilité émi-
nente dans le cas dont il s'agit. Pour les couleurs à l'eau,
on ne saurait remplacer avantageusement le sucre par
d'autres substances adhésives, telles que la gomme, etc. ;
le sucre a l'avantage d'être plus souple et moins susceptible de s'écailler.

On considère dans la peinture sur verre, deux modes
d'exécution essentiellement différents. Celui qui fut le
plus anciennement pratiqué, le mode gothique, consiste
à ne faire usage d'aucun émail propre à colorer le verre,
et seulement à dessiner les contours et les ombres d'un
sujet, avec un émail brun, opaque, sur du verre teint
dans la masse. Cette sorte de peinture, ou plutôt de dessin, malgré sa simplicité, est susceptible des plus beaux
effets que puisse produire la décoration des vitraux.
Nous lui devons les belles verrières gothiques qui or-
nent nos vieilles églises. Il est aussi le plus facile à exécuter. Il suffit pour cela, en effet, d'avoir l'usage du dessin.
Il n'est besoin d'ailleurs que d'un seul émail d'une préparation facile, et dont l'application n'offre pas de grandes
difficultés.

Le second mode de peinture, que nous appelons mode
de la renaissance, tout en admettant, comme le précé-

dent, l'emploi du verre coloré au moment de sa fabrication, exige l'application de nombreux émaux, au moyen
desquels l'artiste exécute sur le verre, une véritable peinture comparable, pour les effets, à la peinture à l'huile.
Il est donc obligé d'avoir une palette de couleurs vitrifiables qui lui offre autant de ressources, pour ainsi dire,
que celles de la peinture à l'huile. La pratique de ce mode
de peinture est difficile, et exige une étude spéciale.

La peinture sur verre, en général, présente de nombreuses difficultés matérielles résultant de la nature des
couleurs, et du verre lui-même, soit pour l'application
mécanique des émaux, soit pour la réalisation des résultats qu'on se propose d'obtenir. Nous décrirons les
artifices auxquels on est obligé d'avoir recours dans les
différents cas.

La surface lisse et polie du verre est peu favorable à
l'application des couleurs. Lorsqu'il s'agit d'étaler une
teinte, très-souvent un second coup de pinceau enlève ce
que le premier avait déposé. De là impossibilité de mettre
de l'hésitation dans le travail. Cette difficulté a conduit
quelques artistes à ne peindre que sur du verre dépoli
avec le grès ou l'émeri.

Mais le plus grand obstacle pour le peintre résulte de
la nature du véhicule qui permet difficilement de super-
poser plusieurs couches de couleurs rendues adhérentes
par les mêmes substances, même après la dessiccation de
celles-ci. La matière fixative d'une première application,
ayant conservé sa solubilité, est susceptible d'être délayée et enlevée par les applications consécutives. On a
eu l'heureuse idée, dans ce cas, de changer le véhicule à
chaque nouvelle couche de couleur superposée à une
autre. Ainsi on peint à l'eau, sur une couleur à l'essence ;
et réciproquement à l'essence, sur une couleur à l'eau.
Les matières fixatives de l'une étant insolubles dans le
liquide de l'autre, on ne court pas le risque d'enlever ce
qu'un premier travail a produit.

Cependant, l'incommodité qui résulte de l'emploi de
couleurs différemment préparées, a fait chercher le moyen
de peindre avec un même véhicule. On y est arrivé, en

6.

mettant à profit l'observation suivante : une couleur à l'essence, épaissie avec l'essence grasse ou la térébenthine de Venise, conserve sa solubilité dans le même liquide, lorsqu'on la fait sécher à l'air libre ; mais si les pièces peintes sont exposées à une température modérée, dans une étuve, cette couleur cesse d'être facilement délayée, supporte très-bien le frottement du pinceau, et les nouvelles applications se font sans difficulté.

Lorsqu'on suit le procédé que nous venons de décrire, le besoin de mettre des intermittences dans le travail pour exposer les pièces à l'étuve, a semblé à quelques artistes un inconvénient assez grave pour qu'ils aient tenté de se soustraire encore à cette nécessité. Ils sont parvenus enfin à peindre sur le verre, à l'eau ou à l'essence, comme on peint sur la toile, sans qu'il soit même nécessaire de faire sécher le premier travail. Nous nous empressons de déclarer que c'est plus à leur adresse et à leur habileté, qu'au procédé lui-même, qu'ils doivent cet inappréciable avantage. Pour analyser leur manière de faire, supposons une peinture à l'eau. Pour commencer, l'artiste, en délayant sa couleur, y introduit aussi peu de sucre qu'il est nécessaire pour la faire adhérer. Celle-ci appliquée, il revient sur la première couche, avec des couleurs progressivement plus chargées de sucre, sans être pour cela beaucoup plus épaisses. La densité croissante du véhicule empêche son action dissolvante sur la couleur primitivement appliquée.

Cette manœuvre, adroitement exécutée, permet de peindre en *empâtant*, pour nous servir de l'expression consacrée. Mais, nous le répétons, il n'y a qu'une longue expérience et une adresse consommée qui donnent la faculté d'user utilement de ce moyen.

Pour l'exécution du mode gothique particulièrement, on emploie souvent un procédé aussi simple qu'ingénieux, qui permet à l'artiste de conduire son travail avec la plus grande sécurité. On le nomme peinture par enlevage. Il consiste à faire le trait du dessin avec une couleur à l'essence, et à recouvrir tout le sujet d'une couche de couleur à l'eau, susceptible d'être enlevée avec un pinceau dur, lorsqu'elle est complètement sèche. Au moyen de ce dernier, on enlève, par un frottement adroit, différentes épaisseurs de couleur, suivant qu'on veut obtenir des ombres, des demi-teintes ou des clairs. Le verre mis à nu par l'enlèvement total de la couleur, donne les clairs ; les parties que le pinceau a respectées, forment les ombres ; et les demi-teintes résultent de l'incomplet enlèvement de la couche appliquée. C'est ainsi qu'on fait le modelé du tableau ; ensuite, après une première cuisson, on fait les retouches et les repiqués, avec une couleur au sucre ou à l'essence grasse.

La couleur propre aux enlevages, est un émail auquel on ajoute un peu de borax, et que l'on broie avec suffisante quantité d'eau pour en faire une bouillie épaisse : on l'étend sur le verre à l'aide d'une queue de morue, et on égalise la couche avec un blaireau plat que l'on promène légèrement dessus. La petite quantité de borax qu'on y fait entrer, fait adhérer suffisamment la couleur, pour permettre l'action de la brosse dure pour les enlevages.

La plupart des émaux de deuxième classe se prêtent bien à l'emploi de ce procédé. Mais, parmi ceux de première classe, il en est dont la matière colorante est attaquée par le borax, de manière à produire un composé qui donne à la couleur appliquée trop de résistance au pinceau gratteur. Parmi eux, nous citerons le jaune d'ocre, et tous ceux qui renferment de l'oxyde de zinc en mélange. Mais, on prévient sûrement cet inconvénient en frittant ces sortes d'émaux avant de les broyer pour y mêler le borax.

Fritter un émail, c'est le chauffer jusqu'à ce qu'il s'agglutine et forme une masse pâteuse par un commencement de fusion.

La peinture par enlevage emploie rarement les émaux de deuxième classe. Destinée à ne produire qu'un simple modelé sur un fond préalablement coloré, elle n'a besoin le plus souvent que d'un émail coloré par mélange, qui ait de l'opacité. Celui qui est le mieux approprié à cet usage, est formé de fondant rocaille et d'oxyde de fer brun ou violet, dans les proportions ordinaires, avec une addition de borax calciné en quantité égale au huitième du poids du fondant. Les rapports du borax et du fondant sont calculés de manière à réaliser la composition d'un fondant des émaux de première classe.

Le procédé que nous venons de décrire est susceptible d'une modification importante, quant à la préparation de la couleur propre aux enlevages. A la place de l'eau boracée, comme véhicule de l'émail, on emploie simplement l'essence de térébenthine du commerce. Dans ce cas, on fait d'abord son dessin à la plume, avec une couleur à l'eau, et on applique par-dessus une couche de la couleur à l'essence. Cette modification se fond sur la propriété que possède l'essence de térébenthine, de donner une fixité suffisante pour le travail du pinceau d'enlevage. L'essence doit cette propriété à la petite quantité de résine qu'elle renferme ; car cet effet cesse d'avoir lieu quand elle a été purifiée par une nouvelle distillation. On voit que ce n'est qu'une contre-partie de la méthode précédente. Quelques précautions doivent être prises, pour arriver à un bon résultat. Il faut que la couleur à l'eau soit convenablement sucrée, pour que celle à l'essence ne puisse pas la détremper. En outre, la couleur à l'essence, une fois appliquée, doit être suffisamment chauffée à l'étuve pour acquérir la fixité désirable. On doit aussi éviter d'introduire plusieurs fois de l'essence dans une même couleur, de peur d'augmenter la proportion de résine qui rendrait l'émail trop adhérent, et trop rebelle aux enlevages.

Il est des circonstances où cette méthode prend un peu de complication : ce sont les cas où il s'agit de peindre sur du verre non coloré. Pour faire une tête, par exemple, les contours étant dessinés, on applique une teinte fixe qui doit servir à colorer les lumières, et sur celle-ci, une couche propre aux enlevages, devant former les ombres et les demi-teintes. Ainsi, sur le trait dessiné à l'eau, la première couche devra être à l'essence épaissie, et la seconde au borax; ou bien, le trait étant à l'essence grasse, la première couche sera à l'eau sucrée, et la seconde à l'essence pure, conformément à ce que nous avons dit ci-dessus.

La peinture par enlevage est à la fois simple et expéditive. Elle convient beaucoup à l'ornementation, surtout pour exécuter cette sorte de dessins qui s'enlèvent en clair sur un fond de couleur sombre, pour imiter les broderies des vêtements. Dans ce cas, les enlevages se pratiquent d'une autre manière. Le dessin devant être pur et correct, on substitue aux pinceaux durs, des grattoirs en bois de différentes formes. La couleur sur laquelle on opère, n'a rien de spécial : c'est un émail quelconque broyé à l'essence épaissie.

Enfin, la peinture sur verre autorise tous les artifices possibles, dans le but de diminuer les difficultés, ou d'arriver à des résultats qu'on n'obtiendrait pas autrement. Par exemple, on peint quelquefois des deux côtés du verre, pour se soustraire aux inconvénients de la superposition des couleurs. On agit de même dans l'emploi du jaune d'argent, parce que les substances qui le produisent ne peuvent être mises en rapport direct avec les émaux colorants. C'est ainsi qu'on obtient une coloration vert, en développant une teinte jaune au revers d'un verre bleu, peint de l'autre côté. On suit la même marche pour donner aux bruns-rouges de fer un éclat et une fraîcheur remarquables, en colorant en jaune le côté opposé.

Quel que soit le procédé que l'on suive, l'emploi des couleurs doit encore se faire dans certaines conditions. Il faut s'attacher à faire le moins possible des mélanges. A la température où ils sont portés dans la cuisson, les émaux tendent à se détruire mutuellement, pour former des combinaisons nouvelles. En évitant de les mélanger, on obtient des couleurs plus pures, moins fugaces, et d'un succès plus assuré. Au lieu de les mêler, il est préférable de les couvrir l'un par l'autre. Ainsi, pour produire un effet semblable à celui qui résulterait du jaune d'ocre et du rouge de fer, on applique d'abord le jaune, et l'on glace avec le rouge.

Il importe aussi beaucoup de n'appliquer les émaux qu'en couches aussi minces que possible. Il y a plusieurs raisons à l'appui de cette prescription. D'abord quand les couleurs sont appliquées en grande épaisseur, les substances adhésives qui s'y trouvent, forment une masse qui conserve moins de souplesse et de flexibilité. Les mouvements de dilatation que subit le verre dans les changements de température, n'étant pas partagés par la peinture, finissent par vaincre l'adhésion des couleurs, et les détacher de la surface du verre. C'est ce qui a lieu surtout, lorsque des couches alternatives de couleur à l'eau et à l'essence sont superposées l'une à l'autre ; car l'hétérogénéité des substances qui les fixent, favorise encore ce résultat. Il suffit quelquefois de la simple dessiccation pour produire cet accident par l'inégalité de contraction de ces matières.

D'autre part, en séchant sur le verre, les couleurs à l'eau perdent leur eau, mais conservent le sucre qu'elles renferment ; celles à l'essence abandonnent la partie volatile de ce liquide, tandis que l'essence grasse qui s'y trouve, ayant perdu la faculté de se réduire en vapeur, reste sur le verre. Il résulte de cela, qu'à la cuisson, ces substances entrent en combustion, et laissent une certaine quantité de carbone interposé dans les émaux. Ce corps réagit sur certains composés, tels que les oxydes de fer et de plomb, qu'il noircit en leur enlevant de l'oxygène ; et cela d'autant mieux, que le carbone protégé par l'épaisseur de la couleur, résiste plus longtemps à la combustion. Cette circonstance est au moins très-importante à observer pour la coloration des chairs. Le dernier accident que nous venons de signaler n'aurait pas lieu, si l'on employait toujours comme matière adhésive, une substance solide, parfaitement volatile à une certaine température, comme le camphre, ou qui ne contînt pas de carbone, comme le borax. Mais la première est encore à trouver, et la seconde ne serait pas toujours d'un usage commode. Néanmoins il résulte de ce que nous venons d'exposer, que parmi les substances capables de faire adhérer la peinture sur verre, on doit préférer celles dont la combustion laisse le moins de carbone et qui, en même temps, conservent une certaine ductilité

qui prévienne l'accident des gerçures et du *grippage*.
Peut-être, sous ces deux rapports, ferait-on bon usage
de la cire, dont une partie se volatilise par la chaleur,
et qui, d'ailleurs, jouit d'une grande flexibilité. Il ne
faudrait pour cela, que la dissoudre dans l'essence de térébenthine.

Il serait puéril de décrire les diverses partiques purement artistiques qui trouvent ici leur application : c'est
pourquoi nous nous en tiendrons aux spécialités. La peinture sur verre s'exécute toujours d'après des tableaux
peints à l'huile ou des dessins originaux composés exprès, et que l'on nomme *cartons*. On lève sur le modèle,
au moyen de papier transparent, un calque qui sert à
reproduire le dessin sur le verre. Pour cela, on applique
ce dernier sur le calque étalé sur une table. Sa translucidité permet ainsi de suivre aisément les contours et
les ombres du modèle ; mais si le verre est fortement
coloré, et qu'il manque de transparence, on est obligé
d'avoir recours au poncif : c'est une sorte de calque dont
le dessin est mis à jour par de nombreux trous d'épingles, rapprochés les uns des autres. Au moyen d'un sachet
de poudre de charbon que l'on agite en heurtant le papier
disposé sur le verre, on obtient un tracé du dessin, suffisamment indiqué. Il est utile, pour commencer, de dessiner son sujet à l'encre de Chine. La raison en est qu'on
peut le corriger et le modifier comme on le juge à propos,
afin de peindre ensuite avec plus de sécurité. En effet,
les corrections faites après l'application des émaux, apportent toujours de l'inégalité et de l'imperfection dans
le travail : ajoutez à cela qu'elles sont alors beaucoup
plus difficiles. Du reste, pour peindre sur verre, on prend
les mêmes dispositions que pour peindre sur toile. On se
sert du chevalet aussi bien que de l'appuie-main. Le chevalet est d'une structure spéciale que nous décrirons plus
loin. Les pièces qu'on y place doivent être consolidées
avec une cire ductile et adhésive, préparée pour cet usage.
En outre, pour mettre à profit la transparence du verre,
le peintre place son tableau entre lui et la lumière directe. Il peut ainsi tout d'abord juger de l'effet de son
travail.

Lorsqu'on veut dessiner au trait sur le verre, avec un
émail, on emploie le pinceau ou la plume d'oie. La couleur qui convient à l'usage de la plume, est celle préparée à l'eau. La couleur à l'essence que l'on préfère pour
les *à-plats*, parce qu'elle s'étend plus également au pinceau, ne se prête pas si bien à l'emploi de la plume, et ne
prend pas si facilement sur le verre; on en fait cependant
un fréquent usage. Beaucoup de sucre rend le dessin plus
facile. Il est néanmoins nécessaire d'en déterminer les
doses. 30 centigrammes de sucre pour 4 grammes de couleur, suffiraient pour la faire adhérer assez fortement;
mais l'emploi de la plume exige au moins 40 centigrammes.
Avec 60 centigrammes, le dessin serait susceptible de s'é-
cailler. Il est une précaution très avantageuse à prendre
lorsqu'on veut dessiner à la plume sur le verre, c'est
de le laver préalablement avec de l'essence de térébenthine. Le dessin à l'encre se fait aussi avec plus de facilité, si l'on emploie ce moyen.

Le peintre sur verre, chargé d'exécuter un vitrail
d'une grande étendue, doit s'attacher d'abord à le diviser en panneaux plus ou moins nombreux, qui seront cir-
conscrits par des barres de fer convenablement disposées
et combinées, pour que toutes les parties jouissent d'une
égale solidité. Il détermine d'abord la direction qu'il convient de donner aux fers et aux plombs qui doivent lier
les différentes parties du tableau. Les considérations
qui le dirigent, consistent à leur faire suivre, autant que
possible, les contours; à les dissimuler dans les ombres
de manière à ne pas nuire aux effets du tableau. Il ne
doit pas craindre de leur donner une épaisseur convenable, et de les multiplier autant qu'il est nécessaire,
pour leur plus grande solidité. Cette condition est de la
plus grande importance pour la durée et la conservation
d'une œuvre d'art toujours exposée à la violence des
vents. C'est une nécessité qui asservit l'auteur du modèle lui-même dans sa composition. Il doit faire en sorte
que l'exécution de la peinture n'exige pas de pièces de
verre trop étendues pour être solidement fixées par les
fers et les plombs.

Si l'on sait aujourd'hui pourvoir à la solidité d'une verrière, en même temps que satisfaire, autant qu'il est possible, aux exigences de l'art, c'est, quoi qu'on en ait dit, un perfectionnement dû à la peinture moderne et auquel la manufacture de Sèvres a puissamment contribué. Au surplus, ces deux conditions peuvent être facilement réunies. La présence des fers et des plombs ne trouble pas, autant qu'on pourrait le croire, l'harmonie de la peinture. Est-ce un résultat de la magie de ce genre de création? L'esprit sait toujours les distraire du tableau, et les plus grossiers semblent toujours des objets placés en dehors de l'œuvre. Soit que les anciens sacrifiassent tout à la solidité, soit que l'art du mécanicien leur fît défaut, leurs vitraux présentent souvent des exemples du désaccord de la peinture avec les éléments de la conservation. Des fers grossiers traversent quelquefois la face des figures, ou coupent brusquement les masses au beau milieu des lumières. Tout le monde pensera comme nous, que c'était trop accorder au besoin de consolider, et trop peu à l'effet de la peinture. Mais n'y avait-il pas souvent en cela une simple raison d'économie? C'est une hypothèse qui paraît rationnelle. La fabrication des armatures est l'une des plus importantes dépenses de la confection des vitraux. Dès qu'il s'agit de donner à des barres de fer des formes compliquées, telles que l'exigent les caprices du dessin, on conçoit qu'on ne puisse le faire sans beaucoup de frais. C'est une considération assez grave pour que les anciens aient cru devoir contenir les exigences de l'art dans des limites posées par l'économie.

Après avoir exposé les différentes pratiques de la peinture sur verre proprement dite, nous ne saurions garder le silence au sujet d'une industrie qui a quelque chose de commun avec l'art qui nous occupe. Nous voulons parler de la fabrication du verre *mousseline*, qui consiste à recouvrir des feuilles de verre à vitre, ordinaire, d'une couche d'émail blanc opaque, sur lequel on fait, par voie d'enlevage, des dessins en clair, qui semblent avoir pour fond, du verre dépoli. Pour obtenir ce résultat, on se sert d'un pinceau de putois, dont nous avons décrit précé-

Peint. sur Verre.   7

demment la forme. Après l'avoir enduit d'huile grasse de lavande, on en frappe perpendiculairement la surface du verre, jusqu'à ce que toute cette surface en soit couverte d'une couche égale. Lorsqu'elle a acquis une consistance convenable, on projette dessus, à l'aide d'un tamis, une poudre composée de 1 partie d'oxyde d'étain et de 3 de l'un des fondants de la deuxième classe. Une quantité convenable de cet émail se fixe par le moyen de l'essence. On le fait sécher pendant six ou huit heures, et lorsqu'il est suffisamment dur, on en sépare l'excès de la poudre au moyen d'un pinceau de blaireau. Pour y produire des dessins qui aient le poli et le transparent du verre, on place sous le verre un modèle dont les lignes soient suffisamment perceptibles au travers de la couche de poudre. Le modèle étant solidement fixé, l'artiste, armé d'un grattoir en bois, enlève la couleur là où l'indique le dessin ; il ne reste plus alors qu'à faire subir à cette peinture une chaleur convenable pour la faire adhérer. Il y a dans ce travail peu de choses applicables à la véritable peinture sur verre. L'emploi du grattoir en bois est tout ce qu'on peut en emprunter d'utile ; il est d'un usage assez commode pour faire des dessins à jour imitant les broderies : il est plus propre aux enlevages que les grattoirs en acier. Quant à la méthode suivie pour appliquer l'émail blanc, elle n'a que l'avantage d'être expéditive, et convient mieux à l'émail blanc qu'aux émaux de couleur, qui souffrent moins d'imperfections. L'application à l'aide du putois se fait d'une manière plus uniforme, et permet d'arriver sûrement à une nuance désirée.

CUISSON DE LA PEINTURE.

Lorsque le verre est peint, il reste encore à lui faire subir une température capable de faire fondre les émaux de manière à ce qu'ils fassent corps, et s'identifient avec lui. Pour cela, on dispose les feuilles de verre dans une sorte de caisse en terre réfractaire appelée *moufle*, placée dans un fourneau, et l'on chauffe jusqu'à ce que les émaux soient en fusion.

Description du fourneau. (Figure 2.)

Le fourneau est constitué par quatre murs en briques, formant une enceinte divisée en trois parties : A, la supérieure, renferme le moufle ; elle est ouverte sur le devant pour introduire le verre et le retirer; cette ouverture doit être murée après chaque enfournement. B, la moyenne, est le foyer. C, l'inférieure, est le cendrier. D, grille de fonte qui sépare le foyer du cendrier : elle est formée de barreaux fondus séparément, pour faciliter les réparations; on les place simplement à côté l'un de l'autre. E, arceaux au nombre de deux ou trois, placés transversalement à égale distance l'un de l'autre, en haut du foyer; ils servent à supporter le moufle. F, voûte en terre cuite percée de trous pour donner issue à la flamme et aux produits de la combustion. G, le moufle : elle offre une large ouverture à sa partie antérieure pour le passage du verre, et une autre circulaire, peu étendue, placée à la voûte pour la sortie des gaz qui se développent dans l'intérieur. La porte qui clôt la grande ouverture présente ordinairement, vers son milieu, une sorte de conduit par lequel on introduit les pièces d'essai ou le pyromètre, et qui permet en même temps de surveiller la température. Nous préférons deux ouvertures disposées comme on le verra tout-à-l'heure.

Fig. 1, fourneau vu de face. Fig. 3, moufle isolé.

Disposition du verre dans le moufle et conduite du feu.

Comme les émaux doivent être mis en fusion, les feuilles de verre ne sauraient être superposées l'une à l'autre, en contact immédiat, sans se coller ensemble ; c'est pourquoi on les dispose par couches isolées l'une de l'autre, au moyen de tablettes en terre réfractaire, ou en lave d'Auvergne, ou en fonte de fer, placées horizontalement et parallèlement, de manière à laisser entre elles un petit intervalle, fig. 4. Elles sont tenues écartées l'une de l'autre par de petits parallélipèdes en terre cuite placés aux quatre coins. D'autres fois, on les appuie sur des traverses en fer, au nombre de deux pour chaque tablette, l'une à une extrémité, l'autre à l'autre, et fixées par les bouts dans les crémaillères placées à chacun des angles du moufle ; mais le premier moyen est préférable. Avant d'enfourner le verre, il est nécessaire de recouvrir les tablettes d'une couche de blanc d'Espagne simplement délayé à l'eau, dans le but d'empêcher le verre, qui pourrait se ramollir au feu, d'adhérer à leur surface. On les fait sécher avec soin ; puis on y dispose les feuilles de verre peint à côté l'une de l'autre, mais sans qu'elles se touchent, en laissant à chaque angle des tablettes une place libre pour les petits supports dont nous avons parlé. Quand le moufle est rempli, on le clôt hermétiquement, en lutant sa porte avec de l'argile réfractaire, et l'on mure avec des briques la partie antérieure du fourneau. Ainsi renfermé, le verre peut être chauffé, sans que les émaux soient exposés à l'action de la flamme et des vapeurs du foyer.

Le fourneau doit être chauffé avec du bois, parce que l'échauffement du moufle se fait moins par le rayonnement du foyer que par le contact de la flamme. On doit donc préférer le bois qui donne une flamme longue et claire, tel que le tremble, le bouleau, le peuplier, amenés à l'état de dessiccation aussi complète que possible. Le feu doit être conduit lentement, de manière à ce que le moufle puisse arriver au même point de température dans toutes ses parties. Il faut pour cela donner le temps au calorique de se propager. Si on agissait autrement, quand le verre placé au centre du moufle aurait acquis une température convenable, celui qui serait plus rapproché des parois aurait supporté un degré de chaleur capable non seulement d'altérer les émaux, mais encore de faire fondre le verre lui-même. Pour échapper sûrement à cet accident, il faut procéder de la manière suivante : après avoir, dès le commencement, entretenu le feu avec modération, dès que le moufle proprement dit est porté au rouge vif, il faut suspendre le feu. La chaleur se propage à l'intérieur, et le moufle revient au rouge sombre. On ranime alors le feu, et dès qu'il est revenu au rouge vif, on le modère de nouveau. On continue ainsi jusqu'à ce que le centre du moufle soit à la température qu'on désire : par ce moyen, il ne peut jamais arriver que l'extérieur soit porté à une température trop élevée, sans que l'intérieur soit convenablement échauffé.

La température voulue est ordinairement le rouge-cerise modéré. On l'apprécie en appliquant l'œil aux différentes ouvertures du moufle. Toutefois, les observations que l'on fait par la simple inspection du moufle, sont sujettes à erreur, parce qu'on n'est pas toujours dans les mêmes conditions de lumière. Ainsi, quand l'atelier est très éclairé, le moufle porté au rouge paraît plus sombre. Quand il l'est moins, le rouge semble plus intense ; de sorte que l'expérience d'un jour trompe souvent pour le lendemain. C'est pourquoi on doit s'attacher, au moyen de rideaux placés aux fenêtres, à s'éclairer d'une manière à peu près égale.

On se guide aussi d'après des échantillons d'émail que l'on introduit par les ouvertures du moufle ; mais ces sortes d'épreuves sont peu concluantes, et n'indiquent qu'une température locale. Un essai obtenu dans une partie du moufle n'apprend rien sur l'état des autres parties. Cependant, si l'on veut faire usage de ce moyen, il faut avoir soin de rester toujours au-dessous de la température exigée, et arrêter le feu avant que l'échantillon d'essai ne soit tout à fait au point de fusion convenable ; car on a la certitude que la température s'élèvera davantage au centre, et qu'elle est déjà plus élevée vers les parois. C'est le carmin que l'on emploie ordinairement pour les essais de ce genre. Les changements de coloration qu'il subit à mesure qu'on le chauffe davantage, le rendent très propre à cet usage. Peu cuit, il est d'un violet sale : il passe ensuite au carmin pur ; et, enfin, quand on le chauffe trop, il devient jaune à la lumière réfléchie, et violet à la lumière réfractée, c'est-à-dire que, s'il est appliqué sur un corps opaque, tel qu'un morceau de porcelaine, il paraîtra jaune : il paraîtra violet, au contraire, sur un morceau de verre vu en transparence (1).

Enfin, on peut apprécier la température au moyen des instruments spéciaux imaginés pour mesurer la chaleur des fourneaux : tels sont le pyromètre de Wedgwood, et celui de M. Brongniart, dont la description se trouve dans la quatrième partie de ce Manuel.

Lorsqu'on commence le feu, il est important d'établir un léger courant d'air au travers du moufle, pour dégager promptement les gaz qui doivent s'y former par la combinaison des substances fixatives employées dans la peinture, et ceux qui, venant du foyer, traversent les parois du moufle. Pour cela, on tient entr'ouverte l'une des ouvertures antérieures, ainsi que le trou de la partie supérieure. On adapte, en outre, à celui-ci un tuyau de poêle de quelques décimètres de longueur, qui, en s'échauffant, appelle l'air intérieur du moufle, et détermine son mouvement ascensionnel. C'est au commencement du chauffage que les gaz extérieurs les plus nuisibles entrent en plus grande quantité. Quand le moufle est rouge, ils sont plus complétement détruits à l'extérieur. Ces gaz exercent toujours sur la peinture une influence fâcheuse dont il importe de la préserver.

Il n'est pas moins utile de produire le courant d'air dont nous venons de parler, pour éviter un accident qui, sans cette précaution, arrive fréquemment : nous voulons parler du *grippage*. Voici en quoi il consiste : au commencement du chauffage, il pénètre quelquefois par le trou de la voûte du moufle, une grande quantité de fumée. Le verre est encore froid quand les parois du moufle sont déjà chaudes : il condense la vapeur aqueuse de la fumée, qui se dépose en gouttelettes à sa surface. Quand le verre commence à s'échauffer à son tour, l'eau qui le recouvre, bouillonne avant de se réduire en vapeur.

_____

(1) Il sera parlé de nouveau de ces essais dans la deuxième partie à propos de la cuisson de la peinture sur porcelaine.

Elle finit par attaquer la peinture avec laquelle elle est en contact. Il en résulte une sorte de *tressaillement* particulier semblable à celui qu'éprouve le vernis appliqué sur une peinture à l'huile, encore fraîche. On diminue les chances de cet accident en donnant passage à l'air, dès le début du chauffage. Le courant ne doit pas être assez fort pour causer le refroidissement, et par conséquent la brisure des objets sur lesquels il est dirigé. Il ne paraît pas d'ailleurs avoir d'inconvénient.

Une autre source d'humidité se trouve encore dans l'argile, qui sert à luter la porte du moufle. C'est pourquoi on a l'habitude de chauffer un peu celui-ci avec ce qu'il renferme, avant de le luter, et de clore le fourneau. Déjà chauffé quand on applique l'argile, le contenu ne peut plus condenser aussi facilement la vapeur d'eau.

La peinture sur verre qui s'exécute avec des émaux colorés, n'est pas terminée dès qu'elle a subi un premier feu. Ordinairement la fusion des émaux fait baisser le ton des couleurs en général. Les émaux de première classe surtout, quand ils reçoivent une chaleur trop élevée, perdent de l'intensité de leur coloration. Après le premier feu, il est nécessaire de rendre de la vigueur aux parties qui en manquent, et de donner à l'ensemble l'harmonie désirable. Il est même quelquefois utile de faire de nouvelles retouches après le second feu. Un troisième est donc nécessaire dans ce cas; mais la peinture ne saurait en supporter davantage; car une grande partie des émaux seraient gravement compromis par l'action réitérée du calorique, et tendraient à disparaître. Lorsqu'une peinture doit subir un nouveau feu, et qu'il est nécessaire de rétablir l'harmonie entre les différentes pièces qui en font partie, l'artiste les réunit ordinairement dans la position qu'elles doivent garder plus tard, pour pouvoir juger de leur ensemble. Pour cela, il les fixe dans leur place respective sur la glace du chevalet, ou sur un châssis vitré d'une grandeur appropriée.

Deux moyens se présentent pour maintenir les morceaux de verre en rapport l'un avec l'autre. On peut les

coller sur la glace avec de la cire que l'on file entre les
doigts, et que l'on roule sur une table; la cire tient la
place du plomb et bouche tous les intervalles. On peut
enfin les mettre en plomb provisoirement. La mise en
cire offre en sa faveur l'avantage d'être matériellement
moins dispendieuse que la mise en plomb; mais elle
manque de solidité. Lorsqu'il fait chaud, la cire se ra-
mollit tellement, qu'elle supporte difficilement les pièces;
de nombreux accidents en sont la suite. Un travail de
longue haleine peut être perdu en un instant. Il est difficile aussi de débarrasser complètement le verre de la
cire dont il est imprégné, sans perdre beaucoup de
temps; et ce n'est pas sans dommage pour la peinture,
lorsqu'il en reste quelque part. En outre, le prix plus
élevé de la mise en plomb n'est qu'illusoire, si ce n'est
le peintre lui-même qui met en cire; car la valeur de
son temps compense avec excès la dépense de la mise en
plomb, puisque celle-ci est faite par un simple vitrier
qui se borne à souder les extrémités des plombs. Quoi
qu'il en soit, la mise en cire est seule pratiquée à Sèvres;
à Munich, on préfère la mise en plomb.

Description du Chevalet propre à la peinture sur verre.
(Fig. 5.)

A, châssis ou cadre en bois, ayant la forme d'un carré
long, et dont la plus grande étendue représente la hauteur. Son bord intérieur est pourvu de feuillures destinées à recevoir un carreau de vitre. Ce cadre s'enchâsse
dans un autre cadre B, un peu plus grand que lui, au
moyen de coulisses qui permettent de l'élever ou de l'a-
baisser à volonté. Cet assemblage représente exactement
les anciennes fenêtres à coulisses. Le cadre extérieur offre
de chaque côté, suivant sa hauteur, une série de trous.
Au moyen d'une cheville placée de chaque côté, le cadre
intérieur peut être soutenu à la hauteur qu'on désire.
Cet appareil placé sur une table, dans une direction obli-
que, se trouve soutenu dans cette position par deux
appuis qui s'arc-boutent en arrière, et s'articulent à la

partie supérieure du grand cadre par deux charnières.
Ces deux pièces sont liées entre elles par une traverse,
et sont tenues écartées du châssis dont nous avons parlé,
par des crochets mobiles en fer. C'est la disposition que
présente une échelle double. Comme elle, le chevalet peut
être plié, de manière à occuper moins d'espace, quand
il ne sert pas.

Moulin à broyer les émaux. (Fig. 6 et 7.)

A, vase circulaire en porcelaine, qui reçoit la meule et
les substances à broyer. Son fond s'élève vers le centre,
en une saillie conique ou arrondie, qui forme, avec la
partie inférieure de la paroi, un large sillon C, dans lequel la meule s'appuie et se meut. La meule B est une
épaisse couronne en porcelaine formée d'un segment de
cylindre; elle se place verticalement dans le vase précédent qu'elle doit dépasser en hauteur. Son bord inférieur
est reçu dans le sillon que nous avons décrit. Appuyée
qu'elle est sur le fond du vase, elle est susceptible d'un
mouvement horizontal circulaire sur elle-même. Le broiement s'opère donc par le frottement du bord inférieur de
la meule sur la surface du sillon. Ce sillon a pour effet
de maintenir la meule dans sa position, et de forcer les
substances à broyer, de se réunir aux points de frottement. Le bord supérieur de la meule est plan. Il présente deux trous diamétralement opposés l'un à l'autre,
et percés de haut en bas. Ils servent à fixer la pièce qui
doit transmettre le mouvement à la meule.

C, est un disque de tôle de la largeur de la meule, et
qui se place de manière à en fermer l'ouverture supérieure. Il porte deux piliers qui sont reçus dans les trous
dont nous avons parlé. Entraînée par ces piliers, la meule
doit suivre tous les mouvements que l'on imprime au
disque.

Il y a deux manières de faire agir la force motrice par
l'intermédiaire du disque de tôle. On peut agir sur un
point de la circonférence, au moyen d'un manche tournant, adapté à un disque de bois servant de couvercle,

7.

fig. 7; c'est le moyen le plus simple. Mais, comme dans ce cas, la meule est libre dans la cavité qu'elle occupe, pour peu qu'elle éprouve d'obstacle à son mouvement circulaire, elle se déplace brusquement, et devient fort incommode à mouvoir. On pourrait, à la vérité, remédier à cet inconvénient, au moyen d'un pivot placé au centre de la meule et du vase extérieur; mais il est préférable de donner le mouvement au moyen d'une manivelle agencée de la manière suivante : la face supérieure du disque de tôle présente à son centre une tige de fer ronde, qui lui est solidement fixée ; cette tige, qui lui sert de pivot, tourne dans un trou pratiqué dans une traverse horizontale, ou plutôt au centre du couvercle d'une boîte qui enveloppe le moulin. A sa sortie de la boîte, le pivot reçoit une manivelle. De cette manière, le centre de la meule maintenu au même point ne souffre pas de déviation. Il supporte l'effort de la manivelle qui distribue ainsi l'impulsion dans toutes les parties à la fois. La meule ne peut dont subir aucune secousse, comme dans le cas précédent.

Lorsqu'on broie les émaux, il est souvent utile d'augmenter le poids de la meule au commencement de l'opération. On y parvient en recouvrant le disque de tôle d'un autre disque de plomb de même diamètre, et auquel on donne un poids arbitraire. Il est mobile, et peut être facilement placé et déplacé en ôtant la manivelle.

De l'Etuve où l'on fait sécher le verre peint. (Fig. 8.)

L'étuve est une sorte d'armoire en briques, dont la paroi inférieure est formée d'une plaque de fonte. Cette plaque recouvre un foyer de chaleur qui sert à chauffer la capacité de l'étuve. Celle-ci est garnie transversalement, de distance en distance, de panneaux en treillis de fil de fer, qui laissent libre la circulation de l'air dans l'intérieur. Quelquefois ces panneaux sont remplacés par des tablettes de fonte de fer, découpées à jour. Ces panneaux ou tablettes sont destinés à supporter les feuilles de verre qu'on expose à la chaleur. Une porte est disposée sur le devant pour le service de l'étuve ; elle reste close dès qu'on y a placé les pièces à sécher. Le foyer de chaleur consiste en un simple fourneau en forme de poêle, que l'on chauffe en y brûlant du bois ou du charbon de terre.

Fourneau de fusion. (Fig. 9.)

e, maçonnerie en briques.

f, foyer dont les parois internes sont en briques réfractaires, recouvertes d'une couche d'argile réfractaire.

g, la grille.

k, cendrier.

l, tuyère apportant le vent d'un soufflet dans le cendrier.

m, grille percée de plusieurs trous, servant à distribuer également le vent du soufflet dans l'intérieur du fourneau ; ce fourneau est alimenté d'air par un bon soufflet de forge.

Dans la préparation des émaux, ce fourneau est préféré au fourneau à vent ordinaire, parce qu'il abrège de beaucoup les opérations par la haute température qu'il procure.

Cire à fixer le verre sur le chevalet.

Cette cire, qui est analogue à la cire à modeler, se compose de :

Cire jaune. . . . .   4 parties.
Poix de Bourgogne.   1   —

Elle doit sa ductilité à la poix de Bourgogne, et sa faculté adhésive, principalement à la graisse que la cire jaune du commerce renferme presque toujours. Si l'on trouvait qu'elle en manquât, on y suppléerait en ajoutant du suif en petite quantité.

CHAPITRE VII.

Découpage du verre. Mise en plomb. Armature.

Le travail du vitrier consiste : 1° à découper les différentes pièces du verre qui doivent être peintes, et à leur
donner les formes exactes qu'exige le dessin ; 2° quand
la peinture est achevée, à mettre le verre en plomb, pour
en former les panneaux qui constituent l'ensemble du tableau ; 3° enfin, à les disposer à demeure dans l'armature.

Le vitrier se guide, dans les deux premières opérations,
sur un calque préparé à cet effet, et dont il a été parlé
précédemment. Toutes les pièces y sont représentées dans
leur contour par un simple trait qui indique en même
temps la place des plombs. Quant aux fers qui cernent
les panneaux, ils y sont dessinés dans leurs dimensions
naturelles.

De la taille du verre.

Après avoir exposé le calque sur une table, le vitrier
place sur le dessin de la pièce qu'il se propose de tailler,
une feuille de verre dont la couleur a été désignée par
le peintre, et la nuance même choisie par lui. Il trace au
pinceau, avec une couleur blanche, le contour de la pièce,
la découpe d'une manière informe avec le diamant ; puis
achève de l'ajuster au moyen de l'égrisoir. Il a soin de
réserver entre chacune, un espace déterminé par l'épaisseur de *l'âme* du plomb qui doit les réunir plus tard. La
couleur avec laquelle le vitrier dessine la forme des pièces
qu'il doit tailler, est simplement composée de blanc d'Espagne et d'eau légèrement gommée. Le pinceau dont il
fait usage est formé de longs poils flexibles réunis en un
faisceau mince. C'est le pinceau dit à filet, du peintre sur
porcelaine. Il a l'avantage de faire un trait uniforme,
parce qu'il n'agit pas avec son extrémité.

Bien que le diamant et son emploi soient bien connus,
nous dirons cependant quelques particularités intéressantes touchant cet instrument. Le diamant qui coupe

par une arête naturelle, est préférable à celui qui résulte
du travail du lapidaire, et qui, par conséquent, ne tranche
que par un angle produit artificiellement ; on reconnaît
ce dernier à la loupe, à ce que ses faces sont planes, et
forment, en se réunissant, une arête droite. Celle du diamant naturel n'est pas parfaitement droite; elle est toujours convexe suivant sa longueur. C'est la conformation
qui convient le mieux pour couper le verre. En agissant
sur le verre par une de ses arêtes, le diamant le coupe
ou le raie. Il faut distinguer ces différences : le verre
simplement rayé se divise toujours mal. Sur le verre bien
coupé, le diamant ne laisse qu'une trace à peine percep-
tible ; le verre rayé, au contraire, offre un sillon frangé
très-manifeste. Quand le diamant coupe bien, il fait en-
tendre un bruit uniforme peu prononcé ; quand il raye,
au contraire, il produit un crépitement dur, très-sensible
à l'oreille, et même à la main. Lorsqu'un trait a été fait
avec le diamant, et que l'effort que l'on exerce pour terminer la fissure est sans effet, il importe de ne pas insister
davantage : il suffit de frapper à petits coups avec la
monture du diamant ou un autre corps dur, du côté opposé
au trait du diamant pour produire un commencement
de division ; il ne faut plus alors qu'un léger effort pour
l'achever dans toute sa longueur. On évite ainsi les accidents de la cassure. Lorsqu'il s'agit de tailler une pièce
de verre d'une configuration telle, qu'il est difficile de la
découper dans une feuille, avec le diamant, sans s'exposer à une perte importante, on peut avoir recours à
l'action du feu.

Après avoir dessiné la forme de la pièce qu'on veut
détacher, on commence un petit trait avec le diamant
sur un point quelconque de son contour, puis, au moyen
d'un charbon allumé, on chauffe le verre où l'on veut
que la solution de continuité ait lieu, en procédant du
point où le diamant a commencé la division. En promenant ainsi lentement le charbon sur le verre à mesure
que la fente se produit, on arrive à détacher toute la pièce.
Il est prudent de la dessiner un peu plus grande qu'elle
ne doit être, afin que les légères déviations que la fissure

peut subir, ne la mettent pas hors d'usage. L'égrisoir achève ensuite de l'ajuster.

Pour éviter d'être obligé de souffler sans cesse sur le charbon, pour le maintenir en combustion, et dégager assez de chaleur, on prépare pour le même usage, des baguettes de bois blanc imprégnées de sous-acétate de plomb, qui ont la faculté de brûler elles-mêmes, sans aucune excitation, une fois qu'elles sont allumées par un bout. Elles sont faites ordinairement de saule ou de peuplier. On les immerge pendant plusieurs jours dans une dissolution du sel que nous venons de citer, et on les fait sécher. L'usage en est extrêmement commode.

Pour la taille du verre, le verrier doit être muni de règles droites ordinaires, et d'autres règles de formes contournées de diverses espèces, analogues à celles que certains dessinateurs mettent en usage et qu'on appelle *calibre*. Au moyen de ces règles, lorsqu'il s'agit de découper une pièce de forme compliquée, il la détache d'abord de la feuille du verre, par un trait de diamant tiré au delà de la ligne qui forme le contour réel; ensuite par d'autres coupes successives, il pénètre dans les anfractuosités, de manière à laisser peu de chose à faire à l'égrisoir.

De l'Egrisoir. (Fig. 10.)

Cet outil consiste en une lame d'acier non trempé, de 3 millimètres d'épaisseur, sur 15 millimètres environ de longueur. Il présente, vers ses extrémités, des échancrures peu profondes, creusées dans son épaisseur. C'est au moyen de ces échancrures qu'on détache du verre de petits fragments nombreux et successifs, de manière à retrancher assez rapidement les parties qui sont en dehors des contours désignés. Le verre à égriser étant tenu d'une main, et l'égrisoir de l'autre, on engage légèrement le bord du premier dans l'une des échancrures du second ; ensuite, par un mouvement de bascule de l'instrument, on force la partie introduite à se briser. Cette manœuvre est répétée rapidement et d'une manière continue. L'usage de cet outil exige un peu d'habitude. L'égrisoir doit être d'acier non trempé ; il doit être assez tendre pour que l'angle du verre s'y accroche, et assez dur pour résister longtemps à cette action prolongée. Le fer serait trop doux.

On construit un autre égrisoir qui s'approprie à toutes les épaisseurs de verre et que l'on peut réparer avec facilité, fig. 11. Il consiste en deux règles égales de 45 centimètres de longueur, offrant à l'une de leurs extrémités un élargissement à angle droit de quelques millimètres d'étendue. Ces règles s'ajustent ensemble, de manière à ce que la petite extrémité de l'une soit reçue dans l'angle de l'autre, où elle forme l'échancrure de l'égrisoir. Elles peuvent glisser l'une sur l'autre dans une boucle pourvue d'une vis dont la pression sert à les fixer. On peut, au moyen de cet appareil, donner à l'échancrure la largeur convenable, et la réparer facilement en dissociant les deux règles qui la forment.

De la mise en plomb.

Les différentes parties d'une verrière ayant subi le feu qui doit fixer les émaux à leur surface, il faut alors les réunir pour en former l'ensemble qu'elles doivent constituer. Cette opération se pratique au moyen de baguettes de plomb que nous allons dérire.

Le plomb, fig. 12, se compose de deux bandelettes étroites réunies par le milieu d'une de leurs faces, et suivant leur longueur, par une lame mince transversale. De la disposition de ces trois pièces, il résulte de chaque côté un espace qui sépare les bords libres des bandelettes, et que l'on appelle *chambre*. Les quatre parties libres des bandelettes sont nommées les *ailes*. La lame transversale est l'*âme* ou le *cœur*. On comprend que les chambres sont destinées à recevoir les bords des deux pièces de verre contiguës qui seront recouvertes par les *ailes*, et séparées pas le *cœur*. Le plomb se fabrique en baguettes de plusieurs décimètres de longueur. On lui donne depuis 4 millimètres 1/2 jusqu'à 13 millimètres 1/2 de face, et depuis 4 millimètres 1/2 jusqu'à 9 millimètres de chambre. Nous dirons plus loin par quel procédé on donne au plomb la forme convenable.

Le calque qui a servi à tailler les pièces de verre, sert aussi à les mettre en place pour les unir avec les plombs. On commence par un point quelconque du panneau qu'il s'agit de former. La première pièce qu'on se propose de fixer, est disposée au lieu qu'elle doit occuper, on la retient de plusieurs côtés par des pointes que l'on fixe dans la table. Ces pointes ou clous sans tête, remplissent ce but par l'intermédiaire de petits morceaux de plomb tiré, qu'on interpose entre elles et le verre. On prend alors une baguette de plomb dont on circonscrit un des côtés de la pièce de verre. Après lui en avoir fait suivre tous les contours en le poussant avec soin à l'aide de la tringlette, fig. 14, on en retranche ce qu'il y a de trop avec le couteau à plomb, fig. 15. On y ajoute immédiatement une seconde pièce que l'on retient comme la première avec des pointes, jusqu'à ce qu'on y ait adapté une baguette de plomb. On rabat les ailes de la première avec la tringlette, et on continue ainsi jusqu'à ce que le panneau soit complet.

Il faut ensuite procéder au soudage : cette opération consiste à faire couler sur toute la surface du plomb une couche de métal nommé *soudure*. Elle a pour but de réunir les différents morceaux de plomb entre eux, et de donner une plus grande solidité au réseau qu'ils forment. La soudure est un alliage de plomb et d'étain moins flexible que le métal des plombs lui-même, à qui, par conséquent, elle communique plus de résistance. L'étain et le plomb y sont combinés à parties égales. Avant de se servir de la soudure, il faut la préparer à être employée commodément. On fait fondre du plomb dans une marmite de fer. Dès qu'il est en fusion, on ajoute une pareille quantité d'étain. Quand le mélange est achevé, on le maintient à une température modérée, et on y projette une petite quantité de résine ou de graisse qui, en désoxydant le métal, lui rend toute sa fluidité ; on enlève ensuite l'oxyde et les matières étrangères qui surnagent la soudure, et on la coule. Elle doit être coulée en bandelettes minces, qui, par leur forme et leur souplesse, sont plus commodes à manier. Ces bandelettes s'obtiennent en versant de petites quantités de soudure sur une planchette pourvue de cannelures, fig. 13, et disposée en plan incliné. L'inclinaison de ce moule doit être telle, que les bandelettes obtenues soient assez souples, sans être trop minces. Lorsqu'on est muni d'une suffisante quantité de soudure, on la met en œuvre. La soudure s'applique au moyen du fer à souder, fig. 30. Cet instrument consiste en une masse de cuivre, de forme conique, et dont la base offre un prolongement qui lui sert de manche. Ce manche est tenu à la main au moyen de deux pièces de bois concaves et mobiles, qui, réunies, lui forment une enveloppe. Le fer à souder pourrait être en fer. Il serait ainsi plus durable peut-être, mais le fer paraît moins disposé à prendre la soudure que le cuivre. Le fer à souder doit être préalablement étamé à son extrémité. Dans ce but, il est aussi besoin d'avoir une planchette garnie d'une feuille de tôle étamée, légèrement concave. Le fer ayant été échauffé dans un fourneau convenable, on en déroche l'extrémité en la passant sur un morceau de sel ammoniac, et on la frotte ensuite sur la feuille de tôle dont nous avons parlé, après avoir jeté un peu de résine pour en désoxyder l'étain. Le fer alors s'approprie une partie du métal de la plaque; il est étamé. Chaque fois qu'on le retire du fourneau, il est utile de mettre à vif son extrémité étamée, en la passant sur la plaque, dont on renouvelle le métal quand il est nécessaire.

Le fer étant convenablement chauffé et étamé, on l'approche du plomb préalablement saupoudré d'une petite quantité de résine. Dans cette position, on fait fondre de la soudure que l'on présente de la main qui n'est pas armée du fer. On l'étale d'une manière égale et régulière en promenant la pointe du fer sur toute la surface du plomb. Le fer doit être à une température convenable; trop chaud il peut faire fondre le plomb; trop froid il donne à l'étamage un aspect rugueux, désagréable à l'œil, qui résulte de la fusion incomplète de l'alliage. On étame le plomb d'un seul côté ou des deux côtés également, suivant le degré de solidité qu'on veut lui donner. Quand l'étamage est achevé, on débarrasse le plomb de la résine dont il est souillé, en le lavant avec un linge imprégné d'essence de térébenthine.

Le fourneau qui sert à échauffer le fer est une boîte de tôle ronde, sans grille ni courant d'air. Il est ordinairement porté par trois pieds qui l'élèvent à une hauteur commode pour l'usage. C'est la marmite du ferblantier. Le charbon dont on le remplit n'est alimenté que par un soufflet à main.

La mise en plomb est rendue aujourd'hui beaucoup plus facile par l'emploi des fers à souder chauffés au gaz. On a pu ainsi supprimer le fourneau qui encombrait la table de travail, et d'autre part, l'ouvrier a toujours à sa disposition un fer en état, dont il lui est très facile de modifier la température. Ce fer, bien connu, se compose d'un fer d'apparence ordinaire, dont le manche creux est raccordé par un tuyau de caoutchouc avec une conduite de gaz d'éclairage, qui vient brûler autour de la partie supérieure du fer et le porte au degré de chaleur convenable. Une disposition accessoire et ingénieuse permet de régler automatiquement la dépense du gaz, qui ne brûle qu'à l'état de petit jet veilleuse quand le fer ne sert pas, et ce qui rend également impossible un trop grand échauffement, si le temps d'inactivité se prolongeait. Ce résultat s'obtient à l'aide d'une sorte de soupape limitant l'arrivée du gaz et qui est naturellement ouverte par la pression de la main de l'ouvrier sur le manche, quand on saisit le fer pour en faire usage.

On établit aujourd'hui des quantités considérables de vitrages, où la mise en plomb forme en quelque sorte la seule opération de main-d'œuvre. Ces vitrages sont obtenus par la combinaison, suivant des dessins variés, de morceaux de verre de couleur colorés dans la masse, que les verreries livrent découpés suivant des formes généralement polygonales. Leur combinaison entre eux par l'emploi de verres rouges, jaunes, bleus, verts, et du verre légèrement verdâtre, permet d'obtenir les effets les plus variés. On emploie beaucoup également des pièces rondes, dites *culs de bouteilles*, parce qu'en effet, elles eprésentent très exactement ces objets, par suite d'une série de nœuds concentriques qu'elles portent sur leur surface. Ce genre de verrières, qui est une restauration de décoration très employée dans les Flandres, a encore subi de nouveaux perfectionnements. Aux culs de bouteilles, en verre noir verdâtre, on a ajouté des objets de même forme mais en verre opalin, soit blanchâtre, soit coloré, formés par un verre fondu avec de l'émail dans la masse. Il est aisé de comprendre les ressources immenses que les décorateurs ont pu trouver dans l'emploi de tous ces matériaux divers, et l'on ne s'étonne plus de l'extension considérable que prend tous les jours ce genre de commerce.

Fabrication des plombs.

On commence par couler, dans une lingotière, des lingots de plomb dont la forme ébauchée représente grossièrement celle des baguettes que nous avons décrites, et qu'elles servent à former. La lingotière, fig. 14, est une sorte de moule en deux parties, ayant chacune 4 à 5 centimètres de largeur, 1 à 1 centimètre 1/2 d'épaisseur, sur 30 à 50 centimètres de longueur. Ces deux pièces sont creusées longitudinalement de trois sillons, qui, en se réunissant avec ceux du côté opposé, forment la cavité où se moulent les lingots dont nous avons parlé. Elles ont, à l'une de leurs extrémités, une articulation qui leur permet de se mouvoir l'une sur l'autre pour fermer et ouvrir à volonté la cavité du moule. L'une d'elles, à son autre extrémité, porte un manche bifurqué qui se meut sur une charnière, et dont les branches peuvent embrasser la pièce opposée pour la tenir fermée. Il est superflu de dire que les sillons du moule s'ouvrent dans une rainure transversale, placée près du manche, pour y recevoir le métal. Le moule fermé, étant tenu verticalement d'une main par le manche, on y verse, de l'autre, le plomb fondu. Dès que les lingots ont suffisamment de solidité, on les retire du moule pour en couler d'autres.

Quand la fonte est achevée, on les ébarbe pour les passer au tire-plomb, machine qui sert à les réduire en baguettes.

Du tire-plomb. (Fig. 16.)

Le tire-plomb se compose, en premier lieu, de deux pièces verticales semblables A, que l'on peut appeler jumelles, disposées parallèlement l'une à l'autre, et retenues par de fortes traverses B à vis et à écrous. Chacune d'elles est percée dans son épaisseur et dans l'intervalle des traverses, de deux larges trous qui donnent passage à autant d'arbres tournants, dont il sera fait mention tout à l'heure. Ces trous répondent exactement à ceux qui leur sont opposés. Les jumelles présentent encore à leur base deux saillies horizontales aplaties, percées de trous pour recevoir des boulons de fer, au moyen desquels elles sont fixées sur un établi appelé banc, de manière à ce que l'une soit antérieure à l'autre. Deux arbres de fer parallèles entre eux *e e*, traversent horizontalement l'intervalle des jumelles, et sont reçus par leurs extrémités dans les trous correspondants dont il est question plus haut. L'arbre supérieur fait saillie en dehors de la jumelle postérieure, et porte à son extrémité un pignon de douze dents maintenu par un écrou. Antérieurement, son autre extrémité ne fait qu'affleurer la surface de la jumelle. Le second arbre dépasse les jumelles par ces deux extrémités : l'une est garnie d'un pignon pareil au précédent, avec lequel il s'engrène ; l'autre présente un carré où l'on adapte une manivelle. Chacun de ces deux arbres porte en outre au milieu de l'intervalle des jumelles, une roue ou molette qui peut se démonter, qui fait corps avec l'arbre lui-même. Ces deux molettes se trouvent ainsi en présence l'une de l'autre sans être en contact. C'est entre elles que doit passer le lingot de plomb qu'il s'agit d'étirer, entraîné par le mouvement circulaire opposé qu'elles subissent, lorsqu'on met les arbres en mouvement par la manivelle.

Leur épaisseur détermine la largeur de la chambre; leur écartement donné la largeur de l'*âme*. La circonférence de ces roues présente quelques hachures comme celles d'une lime, au moyen desquelles elle a plus de prise sur le plomb.

Chacune des jumelles, dans l'intervalle des arbres, reçoit une pièce importante F, de forme compliquée, qu'on appelle coussinet. Le coussinet (fig. 17), qui se fixe par des tenons à la jumelle correspondante, présente à son côté libre une surface anguleuse, bornée, en haut et en bas, par une partie droite qu'on nomme onglet.

Les deux plans de la surface anguleuse portent le nom d'engorgeure. L'une a plus d'étendue que l'autre : la première est l'engorgeure d'entrée; la seconde, celle de sortie. En haut et en bas, chaque coussinet offre une échancrure demi-circulaire, en rapport avec l'arbre contigu. Il est facile de comprendre que les coussinets, dans leurs rapports entre eux, et avec les molettes, complètent la filière qui doit donner au plomb la forme nécessaire. Ils servent à mouler les faces et les ailes des plombs, comme les molettes façonnent le cœur et les chambres.

Pour tirer le plomb, on engage l'extrémité d'un lingot entre les molettes, et dans l'intervalle des coussinets; puis, mettant la manivelle en mouvement, on le force de franchir la gorge, dont il prend la forme et les dimensions. Dans cette opération, le plomb s'allonge considérablement. Un lingot de 30 centimètres fournit une verge de 1m.50 et plus de longueur. Si l'on veut obtenir des plombs de plusieurs dimensions, il est indispensable d'avoir plusieurs paires de roues, et plusieurs paires de coussinets de grandeurs relatives. Par conséquent, si les molettes sont adhérentes aux arbres, il faut avoir autant d'arbres qu'on aurait eu des premières.

Le banc du tire-plomb est formé d'une simple pièce de bois, portée à ses extrémités par deux montants scellés dans le sol.

Avant d'être employé, le plomb a besoin d'être ébarbé,
puis ensuite écroui. Cette dernière opération se pratique de la manière suivante : on prend une baguette
dont on courbe une extrémité à angle droit; ce crochet
placé sous le pied y est retenu par une forte pression,
tandis que l'autre extrémité roulée sur un morceau de
bois, est fortement tirée dans le sens de la longueur. Le
plomb s'allonge beaucoup, et prend aussi plus de rai-
deur. Au moment de l'emploi, on introduit la tringlette
dans l'intervalle des ailes, et on les écarte dans toute
leur étendue, afin que le verre y puisse pénétrer facilement.

De l'Armature.

L'armature a pour destination première de donner au
vitrail assez de solidité et de résistance aux violences
extérieures. En effet, le réseau de plomb qui enserre les
pièces de verre, ne peut les maintenir puissamment
qu'autant qu'il a peu d'étendue, ou qu'il est soutenu de
distance en distance par des barres ou des tringles de
fer. Mais quelquefois cet appareil de fer concourt lui-
même à l'effet de la décoration. Nous en avons un
exemple dans le vitrail gothique qui se compose de nombreux panneaux de formes variées, disposés avec art, de
manière à produire un ensemble gracieux. Ici, l'armature, tout en réalisant les mesures de consolidation qu'il
est nécessaire de prendre, paie encore son tribut à l'art.
Elle isole les panneaux dont elle fait ressortir les contours agréables, pendant qu'elle constitue elle-même,
dans ses nombreuses évolutions, un dessin d'un effet d'autant plus puissant qu'il se manifeste en noir sur un fond
transparent. Dans les vitraux, au contraire, où l'armature
n'est plus l'auxiliaire de la peinture, et n'est là que
comme moyen de solidité, sa présence ne saurait être
que nuisible. C'est pourquoi on doit, autant que possible, s'efforcer de la dissimuler dans les ombres; à
moins que l'on ne préfère la présenter aux yeux comme
un objet indépendant du tableau, sous la forme d'une
grille ordinaire, telle que les fenêtres des églises en of-

frent ordinairement. C'est ce que firent souvent les anciens par un sentiment d'économie, ainsi que nous l'avons supposé précédemment.

Plusieurs systèmes sont en présence pour la construction des armatures. Tantôt, comme dans les vitraux gothiques, ce sont de simples barres de fer, contournées suivant le dessin des panneaux, et qui retiennent ces derniers à l'aide de clavettes disposées par intervalles égaux, dans toute leur étendue ; tantôt ces barres de fer, comme dans certains vitraux modernes, reçoivent les panneaux dans des feuillures où ils sont maintenus par des chevilles transversales. D'autres fois enfin, ce sont de simples tringles de fer placées au revers de la peinture, et qui consolident les plombs par des attaches de même métal, soudées d'une part sur le plomb, et tordues ensemble, de l'autre, après avoir embrassé le fer.

Les armatures pourvues de feuillures sont d'une fabrication très compliquée. Les barres sont faites de deux bandes fixées à angle droit, l'une au milieu de l'autre et suivant leur longueur, par des tenons rivés ; ou bien, d'une seule bande de tôle pliée en deux, puis réfléchie, de manière à former deux angles droits qui constituent les feuillures. Ce genre d'armature est excessivement dispendieux, et maintiendra toujours à un prix élevé les vitraux où il sera employé. L'armature gothique, bien que plus simple, est encore plus coûteuse à établir à cause de la grande force des fers, et à cause des clavettes dont elle s'accompagne. L'armature à tringles avec attaches de plomb, est plus facile à fabriquer, mais elle a moins de solidité. Elle est en outre d'un aspect peu agréable.

Lorsque le vitrier a disposé les panneaux dans l'armature, qu'il a placé soit les clavettes, soit les chevilles, ou fixé les attaches, il garnit de mastic tous les endroits qui peuvent donner passage à l'eau pluviale, et met ainsi la dernière main à l'œuvre.

CHAPITRE VIII.

Ornementation et Décoration du verre.

Il existe un certain nombre de procédés divers pour l'ornementation et la décoration du verre, qui sans faire partie d'une façon absolue de l'art de la peinture, s'y rattachent tout au moins, par l'emploi simultané que l'on peut faire de ces divers procédés, pour l'embellissement des habitations. Nous nous occuperons principalement de la gravure, qui joue un rôle très important dans cet ordre d'idées, de la dorure et de divers procédés, impression, imitation des vitraux peints, permettant d'obtenir des produits similaires, à des conditions de prix beaucoup inférieures.

§ 1. GRAVURE SUR VERRE.

Quand il s'agit simplement de dépolir à la roue le verre en certains points ou sur certains contours déterminés, il ne faut pas une bien grande habileté manuelle pour obtenir des résultats satisfaisants, mais lorsqu'il s'agit de creuser sur le cristal des dessins fins et compliqués, et de leur donner toute la grâce et la hardiesse des autres genres de gravure, on conçoit très-bien qu'il n'y a qu'un artiste habile qui puisse réussir dans ce genre de travail.

Il y a plus, c'est que la découverte récente de l'application avantageuse de l'acide fluorhydrique à la gravure sur verre, fait aujourd'hui rentrer cette branche dans le domaine de l'art, et c'est ce qui nous détermine à faire connaître quelques-uns des moyens proposés avec succès pour graver sur le verre, les pierres siliceuses, la porcelaine, etc.

Pour produire une gravure sur pierres siliceuses, poteries, porcelaines et verres, on commence, suivant MM. J.-L. Jardin et J. Blamond, par couvrir la pierre ou le verre qu'on veut graver, d'une couche de cire et térébenthine ou de tout autre vernis convenable, après

quoi on y trace à la pointe le dessin qu'on veut graver.
On établit une muraille en cire tout autour de ce dessin
et on verse dessus de l'acide fluorhydrique qui agit immédiatement sur les parties découvertes. Au bout d'un
certain temps réglé par l'expérience, on examine cette
pièce, et si l'acide a suffisamment mordu on enlève l'acide;
dans le cas contraire on reverse l'acide et on laisse encore
mordre le temps nécessaire. Enfin, si le dessin l'exige,
on retouche avec un instrument, burin, échoppe, etc.
Mais dans tous les cas il faut veiller à ce que l'acide ne
détruise pas la pureté du dessin.

Lorsque l'acide a mordu jusqu'à la profondeur voulue,
on lave la pièce avec soin et on la fait sécher. On efface
les traits du dessin mordu avec du vernis, de façon que
par l'application de l'acide il n'y ait que le fond qui soit
attaqué, et au contraire, si l'on veut que ce dessin présente un trait plus large au fond qu'à la surface, les
bords seuls sont chargés de vernis protecteur et on applique un acide plus fort.

Dans les traits ainsi produits, on place et fixe des fils
d'argent, d'or, de platine, d'aluminium, etc., pour produire un damasquinage ou genre d'ornement analogue.

En chargeant ces traits avec des verres colorés ou non
réduits en poudre, on produit des pièces qui ressemblent
aux émaux byzantins ou du moyen âge. On applique la
chaleur pour fondre ce verre dont on enlève ensuite l'excès par les moyens mécaniques.

On peut aussi avoir recours à l'électrotypie pour remplir avec un métal ces traits gravés à l'eau-forte après
qu'on les a rendus conducteurs.

Le procédé anglais de gravure sur verre importé en
France par M. Gugnon, sera facile à comprendre d'après
l'extrait du brevet que celui-ci a pris en 1853 pour cet
objet.

Le procédé anglais consiste à appliquer au pinceau, à
la main, sur des glaces ou des feuilles de verre, des matières grasses ou résineuses, et à couvrir de ces matières
toutes les parties du verre qu'on ne veut pas laisser attaquer par l'acide.

Frappé des beaux résultats obtenus à l'aide de ce procédé, M. Gugnon a cherché un moyen rapide d'exécution
et surtout la possibilité de reproduire un même dessin
un grand nombre de fois.

1º Matière employée.

Ainsi qu'on le sait, un certain nombre de matières
grasses et résineuses sont inattaquables par l'acide fluorhydrique.

Parmi ces matières, M. Gugnon a préféré jusqu'à ce
jour l'asphalte (bitume de Judée), auquel il a ajouté un
sixième de mastic en larmes.

Il réduit le tout en poudre impalpable.

2º Dessins.

Les dessins peuvent se faire sur cuivre, plomb, étain,
zinc, etc., ou sur papier, parchemin, étoffes apprêtées
ou non.

Le dessin fait, on le perce à jour, si c'est sur métal, à
l'aide des acides; si c'est sur papier ou étoffe, à l'aide
d'instruments tranchants, d'emporte-pièces ou de matrice
faisant d'un seul coup le dessin.

Le dessin est préparé de manière à couvrir les parties
du verre qui doivent être attaquées par l'acide.

Les parties du verre qui ne doivent pas être attaquées
sont mises à jour par le dessin.

3º Application du procédé.

Le verre ou la glace placée horizontalement, on lui
donne une légère couche d'un vernis ou corps gras quelconque (on a préféré l'essence de térébenthine), on applique le dessin sur cette couche encore fraîche, et on
agite au-dessus un tamis très-fin contenant la poudre
d'asphalte.

Quand les poudres ont suffisamment couvert le dessin,
on relève avec soin ce dernier.

Ces poudres ne s'étant déposées sur le verre que dans
les jours du dessin, c'est là que l'acide doit le ronger.

En soumettant la glace ou la feuille de verre à une
douce chaleur, l'essence de térébenthine se combine avec
l'asphalte et le mastic.

Le tout, en se fondant légèrement, se fixe au verre.

4° Traitement par l'acide.

Les parties à jour du dessin ainsi reproduites sur le verre, on entoure ce dernier d'un bourrelet de cire molle préparée à cet effet, et on verse sur le verre l'acide fluorhydrique étendu d'un tiers d'eau.

Ce liquide, retenu par un bourrelet, reste environ quarante minutes étendu sur le verre et le travail est terminé.

5° Moyen plus régulier et plus rapide de répandre les poudres.

Comme moyen plus précis et plus rapide d'exécution, M. Gugnon a remplacé le tamis par une boîte demi-cylindrique à sa base, haute de 2 mètres, longue de 3 mètres et large de 1 mètre.

A la partie demi-cylindrique et dans le sens long de la boîte, il a placé un arbre armé d'ailes comme celles d'une machine à vanner le grain.

Il place ses poudres préparées dans cette boîte, et, à l'aide d'une manivelle adaptée à l'arbre en dehors de la boîte, il met cet arbre en mouvement et les poudres se trouvent agitées par les ailes fixées à l'arbre.

Alors il glisse promptement par une ouverture réservée, sur deux coulisses intérieures, une tablette sur laquelle il a préparé à l'avance son dessin, et elle vient se poser sur une glace couverte d'essence.

La boîte étant bien close, la poudre qui est en suspension retombe également sur tous les dessins que la table contient, et on obtient ainsi plus de netteté dans les contours et une répartition plus égale des poudres sur toutes les parties du travail.

Après cinq minutes d'attente, on retire la tablette et on enlève le dessin, comme il est dit au paragraphe 3.

On comprendra facilement qu'on peut reproduire ainsi, non-seulement tous les dessins qu'on peut composer et découper, comme il est dit ci-dessus, mais encore toutes les étoffes à jour, telles que tulle uni et façonné, dentelles, broderies, etc.

Ces dessins peuvent servir indéfiniment.

L'avantage incontestable du procédé nouveau consiste
à remplacer le bitume liquide, appliqué à la main à l'aide
d'un pinceau, par un moyen mécanique qui met en mouvement le bitume sec réduit en poudre, et le dépose avec
une netteté et une régularité impossibles à la main la plus
habile.

Ce moyen permet de produire en un jour plus que
l'homme le plus exercé ne peut faire en un mois ; car,
par ce mode, deux manœuvres peuvent graver en un
jour environ 20 mètres superficiels de glace ou de verre,
quelle que soit la complication des dessins.

En un mot, l'industrie décorative se trouve enrichie
d'un produit nouveau dont le prix est à peine double du
verre, et qui est connu dans le commerce sous le nom
de *verre-mousseline*.

M. de Puymaurin a été un des premiers qui ait essayé
de graver sur verre, à l'imitation de la gravure sur cuivre
ou sur acier. Voici comment il opérait : La planche de
verre vernie sur toutes ses faces, et sur laquelle on dé-
couvre tous les traits qu'on veut faire mordre, est placée
dans une caisse de plomb fermée par un couvercle de
même métal ; celle-ci communique par un tube aussi
en plomb avec un ballon contenant une partie de chaux
fluatée pure et deux parties d'acide sulfurique à 66°. Enfin
on adapte sur la caisse un tube en S contenant une petite
quantité de mercure, pour permettre aux vapeurs en
excès de se dégager sans rompre les parois de la caisse.
Alors on chauffe le ballon, et l'acide sulfurique, en agissant sur la chaux fluatée, s'empare de la chaux et met en
liberté l'acide fluorique, qui pénètre dans la caisse à l'état
de vapeur, attaque le verre et creuse toutes les parties
mises à nu par la pointe de l'artiste.

On a fait beaucoup d'autres essais; nous citerons entre
autres ceux de MM. O'Reilly, Desvignes, Jeanson, Huges
Baër, Boettger, Bromeis, etc., dont les efforts sont parvenus, dit-on, à produire des gravures destinées à l'impression et d'assez belles épreuves sur papier.

M. C. Piil, attaché à l'imprimerie impériale de Vienne,
a contribué notablement à perfectionner la gravure sur

verre à l'aide de l'acide fluorique, et a même publié un traité d'*Hyalographie* auquel nous empruntons les détails suivants.

Le vernis pour la gravure sur verre, auquel M. Piil donne la préférence, se compose avec un mélange d'une partie d'adipocire ou de blanc de baleine avec deux parties d'asphalte de Syrie pur. Ces matières dissoutes dans l'essence de térébenthine rectifiée donnent le vernis liquide qu'on peut étendre avec un pinceau.

M. Piil compose aussi un petit vernis à retouches avec parties égales d'asphalte et de colophane dissoutes dans l'essence de térébenthine chaude.

Pour vernir le verre, on se sert d'une caisse rectangulaire en fer-blanc, munie de pieds et d'un couvercle de forte tôle sur laquelle on place la planche ; on remplit la caisse d'eau qu'on met en ébullition par un moyen quelconque, et lorsque la planche de verre est suffisamment chaude, on y étend le vernis et on la flambe à la manière ordinaire.

Si l'on voulait avoir un vernis de couleur blanche, on étendrait dessus une légère couche de térébenthine de Venise dissoute dans l'alcool, sur laquelle, avant son entière dessiccation, on frotterait de la poudre d'argent.

On décalque comme sur les planches de cuivre, mais le tracé à la point exige plus d'attention, parce qu'ici cette pointe ne peut pas attaquer le verre comme elle fait le métal, qu'elle est plus disposée à glisser dessus, et qu'il faut enlever plus nettement le vernis pour que la morsure soit plus égale et plus pure.

Pour être en mesure de mieux apprécier le travail de la pointe, on met sous la planche à vernis blanc une feuille de papier noir qui laisse bien apercevoir le tracé.

L'acide fluorique attaquant le verre avec énergie et ayant une très-grande disposition à élargir le trait ou à soulever le vernis, il faut apporter beaucoup d'attention dans la morsure et n'employer que d'excellents vernis.

On peut, pour la morsure, employer le procédé de M. de Puymaurin décrit ci-dessus, c'est-à-dire l'acide fluorique en vapeur, ou bien se servir, quand il s'agit de petits objets, d'une feuille de papier brouillard imbibé d'acide fluorique, qu'on place sur la planche où l'on a tracé à la pointe, et sur laquelle on place plusieurs autres feuilles sèches de papier, puis on comprime fortement le tout sur le tracé, et on obtient ainsi en quelques minutes une légère morsure.

Pour les objets de grande étendue, on verse sur la planche, un peu chauffée et bordée, de l'acide fluorique étendu du double de son volume d'eau, et on laisse agir 15 secondes ; on enlève l'acide, on lave promptement à grande eau pour enlever complètement l'acide, et on fait sécher dans un courant d'air chaud.

Si le dessin exige des parties plus creuses et que le vernis ne soit pas altéré, on couvre les parties assez mordues de petit vernis et on donne l'acide, en opérant comme précédemment, et répétant cette opération aussi longtemps que le vernis le permet, ou jusqu'à ce qu'on ait atteint le ton voulu dans certaines parties.

Quand le vernis a été endommagé, on l'enlève, on nettoie la planche d'abord à l'essence, puis à la craie très-fine, on chauffe la planche et on la recharge de vernis, en ayant bien soin qu'il n'en coule pas dans les traits. Cela fait, on verse l'acide et on fait mordre à nouveau.

L'acide fluorique, ainsi que nous l'avons déjà dit, exerçant une action vive et profonde sur le verre, on conçoit que dans toutes ces opérations il faut agir avec beaucoup de célérité et ne pas perdre un moment de vue le but auquel on veut atteindre.

Il arrive parfois qu'on rencontre dans les dessins quelques parties fortement ombrées ou teintées, et qui exigeraient, sur une faible étendue, des morsures répétées pour arriver au ton, mais comme les opérations répétées pourraient compromettre la planche, il vaut mieux les creuser après la morsure, au moyen d'une pointe de diamant qui attaque facilement le verre.

M. Piil a aussi cherché à obtenir sur verre des tons unis et dégradés comme au lavis. Voici comment il procède pour arriver à cet effet. On remplit les traits gravés avec un mélange de térébenthine de Venise, de gomme-

laque et de noir de fumée ; on chauffe la planche, et après
qu'elle est refroidie, on enlève le surplus sur la surface
à l'aide d'un linge humecté d'essence de térébenthine. On
couvre alors la planche légèrement avec du baume de
copahu, mêlé à un peu d'encre d'imprimerie, et on frotte
dessus très-également de la poudre d'argent. Après avoir
couvert de petit vernis les parties qui ne doivent pas être
rendues mates, on expose à l'action de l'acide fluorique
à l'état de vapeur pendant 10 à 12 minutes, et on obtient
un ton mat assez uniforme, mais faible, que l'on peut
teinter plus fortement en répétant l'opération, mais sans
lui donner plus de vigueur : c'est-à-dire qu'on opère
comme sur le cuivre pour le lavis en saupoudrant la
planche de résine.

Si l'on veut lier entre eux les tons fins et ôter les contours entre les teintes, on se sert d'une pointe en buis,
qu'on imbibe de pierre-ponce très-finement broyée à l'eau.

La planche de verre qu'on veut imprimer est enchâssée
dans une forte planche de bois dur, où on la cimente avec
du plâtre fin mêlé de colle-forte, puis on encre comme
pour la gravure en taille-douce et on imprime à la presse
lithographique.

Le procédé de M. Pijl, essayé à l'imprimerie impériale
de Vienne, a donné de belles épreuves, et les planches
reproduites par la galvanoplastie ont fourni des cuivres
à gravure en relief qu'on a pu imprimer par voie typographique.

M. L. Kessler a fait connaître en 1863 un procédé de
gravure à l'acide fluorique au moyen de l'impression en
réserve, qui rapproche bien plus que les précédents cette
branche de l'art de la gravure à l'eau-forte sur métaux.
Voici la note publiée à ce sujet dans le *Répertoire de
Chimie appliquée*. Juin 1863, p. 226.

« Depuis l'année 1855, dit la note, époque à laquelle ce
procédé a été mis entre les mains de trois des plus grands
établissements de France (des sociétés de Baccarat, Saint-
Louis et de MM. Maréchal et Cᵉ), son application a pris
un développement tel, qu'il lutte déjà d'importance avec
l'ancienne méthode séculaire de graver à la roue.

On y remarque surtout combien il se lie mieux que l'ancien à la nature même de la matière ; et combien, par la liberté complète des formes et du dessin qu'il laisse au décorateur, en même temps que par la nouveauté des effets qu'il lui permet d'obtenir, il a rajeuni et modifié profondément l'aspect général des produits.

Le procédé se compose de trois parties principales : 1° La confection de la planche d'impression ; 2° la fabrication de l'encre réserve ; 3° l'impression.

1° *Préparation de la planche d'impression.* — L'idée fondamentale que j'ai mise à profit se trouve appliquée dans l'industrie des toiles peintes ; c'est celle à peu près de l'impression de la couleur au rouleau.

Seulement ma planche d'impression est plate, la gravure profonde et non répartie en points ou en lignes minces ; l'encre est différente, bien entendu.

Les meilleures planches d'impression seraient celles de métal, si, en raison de la difficulté de leur taille qui doit être profonde et de l'élévation de leur prix, on ne devait leur préférer les pierres : la pierre lithographique ou le marbre. On dresse bien la surface de celle qu'on a choisie, en l'usant au sable d'abord, puis à la pierre ponce ; et l'on peint sur la surface sèche à l'aide d'un pinceau trempé dans une dissolution de bitume, le dessin tel qu'il doit être gravé.

On laisse sécher une heure ou deux, puis on verse sur la pierre une eau aiguisée d'acide hydrochlorique. L'acide mord partout où le dessin laisse la pierre découverte et ne touche pas aux parties peintes. On a ainsi, dix minutes après, une pierre dont le creux va de 1/2 à 2/3 de millimètre. On la nettoie à l'essence. Pour les dessins fins, on a recours à des planches de métal gravées au burin.

2° *Encre réserve.* — L'encre avec laquelle on imprime, est d'une nature toute particulière. Elle est formée d'une partie fluide, quoique visqueuse, et d'une partie solide formant épaississement. Il faut, en effet, qu'elle soit assez ferme pour que, étendue partout sur la pierre, elle puisse être coupée dans le creux, à fleur des reliefs, avec toute la netteté d'un corps solide. Le bas prix auquel il est important qu'elle revienne, puisque certaines épreuves en enlèvent jusqu'à 30 grammes, a obligé M. Kessler à rechercher pour l'épaissir, un moyen économique et rapide d'obtenir une poudre solide, impalpable, afin de l'y incorporer.

M. Kessler y est arrivé, en faisant fondre avec ses constituants une substance, la stéarine (acide stéarique), la cire de palmier, la spermaceti, la paraffine, la naphtaline, etc., qui cristallisent par le refroidissement.

On chauffe jusqu'à dissolution du bitume dans l'essence de térébenthine, on filtre au chausson et l'on plonge le vase dans l'eau froide. Pendant le refroidissement de l'encre, il faut l'agiter constamment afin de troubler la cristallisation de l'acide gras et de lui donner un grain plus fin. Aucune réserve ne résiste aussi énergiquement à l'action de l'acide hydrofluorique.

3° *Impression et décalque.* — L'impression du dessin se fait sur papier demi-pelure glacé. On installe la pierre sur un chariot garni de plusieurs épaisseurs de drap, et l'on en recouvre toute la surface avec l'encre que je viens de décrire : puis à l'aide d'une râcle en acier fortement trempée et bien dressée que l'on promène à sa surface, on enlève cette encre de manière à découvrir tous les reliefs et à laisser les creux bien remplis. On étend sur la pierre une feuille de papier et l'on place par-dessus une feuille de caoutchouc vulcanisé, puis plusieurs doubles de flanelle. On pousse le chariot sous le plateau d'une presse verticale ou sous le cylindre d'une presse spirale, et lorsque la pression a été donnée, on détache lentement l'épreuve. On procède ensuite à un nouveau tirage. Une planche gravée sur pierre peut en fournir plusieurs milliers.

Avant de passer au décalque, il est nécessaire de détruire l'adhérence de l'encre au papier. Cette adhérence est énorme. Elle n'a d'équivalent dans aucun des procédés usités dans l'industrie, soit pour l'impression des émaux, soit pour la reproduction des lithographies, etc. C'est une des conditions essentielles même du succès. Il faut que l'encre soit très-épaisse pour pouvoir se couper comme un corps solide, et pour qu'étant aussi épaisse, le papier puisse en arracher à la pierre une couche de 1/2 millimètre, il faut qu'elle adhère énergiquement à sa surface.

M. Kessler est arrivé à détruire très-facilement cette adhérence par un petit artifice physique. C'est en se servant d'un effet d'endosmose. On porte l'épreuve sur un bain d'eau acidulée avec 1/4 ou 1/10 d'acide chlorhydrique. Quand elle est imbibée, on la passe rapidement sur la surface d'un bain tiède (à 30 ou 40° centigr.), en l'y laissant seulement le temps suffisant pour que les stries de l'encre soient *affaissées par la fusion*. C'est alors qu'un phénomène d'affinité entre les deux liquides tend à faire entrer de l'eau dans le papier imbibé d'acide. Mais comme le papier est un espace clos, l'eau ne peut y pénétrer qu'en expulsant du côté opposé une légère couche d'acide étendu. Cette couche d'eau acidulée qui sort, soulève l'encre avec d'autant plus de facilité qu'étant fondue dans ce moment, elle ne grippe plus dans ses pores.

Le décalque s'effectue comme à l'ordinaire, en appliquant l'épreuve du côté imprimé sur la pièce à graver et en enlevant le papier.

Quelques heures suffisent pour opérer la dessiccation de l'encre qui est restée sur l'objet à graver. On peut alors plonger celui-ci dans un bain d'acide fluorhydrique. Ses parties non recouvertes d'encre seront seules accusées. Après la morsure, en enlève la réserve, soit en la dissolvant dans des essences, soit par un moyen mécanique.

Appliqué à la décoration des verres, des cristaux et des porcelaines, ce procédé permet d'obtenir des effets de couleur en même temps que des effets de gravure, C'est ainsi qu'avec du verre plat, blanc ou autre, bleu d'un côté et jaune de l'autre, on peut sur la même pièce en l'attaquant des deux côtés, produire à volonté toutes les dégradations du bleu, du jaune et du vert jusques y compris le blanc.

En dépolissant la surface du cristal, soit avant, soit après la gravure, on obtient aussi des effets dont on tire parti, surtout dans la décoration des globes ou objets d'éclairage. Enfin, le creux de la gravure se teint très facilement au feu, soit au chlorure d'argent, soit au rouge de cuivre. Lorsqu'on dépolit les reliefs après cette teinture, on enlève toute la couleur en trop sur les bords du dessin.

Cette couleur s'applique donc avec facilité, et elle reste ensuite sur la pièce en quelque sorte à l'abri du frottement. Il en est de même de la dorure que l'on y place.

On a essayé de substituer à l'acide fluorhydrique divers mélanges ou combinaisons, un fluorure et un acide; le fluorure d'ammoniaque qu'indique Berzélius, etc. ; mais rien encore n'a pu lutter avec lui de rapidité et d'économie.

Nous ajouterons que M. Kessler a trouvé un antidote précieux contre les brûlures si dangereuses de l'acide fluorhydrique. Cet antidote est l'acétate d'ammoniaque dont on imbibe des compresses si la brûlure est récente ou qu'on injecte dans les ampoules si on leur a laissé le temps de se former. Si l'acide s'est insinué dans certaines parties difficiles à imbiber, comme à travers les ongles, on substitue à l'acétate, l'ammoniaque caustique, sans se préoccuper de la douleur souvent très vive qui accompagne cette cautérisation.

Le procédé de M. Kessler ne s'applique pas uniquement au verre, on peut encore le faire servir à graver sur la porcelaine, sur les grès, sur le quartz, les silex, les cornalines, les agates, les jaspes, etc., ce qui ouvre un nouveau champ très vaste à l'art du graveur sur matières autres que les métaux. Déjà les applications de ce genre dans la décoration de la porcelaine et dans la gravure des pierres siliceuses, ont fourni des résultats qui doivent encourager à étudier cette nouvelle branche de l'art.

M. Dopter, dont le nom tient une place considérable dans l'industrie de la gravure sur verre, emploie un procédé d'impression analogue au précédent. Le papier sur lequel on tire les épreuves à décalquer, est un papier non collé enduit de colle d'amidon, puis de gomme, et recouvert enfin d'une couche de collodion. La couche ainsi posée sur le papier et qui est adhérente au verre, a assez de consistance pour permettre de faire les reports nécessaires dans le cas où plusieurs dessins successifs doivent être superposés pour avoir des épaisseurs variables ; un lavage à l'acide sulfurique concentré désagrège ensuite le collodion pour ne laisser que l'enduit bitumineux protégeant les épreuves à faire.

MM. Teissié du Mothay et Ch.-R. Maréchal (de Metz) ont fait, au sujet de la gravure sur verre, des observations importantes, qui leur ont suggéré un nouveau procédé d'opérations. La dissolution aqueuse d'acide fluorhydrique gazeux produit un poli mat et adhérent. L'acide fluorhydrique dilué forme, soit avec le silicium et le métal du cristal, soit avec le silicium et le métal alcalino-terreux du verre, des fluosilicates de plomb et de calcium solubles dans la liqueur où ils prennent naissance, tandis que l'acide fluorhydrique gazeux donne du fluorure de silicium volatil et des fluorures de plomb et de calcium insolubles dans le milieu où ils s'engendrent.

La gravure mate produite par l'action de l'acide gazeux est toujours d'un dépoli strié et d'inégale épaisseur ; car l'eau engendrée par cette réaction, s'acidifiant peu à peu, s'accumule en gouttelettes inégales, et ne redissout que partiellement et inégalement les fluorures formés.

Ces Messieurs ont donc cherché à remplacer l'action des vapeurs d'acide fluorhydrique par celle d'un bain, où l'acide se dégageant à l'état naissant ne pourrait, au contact du cristal ou du verre, donner lieu à la formation de fluorures insolubles.

Pour l'obtenir ils ont eu recours à la réaction qu'exercent les dissolutions aqueuses des acides chlorhydrique et acétique sur les fluorures, fluorhydrates de fluorures des métaux alcalins.

Si, à 1,000 grammes d'eau, on ajoute 250 grammes de fluorhydrate de fluorure de potassium bien cristallisé, et 250 grammes d'acide chlorhydrique du commerce, on obtient un bain où le cristal et le verre se dépolissent rapidement, mais sur une petite épaisseur et inégalement. En ajoutant alors, jusqu'à quasi-saturation, du sulfate de potasse, soit 140 grammes environ, ou à sa place du sulfate d'ammoniaque, de l'oxalate de potasse, et quelques chlorures avides d'eau, tels que le chlorure de zinc, par exemple, on obtient des dépolis épais et uniformes. Ce procédé, appliqué aux usines de la cristallerie de Baccarat, a permis de supprimer l'action de la roue, et de l'acide fluorhydrique, tous deux d'un usage si insalubre.

Enfin on a indiqué, aux Etats-Unis, un nouveau procédé de gravure, dû à M. Telghmann, de Philadelphie, qu'il désigne sous le nom de *gravure au jet de sable*, et qui s'applique en particulier au verre. L'inventeur applique d'ailleurs ce procédé non seulement à la gravure, mais à la taille, au perçage, au dressage des pierres dures, du verre et de la porcelaine. Il consiste à attaquer la matière au moyen d'un jet de sable projeté, soit par la force centrifuge, soit par l'entraînement d'un fluide en pression.

En disposant sur une feuille de verre, un patron destiné à former fond de réserve et fait d'une matière élastique, ou exécuté en peinture à l'huile, on projette du sable à l'aide d'un injecteur formé d'un tube central de 5 millimètres de diamètre, entouré d'un second tube où l'air est injecté par une tubulure située à 60 centimètres au-dessous du point d'entrée du sable, venant d'un réservoir supérieur. Arrivé au bas du tube central, cet air forme un vide et entraîne ainsi le sable dans la cheminée, où ajutage de $0^m.15$ de longueur, qui termine l'appareil, qu'on tient à environ $0^m.30$ au-dessus du verre. On déplace celui-ci sous le jet de sable avec une vitesse d'environ $0^m.12$ par minute. Pour dépolir le verre, il suffit d'employer de l'air à la pression de $0^m.10$ d'eau.

Les recherches infatigables auxquelles se livrent les industriels de toute nature, pour multiplier la variété des

produits offerts aux consommateurs, a conduit à la création de verres mousselines en couleur. A propos de ces
nouvelles matières, nous devons citer M. Aubriot, qui
fabrique des verres mousselines colorés uniformément,
ou de plusieurs tons, par le procédé suivant :

Après avoir nettoyé à sec la surface du verre, au
moyen d'un chiffon ou d'un peu de craie, on y étend une
première couche de couleur vitrifiable, soit verte, jaune
ou bleue. Cette couleur bien broyée est étendue à consistance convenable avec un peu d'eau gommée; on régularise la surface avec un blaireau dans le sens de la
largeur de la feuille d'abord, puis dans le sens de la longueur ensuite. On fait ainsi disparaître toutes les inégalités de la brosse. On fait sécher ensuite à une douce
chaleur. Quand toute l'eau s'est évaporée, on applique
sur la surface du verre un carton découpé suivant le
dessin à exécuter; on frotte avec une brosse dure pour
enlever la couleur pulvérulente et dénuder les parties
qui doivent être transparentes. La feuille de verre est
ainsi propre à être transformée en verre mousseline.

A cet effet, elle est mise sur une surface plane qui doit
recevoir un châssis sur lequel on tend, soit un tulle, soit
une mousseline unie, brodée ou brochée; s'il y a des
parties brochées, on les met en concordance avec les ornements déjà formés par le pochoir, puis on passe dans
la boîte à poussière.

Cette boîte est hermétiquement fermée; elle renferme
à la partie inférieure un réservoir dans lequel se trouve
une certaine quantité de couleur blanche en poudre impalpable et parfaitement sèche. Au moyen d'un soufflet,
on fait arriver dans cette caisse de l'air qui détermine un
nuage, lequel se répand uniformément dans la boîte, et
vient se déposer régulièrement sur la feuille de verre
qu'on a glissée dans le fond par une trappe réservée sur
la face antérieure de la boîte. La poussière n'adhère pas
au verre, elle se dépose tout aussi bien sur le verre que
sur les trames qui constituent le tulle ou la mousseline.
En enlevant le châssis avec précaution, on voit appa-

raître les dessins que la dentelle, le tulle ou la mousseline ont réservés.

Il faut fixer la couleur qui n'a pris aucune adhérence ; on porte alors les feuilles dans une chambre à vapeur, on injecte de la vapeur d'eau qui détrempe la gomme et fixe la poussière ; on peut alors cuire au moufle pour faire adhérer la couleur ou dépoli, et la rendre mate et inaltérable.

On peut, à l'aide de tours de mains particuliers, obtenir des dessins très variés en déposant deux couleurs et plus, de façon à modifier les nuances par juxtaposition ou superposition. On fait usage de couleurs opaques ou transparentes, ou bien encore de couleurs obtenues par la cémentation, telles que le jaune Jean Cousin ; il en résulte des effets très remarquables.

L'industrie de la gravure a trouvé un vaste champ de décoration dans l'emploi des verres doublés dont nous avons parlé dans le chapitre précédent. On comprend aisément, qu'en employant les méthodes de gravure décrites, et en se servant d'un verre blanc recouvert d'une couche colorée, les épargnes laisseront des parties colorées intactes, alors que la morsure étant descendue jusqu'au niveau du verre blanc, on obtiendra un dessin d'une couleur sur un fond d'une autre. Enfin, en multipliant les doublures, et répétant les épargnes à plusieurs reprises, on peut obtenir sur une même plaque des dessins de deux tons, sur un fond d'une troisième tonalité.

§ 2. DORURE, ARGENTURE, PLATINURE DU VERRE.

On comprend aisément quelles ressources immenses l'application des métaux précieux fournit pour la décoration du verre, soit en opérant en plein sur la surface du verre lisse, ou suivant des dessins réservés par épargne, soit en opérant avec le concours de la gravure.

Aussi les procédés de dorure sont-ils très nombreux, quantité d'inventeurs s'étant préoccupés de rechercher les plus avantageux. On peut les classer en trois groupes : la dorure à la feuille, qui s'exécute pour le verre comme pour toute autre matière, en déposant l'or en feuille sur une mixtion préalablement couchée sur le verre, et qui, en séchant, détermine l'adhérence. Puis la dorure par des procédés chimiques déterminant une adhérence beaucoup plus énergique, grâce à laquelle on n'a plus à craindre de voir se détacher l'or, soit par le frottement, ou l'action de l'humidité. Ceux-ci se subdivisent à leur tour, suivant que l'on est obligé de cuire ou non. Cette dernière classe offre l'avantage de dispenser du brunissage qui, sur des surfaces en creux, est souvent impossible à pratiquer. Nous donnerons, parmi tous ces procédés, les plus intéressants.

En Bohême, on opère par un procédé en tous points analogue à celui de la peinture, et qui permet, par suite, d'obtenir par le pinceau des dessins en or aussi fins et déliés que s'il s'agissait de toute autre couleur. On dissout de l'or fin dans l'eau régale, et on le précipite ensuite de sa dissolution par le sulfate de protoxyde de fer. Le précipité fourni est recueilli sur le filtre, bien lavé, desséché, mêlé avec un peu de borax calciné et pulvérisé fin. On forme ensuite avec ce mélange et de l'essence de térébenthine une bouillie épaisse, qu'on applique au pinceau sur le verre. Celui-ci est ensuite porté à un feu de moufle assez élevé pour vitrifier le borax. Il ne reste plus qu'à brunir l'or ainsi fixé, par les procédés ordinaires.

Pour l'argenture, on prépare les poudres d'argent en précipitant l'azotate d'argent par un barreau de cuivre. Pour le platinure on emploie le chlorure double de platine et d'ammoniaque bien lavé.

La dorure éclatante et durable ne prend bien sur verre que par le moyen de la chaleur. Les dorures à froid présentent, il est vrai, une belle apparence, mais s'enlèvent quand on lave les pièces. Pour préparer la liqueur convenable, on ajoute à 1000 parties d'or dissous dans l'eau régale, 292 parties de chlorure de sodium. On évapore à siccité et on laisse la chaleur agir jusqu'à ce que tout l'acide libre soit chassé, c'est-à-dire jusqu'à ce qu'on n'en sente plus l'odeur. On fait dissoudre le résidu dans assez d'eau pour que le liquide contienne exactement 1 gr. d'or par litre. Cette première solution sert à en préparer deux autres. Pour la première, on mêle à 50 centimètres cubes de la solution d'or, 20 centimètres cubes d'une solution de soude de 1,035 de densité et 300 centimètres cubes d'eau, on porte le tout à l'ébullition et on laisse réduire ainsi à 250 centimètres cubes.

Pour la deuxième solution, on prend les mêmes quantités de solution d'or et de solution de soude ; on y ajoute 230 centimètres cubes d'eau et l'on place le mélange pendant une demi-heure au bain-marie bouillant. On mêle ensuite les deux liquides.

Lorsqu'on veut dorer l'intérieur d'un vase de verre, on y verse la dixième partie de son volume d'un mélange de 2 parties d'alcool et 1 d'éther, on le remplit entièrement de la solution d'or encore chaude et on le place dans de l'eau dont la température ne doit pas dépasser 80° C. Au bout de 10 ou 15 minutes, le verre se couvre d'une pellicule brillante d'or ; aussitôt que les parois, observées par transparence, ne laissent plus traverser la lumière ou paraissent d'un vert très foncé, on retire la vase du bain.

Pour distinguer une dorure fine d'avec une inférieure, on pose dessus une goutte de solution de chlorure de cuivre. Si l'or est pur, il ne manifeste aucun changement, s'il est allié on le verra noircir.

Dorure, argenture et platinure du verre,
par M. PETIT-JEAN.

On commence par préparer deux solutions argentifères en opérant ainsi :

Solution n° 1. — Quatre équivalents chimiques de nitrate argentifère ammoniacal alliés avec un équivalent chimique d'acide tartrique.

On prend, pour 100 grammes de nitrate d'argent, 62 grammes d'ammoniaque liquide. On verse l'ammoniaque sur le nitrate d'argent jusqu'à ce que la dissolution du nitrate soit complète, et on laisse alors reposer pendant plusieurs heures, après lesquelles le nitrate argentifère ammoniacal cristallise. On ajoute alors 500 grammes d'eau distillée et on remue bien pour faciliter la dissolution des cristaux qui a eu lieu en refroidissant beaucoup la solution. On filtre pour recueillir un peu de poudre noire, c'est de l'argent métallique. Au liquide filtré on ajoute alors, en versant doucement et remuant bien, 11 grammes d'acide tartrique préalablement dissous dans quatre fois leur poids d'eau distillée. On verse sur le tout deux litres et demi d'eau distillée, on remue bien et on laisse reposer pour tirer à clair. Lorsque la liqueur a été ainsi tirée, on verse de nouveau sur le précipité de nitrate argentique deux litres et demi d'eau distillée pour en dissoudre le plus possible ; on remue bien et on laisse reposer pour tirer au clair une seconde fois. Après on mêle cette seconde solution avec la première, et pour rendre le mélange parfaitement limpide, on ajoute encore un litre d'eau distillée. Dans cet état la solution argentique est prête à servir.

Ce qui est resté du précipité de tartrate argentique est dissous à l'aide de quelques gouttes d'acide nitrique, et mis de côté.

Solution n° 2. — Deux équivalents chimiques de nitrate argentique ammoniacal alliés avec un équivalent chimique d'acide tartrique.

On la prépare en répétant exactement toutes les manipulations ci-dessus indiquées pour la préparation du n° 1, mais en doublant seulement la quantité d'acide tartrique.

Il ne faut préparer ces solutions que pour l'usage d'un jour.

Le verre destiné à l'argenture demande à être parfaitement nettoyé.

A cet effet, on prend un peu de la solution n° 1, dans laquelle on trempe un tampon de coton très-propre, que l'on pose ensuite sur du tripoli en poudre très-fine, et on l'étend sur le verre, en ayant grand soin de passer sur tous les points de la surface. Dans cet état, on laisse sécher. On prend alors un second tampon de coton également propre que l'on roule à sec sur la poudre de tripoli, et l'on en frotte soigneusement toute la surface du verre, en enlevant le tripoli mis à sécher. Cette friction se fait par lignes droites et en avançant lentement en long et en large.

Après, à l'aide d'un blaireau, on époussète, afin d'enlever toute la poussière qui pourrait séjourner. Alors (pour les surfaces planes seulement), on prend un rouleau de bois ou de fer, recouvert de caoutchouc parfaitement nettoyé, que l'on mouille avec la solution n° 1 ; on en frotte vivement la surface du verre, en faisant un peu tourner le rouleau, et passant et repassant plusieurs fois de suite. On dépose ce verre ainsi nettoyé sur un appareil convenable, chauffé à 65 degrés centigrades environ, et on verse dessus la solution n° 1 jusqu'à ce que tout le verre en soit recouvert. Lorsqu'on s'aperçoit que toute la surface du verre est recouverte d'une couche d'argent (ce qui a lieu au bout d'un quart d'heure environ), on verse la solution n° 2, autant que le verre peut en supporter sans la répandre.

Le verre porte ainsi deux litres et demi de liquide par mètre carré. La solution n° 2 dépose une couche d'argent plus épaisse que la solution n° 1. On laisse tout en cet état environ 15 à 20 minutes, après lesquelles la couche d'argent déposée rend le verre complètement opaque. Il se dépose environ 12 grammes d'argent métallique par mètre carré pendant l'opération ; on enlève alors le verre en ayant soin de recueillir l'excédant en solution, on lave à l'eau chaude, plusieurs fois de suite, la couche d'argent déposée ; on met à sécher, après quoi, on peint la couche d'argent, soit avec de la couleur à l'huile, soit avec du vernis ; on obtient ainsi une glace incomparablement plus belle, plus claire et plus solide que celles faites par les procédés ordinaires, et cela sans qu'il y ait rien de meurtrier pour la vie des travailleurs. Les verres ayant des formes non susceptibles d'être décapées par le procédé ci-dessus indiqué, le sont, en les plongeant dans une forte dissolution d'hyposulfite de soude, et les y laissant de 10 à 12 heures. Après les avoir rincés à grand eau, on les remplit alternativement avec les solutions 1 et 2, comme ci-dessus. On peut éviter de chauffer ces verres, attendu que la solution laisse déposer également bien l'argent à chaud ou à froid. Seulement, dans ce dernier cas, l'action est beaucoup plus lente ; le temps est en raison de la température.

Dorure et platinure du verre.

De même que pour l'argenture, pour la dorure et la platinure, le verre demande à être soigneusement nettoyé. Les procédés de décapage sont les mêmes que dans l'argenture, soit pour les surfaces planes, soit pour les verres dont la forme ne peut pas être nettoyée par le premier moyen indiqué. Naturellement, lorsqu'on fait usage du premier procédé, les solutions d'or ou de platine sont substituées à la solution d'argent. Dans les autres cas, on emploie également l'hyposulfite de soude. Les solutions d'or et de platine sont préparées ainsi qu'il suit :

Solution aurique. — Deux équivalents chimiques de perchlorure d'or alliés avec un équivalent chimique de citrate d'ammoniaque.

On dissout dans un litre et demi d'eau, 30 grammes de chlorure aurique, et on filtre cette dissolution. On fait un mélange, à part, de 19 grammes d'acide citrique préalablement dissous dans quatre à cinq fois leur poids d'eau distillée et de 10 grammes d'ammoniaque liquide. On met ce mélange reposer une ou deux heures pour le faire refroidir, puis on le verse dans la dissolution de chlorure aurique. La solution est prête ainsi à être employée. Il ne faut la préparer qu'au fur et à mesure des besoins.

Solution de platine. — Un équivalent chimique de perchlorure de platine allié avec un équivalent chimique de bitartrate de soude.

On dissout dans un litre et demi d'eau distillée 30 grammes de chlorure platinique, et on filtre cette dissolution. On y verse ensuite 25 grammes de bitartrate de soude préalablement dissous dans huit ou neuf fois leur poids d'eau distillée.

Dans cet état, la solution de platine est prête pour l'usage. Il faut, pour la dorure et la platinure, suivre la même marche que celle indiquée ci-dessus pour l'argenture.

Parmi le grand nombre de combinaisons qu'il est possible d'obtenir du principe ci-dessus formulé, et qui en est le guide, l'inventeur a choisi de préférence les produits chimiques indiqués, autant pour leur bon marché que pour la facilité avec laquelle on peut se les procurer partout.

Procédés du professeur Bœttger.

M. le professeur Bœttger a proposé le procédé suivant de dorure sur verre.

On emploie pour cela trois solutions préparées à l'avance, se conservant longtemps et qu'il suffit de mêler dans des proportions définies avant d'opérer.

1° Solution de chlorure d'or dans de l'eau contenant 1 gr. d'or dans 120 centimètres cubes. Cette solution se prépare en dissolvant l'or dans l'eau régale, et évaporant l'excès d'acide. Il peut rester un peu d'acide libre, il faut seulement que l'or soit rigoureusement pur.

2° Solution de soude à la densité de 1,06. On peut employer la soude ordinaire du commerce.

3° Solution réductrice. On mêle 50 grammes d'acide sulfurique à 66°, avec 40 d'alcool et 35 d'eau. On ajoute 50 grammes de peroxyde de manganèse, réduit en poudre fine, on fait distiller au bain de sable à douce chaleur, en recevant les vapeurs dans 50 grammes d'eau froide, et opérant jusqu'à ce que ce volume ait doublé. On décompose cette liqueur avec 100 centimètres cubes d'alcool, et 10 grammes de sucre de canne interverti par l'acide azotique ; on porte le mélange par addition d'eau à 500 centimètres cubes. Le sucre interverti se prépare en faisant fondre 100 grammes de sucre ordinaire de canne dans 70 centimètres cubes d'eau, ajoutant 0,5 gr. d'acide azotique à 1,34 de densité, et en faisant bouillir le tout pendant un quart d'heure.

Pour dorer une pièce, on prend 1 volume de la solution de soude, 4 de la solution d'or, et 1/35 ou 1/40 au plus de la liqueur réductrice. Le mélange prend promptement une couleur verte due à l'or qui se sépare; on le met aussitôt en contact avec le verre. A la chaleur moyenne de 18° C., en 1 heure et demie on obtient une couche transparente d'une magnifique couleur verte, qui devient presque opaque si on fait durer l'opération 3 heures. On lave et sèche à la température ordinaire. Ce procédé, imaginé en vue de la préparation des miroirs pour les instruments d'optique, a reçu certaines simplifications. La solution d'or ne change pas, celle de soude est formée par 6 gr. de soude caustique dans 100 centimètres cubes d'eau. La solution réductrice se prépare en mélant 2 gr. de sucre ordinaire d'amidon, 24 centimètres cubes d'eau, 24 centimètres cubes d'alcool à 80 centièmes, et 24 d'aldéhyde du commerce à 0,870 de densité. Seulement alors que la première peut se conserver plusieurs mois en vases clos, il ne faut pas préparer celle-ci plus de un ou deux jours à l'avance.

Pour dorer un vase on y verse, de manière à le remplir à moitié, 4 volumes de la solution d'or, 1 de celle de soude, 1/16 de la solution réductrice. On met toutes ses parois en contact avec le mélange et l'opération est achevée en cinq minutes. L'excès d'or qui se précipite peut être recueilli sur un filtre et utilisé de nouveau. En répétant cette opération plusieurs fois, on augmente à volonté l'épaisseur de la couche d'or déposée.

Nouveau procédé d'argenture du verre, par M. Bothe, de Saarbruck.

Ce nouveau procédé repose sur l'emploi d'un sel d'argent et d'un agent de réduction ou nouvel acide organique que M. Bothe appelle acide oxytartrique.

Pour préparer cet agent de réduction, on agite d'une manière continue du tartrate d'argent récemment précipité dans une quantité suffisante d'eau distillée bouillante jusqu'à dissolution complète. La solution refroidie contient le nouveau sel d'argent qui est doué de propriétés énergiques de réduction.

Voici maintenant un moyen bien simple pour argenter le verre par le procédé Bothe, qu'a expérimenté et proposé M. Bœttger.

On obtient la liqueur réductrice en dissolvant 4 grammes de nitrate d'argent ou pierre infernale dans 30 grammes d'eau distillée, versant peu à peu et toujours en agitant cette solution dans une dissolution de tartrate de soude et de potasse (composée de 3 grammes d'eau distillée) portée à une violente ébullition qu'on entretient pendant 5 à 10 minutes, laissant refroidir en filtrant au papier blanc.

Comme liqueur d'argenture, on se sert d'azotate d'argent ammoniacal, dans lequel il ne doit pas y avoir d'ammoniaque en excès. On obtient cette liqueur en dissolvant 4 grammes de nitrate d'argent dans 30 grammes d'eau distillée, ajoutant de l'ammoniaque liquide goutte à goutte, jusqu'à ce que le trouble ou plutôt le précipité qui s'est formé commence à disparaître, puis étendant avec 500 grammes d'eau et filtrant.

Veut-on maintenant argenter une glace ou une pièce creuse en verre, on mélange à volumes égaux cette liqueur d'argenture avec le liquide réducteur dont il a été question, on agite et on charge le verre sur un centimètre ou plus d'épaisseur avec ce mélange parfaitement clair et limpide. Au bout de dix minutes le verre est recouvert d'une couche d'argent miroitante et bien adhérente.

En répétant ce procédé à plusieurs reprises, la couche d'argent acquiert une épaisseur suffisante pour être impénétrable à la lumière et pour la préserver, on l'enduit d'un vernis préparé avec de l'asphalte dissous dans le benzole.

Dorure sur porcelaine, sur verre et autres matières analogues, par M. C. WILLIAM.

On dissout l'or dans l'eau régale et on le précipite par l'ammoniaque liquide. On lave avec soin, on filtre la dissolution et l'on obtient un résidu métallique jaune et volumineux qui, pour le but proposé a besoin d'être conservé à l'état humide jusqu'au moment où l'on doit préparer la composition pour la dorure.

Quand on veut s'en servir pour cet objet, on mélange ce résidu avec un composé adhésif formé de 2 parties de la plus belle poix de Bourgogne, 2 parties de vernis des peintres, et lorsque la masse a été mélangée, incorporée et est parfaitement sèche, elle a perdu sa propriété explosive et peut être travaillée en toute sûreté. Ce composé mélangé au borate de bismuth, produit une dorure d'une grande solidité, mais qui a besoin d'être légèrement brunie.

Argenture des objets en verre.

M. Weber a communiqué à la Société d'Encouragement de Berlin un moyen fort simple pour argenter les objets en verre.

On traite une solution étendue d'azotate d'argent par l'ammoniaque jusqu'à ce que le précipité qui se forme disparaisse. On ajoute ensuite quelques gouttes d'une solution d'acide tartrique jusqu'à ce qu'on voie apparaître un léger trouble ou un commencement de précipité. C'est avec cette liqueur qu'on charge ou qu'on remplit la pièce qu'on veut argenter et qu'on chauffe aussitôt modérément.

§ 3.   DIVERS PROCÉDÉS DE DÉCORATION SUR VERRE.

Nous réunissons sous ce même titre, la description de procédés divers, ayant pour but d'obtenir sur verre des effets de décoration analogues à ceux que procure la peinture proprement dite, tout en permettant d'opérer sur une échelle plus vaste et dans des conditions de prix bien inférieures. On pourrait, en quelque sorte, intituler ces procédés : Imitation des vitraux, nom qui exprimerait assez bien le but que l'on a cherché à atteindre.

Impressions colorées sur verre, par MM. BETTS et A. JACOB.

Ce procédé a pour objet d'obtenir sur verre des images colorées, à l'aide, soit de bronzes en poudre, soit de matières colorées en poudre, sans avoir besoin de recourir à la cuisson, les dessins colorés obtenus ne pouvant pas être enlevés par le frottement.

On broie finement de l'ocre brûlée avec de l'huile de lin bouillie, en ajoutant environ neuf fois le poids du mélange de colle d'anguille. C'est avec ce mélange qu'on charge les types ou blocs d'impression à l'aide du rouleau ordinaire des imprimeurs. Cela fait, on applique sur ces types, une surface plate faite avec la composition des rouleaux ordinaires d'imprimerie, qu'on a préalablement frottée de craie; en opérant avec soin et à plusieurs reprises, on obtient sur cette surface une couche suffisamment épaisse de la matière colorée. On roule ensuite la plaque de verre sur cette surface, on applique immédiatement sur le transport de la poudre métallique ou une matière colorante, et on termine par l'application d'un vernis siccatif.

Impression sur verre, procédé de M. Ducrot.

M. Ducrot a proposé un procédé d'impression sur verre dans lequel on dépose une couche d'or, d'argent ou de poudre métallique restant adhérente au verre, suivant le dessin qu'on veut former et qui, par sa disposition, se trouve garantie de toute altération.

Le dessin ayant été préparé sur une pierre, on en tire une épreuve sur calicot, par les procédés lithographiques ordinaires, en ajoutant seulement au vernis habituel, du blanc d'argent et du vernis copal. On recouvre immédiatement les dessins avec de la poudre métallique qui y reste adhérente, et en ces endroits-là seulement.

Le décalque se fait non sur la surface du verre exposée à l'air, mais en dessous, après avoir enduit cette partie avec un encollage composé de gomme arabique, d'alun de Rome et d'acide azotique.

On applique l'épreuve par dessus, et dès qu'elle est sèche on l'arrache doucement. Elle abandonne au verre la poudre métallique dont elle était couverte.

Parderrière, on peut protéger par une couche de peinture, qui fait ressortir les dessins métalliques sur un fond coloré. On peut, en choisissant au lieu de calicot une toile cirée peinte, laisser cette toile adhérente au verre, et le fond se trouve ainsi formé en même temps que le dessin. Enfin, on peut à un fond en couleur substituer une couche de vernis transparent, qui laisse la translucidité du verre intacte, là où il n'y pas de dessin formé.

Pour la porcelaine, on peut opérer par le même procédé, en faisant le décalque en dessus.

Système d'impression sur verre, par M. SAPÈNE-GAYS, de Bordeaux.

Le dessin qu'on se propose d'imprimer sur verre doit d'abord être fait sur pierre lithographique par le procédé ordinaire; ensuite chaque épreuve destinée à être reportée sur verre, est prise par le moyen suivant :

On encre d'abord la pierre avec un mordant ainsi composé :

Vernis extra-fort lithographique...	500 gram.
Esprit-de-vin..	100 —
Résine de pin.	400 —

Le tout bouilli pendant vingt minutes.

La pierre encrée, on prend l'épreuve avec un morceau de taffetas léger recouvert d'un enduit qui doit être bien sec, et qui est préparé au moyen d'une colle fine d'amidon (comme le taffetas dit d'*Angleterre*); puis, lorsque l'épreuve est prise on applique à la main le taffetas imprimé sur le verre, et on l'assujettit au moyen d'une roulette qu'on passe sur toutes les parties.

L'objet en verre est ensuite plongé dans un baquet plein d'eau, où on le laisse jusqu'à ce que le taffetas soit assez imbibé pour se détacher facilement. Le taffetas ne tarde pas, en effet, à se détacher, en laissant le dessin sur le verre, auquel on applique alors de l'or ou de l'argent en feuilles ou en poudre.

Si l'on veut passer des couleurs, on emploie les couleurs ordinaires de la lithographie, en ayant soin qu'elles soient délayées ou mises à point par le mordant d'impression indiqué plus haut.

Il est important, après avoir retiré les objets de l'eau, et lorsque le taffetas en a été détaché, de n'y appliquer l'or, l'argent ou le bronze qu'après les avoir bien laissés sécher à l'air libre.

Lorsque l'or, l'argent, le bronze ou les couleurs appliqués sont bien secs, on les fixe en passant dessus, au pinceau, une couche de vernis siccatif brillant à l'esprit de vin du commerce; cette dernière opération termine le travail.

Décoration par la décalcomanie.

L'on trouve aujourd'hui, dans le commerce, des images préparées sur un papier spécial, que l'on peut facilement transporter sur verre, par simple application, et qui permettent d'obtenir des sujets peints assez agréables. Ce procédé, désigné sous le nom de décalcomanie, a été très en faveur à son apparition; tout le monde s'occupait à décorer ainsi des objets divers d'intérieur, abat-jour, vases pour lampes, etc. Il était facile pour des vases de forme convenable d'appliquer ces objets dans l'intérieur, puis une fois le travail achevé et les empreintes bien séchées, d'enduire toute la surface du vase d'une couche de peinture à l'essence, qu'il suffisait de verser dans le vase en tournant celui-ci de façon à bien en couvrir toutes les parties. On obtenait ainsi une pièce offrant des sujets peints sur un fond uni, permettant d'imiter des vases de Chine, par exemple, et comme toute la décoration était formée à l'intérieur, et que le fond aussi bien que les sujets étaient recouverts par une couche opaque d'une certaine épaisseur, les vases pouvaient être placés sur des meubles, nettoyés et entretenus par les procédés ordinaires sans que l'on ait à craindre de voir détruire ou salir la décoration qu'il offrait.

Ces sujets peints que le commerce livre à très bon marché, peuvent être préparés très facilement par les amateurs.

Il suffit de peindre avec de la couleur broyée au vernis copal ou au siccatif sur une feuille de papier glacé,
recouvert d'une couche gluante de dextrine dissoute dans
l'eau et qu'on laisse sécher. L'on découpe le sujet,
mouille légèrement le verre, applique le dessin coloré,
et soulève doucement le papier pour dérouler l'image qui
reste adhérente au verre. Pour imiter les vitraux par ce
procédé, on peut, une fois le transport terminé et bien
sec, passer sur la surface du verre, une couche de vernis
incolore ou coloré, ou, ce qui est encore préférable,
avant que cette couche ne soit complètement sèche, poser une seconde vitre par-dessus, dont la face appliquée
sera elle-même enduite de ce vernis.

Décoration des glaces argentées, par M. LECLÈRE.

On connaît depuis longtemps des glaces, dites de Venise, dans lesquelles le tain présente des parties mates
ou transparentes formant sur le tout des dessins variés
à l'infini, d'un effet très décoratif.

M. Leclère, en reprenant ce genre de fabrication, y a
apporté de nouveaux perfectionnements, tant au point
de vue de la simplicité des opérations, que de la variété des effets obtenus qu'il a pu considérablement développer. Ce procédé offre un des nombreux exemples
des ressources d'application de la méthode photographique trouvée par Nicéphore Niepce.

On prend une glace argentée, et à l'aide d'un cliché
on produit une image sur la glace argentée recouverte
d'une mince couche de bitume de Judée, par une exposition de durée convenable à la lumière. La glace est
ensuite lavée à l'essence de térébenthine, l'image apparaît
par les blancs de l'argent mis à nu et par les oppositions
du bitume insolé qui reste et forme réserve. Il suffit de
plonger cette glace dans l'acide nitrique, pour que l'argent des traits soit immédiatement dissous et que le verre
reprenne en ces points sa transparence.

Le dessin, les ornements gravés apparaissent alors en
prenant la couleur des divers corps qu'on applique au

dos de la glace, et l'opération peut produire les effets les plus divers.

Toutefois, une difficulté sérieuse se présentait, l'acide nitrique, en mordant l'argent, altérait la pureté de son éclat, surtout sur les arêtes des contours du dessin. M. Leclère a pu très heureusement vaincre cette difficulté, en mélangeant à l'acide nitrique une certaine proportion de nitrate de mercure, et il put ainsi conserver aux bords du dessin tout leur éclat. La réserve du bitume de Judée convenablement menée, est assez solide pour résister à l'action de l'acide fluorhydrique; il est donc possible de creuser par cet agent de véritables gravures photographiques sur la glace même.

Lorsque la glace est ainsi gravée, on peut remplir les creux avec des poudres métalliques, de l'or, des bronzes diversement colorés, qui donnent des effets particuliers où se retrouvent à la fois le sentiment de relief dû à la gravure faite à l'envers de la glace, et les tons riches et variés des métaux employés.

Décoration des glaces argentées, par M. MORIN DE GUÉRINIÈRE.

Ce procédé peut être employé comme moyen de décoration, et en même temps pour dissimuler les défauts qu'offrent certaines glaces après l'étamage. Il consiste à employer des dessins coloriés dont a relevé exactement le patron, afin d'enlever au grattoir sur la glace, la portion du tain que ces patrons recouvrent; puis on enduit ces jours formés dans l'étamage d'une couche de gomme arabique bien transparente et assez épaisse, on en fait autant sur la gravure et on l'applique sur la portion de surface qu'elle doit décorer.

DEUXIÈME PARTIE

PEINTURE SUR PORCELAINE

Nous savons que la porcelaine, connue en Chine et au Japon depuis les temps les plus anciens, n'a été importée en Europe par les Portugais que vers l'an 1500 ; nous savons aussi que ce n'est que près de deux cents ans plus tard qu'on fabriquait à Saint-Cloud, puis dans le faubourg Saint-Antoine, une poterie, qu'on a nommée porcelaine tendre, porcelaine française, mais qui n'était pas encore la véritable porcelaine des Chinois, dont la nature et la composition ne furent découvertes en Europe qu'en 1706, par un alchimiste allemand, le baron Bœttger qui, en préparant des creusets destinés à la recherche de la pierre philosophale, remarqua que ces creusets prenaient au feu l'apparence de la porcelaine orientale. Il est donc clair que l'histoire de la peinture sur porcelaine, proprement dite, ne peut pas, comme celle de la peinture sur verre, aller s'égarer dans l'obscurité des siècles reculés, à part les peintures chinoises.

Quand la porcelaine tendre était déjà décorée à l'imitation des autres poteries, la porcelaine dure ne l'était pas encore. Effectivement, la manufacture de Dresde, fondée par Bœttger, ne fabriquait encore à sa mort, en 1719, que de la porcelaine blanche.

Il est peut-être utile, pour le décorateur, et, en tout cas, intéressant d'ouvrir ici une parenthèse pour dire en quoi consiste la différence qu'il y a entre la porcelaine tendre et la porcelaine dure, différence bien grande par leur nature et leur fabrication.

La pâte des *porcelaines tendres* doit être plus fusible que celle de la porcelaine dure ; on lui donne ce caractère en introduisant des proportions plus considérables de matières alcalines, soit à l'état de feldspath, soit à l'état de silicates alcalins préparés artificiellement, et que l'on nomme *fritte*. Le vernis des porcelaines tendres doit être fusible à des températures peu élevées ; à cet effet, on y introduit une certaine quantité d'oxyde de plomb. Quelquefois, pour la confection de la porcelaine tendre, on n'emploie pas d'argile, qui fait la base principale des porcelaines dures. Ainsi, la pâte du *vieux Sèvres* s'obtenait en frittant d'abord dans un four du sable, de la potasse, du sel, de l'alun, de la soude et du gypse, en proportions qui sont indiquées dans le *Manuel du Porcelainier*, d'où ce passage est extrait ; on mélangeait 75 parties de cette fritte avec 17 parties de craie et 8 parties de marne calcaire ; enfin on ajoutait du savon noir ou de la gomme, pour donner du liant à la pâte.

La pâte de la *porcelaine dure* ne se compose que de deux éléments essentiels : l'un argileux, l'autre pierreux ; l'un infusible et l'autre fusible pendant la cuisson à une forte chaleur. Dans la cassure de la porcelaine dure, on observe que le grain est compacte, uni et brillant ; tandis que celui des porcelaines tendres est moins serré, sans luisant et semblable au grain du sucre. En France, on ne découvrit qu'en 1765 les gîtes de kaolin (argile) de Saint-Yrieix, près Limoges, semblables au *kao-lin* des Chinois, et quelques années après, la fabrication de la porcelaine dure fut établie à Sèvres par Macquer, puis ensuite en France dans un grand nombre de manufactures.

Revenons-en à la peinture sur porcelaine, qui est bien différente, au point de vue artistique, de la peinture sur verre, mais qui lui est similaire quant aux matières qu'on emploie, la manière de les appliquer et de les faire cuire. Du reste, avec les mêmes moyens, les résultats que l'on se propose sont bien éloignés l'un de l'autre. La peinture sur verre, qui dérive probablement des anciennes mosaïques, primitivement appliquées sur les murs des cathédrales, et qui de là passèrent aux fenêtres sous forme de vitraux, ne furent d'abord que de véritables *mosaïques transparentes*, qui devinrent plus tard des peintures, mais des peintures monumentales et décoratives, destinées à avoir un rapport direct avec la sensation, plutôt qu'un rapport avec la pensée, que produit le dessin, tandis que la peinture sur porcelaine est une véritable peinture (dessin et couleur), et un art digne d'exciter au plus haut degré notre admiration. En France, nous produisons, en ce genre, de véritables chefs-d'œuvre.

A la fin du siècle dernier, la peinture sur porcelaine était déjà cultivée avec beaucoup de succès, même depuis longtemps ; mais la connaissance précise des procédés mis en usage par ceux qui l'exerçaient n'était pas répandue, et le public ne fut mis en possession des secrets de cet art qu'en 1801, quand M. Brongniart, directeur de la manufacture de Sèvres, comprenant que cet établissement modèle et national, entretenu avec l'argent du peuple, avait une autre raison d'être que celle de fournir aux générosités des souverains qui occupent successivement le trône, publia des instructions positives, tant sur la fabrication de la porcelaine que sur sa décoration.

Aujourd'hui, on peut dire qu'il n'y a plus de secrets : qui veut apprendre, le peut. Depuis le docte traité de M. Brongniart, dont une nouvelle édition a été faite par M. Salvétat, jusqu'à ce *petit manuel*, tous les savants ont écrit à l'envi sur les arts céramiques et la décoration des poteries.

Et puisque le nom de M. Salvétat vient d'être prononcé, ne soyons point ingrats. La céramique lui doit trop. Honorons le savant professeur, qui, par ses leçons, a initié avec tant de talent et de méthode le public dans cet art si compliqué et si difficile, et à qui doit certainement revenir une bonne partie de la gloire dont jouissent les produits de notre industrie. Pour ma part, j'aime à reconnaître que ce qu'il y a de meilleur dans ce manuel, lui a été emprunté.

Nous disions donc que la peinture sur porcelaine était déjà pratiquée dans le dernier siècle. Effectivement, quand la manufacture de Sèvres, fondée à Vincennes, en 1740, ne fabriquait encore que de la porcelaine tendre, celle-ci, à laquelle les amateurs accordent un grand prix, brillait par le mérite de ses peintures, caractéristiques par ses fonds bleus, roses et turquoises.

La fabrication de la porcelaine tendre ayant été abandonnée entièrement à Sèvres, en 1805, à cause, a-t-on dit, de l'insalubrité du façonnage des matières, dans la composition desquelles il entrait un peu d'arsenic, la peinture de ce genre de poterie ne s'est plus pratiquée que pour contrefaire le *vieux Sèvres,* sur les porcelaines tendres provenant des deux seules manufactures de ce produit en Europe, qui ont une origine commune et qui existent, l'une à Saint-Amand-les-Eaux, près de Valenciennes, l'autre en Belgique, à Tournay; alors la peinture, dans les conditions normales, ne s'est plus faite que sur porcelaine dure, jusqu'en 1854, où la fabrication de la porcelaine tendre a été reprise, sans se borner à l'initiative stérile du passé, mais en se posant un programme plus vaste, basé sur les ressources que cette poterie offre au décorateur et qui conservera, dit M. Salvétat, à la porcelaine tendre de l'époque actuelle une valeur considérable.

Tout le monde connaît les merveilleuses peintures qui s'exécutent de nos jours sur porcelaine, non-seulement à Sèvres, mais dans l'industrie privée; nous n'avons donc pas à en parler, d'autant moins que ce serait toucher une question d'art pur, à laquelle ce *Manuel* est étranger.

A côté de l'art pur, où le dessin prévaut sur le coloris, il y a la décoration de la porcelaine, où le coloris n'est plus subordonné au dessin, la sensation l'emporte sur la pensée, c'est l'analogue des vitraux, l'art s'abaisse, mais l'ornementation y gagne. Ici, qu'importent la vérité, la raison, la représentation exacte? L'imagination a le champ libre; le goût fait tout: dès que l'œil est satisfait, tout est bien. Aussi, la seule chose que nous nous permettrons de recommander au lecteur, en dehors de la partie matérielle de la peinture ou de la décoration, sera-ce l'étude du *contraste simultané des couleurs* qui se trouve dans la quatrième partie de ce *Manuel.* Quant au reste, c'est une affaire de coup de main, *d'apprentissage,* qui ne

nous regarde pas plus que l'art de la peinture et ses règles.

Il est bien entendu que nous ne considérons ici comme
peinture et décoration de la porcelaine que celles qui
s'exécutent avec des *couleurs vitrifiables* ou des métaux
précieux, qui y sont fixés par le feu, condition qui limite
les substances qui peuvent être avantageusement employées.

Ces substances doivent être inaltérables sous l'influence
de la chaleur, adhérer fortement, résister aux agents at-
mosphériques, à l'eau, etc. Les autres qualités qu'elles
doivent présenter dépendent de la nature de leur support, de leur application et de l'effet qu'on en attend;
ainsi quand la matière décorative est destinée à la peinture de la porcelaine dure ou de la porcelaine tendre,
elle doit posséder par elle-même une fusibilité plus considérable dans un cas que dans l'autre, et toute fusibilité,
qui conduit à l'état vitreux, serait nuisible dans l'application des métaux précieux, qui n'ont de valeur qu'en
conservant leur éclat métallique. Nous verrons plus loin
comment se font toutes les préparations propres à la décoration de la porcelaine.

CHAPITRE Ier.

Des Matières décorantes.

Toutes les matières qui servent à décorer la porcelaine,
sont des matières qui s'y fixent par vitrification, en observant toutefois qu'on peut les distinguer en deux grandes
classes, ainsi que nous l'avons déjà dit à propos des substances employées dans la peinture sur verre. Cette classification étant basée sur cette remarque, que dans le
composé employé, la matière colorante proprement dite,
le plus souvent un oxyde métallique, quelquefois une
matière terreuse colorée, reste à l'état libre dans un véhicule qui se vitrifie au feu, ou au contraire forme une
combinaison chimique définie avec ce véhicule. La première classe est quelquefois appelée *émaux colorés par*

mélange, mais plus souvent aussi *couleurs*, la seconde *émaux colorés par combinaison* ou simplement *émaux*.

Nous étudierons chacune de ces classes séparément, et expliquerons d'abord à quels usages spéciaux chacune d'elles est réservée.

Les émaux sont employés pour former les fonds unis qui recouvrent en entier ou partiellement les pièces de porcelaine ou de poterie en général. Ils rentrent ainsi quelquefois dans la classe des glaçures dont nous ne nous occupons pas ici, en tant qu'opération générale, ressortant du domaine de la fabrication des pâtes, sujet traité dans le *Manuel du Porcelanier*.

Les couleurs, au contraire, servent pour la peinture proprement dite, elles se posent soit sur un fond blanc, soit sur un fond coloré.

Dans chacune de ces classes on peut également établir une nouvelle division, basée sur le degré de température nécessaire pour les fixer à la porcelaine en les développant sans les altérer.

Or, les températures auxquelles sont traitées les matières vitrifiables sont de trois sortes, et correspondent à ce que l'on appelle :

Le feu de moufle ordinaire,

Le feu de réverbère ou demi-grand feu,

Le feu dit grand feu, qui est celui de cuisson même de la pâte.

Aussi trouve-t-on souvent comme mode de classement des matières décorantes, le suivant :

Couleurs au feu de moufle ou *tendres*,

Couleurs au demi-grand feu ou *dures*,

Couleurs au grand feu.

Les deux premiers groupes ne vont que sur les glaçures, le troisième va dans ou sous la glaçure. Il constitue les *émaux* proprement dits, tandis que les autres forment les couleurs plus ou moins fusibles.

Ce dernier mode de classement est celui qu'ont adopté les autorités les plus compétentes dans cette matière, elle est la plus rationnelle, et il est nécessaire de dire pourquoi nous avons cru devoir nous en écarter.

La peinture sur porcelaine, bien que donnant lieu á une grande industrie artistique pratiquée dans des fabriques de toute importance, est également exercée par un grand nombre de personnes, artistes ou amateurs, qui ne font pas partie en quelque sorte du personnel des manufactures. Dans ce cas, la cuisson et la confection des fonds ne sont pas, le plus souvent, pratiquées par ces personnes mêmes, ce qui leur importe le plus c'est la peinture, le maniement des couleurs proprement dites. Pour bien mettre en évidence ces diverses parties de l'ensemble du travail, nous avons cru devoir établir une distinction facilitant les recherches, bien que n'étant que toute conventionnelle, et qui, du reste, laisse facilement établir la comparaison avec le procédé de classement résultant de l'autre mode.

A la décoration par la peinture, formée, comme nous le disions, d'oxydes colorés tenus en suspension dans un fondant qui se vitrifie, s'ajoute également l'emploi de la décoration des métaux précieux à l'état métallique, incorporés de la même façon à une substance vitrifiable qui les fixe à la porcelaine et que nous avons traité dans un chapitre spécial.

Enfin, pour terminer cette sorte d'introduction, nous dirons que ces couleurs de grand feu ou émaux sont celles qui résistent toutes à la température nécessaire pour cuire les couvertes des poteries. Que les couleurs dures se distinguent spécialement par la propriété de pouvoir résister sans se ramollir au feu nécessaire pour recevoir la dorure, tout en servant à la peinture comme les couleurs tendres, qui, elles, ne peuvent être cuites sans se détruire au feu de la dorure, et réservées pour les porcelaines et faïences fines. Les couleurs dures servant pour la porcelaine dure, pour la faïence fine, ne diffèrent de la correspondante dans la catégorie des tendres que par l'addition d'un peu de l'oxyde métallique qui y entre afin de la rendre moins fusible.

CHAPITRE II.

Émaux.

Nous nommerons ici *émail* toute matière vitreuse, transparente ou non, colorée par les acides à l'état de dissolution, ou, si l'on veut, les substances dans lesquelles la matière colorante est en combinaison avec le fondant, au lieu de n'être qu'à l'état de mélange, comme dans les *couleurs*.

Les fondants des couleurs doivent être de nature telle qu'ils n'aient aucune action sur la matière colorante, dont le changement d'état détruirait nécessairement la couleur; les fondants pour émaux, au contraire, doivent agir sur les corps colorants, de manière à les dissoudre.

Il est facile d'avoir des émaux variés quand une poterie composée (1) se cuit à basse température : les faïences, les porcelaines tendres présentent des colorations assez nombreuses; mais les porcelaines dures ne peuvent présenter, en ce genre, que des décorations très limitées.

Nous distinguerons les émaux de la manière suivante :

1º Emaux fusibles pour fonds ;
2º Emaux durs pour fonds ;
3º Emaux fusibles pour peindre.

Cette division est empruntée à M. Salvétat, ainsi que les détails qui vont être donnés.

(1) Nous entendons par *poteries composées*, celles qui sont formées de matières de composition différente, non réparties uniformément dans toute la masse : le corps de la pièce est une poterie simple, formée d'une matière homogène, recouverte sur la surface d'une couche vitreuse ou glaçure.

La *poterie simple* présente partout, à l'intérieur comme à l'extérieur, les mêmes matières; tels sont les poteries grossières, les briques, les tuiles, les grès cérames non vernissés, le biscuit de porcelaine.

ÉMAUX FUSIBLES POUR FONDS.

La température de fusion des émaux est très-variable ; elle est faible dans les émaux qu'on applique sur le biscuit. Ils contiennent alors de l'oxyde de plomb en une très-forte proportion. Ce cristal devient la base des émaux colorés dont on enduit le biscuit pour lui donner le brillant et le glacé que les porcelaines ordinaires tiennent de leur couverte (1) ; on le mélange à cet effet pour le colorer, par une fusion préalable, avec des oxydes variés dont le nombre est très-réduit, et qui sont à peu près ceux dont le verrier se sert pour faire les cristaux colorés dans la masse.

Le *vert* est fourni par l'oxyde de cuivre ; l'oxyde de manganèse seul donne le *violet :* en mélange avec de l'oxyde de fer, il colore en *brun ;* l'oxyde de cobalt est la base du *bleu ;* l'antimoine à l'état d'antimoniate de potasse communique au vert par l'oxyde de cuivre une nuance *jaunâtre* douée d'une opacité souvent nécessaire ; enfin les *vigueurs* et les *noirs* sont obtenus au moyen de l'oxyde de manganèse sans mélange, tantôt placé directement sur le biscuit pour être recouvert par les émaux, soit bruns, soit verts, soit bleus, tantôt mis en mélange avec ces mêmes émaux suivant le ton qu'on désire obtenir. Ce mélange est fait sans le secours de la balance, à simple vue, sur la palette, avec une assurance qui annonce une bien grande dextérité chez les peintres qui font ce genre de décors.

Les émaux sont broyés à l'eau, puis appliqués à l'essence de térébenthine maigre, sous une forte épaisseur ;

---

(1) La glaçure à laquelle on donne ici le nom particulier de *couverte* est celle qui, formée d'une matière vitreuse ayant une grande analogie de composition avec la pâte de la poterie, s'incorpore à tel point dans la pâte, qu'il est impossible d'en apercevoir la séparation si l'on casse un morceau de porcelaine qui a subi la cuisson.

Dans les poteries communes, dont on cache la couleur par une couverte opaque, celle-ci ne s'incorpore pas avec la matière du vase et forme une couche distincte que l'on aperçoit facilement dans les cassures.

il faut cependant éviter de mettre une couche trop épaisse qui noierait et détruirait les détails de la sculpture. Les couleurs sont couchées *à plat*; elles offrent néanmoins des ombres et des clairs, les ombres étant données par l'épaisseur de la couche qui se réunit dans les parties déclives : elles agissent dès lors à la manière des *émaux ombrants*, dont il sera question plus loin.

On cuit les pièces décorées, quand elles ont été séchées, dans les moufles communément employés pour cuire la porcelaine peinte, sans autre précaution que celle de bien isoler les pièces les unes des autres et de les faire porter par le plus petit nombre de points possible, sur des espèces de *pernettes* qui marquent toujours leur point de contact (1). On établit divers étages de planches au moyen de barres de fer coupées de longueurs convenables. Le feu nécessaire pour cuire ces émaux est à peu près celui des peintures en premier feu d'ébauche. Evaluée en degrés centigrades, la température correspondante est comprise entre 850 et 900 degrés.

Les produits de cette fabrication, qui rappellent les rustiques de Palissy, ne pourraient être d'un emploi convenable aux usages journaliers : on réserve ce genre de décoration pour des pièces d'étagères, de dressoirs, etc., c'est-à-dire pour des objets plutôt d'ornementation et d'art que pour des vases propres à la consommation ménagère. Dans cette dernière destination, ces glaçures ne sauraient être que très inférieures à la couverte résistante et dure de la porcelaine commune.

La glaçure incolore qui peut servir à mettre en glaçure les porcelaines dures cuites en biscuit et se composant de :

_____

(1) Dans la cuisson des poteries recouvertes d'un vernis vitrifiable, on les met sur des supports qui se nomment, suivant leur forme, *pernettes*, *colifichets* ou *pattes de coq*. Les pernettes sont de petits prismes en terre, triangulaires, qui se façonnent d'une manière bien simple : on fait un petit colombin en terre réfractaire, que l'on tape sur une table dans le sens de la longueur, le coup l'aplatit d'un côté; ou en fait autant pour deux autres côtés, et on coupe avec le pouce à la longueur qu'on désire.

Borax. . . . .   50 parties.
Sable.   100   —
Minium.   200   —

peut servir de fondant et être colorée par divers oxydes;
en voici quelques exemples :

Ivoire.

Fondant ci-dessus. . . . .   100 parties.
Antimoniate de potasse.   1   —
Oxyde de fer hydraté..   2   —
Fleurs de zinc.   1   —

Jaune.

Sable. . . . .   100 parties.
Minium.   200   —
Borax fondu.   50   —
Chromate de potasse.   2   —

Violet.

Sable 100, minium 200, borax. . . .   50 parties.
Carbonate de manganèse.   12   —

Gris.

Sable 100, minium 200, borax.. . . .   50 parties.
Oxyde de cobalt.   2   —
Oxyde de cuivre.   1   —
Oxyde de manganèse.   1   —
Oxyde de fer rouge..   1   —

Bleu.

Sable 100, minium 200, borax. . . .   50 parties.
Oxyde de cobalt.   6   —

Vert.

Sable 100, minium 200, borax.. . . .   50 parties.
Oxyde de cuivre.   10   —

Brun-jaune.

Sable 100, minium 200, borax. . . .   50 parties.
Oxyde de fer rouge..   40   —

Noir.

Sable 100, minium 200, borax. . . .	50 parties.
Oxyde de cobalt.	1 —
Oxyde de cuivre.	1 —
Oxyde de manganèse.	3 —
Oxyde de fer rouge..	2 —

On fond et l'on coule ces divers mélanges ; on les pile et on les applique sans intermédiaire sur le biscuit de porcelaine ; on cuit au feu de peinture.

Ces émaux doivent être mis à un seul feu sous une faible épaisseur ; sous une épaisseur exagérée, ils se fendillent et font l'effet du craquelé des Chinois. On ne peut les retoucher qu'en appliquant la retouche à l'eau ; l'essence qui pénètre dans les fentes ne peut s'y brûler complétement ; elle abandonne du charbon qui macule la surface du vernis. Lorsqu'on applique une couche incolore sur le biscuit, il est indispensable encore de chauffer le moufle avec lenteur pour donner à tout le charbon provenant de l'essence le temps de se brûler. Sans cette précaution, le vernis, surtout dans les épaisseurs, est teinté d'une coloration rose dont M. Salvétat n'a encore pu connaître la cause.

Comme nous nous préoccupons surtout dans ce chapitre d'étudier la composition des émaux, nous n'insisterons pas davantage sur les procédés à suivre pour la confection des fonds ; nous reviendrons plus loin sur ce sujet, dans le chapitre spécial consacré à la pratique de la peinture.

Application d'émaux métalliques translucides à basse température sur les porcelaines en biscuits,
par M. LESMES.

On sait que dans l'industrie céramique, on désigne sous le nom de *biscuits* des porcelaines sans couverte. On peut y appliquer des décorations de peinture par les procédés ordinaires de peinture sur porcelaine ; on emploie également les couleurs dites grand feu de moufle sous ou sur l'émail.

M. Lesme a proposé l'emploi de nouveaux émaux translucides, remplaçant la couverte émaillée de la porcelaine, et lui substituant un glacé brillant et transparent aux couleurs variées des oxydes métalliques. Par le mélange artistique des couleurs on peut obtenir des effets très variés, et les imitations du marbre, du jaspe, des faïences de Palissy.

En disposant les objets convenablement dans le moufle, il faut y laisser aussi peu de vide que possible. C'est à cette condition qu'on obtient une cuisson rapide.

Les émaux et couleurs translucides peuvent être ainsi formés :

Vert émeraude.

Bioxyde de cuivre..	3	parties.
Vert de borax.	2	—
Borosilicate de plomb.	25 1/2	—

Vert jaune.

Oxyde d'antimoine..	5	parties.
Bioxyde de cuivre.	1	—
Borosilicate de plomb.	36	—

Bleu.

Oxyde de fer.	10	parties.
Peroxyde de manganèse.	5	—
Borosilicate de plomb..	150	—

Cet émail, borosilicate de plomb, se prépare en fondant ensemble dans les proportions ci-après les matières suivantes :

Mine-orange.	12	parties.
Quarz..	1	—
Verre de borax.	1/32	—

Un grand nombre des couleurs du commerce peuvent s'harmoniser avec le borosilicate de plomb, et fournir des teintes très variées.

ÉMAUX DURS POUR FONDS.

Nous rapporterons ces émaux aux couleurs de grand feu. Nous commencerons par citer le rouge obtenu dans certaines conditions par l'oxydule de cuivre $Cu^2 O$. Cet émail est le rouge au grand feu des Chinois. D'après l'analyse et les essais faits à Sèvres par M. Salvétat, la coloration de l'émail en rouge dépend de la présence de l'oxydule de cuivre répandu dans la couverte, qui cuit à une température très-élevée, quoique cependant inférieure à celle du grand feu de Sèvres, peut-être égale à celle du grand feu des Chinois ; la fusibilité de cette couleur est augmentée par la proportion de la chaux dont la quantité varie et dont MM. Ebelmen et Salvétat ont constaté l'existence dans toutes les couvertes des porcelaines de la Chine.

Nous dirons aussi que le bleu de Sèvres est encore un véritable émail qui cuit très fort. L'oxyde de cobalt est dissous. Voici, dit M. Salvétat, le procédé le plus simple pour l'obtenir :

Depuis 1846 il a constamment fait cette coloration avec l'oxyde de cobalt venant de Birmingham ; en raison de la pureté de cet oxyde et de sa puissance colorante, il a fallu modifier le dosage de la couverte anciennement accepté. Il prend actuellement :

Oxyde de cobalt.	14 parties.
Couverte en pegmatite.	86 —
	100

Le bleu est très fleuri, bien vitreux, et n'a donné que très rarement ces espèces de taches géodiques cristallisées et rosâtres que présentaient assez fréquemment les bleus provenant des oxydes de cobalt préparés au laboratoire de Sèvres. On n'a pas remarqué que ces fonds aient, plus que les autres, tendance à grésiller.

Il convient, quand on fritte le mélange de pegmatite et d'oxyde de cobalt, de ne pas fondre à une chaleur trop intense ; le bleu devient alors court et d'un emploi difficile.

Nous verrons, dans le chapitre « chimie » les inconvénients, pour les couleurs de grand feu, du nickel qui se trouve quelquefois dans l'oxyde de cobalt.

Couleurs de grand feu.

La porcelaine est susceptible de recevoir un genre de couleurs appelées *couleurs au grand feu,* parce qu'elles ne se fixent qu'à la haute température à laquelle se cuit la porcelaine elle-même. Les couleurs au grand feu s'emploient comme les autres émaux, mais le résultat n'est pas le même. Dans les couleurs de moufle, c'est un émail superposé à la couverte, à laquelle il ne fait qu'adhérer, tandis que les couleurs de grand feu pénètrent profondément le vernis de la porcelaine. On peut dire que c'est le vernis lui-même qui est coloré. Il est si peu de substances colorantes capables de résister à une haute température, que l'on ne peut obtenir que trois couleurs de grand feu. Ce sont : le bleu avec l'oxyde de cobalt, le vert avec l'oxyde de chrome, et les bruns obtenus par le mélange d'oxyde de manganèse et d'oxyde de fer. Comme ces couleurs pénètrent profondément la couverte, parce que celle-ci entre en fusion elle-même, il en résulte qu'on ne saurait faire avec elle aucun trait arrêté, aucun dessin bien déterminé. Ils offrent toujours des bavures sur les bords. Sous ce rapport, la couleur du chrome est celle qui donne le meilleur résultat. Il résulte de cela, que les couleurs de grand feu ne peuvent servir qu'à former des fonds unis ; c'est le felspath qui leur sert de fondant.

Bleu indigo.

Oxyde de cobalt.	4 parties.
Feldspath.	7 —

On pile les matières, et on les tamise quatre fois au moins dans un tamis de crin ; on les met en fusion dans un creuset, au grand feu, dans l'étage inférieur du four à porcelaine.

Bleu d'azur.

Ce bleu, un peu moins transparent que le bleu d'indigo, un peu azuré, s'obtient en ajoutant à la composition du bleu d'indigo, un peu d'oxyde de zinc et d'alumine.

Bleu pâle.

Oxyde de cobalt. . . . . 1 partie.
Feldspath. . . . . 30 —

On le prépare comme le bleu indigo.

Le bleu de cobalt, outre la faculté dont il jouit, de pénétrer profondément le vernis, possède celle de se volatiliser : ainsi, un vase blanc placé à côté d'un vase bleu, prend une teinte bleuâtre très-prononcée, sur la face qui est en regard de la pièce bleue.

Le bleu de cobalt est sujet à de nombreux accidents ; quelquefois la couleur se rassemble en gouttes à la surface de la porcelaine, comme un corps gras sur un corps mouillé ; quelquefois le bleu devient mat et coque d'œuf, c'est-à-dire grenu ; d'autres fois, il présente des taches noires, des grains métalliques, etc.

Verts.

L'oxyde de chrome est employé pur ; il ne pénètre jamais la couleur ; il y adhère en conséquence moins que le bleu de cobalt. Aussi arrive-t-il quelquefois que le vert se détache de la pièce. Le vert à l'oxyde de chrome seul, est désigné sous le nom de *vert émeraude*. Cet inconvénient, d'après M. Salvétat, peut être évité en ajoutant 4 parties d'alumine pour 6 d'oxyde de chrome. On peut ainsi, à l'aide de ces mêmes matières, obtenir des *verts olive*.

On peut obtenir des verts variés, en partant de l'oxyde de chrome, comme on a varié les bleus en partant de l'oxyde de cobalt ; par de l'oxyde de zinc, de l'oxyde de cobalt, on obtient ainsi avec le premier un *vert pomme*, et avec les deux à la fois le *vert céladon*.

L'oxyde de chrome, l'oxyde de cobalt et l'alumine donnent un *vert bleuâtre*.

Nuances diverses.

En outre des bleus et des verts comme couleurs au grand feu, on peut encore obtenir quelques autres nuances.

Le *jaune* avec le titane, *une laque rougeâtre* avec l'oxyde de fer et le feldspath, le *rose isabelle* par l'or.

Avec des mélanges d'oxyde de fer et de manganèse, à diverses proportions, on fait du brun ; et en ajoutant à ces mêmes oxydes de l'oxyde de cobalt, on fait du noir au grand feu. Le noir très-beau est fort difficile à obtenir. L'iridium fournit un noir un peu grisâtre ; le chlorure de platine fournit plusieurs gris. Parmi les couleurs au grand feu, le bleu s'obtient difficilement en couches d'une teinte parfaitement égale. Pour peu qu'elles aient moins d'épaisseur en quelques parties, la nuance blanche de la porcelaine qui se voit au travers, exagère beaucoup la différence de coloration qui en résulte. Pour obvier à cet inconvénient, quelques fabricants ont eu l'idée de colorer la surface de la porcelaine, et non pas celle de l'émail. Pour cela, on imprègne l'extérieur du vase avec une dissolution de nitrate de cobalt, et après avoir décomposé ce sel en le soumettant à une chaleur convenable, à l'étage supérieur du four à porcelaine, on applique la couverte comme à l'ordinaire.

La coloration qui résulte de ce procédé est d'un effet tout particulier, et diffère essentiellement de la précédente.

Quelquefois on applique la couleur bleue par immersion, comme le vernis ordinaire, pour l'obtenir en couche égale de teinte. Il nous suffit d'indiquer ces procédés pour donner l'idée des ressources qu'on peut en tirer.

Dans la coloration de la porcelaine, les couleurs au grand feu sont le plus souvent rehaussées par la dorure et la peinture ordinaire.

La préparation des émaux ou couleurs pour grand feu, est une opération assez délicate, elle exige un laboratoire de chimie, remarque qui est vraie également pour toutes les couleurs vitrifiables en général. Aussi, si dans les grandes fabriques, cette fabrication est quelquefois installée, le plus souvent les peintres ont recours à des maisons spéciales qui leur livrent ces produits préparés et prêts à être directement employés. Nous croyons donc utile d'indiquer ici la liste des couleurs spéciales pour fonds qu'on trouve en général dans le commerce, et en particulier chez M. A. Lacroix dont nous parlerons un peu plus loin à propos de la fabrication des couleurs vitrifiables :

Verts.	Corail.
Bleu céleste.	Gris d'acier.
— indien.	— tourterelle.
— lavande.	Isabelle.
— marin.	Jaune.
Brun mordoré.	Lilas.
Café au lait.	Mauve.
Carmélite.	Rose Pompadour.
Céladon.	Saumon.
Chamois.	Turquoise bleu et vert.

ÉMAUX FUSIBLES POUR PEINDRE. — PEINTURE DES CHINOIS.

Dans les couleurs européennes, les différents principes colorants se trouvent à l'état de simple mélange ; dans les couleurs des Chinois, les oxydes, au contraire, sont dissous. C'est pourquoi nous donnons à ces dernières le nom d'émaux.

M. Ebelmen et M. Salvétat ont analysé les couleurs brutes et préparées qu'emploient les Chinois. La différence qui les sépare n'existe seulement, quelquefois, que dans la préparation mécanique que l'on fait subir à la couleur brute pour la rendre susceptible d'être appliquée, au pinceau, sur la pièce à décorer ; d'autres fois, en même temps qu'on broie la couleur brute, on y ajoute ou de la céruse si l'on veut la rendre plus fusible, ou du sable si on la trouve trop tendre.

Les proportions dans lesquelles on ajoute la céruse aux couleurs qui ont besoin de cette addition pour être em-

ployées, sont variables, non-seulement pour les couleurs
de nuances différentes, mais même pour les échantillons
d'une même couleur.

Toutes les couleurs qui servent, en Chine, à décorer
la porcelaine, présentent un caractère de généralité et
une grande simplicité ; le fondant qui n'est pas distinct
dans la couleur est toujours composé de silice, d'oxyde
de plomb dans des proportions peu variables et d'une
quantité plus ou moins grande d'alcalis (soude et potasse). Ce fondant maintient en dissolution, à l'état de silicate, quelques centièmes seulement d'oxydes colorants
dont le nombre est excessivement restreint. Les matières
colorantes sont : l'*oxyde de cuivre* pour les verts et verts
bleuâtres, l'*or* pour les rouges, l'*oxyde de cobalt* pour les
bleus, l'*oxyde d'antimoine* pour les jaunes, l'*acide arsénique* et l'*acide stannique* pour les blancs, quelquefois le
phosphate de chaux.

L'oxyde de fer et les oxydes de manganèse impur, qui
donnent, l'un du rouge, l'autre du noir, font seuls exception, et c'est sans doute parce qu'il est impossible d'obtenir ces couleurs, par voie de dissolution, avec les
oxydes. Ces matières rentrent alors dans la classe des
couleurs proprement dites.

MM. Ebelmen et Salvétat n'ont trouvé ni borax ni acide
borique.

Cette composition spéciale des couleurs de la Chine,
dit M. Salvétat, entraîne des habitudes spéciales dans les
décorations qu'elles servent à produire, et c'est d'elle
que les peintures chinoises et japonaises tirent leur aspect
distinctif.

Quelques couleurs s'appliquent directement, telles que
le commerce les fournit ; d'autres au contraire exigent,
avant de pouvoir être employées, une addition variable
fixée par l'expérience, préalablement sans doute ; on les
ramène de la sorte à se développer toutes à une température déterminée. Un assortiment rapporté de Canton,
enlevé sur la table d'un peintre chinois, nous donne
l'exemple d'une palette toute préparée. Les additions
avaient dû être faites, et on a pu constater que la céruse

ajoutée l'a été pour la plupart en petite quantité, si même celle que l'analyse a fait découvrir ne provient pas d'un commencement d'altération de la couleur pendant le broyage.

Nous verrons dans le chapitre suivant qu'en Europe les couleurs pour peindre la porcelaine dure sont formées par certains oxydes et certains fondants à l'état de mélange.

Il vient d'être dit que les couleurs de la Chine diffèrent complétement et pour la nature des éléments du fondant, comme pour les proportions de l'oxyde colorant. Nous ne trouvons pas, ajoute M. Salvétat, des différences moins tranchées quand nous envisageons l'état dans lequel se trouve la matière colorante dans ces deux sortes de couleurs. Et les deux assortiments ne peuvent plus être comparés, quand on vient à établir le parallèle entre les substances employées, dans les deux cas, comme principes colorants.

On vient de voir, dit-il, que les oxydes colorants dans la palette des Chinois étaient bornés à l'oxyde de cuivre, à l'or, à l'antimoine, à l'arsenic, à l'étain et à l'oxyde de cobalt impur, qui donne tantôt du bleu, tantôt du noir ; enfin à l'oxyde de fer, qui fournit une nuance de rouge. Nous verrons que dans les couleurs d'Europe, où on fait usage des divers oxydes que nous venons de citer, on tire un très-grand parti de substances inconnues des Chinois. On modifie la nuance de l'oxyde de cobalt pur en le combinant à l'oxyde de zinc ou à l'alumine, quelquefois à l'alumine et à l'oxyde de chrome ; l'oxyde de fer pur fournit une dizaine de rouges nuancés, du rouge orangé au violet de fer très-foncé ; on obtient des ocres pâles ou foncés, jaunes ou bruns, en combinant diverses proportions d'oxyde de fer, d'oxyde de zinc et d'oxyde de cobalt ou de nickel : les bruns se préparent en augmentant la dose de l'oxyde de cobalt contenu dans la composition qui fournit les ocres ; les noirs, par la suppression de l'oxyde de zinc dans les mêmes préparations. Nous varions les nuances de nos jaunes par les additions soit de l'oxyde de zinc ou d'étain pour les éclaircir, soit d'oxyde de fer pour les rendre plus foncés. L'oxyde de chrome, pur ou combiné soit à l'oxyde de cobalt, soit aux oxydes de cobalt et de zinc, donne des verts-jaunes et des verts bleuâtres qui peuvent varier du vert pur au bleu presque pur. L'or métallique nous fournit le pourpre de Cassius, que nous transformons ensuite, à volonté, en violet, en pourpre ou en carmin. Nous citerons encore l'oxyde d'urane, les chromates de fer, de baryte, de cadmium, qui donnent d'utiles couleurs, et nous terminerons en indiquant l'application récente des métaux inoxydables au feu, dont la découverte et la préparation exigent des connaissances en chimie que les Chinois sont loin de posséder.

Si l'aspect des porcelaines des Chinois est différent de celui de nos productions, si l'harmonie des décorations de ces peuples paraît plus complète, c'est, suivant M. Salvétat, le résultat forcé de leurs méthodes. Toutes les couleurs dont ils se servent sont peu colorées ; elles n'ont de valeur que sous une certaine épaisseur, qui donne à leurs peintures un relief impossible à obtenir par d'autres moyens ; l'harmonie de leurs peintures est la conséquence de la nature et de la composition de leurs émaux.

Les Chinois ne se servent pas d'essence de térébenthine pour délayer leurs couleurs, comme on le fait en Europe ; ils les emploient à l'eau sans addition. Il faut broyer finement la couleur et l'amener avec l'eau en consistance convenable. Quelquefois ces émaux sont appliqués avec de la dissolution de colle de peau de bœuf.

C'est à la composition particulière de la couverte des porcelaines chinoises plus fusible que celle des porcelaines d'Europe, qu'il semblerait falloir attribuer la possibilité d'y appliquer des matières vitreuses de la nature des émaux, sans que ces derniers écaillent. Une couverte purement feldspathique se refuse à l'application des émaux.

On a fait l'essai des couleurs chinoises sur des porcelaines de Chine et sur des porcelaines d'Europe. Sur porcelaine de Chine, les couleurs se sont développées à une température inférieure à la température du feu de retouche des peintures de fleurs à la manufacture de Sè-

vres : elles n'ont pas écaillé. Mais, sur la porcelaine de
Sèvres, bien qu'elles fussent développées, elles se sont
toutes détachées par écailles. On savait depuis longtemps,
par suite d'expériences directes, que les émaux ne pouvaient servir que difficilement à la décoration des porcelaines d'Europe, précisément à cause du grave défaut
qui vient d'être signalé.

MM. Ebelmen et Salvétat ont trouvé dans les composés
vitreux qui sont désignés en France sous le nom d'*émaux*
(pour l'émaillage), non-seulement la même coloration
obtenue par les mêmes oxydes, mais une composition
de fondant analogue et quelquefois identique aux produits chinois. Les émaux transparents sont effectivement,
comme on sait, des composés vitreux dont la composition est variable, en vertu de la fusibilité qu'ils doivent
offrir, et colorés par quelques centièmes d'oxydes. Les
bleus sont fournis par l'oxyde de cobalt, les verts par
du deutoxyde de cuivre, les rouges par de l'or ; les
émaux opaques, jaunes ou blancs, doivent leur coloration et leur opacité soit à l'antimoine, soit à l'acide arsénique ou à l'acide stannique, quelquefois au phosphate
de chaux.

Voici, du reste, les analyses qui ont été faites de différents émaux pris dans le commerce et destinés à la fabrication des bijoux en cuivre, en or ou en argent émaillés.

	Bleu.	Rubis.	Vert.
Perte au feu.	1,00	0,06	0,10
Silice.	51,00	47,70	53,68
Oxyde de plomb.. . .	34,57	31,19	25,30
Oxyde de cobalt. . . .	1,00	0,10	0,00
Oxyde de fer.	traces	0,40	0,46
Oxyde de manganèse..	0,00	1,20	0,20
Alumine.	traces	0,26	0,60
Chaux..	2,00	1,80	1,26
Magnésie.	traces	traces	traces
Oxyde de cuivre.. . .	traces	traces	0,60
Or métallique.	»	0,46	0,00
Potasse et soude.. . .	10,43	13,23	17,80
Oxyde d'étain.. . . .	»	3,60	0,00
	100,00	100,00	100,00

Les fondants qui servent pour l'émaillage soit de l'or,
soit de l'argent, soit du cuivre, celui qu'on applique sur
la peinture dite *sous-fondant*, peuvent encore être comparés avec les couleurs dont les Chinois se servent pour
décorer leurs porcelaines ; on trouve que ces composés
sont semblables. Il n'y a de différence entre eux que sous
le rapport de la fusibilité, qui est un peu plus grande
pour les émaux chinois.

	Fondants pour		
	Argent.	Or.	Peinture.
Perte au feu., ...	0,30	0,10	0,10
Silice.	48,10	53,60	44,82
Oxyde de plomb.. . .	38,25	31,16	41,59
Oxyde de cuivre.. . .	0,32	traces	traces
Oxyde de fer.	0,25	0,40	0,31
Oxyde de manganèse.	0,00	0,60	0,15
Alumine.	0,14	0,54	0,46
Chaux.	0,60	1,26	0,82
Magnésie.	traces	traces	0,05
Alcalis.	12,04	12,31	11,70
	100,00	100,00	100,00

Le rapprochement entre les couleurs employées en
Chine et les émaux, a été pleinement confirmé par la
manière dont ces couleurs se sont comportées à la cuisson ; ainsi qu'on l'a vu plus haut, il y a manque d'adhérence sur les porcelaines européennes, ce qui provient
de la différence de nature de la couverte de celle-ci avec
la couverte des porcelaines chinoises.

CHAPITRE III.

Couleurs pour peindre.

Définition.

Les couleurs diffèrent des émaux en ce que dans les émaux l'oxyde est dissous, tandis que dans les couleurs l'oxyde est à l'état de mélange.

Les couleurs vitrifiables doivent satisfaire à des conditions indispensables, qui limitent beaucoup le nombre des substances qui peuvent servir à leur fabrication. Elles doivent :

1º Fondre toujours à des températures déterminées, et ne pas s'altérer à ces températures : l'emploi de toute couleur volatile ou d'origine organique est donc exclu d'une manière absolue;

2º Adhérer fortement au corps sur lequel on les applique : il faut connaître la nature chimique de ce corps pour apprécier son influence sur la couleur;

3º Conserver en général un aspect vitreux après la cuisson. Les peintures mates ne sont qu'une exception;

4º Etre inattaquables par l'eau, par l'air humide et sec et par les gaz répandus dans l'atmosphère;

5º Enfin, être en rapport de dilatabilité avec les surfaces qu'elles recouvrent.

Dans la peinture sur porcelaine, quand les couleurs doivent être mélangées pour produire des nuances variées à l'infini, on comprend la nécessité de proscrire l'emploi de toutes les substances qui, à la température de la cuisson, pourraient réagir les unes sur les autres, de manière à changer le ton.

Jusqu'à présent les matières colorantes susceptibles de servir à la fabrication des couleurs vitrifiables sont :

Parmi les oxydes simples : les oxydes de chrome; — de fer; — d'urane; — de manganèse; — de zinc; — de

cobalt ; — d'antimoine ; — de cuivre ; — d'étain ; — d'i-
ridium ;

Parmi les oxydes salifiés ou mêlés de matières ter-
reuses : le chromate de fer ; le chromate de baryte ; le
chromate de plomb ; le chlorure d'argent ; le pourpre de
Cassius ; la terre d'ombre ; la terre de Sienne ; les ocres
rouges et jaunes.

Toutes ces matières ont besoin d'être unies à un corps
qui produit l'adhérence et la glaçure de la couleur et
qu'on désigne sous le nom de *fondant*.

Si l'on cherche à grouper les couleurs vitrifiables entre
elles et par rapport aux divers procédés de fabrication,
on peut les diviser en trois groupes. Celles qui ne se fondent pas, soit que la température nécessaire ne puisse
être obtenue industriellement, soit encore qu'à cette température il y aurait décomposition de la matière colorante. On les obtient en unissant intimement le fondant
et la matière colorante. Celles qui se fondent dans lesquelles l'oxyde seul serait incolore, et où la couleur n'est
déterminée que par la formation d'un sel. On mêle les
oxydes avec les fondants, opère la fusion au creuset du
mélange, et broie de nouveau le culot obtenu. Enfin, celles
qui subissent une opération intermédiaire, qui se frittent,
dans lesquelles l'oxyde n'a pas le ton cherché à l'état
naturel, bien qu'il ne puisse supporter sans altération la
température de la fusion. On mêle l'oxyde et le fondant,
et chauffe seulement jusqu'au ramollissement sans arriver
à la fusion. Après refroidissement, on broie le mélange.

Ces explications nous faciliteront l'exposé des opérations
nécessaires à la fabrication des couleurs, il nous suffira
de dire, fondre au creuset, ou mélanger ou fritter.

A côté de la préparation des couleurs vitrifiables, donnant des produits colorés de tons déterminés, il y a, au
point de vue de l'exécution de la peinture, une autre
question très importante, c'est la propriété de pouvoir
former, avec des couleurs fixées, des mélanges qui fournissent des tons nouveaux, mélanges ici qui ne peuvent
plus être arbitraires comme pour la peinture à l'huile,
puisque devant être soumis à la cuisson, on ne peut em-

ployer que ceux qui, dans cette opération, ne donneront pas lieu à des réactions chimiques détruisant le résultat qu'on cherche à obtenir. Ces quelques mots suffisent à différencier la peinture sur porcelaine de la peinture à l'huile, et à montrer quelles restrictions la première impose aux sentiments artistiques. Il faut ajouter à cela que si le peintre ordinaire a sur sa palette les couleurs avec les tons qu'elles conserveront dans leur emploi, il n'en est pas de même ici, beaucoup de ces matières ne prenant leur coloration véritable qu'après la cuisson. Aussi la peinture sur porcelaine exige-t-elle de la part de ceux qui l'exercent, une sorte d'éducation préalable de la palette qu'ils emploient, tant sur la valeur réelle des matières au point de vue de leur couleur définitivement obtenue, que sur les propriétés chimiques de ces mêmes matières au point de vue du mélange. Nous allons d'abord, dans ce chapitre, nous occuper de la fabrication des couleurs considérées isolément, puis dans un autre nous nous occuperons de la question des mélanges.

Les considérations précédentes nous conduisent naturellement à dire quelques mots au sujet de la notation adoptée pour les couleurs vitrifiables. La palette du peintre sur porcelaine est beaucoup plus compliquée que celle du peintre à l'huile; il est évident, qu'on a dû rechercher à établir le plus possible de couleurs de tons déterminés, pour éviter les mélanges soumis, comme on l'a vu, à des règles assez complexes, et faciliter le travail de l'artiste; enfin beaucoup de ces couleurs n'offrent pas un aspect correspondant à leur tonalité. Pour faciliter les explications relatives à leur emploi, on a recours quelquefois à la notation en chiffres avec lettres indicatrices pour différencier les diverses matières donnant, bien que par des utilisations différentes, des résultats analogues. C'est, par exemple, la méthode adoptée à Sèvres. Si cet exemple serait bon à suivre, il offre au point de vue pratique un autre inconvénient très grave, c'est que les couleurs vitrifiables fabriquées à la manufacture de Sèvres sont spécialement réservées pour le travail intérieur et ne sont pas livrées au commerce. D'un autre côté, chacun des fabricants, qui vendent aux peintres les couleurs, ont une notation qui leur est propre. Il semblerait donc impossible au premier abord de pouvoir résoudre la difficulté, au point de vue de l'exposition générale de la question. Mais celle-ci se simplifie beaucoup.

Bien que chaque fabricant ait des recettes propres de fabrication, qu'il conserve généralement secrètes, elles s'écartent le plus souvent très peu des recettes de Sèvres, que l'on peut citer comme type au point de vue de la production des couleurs. Enfin, chaque fabricant livre toujours aux consommateurs, un catalogue où non seulement les produits sont désignés par le ton qui leur est propre, mais qui de plus contient des renseignements sur la composition des mélanges à faire pour produire les nouveaux tons nécessaires à la peinture. Ajoutons que l'expérience qu'acquiert rapidement le peintre, des matières qu'il utilise ordinairement, devient le meilleur guide dans cette question.

Nous allons étudier la composition des couleurs, en partant des recettes de Sèvres, et pour guider les peintres au point de vue des mélanges, nous nous appuierons sur des couleurs de provenance déterminée. Il sera facile par comparaison de refaire le même travail si l'on partait d'une autre source. Nous choisirons les couleurs vitrifiables de la maison Lacroix, qui a acquis dans cette industrie une renommée justement méritée, et dont on fait un grand usage.

Couleurs vitrifiables de M. Lacroix (1).

L'art de la peinture sur verre, porcelaine et faïence a été grandement facilité depuis quelques années, surtout pour les amateurs, par les travaux de M. Lacroix qui a installé une fabrication spéciale de couleurs vitrifiables, que l'on trouve préparées, disposées, à la façon des couleurs pour peinture à l'huile, dans des tubes d'étain à bouchon à vis, qui en rendent l'emploi des plus aisé.

(1) 8, rue Parmentier, à Paris.

Aussi ne saurait-on dans un Manuel de ce genre, passer sous silence le nom de ce grand industriel, à cause des services qu'il a rendus, et qui sont dus en grande partie à des travaux patients pour l'amélioration de cette fabrication.

Les couleurs anglaises dont on faisait un grand usage n'étaient pas propres à la peinture sur porcelaine dure, et bien que souvent de qualités inférieures, elles sont suffisantes tout au moins pour les décorations à bas prix. M. Lacroix a d'abord perfectionné considérablement la fabrication de ces premiers produits, tout en lui ajoutant celle de couleurs préparées en vue de leur apposition directe sur porcelaine dure. Ses couleurs obtenues à l'aide du pourpre de Cassius sont surtout remarquables ; les bruns chauds tirés de l'oxyde de nickel, et les bruns plus froids tirés de l'oxyde de cobalt sont également d'une excellente qualité.

Pour mieux faire juger de la nature de ses produits, M. Lacroix a rendu publique la préparation de quelques-uns d'entre eux. La dissolution, au sein d'un même liquide, des éléments qui concourent à l'obtention de la couleur, et leur précipitation par le même agent, conduisent à la combinaison de ces mêmes éléments. Cette idée introduite dans la préparation de la plupart des oxydes métalliques est devenue féconde. On peut la mettre à profit pour la fabrication des bleus et des verts de toute nuance, il n'y a qu'à modifier les dosages. Le fer, le zinc, le cobalt ou le nickel, sont dissous dans l'acide chlorhydrique, la dissolution filtrée est précipitée par le carbonate de soude. L'oxyde, ainsi formé, est lavé, puis séché et rougi au feu dans un têt à rôtir. On le mêle avec trois fois son poids de fondant : sable 100, minimum 600, acide borique cristallisé 300. On fond, on coule et on pile.

L'alumine hydratée, 300 parties, et le carbonate de cobalt, 100 parties, dissous dans l'acide nitrique, évaporés à sec et calcinés, donnent un beau bleu qui glace très bien, avec trois fois son poids du fondant déjà donné.

L'oxyde de chrome à l'état d'alun de chrome, mis en présence, en proportion atomique, avec le carbonate de

11.

cobalt, précipité, après traitement par l'acide chlorhydrique, par le carbonate de soude, séché et calciné, donne un vert bleuâtre, qui admet en mélange les jaunes clairs pour former des verts jaunes d'un très bel éclat.

M. Lacroix a modifié très heureusement les procédés au moyen desquels il prépare le pourpre de Cassius ; en opérant au moyen des volumes au lieu des poids, il a pu ainsi diminuer considérablement le prix de vente de ces matières.

Il est inutile de dire que les soins apportés à l'usine dans toutes les phases de cette fabrication contribuent pour une grand part dans la qualité supérieure des produits livrés au commerce. M. Lacroix a rendu un immense service aux arts, en facilitant l'emploi des couleurs vitrifiables, en supprimant pour certains artistes des manipulations qui ne sauraient être bien accomplies qu'avec un matériel dont beaucoup de personnes ne disposent pas, ce qui leur a permis d'obtenir une perfection de travail difficile à réaliser sans son intervention.

FONDANTS.

Pour produire l'adhérence des couleurs et pour les glacer, on se sert de fondants. Les matières qui entrent dans la composition des couleurs de porcelaine sont : le sable ou quartz ; le feldspath ; le borax et l'acide borique ; le nitre ; le carbonate de potasse ; le carbonate de soude ; la litharge ; l'oxyde de bismuth.

Les conditions qui limitent le nombre des couleurs vitrifiables, limitent sensiblement aussi le nombre de fondants convenables, qui doivent être peu nombreux.

Les fondants se réduisent donc à sept composés, tous employés comme principes fusibles dans la préparation des couleurs de porcelaine dure ; ce sont, d'après M. Salvétat :

N° 1. *Fondant aux rouges.*

On fond :

Sable.	200 parties.
Minium.	600 —
Borax fondu.	100 —

On coule, quand tout est fondu, et l'on pile dans un mortier de porcelaine. Voici quelques détails sur cette opération :

On mêle bien ces trois matières, et on fond dans un fourneau qui donne un bon coup de feu : la masse se trouve convertie en un verre jaune verdâtre, si le minium ou la litharge dont on s'est servi ne contient que très peu de cuivre. C'est un silicate de protoxyde de plomb.

Quelques fabricants fondent le mélange de sable, de minium et de borax dans un creuset qu'ils exposent pendant toute la durée de la cuisson à la température du dégourdi des fours à porcelaine. Après le défournement, ils cassent le creuset pour en retirer le fondant; c'est une mauvaise méthode. Exposé longtemps à la chaleur, sous l'influence des vapeurs humides ou réductrices, le fondant perd de l'oxyde de plomb et devient plus dur ; il subit en outre l'action du creuset, qui lui cède de l'alumine et de la silice, et qui le durcit encore. M. Salvétat préfère lui conserver sa composition et sa fusibilité intactes en le fondant rapidement. On le coule sur une plaque de métal aussitôt que la fusion est complète.

Nº 2. *Fondant aux gris.*

On fond comme précédemment le même mélange, mais on triture dans un mortier de fer.

On fond ces mélanges dans un creuset de terre, dans un bon fourneau; on coule. Les observations faites au sujet du fondant nº 1 s'appliquent encore à celui-ci.

Nº 3. *Fondant pour les carmins.*

On fond le mélange suivant :

Borax.	500 parties.
Sable.	300 —
Minium.	100 —

On ne coule pas; on retire avec les pinces; la matière fondue est blanchâtre et opaline.

No 4. *Fondant pour les pourpres.*

On fond et on retire avec les pinces comme plus haut.

Borax.	600 parties.
Sable.	400 —
Minium.	300 —

No 5. *Fondant pour les violets.*

On fait fondre après trituration :

Sable.	100 parties.
Minium.	400 —
Acide borique cristallisé.	400 —

Le verre qui résulte de cette fonte est très fusible.

No 6. *Fondant pour les rouges et les bleus.*

On fond :

Minium.	600 parties.
Acide borique cristallisé.	300 —
Sable.	100 —

Ce fondant est assez fusible.

Fondant rocaille, d'après M. DUMAS.

Minium.	3 parties.
Sable blanc d'Etampes.	1 —

Quelques praticiens recommandent de couler dans l'eau ces différents fondants ; c'est une précaution qui ne peut être que nuisible : elle enlève certainement du borax au fondant et ne peut l'améliorer sous aucun rapport.

PRÉPARATION DES COULEURS.

Quand on s'est procuré d'une part des oxydes, de l'autre les fondants, il faut composer la couleur et la rendre propre à l'emploi. On la prépare par le mélange, en proportions déterminées, des oxydes ou principes colorants, avec le fondant qui doit les faire adhérer.

Toute couleur doit, à l'usage, être considérée sous deux points de vue très-importants :

1º Le ton, la nuance même qu'elle doit présenter après la cuisson, et dont il faut la rapprocher autant que possible avant d'être cuite ;

2º La propriété de pouvoir former, avec d'autres couleurs appropriées, des mélanges qui doivent conserver ou prendre au feu les nuances qu'on veut avoir.

Cette dernière qualité, sans laquelle il serait impossible de faire de la peinture d'art, dépend uniquement de la pureté des corps qui entrent dans la composition ou le mélange de ces corps pour faire la couleur.

Outre ces deux premières conditions, il faut que les couleurs possèdent une troisième qualité non moins importante, celle d'être glacées et de ne point écailler lorsque, mises à une épaisseur convenable, elles seront cuites à la température qui leur convient.

Dosage des couleurs. — Voici maintenant les recettes qui servent journellement à la manufacture de Sèvres pour les couleurs de porcelaine dure. Il serait facile d'en déduire la composition des couleurs de porcelaine tendre (Vieux Sèvres) et de faïence fine ; en effet, les bleus et les jaunes vont également bien sur la plupart des poteries, et pour les autres couleurs, il suffit de mettre un peu moins de fondant lorsque les glaçures sont plus fusibles et ramollissables.

BLANCS.

Les blancs ont pour base l'oxyde d'étain, l'acide arsénieux ou le phosphate de chaux des os. On modifie le blanc d'émail des faïences communes par une addition de nitre ou de minium.

GRIS.

Les gris sont généralement des mélanges d'oxydes de fer et de cobalt ; on les fait quelquefois par les mélanges de couleurs.

Gris nº 1. Gris bleu. — On mélange au mortier de porcelaine :

Noir n° 2. . . . . 100 parties.
Gris n° 2. . . . . 100　—
Bleu n° 4. . . . . 200　—

Si le ton n'est pas tout à fait assez bleu, on ajoute un peu de bleu n° 4 après essai.

Gris n° 2. Gris foncé. — On fait fondre :

Fondant n° 6. . . . . 88 parties.
Carbonate de cobalt. . . . . 8　—
Oxyde de fer jaune. . . . . 4　—

On fond à une faible chaleur ; on retire avec les pinces.

On obtient une série de *gris roux ou jaunâtres* avec les compositions suivantes.

Gris n° 3. — On mélange sur la glace :

Jaune n° 4. . . . . 600 parties.
Rouge n° 6. . . . . 100　—
Rouge n° 7. . . . . 100　—
Fondant n° 2. . . . . 600　—
Jaune n° 2. . . . . 10　—
Bleu n° 2. . . . . 150　—

Gris n° 4. — On mélange les proportions indiquées ci-dessus pour le gris n° 3, avec la précaution de remplacer le gris n° 6 par le rouge n° 1.

Gris n° 5. — On mélange les quatre substances qui suivent :

Jaune n° 4. . . . . 1000 parties.
Fondant n° 6. . . . . 700　—
Gris n° 2. . . . . 700　—
Bleu n° 2. . . . . 300　—

Gris de platine. — On mélange 1 partie de platine en poudre, 3 parties de fondant composé de minium 3, sable 1, borax fondu 1/2. — Le platine en poudre se prépare en précipitant une solution de chlorure de platine par du sel ammoniac en excès, et en chauffant jusqu'à évaporation complète de ce dernier sel. La poudre grise obtenue peut se mêler immédiatement en fondant dans la proportion ci-dessus. Elle se laisse facilement broyer.

Le lecteur trouvera plus loin une note importante sur le *gris de platine* et ses avantages.

NOIRS.

Noir n° 1. Noir grisâtre. — On mélange les dissolutions provenant de l'attaque par l'acide chlorhydrique de 400 de fer et 400 de cobalt oxydé. On précipite par le carbonate de soude, on lave longtemps ; quand tout est brun, on fait sécher, on pulvérise, puis on calcine dans un têt à rôtir avec deux fois son poids de sel. On lave à l'eau bouillante et on sèche ; on calcine à un fort feu, on prend l'oxyde noir ainsi préparé, on y ajoute :

Fondant n° 6.	400	parties.
Fondant n° 2.	400	—
Oxyde noir ci-dessus.	250	—
Bleu n° 2.	50	—

On peut varier la nuance en modifiant la proportion du bleu et de l'oxyde à noir.

Noir n° 2. — Noir foncé. — On mélange un oxyde fait comme plus haut en prenant : fer métallique 400, oxyde de cobalt 200, savoir :

Fondant n° 6.	500	parties.
Oxyde à noir..	100	—

NOIR D'IRIDIUM.

Fondant n° 2.	500	parties.
Sesquioxyde d'iridium.	100	—

Triturer seulement.

BLEUS.

Pour faire les bleus, M. Salvétat fait d'abord une fonte dans laquelle il développe la teinte de l'oxyde de cobalt. Pour les bleus rappelant la teinte de l'indigo, le silicate de cobalt est avivé par l'oxyde de manganèse ; pour les autres bleus, sa nuance est azurée par l'oxyde de zinc.

Bleu n° 1. Bleu foncé. — On fait une fonte que nous appellerons A :

Sable.	50 parties.
Minium.	50 —
Carbonate de soude sec.	12 —
Carbonate de potasse sec.	15 —
Oxyde noir de cobalt.	6 —
Carbonate de manganèse.	4 —
Nitrate de potasse.	6 —

On fond tant qu'il y a bouillonnement, on coule et on mêle :

Fonte A.	100 parties.
Bleu n° 2.	500 —

On mélange au mortier sans refondre.

Bleus plus ou moins clairs et azurés suivant la proportion de fleurs-de zinc.

Bleu n° 2. — On mélange et on fond :

Fleurs de zinc.	40 parties.
Carbonate de cobalt.	20 —
Fondant n° 1.	100 —

Nous appellerons cette fonte B.
On fait le mélange suivant :

Fonte B.	200 parties.
Fondant n° 1.	100 —

On triture sans fondre.

Bleu n° 3. — On mélange au mortier :

Fonte B.	200 parties.
Fondant n° 1.	200 —

On triture sans fondre.

Bleu n° 4. — On mélange au mortier :

Fonte B.	100 parties.
Fondant n° 1.	600 —

On triture sans fondre.

Bleu n° 5. — On mélange sans fondre :

Fonte B. . . . . 100 parties.
Fondant n° 1.. . . . . 1000 —

On triture sans fondre.

En ajoutant un peu de violet d'or on obtient des bleus violacés.

Le bleu turquoise est une couleur assez difficile à faire. M. Louis Robert a indiqué la recette suivante :

Alun. . . . . 460 parties.
Carbonate de cobalt. . . . . 30 —
— de zinc. . . . . 10 —

Les carbonates dissous dans l'acide chlorhydrique sont mêlés à la solution aqueuse d'alun; le tout, précipité par le carbonate de soude, est calciné au rouge cerise, seulement assez pour développer la teinte, puis mélangé simplement avec 2 fois 1/2 son poids du fondant :

Minium. . . . . 600 parties.
Acide borique pur. . . . . 200 —
Sable. . . . . 200 —

JAUNES.

On se sert pour les jaunes d'oxyde d'antimoine qu'on allie aux oxydes de fer ou de zinc. On fait un jaune très foncé par l'oxyde d'urane.

Jaune n° 1. Jaune d'urane.

Oxyde jaune d'urane. . . . . 100 parties.
Fondant n° 6. . . . . 300 —

On triture sans fondre.

Jaune n° 2. Jaune foncé. — On fond à un feu modéré :

Minium. . . . . 420 parties.
Acide borique cristallisé. . . . . . 90 —
Sable. . . . . 120 —
Antimoine diaphorétique (antimonite
de potasse). . . . . 120 —
Oxyde rouge de fer.. . . . . 30 —

Jaune n° 3. Jaune clair. — On mélange et on fait fondre :

Minium.	420	parties.
Acide borique cristallisé.	90	—
Sable.	120	—
Antimoine diaphorétique.	120	—
Fleurs de zinc.	30	—

On fond légèrement et l'on retire avec les pinces comme pour le jaune n° 2.

Jaune n° 4. Jaune moyen. — On fond à l'état de verre bouteille le mélange suivant :

Fondant n° 2..	880	84	parties.
Fleurs de zinc.	35	4	—
Oxyde de fer hydraté jaune. .	70	8	—
Antimoine diaphorétique. . .	15	4	—

On pile après avoir coulé le verre bien liquide.
Voici encore quelques recettes de jaunes divers :

Jaune fixe pour les touches.

Jaune moyen.	100	parties.
Email blanc du commerce..	200	—

Jaune pour les bruns et les verts.

Fondant n° 2.	900	parties.
Acide antimonique.	200	—
Sous-sulfate de fer.	100	—

Modifiable en ajoutant du jaune de Naples.

Jaune foncé pour mêler avec les verts de chrome.

Fondant n° 2..	100	parties.
Acide antimonique.	20	—
Sous-sulfate de fer.	10	—

Jaune jonquille pour fonds.

Fondant n° 2..	860	parties.
Calcine (3 de plomb, 1 d'étain).. . .	80	—
Carbonate de soude calciné	30	—
Antimoine diaphorétique.	30	—

Jaune orangé de chrôme pour fonds.

Chromate de plomb.. . . . . 100 parties.
Minium. 300   —

COULEURS D'OR.

Ces couleurs sont obtenues par le pourpre de Cassius ;
on connaît le carmin, le pourpre et le violet.

Carmin n° 1. — Il faut, pour faire cette couleur, broyer
sur une glace le pourpre de Cassius humide, un peu de
chlorure d'argent et des fondants, environ trois fois le
précipité d'or. On fait l'essai du mélange qu'on corrige
par tâtonnements.

Carmin n° 2. — Cette couleur est le *carmin tendre* anglais ; on l'obtient avec le pourpre de Cassius et le fondant de carmin modifié contenant :

Sable. . . . . 40 parties.
Borax. 30   —
Minium. 30   —

Pourpre n° 1. — On mélange au mortier parties égales
de carmin n° 1 et de pourpre n° 2, savoir :

Carmin n° 1. . . . . 100 parties.
Pourpre n° 2.. 100   —

On triture sans fondre.

Pourpre n° 2. Pourpre brun. — On suit les indications
précises données plus haut pour faire le carmin, mais on
se sert du fondant indiqué sous le n° 4. Il faut un peu
de chlorure d'argent. On ne peut faire cette couleur que
par tâtonnements; on essaye, et si la couleur est bonne,
on la fait sécher, puis on la renferme dans un bocal
bien sec.

Violet n° 1. — On fait encore un mélange sur la glace
de pourpre de Cassius et de fondant, environ à volumes
égaux. On remplace le fondant de pourpre par celui
donné sous le n° 5 dans la série des fondants. On n'a-
joute ni bleu ni chlorure d'argent. On essaye la couleur
humide.

OUTREMER.

L'alumine donne, avec l'oxyde de cobalt, un bleu semblable au bleu Thénard, qui devient la base de ces belles couleurs.

Outremer n° 1. — On prépare un oxyde d'outremer en faisant dissoudre dans l'acide azotique :

Hydrate d'alumine. . . . . 30 parties.
Carbonate d'oxyde de cobalt. . . . 10 —

On évapore à sec, on triture, puis on calcine. La trituration ne doit pas amener à l'état de poudre le mélange d'alumine et d'oxyde de cobalt desséché : il reste granulé. La couleur de l'oxyde doit être d'un beau bleu, bien vif, sans trace de gris verdâtre.

On mélange au mortier :

Oxyde outremer. . . . . 100 parties.
Fondant n° 6. . . . . 250 —

On triture sans fondre.

Outremer n° 2. — On mélange sans fondre :

Oxyde outremer. . . . . 100 parties.
Fondant n° 6. . . . . 350 —

OCRES OU BRUNS JAUNES

Les ocres conservent leur ton particulier par suite de la présence de l'oxyde de zinc, qui semble remplacer l'eau de combinaison dans l'hydrate de peroxyde de fer.

Pour préparer les ocres, quel que soit leur ton, on prépare d'abord des oxydes en suivant exactement la marche indiquée plus haut pour la préparation des oxydes propres à faire les noirs n°s 1 et 2. Cette description est d'autant abrégée en renvoyant aux détails donnés plus haut. On indique seulement ici pour chacun de ces ocres les oxydes et métaux qu'on mélange pour obtenir l'oxyde colorant qui doit être rougi et passé au sel, puis lavé et séché ; on indique ensuite les proportions dans lesquelles il faut mêler l'oxyde à son fondant.

Ocre n° 1. — On prépare l'oxyde en faisant dissoudre dans l'acide chlorhydrique :

Fer métallique	300	parties.
Zinc métallique	300	—
Oxyde de nickel	20	—

On prend ensuite :

Oxyde à ocre n° 1	100	parties.
Fondant n° 2	300	—

Ocre n° 2. — On prépare l'oxyde avec :

Fer métallique	300	parties.
Zinc métallique	300	—
Oxyde de nickel	10	—

On prend ensuite :

Oxyde à ocre n° 2	100	parties.
Fondant n° 2	300	—

Ocre n° 3. — On prépare l'oxyde avec :

Fer métallique	300	parties.
Zinc métallique	300	—

On prend ensuite l'oxyde et le fondant n° 2 :

Oxyde à ocre n° 3	100	parties.
Fondant n° 2	300	—

On triture sans fondre.

Ocre n° 4. — On triture sans fondre :

Oxyde à ocre n° 2	100	parties.
Fondant n° 2	400	—

Ocre n° 5. — On prépare l'oxyde avec :

Fer métallique	200	parties.
Zinc métallique	300	—

On prend ensuite pour les triturer sans fondre :

Oxyde à ocre n° 5	100	parties.
Fondant n° 2	400	—

Ocre n° 6. — On triture sans fondre.

    Oxyde à ocre n° 5. . . . . 100 parties.
    Fondant n° 2. . . . . 600 —

ROUGES.

L'oxyde de fer qui sert à faire les rouges, quel que soit leur ton, provient de la couperose qu'on fait sécher et qu'on calcine à des feux d'autant plus élevés, qu'on veut préparer des rouges plus violacés.

Pour faire des rouges, on opère comme il est dit. La nuance varie, en raison des coups de feu que l'oxyde a reçus, du rouge capucine au rouge violâtre.

Les rouges portent le nom attribué à l'oxyde employé.

On trouvera plus loin d'intéressantes observations au sujet des rouges tirés du fer.

Rouge n° 1. — On triture sans fondre :

    Oxyde de fer orangé. . . . . 100 parties.
    Fondant n° 2.. . . . . 100 —
    Fondant n° 6. . . . . 300 —

Rouge n° 2. — On triture sans fondre :

    Oxyde de fer capucine. . . . . . . 100 parties.
    Fondant n° 2.. . . . . 100 —
    Fondant n° 6.. . . . . 300 —

Rouge n° 3. — On triture sans fondre :

    Oxyde de fer couleur de chair. . . 100 parties.
    Fondant n° 2.. . . . . 100 —
    Fondant n° 6.. . . . . 300 —

Ces trois rouges, ainsi que ceux qui suivent, durs ou tendres, ne doivent pas être fondus.

Rouge n° 4. — On triture sans fondre :

    Oxyde de fer carminé. . . . . 100 parties.
    Fondant n° 2.. . . . . 100 —
    Fondant n° 6.. . . . . 300 —

Rouge n° 5. — On triture sans fondre :

    Oxyde de fer laqueux. . . . . . . 100 parties.
    Fondant n° 2.. . . . . 100 —
    Fondant n° 6.. . . . . 300 —

Rouge n° 6. — On triture sans fondre :

Oxyde de fer violet pâle. . . . . . . 100 parties.
Fondant n° 2.. . . . . 100 —
Fondant n° 6.. . . . . 300 —

Rouge n° 7. — On triture sans fondre :

Oxyde de fer violet.. . . . . 100 parties.
Fondant n° 2.. . . . . 100 —
Fondant n° 6.. . . . . 300 —

Rouge n° 8. — On triture sans fondre :

Oxyde de fer violet foncé. . . . . . 100 parties.
Fondant n° 2.. . . . . 100 —
Fondant n° 6.. . . . . 300 —

ROUGES TENDRES.

Rouge tendre n° 1. — On triture sans fondre :

Oxyde de fer orangé. . . . . 100 parties.
Fondant n° 2.. . . . . 100 —
Fondant n° 6.. . . . . 800 —

Rouge tendre n° 2. — On triture sans fondre :

Oxyde de fer rouge capucine. . . . 100 parties.
Fondant n° 2.. . . . . 100 —
Fondant n° 6.. . . . . 800 —

Rouge tendre n° 3. — On triture sans fondre :

Oxyde de fer couleur de chair. . . 100 parties.
Fondant n° 2.. . . . . 100 —
Fondant n° 6.. . . . . 800 —

Rouge tendre n° 4. — On triture sans fondre :

Oxyde de fer carminé. . . . . . . 100 parties.
Fondant n° 2.. . . . . 100 —
Fondant n° 6.. . . . . 800 —

BRUNS.

Les bruns, comme les ocres, sont formés par le mélange d'un fondant et d'un oxyde ; cet oxyde se prépare

comme les oxydes pou̲ les noirs et comme les oxydes
pour les ocres. On ne répète donc pas ici les procédés à
suivre : on se borne à donner les dosages qu'il faut employer.

Brun nº 1. Brun rougeâtre. — On fait dissoudre, précipiter, etc. :

Fer métallique.	300 parties.
Zinc métallique..	300 —
Oxyde de cobalt.	20 —

On triture ensuite sans fondre :

Oxyde à brun nº 1.	100 parties.
Fondant nº 2.	300 —

Brun nº 2. Brun de bois. — On fait dissoudre, précipiter, etc. :

Fer métallique.	400 parties.
Zinc métallique.	400 —
Oxyde de cobalt.	50 —

On triture ensuite sans fondre :

Oxyde à brun nº 2.	100 parties.
Fondant nº 2.	300 —

Brun nº 3. Brun sépia. — On fait dissoudre, précipiter, etc.:

Fer métallique.	400 parties.
Zinc métallique..	400 —
Oxyde de cobalt.	100 —

On triture ensuite sans fondre :

Oxyde à brun nº 3.	100 parties.
Fondant nº 2..	300 —

Brun nº 4. Brun noirâtre. — On prépare un oxyde
très convenable en faisant dissoudre :

Fer métallique.	300 parties.
Zinc métallique.	300 —
Oxyde de cobalt.	300 —

On triture ensuite sans fondre :

Oxyde à brun nº 4.	100 parties.
Fondant nº 2.	300 —

VERTS.

On fait les verts en mélangeant à du fondant des oxydes verts de diverses nuances, qui ont pour base l'oxyde de chrome modifié dans sa teinte par sa combinaison avec d'autres oxydes métalliques.

On donnera d'abord pour les verts la préparation de l'oxyde. L'oxyde fait, est ensuite mêlé soit aux fondants, soit aux autres couleurs qui doivent en modifier la teinte. On suppose, dans tout ce qui va suivre, que l'oxyde de chrome a été préparé préalablement.

Vert n° 1. Vert bleuâtre. — On prépare l'oxyde à vert n° 1 en triturant longtemps à l'eau sur une glace, savoir :

Oxyde de chrome vert.	200 parties.
— de cobalt carbonaté..	100 —
Alumine hydratée.	200 —

On fait calciner à un fort feu, puis on lave; on fait sécher et on ajoute à l'oxyde ainsi préparé le fondant dans les proportions suivantes :

Oxyde à vert n° 1.	100 parties.
Fondant n° 4..	150 —
Fondant n° 6..	150 —

Les verts qui suivent, du n° 2 au n° 7, sont des verts à reflet jaunâtre ou brunâtre connus sous les noms de *vert pré, vert dragon, vert olive,* etc.

Vert n° 2. — On mélange ensemble du vert n° 1 et du aune n° 3, savoir :

Vert n° 1.	600 parties.
Jaune n° 3..	400 —

On peut varier ces doses suivant le ton plus ou moins jaune qu'on désire obtenir.

Vert n° 3. — On fait un oxyde composé de :

Oxyde de chrome..	200 parties.
Oxyde de cobalt carbonaté.	100 —

on le fait calciner fortement ; on le lave et on le fait sécher.

On fond ensuite le mélange suivant qu'on retire avec les pinces :

Oxyde à vert n° 3.	75 parties.
Jaune n° 2.	100 —
Fondant n° 6.	300 —
Fondant rocaille.	50 —

Vert n° 4. — On fait d'abord un oxyde vert foncé en calcinant à un fort feu, lavant et séchant le mélange fait sur la glace :

Oxyde de chrome vert.	24 parties.
Hydrate d'alumine.	8 —
Oxyde de cobalt noir.	2 —
Oxyde de fer jaune.	1 —.

On mêle la substance verte ainsi obtenue :

Oxyde à vert n° 4.	100 parties.
Fondant n° 6.	300 —

Vert n° 5. — On fait, comme plus haut, un oxyde à vert composé de :

Oxyde de chrome vert.	30 parties.
Alumine hydratée.	10 —

On calcine, après avoir broyé sur la glace, à un fort feu. On mêle alors avec soin le mélange suivant :

Oxyde à vert n° 5.	100 parties.
Fondant n° 6.	300 —
Jaune n° 3.	50 —

On triture ; mais on ne fond pas.

Vert n° 6. — On mélange au mortier les proportions suivantes :

Vert n° 4.	100 parties.
Jaune n° 2.	50 —
Brun n° 3.	100 —
Vert n° 1.	50 —

On ne fond pas.

Vert n° 7. Vert noir bleuâtre. — On prépare d'abord un oxyde vert foncé en mélangeant et broyant sur la glace :

Oxyde de cobalt noir. . . . . 100 parties.
Oxyde de chrome. . . . . 100 —

calcinant à un fort feu et lavant.

On mêle ensuite cet oxyde, dans les proportions suivantes, avec le fondant :

Oxyde à vert n° 7. . . . . 100 parties.
Fondant n° 6. . . . . 300 —

On ne fond pas.

Vert n° 8. Vert noirâtre brun. — On prépare, comme pour les autres verts, un oxyde en calcinant un mélange intime de :

Oxyde de chrome. . . . . 200 parties.
Oxyde de cobalt noir. . . . . . . 100 —
Oxyde de fer jaune. . . . . 50 —

On lave après calcination, puis on mêle :

Oxyde à vert n° 8. . . . . 100 parties.
Fondant n° 6. . . . . 300 —

Nous verrons un peu plus loin ce qu'il reste à faire, quand la couleur est ainsi préparée, pour la mettre en état d'être employée. (V. *Broyage des couleurs.*)

Nous ajouterons à ces verts la composition d'un vert à base de cuivre dit *vert émeraude.*

Oxyde de cuivre. . . . . 10 parties.
Acide antimonique. . . . . 100 —
Fondant n° 1. . . . . 300 —

Triturer sans fondre.

On trouvera d'ailleurs plus loin, au sujet des verts employés en Saxe, une note spéciale.

OBSERVATIONS SUR LE GRIS DE PLATINE ET SUR
LES COULEURS ROUGES TIRÉES DU FER.

1º *Gris de platine*.

M. Salvétat a appelé depuis quelques années l'attention des chimistes sur l'emploi du platine métallique, comme pouvant fournir le gris des couleurs vitrifiables, applicables sur porcelaine. L'infusibilité du platine, son inaltérabilité sous l'influence de la plupart des agents chimiques, même à une température élevée, dit-il, auraient dû déjà leur recommander ce métal.

Il ajoute que lorsque l'on mélange à 1 partie de platine en poudre, 3 parties de fondant composé de minium 3, sable 1, borax fondu 1/2, on obtient un gris d'un ton fin, des meilleures qualités pour la peinture sur porcelaine et dont il est facile de comprendre la supériorité sur les autres gris employés jusqu'à ce jour.

Une expérience bien simple, dit-il, met du reste en évidence les résultats que j'émets ici : sur une plaque de porcelaine dure, blanche, on applique un fond de couleur bleue, étendue sous forme de bande, on fait cuire ; en travers, on applique une nouvelle couche de couleur rouge également en bande, et l'on faire cuire de nouveau ; après la cuisson, les parties isolées des bandes sont bleues ou rouges, mais la surface où les bandes se croisent et sont superposées est d'un gris qui peut aller jusqu'au noir en intensité, et qui ne participe ni du ton bleu, ni du ton rouge. Le résultat est le même, quelle que soit la couche appliquée la première ; la nuance varie suivant l'épaisseur des bandes et le feu auquel elles ont été cuites.

Toutes les fois que les oxydes de fer et de cobalt, ou de cobalt, de fer, de manganèse ou de cuivre, se trouvent en présence, en quantité un peu notable, en contact avec une matière siliceuse capable de se fondre à la température à laquelle on l'expose, la couleur du composé multiple qui résulte de la fusion est noire, que l'oxyde de cobalt soit à l'état bleu ou non, que le fer soit rouge ou brun dans le mélange primitif. Cette proposition est vraie, même pour les températures élevées des fours à cristaux, comme pour celles plus élevées encore des fours de verrerie.

C'est sur ces réactions connues de tous les chimistes, qu'est fondée la préparation des gris et des noirs généralement employés pour peindre les porcelaines dures et tendres, les cristaux, les verres, etc. On en varie la nuance et l'intensité en variant les proportions respectives des oxydes de cobalt, de fer, de zinc, et en augmentant la proportion du fondant dit *au gris*, dont la composition a été donnée, pour atténuer le ton et la couleur, pour obtenir des gris de plus en plus clairs.

Or, les bleus se font avec des oxydes de cobalt et de zinc, et ces couleurs sont d'autant plus vives, que les oxydes employés renferment moins d'oxyde de fer.

Les rouges sont fournis par l'oxyde de fer, les ocres par l'oxyde de fer et l'oxyde de zinc, et ces nuances sont d'autant plus pures, que les oxydes de fer et de zinc sont eux-mêmes plus dépouillés d'oxydes étrangers, comme ceux de cuivre et de manganèse.

Il est donc bien évident que, lorsque l'artiste veut rompre du bleu, du rouge ou de l'ocre, et qu'il y mêle du gris et du noir que met à sa disposition la palette actuelle, il fait un mélange, dans des proportions qu'il ignore, d'oxyde de fer, de cobalt et de zinc, dont la couleur est noire et dont il ne peut prévoir ni l'intensité ni la nuance qu'avec une très grande habitude ; et d'ailleurs, comme le ton après la cuisson n'est nullement celui qu'il a appliqué sur la peinture, puisque le ton bleuâtre et le ton rouge sont altérés et peuvent même disparaître entièrement, il ne peut donner à sa peinture crue l'aspect qu'elle prendra quand le vernis sera développé par le feu. Il faut que le peintre travaille au jugé, qu'il mette son œuvre en harmonie en voyant sa peinture, non comme elle est réellement, mais telle que la cuisson doit la faire devenir.

C'est là un inconvénient, un inconvénient fort grave, surtout dans la peinture des figures, dans la reproduction sur porcelaine des tableaux des grands maîtres, où il importe d'arriver à la dernière perfection.

Le gris de platine n'offre aucun de ces inconvénients; comme il ne renferme pas d'oxyde de cobalt, il peut très-bien servir à rompre les rouges et les ocres sans qu'on ait à craindre qu'il communique aux ombres, par l'effet de la cuisson, une trop grande vigueur. Comme il ne contient pas d'oxyde de fer, on ne doit pas craindre qu'en le mélangeant avec les bleus, il les fasse noircir au-delà de ce qu'on veut obtenir; il n'entre dans le mélange que pour le ton qui lui est propre, et qu'il conserve avant comme après la cuisson.

Considéré sous le rapport de sa fabrication, c'est une couleur facile à faire et à reproduire, toujours identique comme composition et comme nuance. On prépare facilement le platine en poudre; il suffit de précipiter une solution de chlorure de platine par du sel ammoniac en excès, et de chauffer jusqu'à évaporation complète de ce dernier sel : on obtient ainsi le platine en poudre grise, qu'on peut mêler immédiatement au fondant dans la proportion indiquée plus haut, et qui se laisse facilement broyer.

Le platine n'est pas le seul métal qui, employé dans ce sens, fournirait une couleur utile. Tous les métaux qui l'accompagnent ordinairement dans sa mine pourraient, comme lui, réduits en mousse, servir au même usage et avec la même supériorité sur les gris composés de cobalt et de fer.

M. Salvétat a, dans ce but, essayé le palladium et le ruthénium. Le palladium donne un gris plus pâle; le ruthénium, un gris plus roux que celui de platine.

Depuis longtemps déjà, M. Frick avait indiqué l'usage du sesquioxyde d'iridium comme pouvant fournir un noir supérieur à tous les noirs connus. M. Malaguti, à la manufacture nationale de Sèvres, a vérifié les données de M. Frick; M. L. Robert en fit plus tard une petite quantité, et M. Salvétat, en 1845, avait livré pour le service de Sèvres une centaine de grammes de gris d'iridium, dont les qualités purent être mises en relief par un usage journalier.

Le gris de platine est appelé à remplacer avantageusement ce dernier. Son prix est moins élevé, sa nuance plus agréable, et sa préparation moins difficile. Il est aussi beaucoup plus répandu, et depuis quelques années qu'on s'en sert, l'expérience a pu faire prononcer sur sa véritable valeur. Aussi est-il entré définitivement dans la palette de la manufacture de Sèvres ; il est inscrit sous le n° 9, **P.**

2° *Rouges tirés du fer.*

Les couleurs rouges, tirées du fer, ont principalement excité l'attention de M. Salvétat, et il a cherché, par l'analyse, à déterminer leur composition ; il en est résulté que le rouge orangé est rendu plus fixe et plus vif par une addition à l'oxyde de fer ou d'oxyde de zinc ou d'alumine, et que les violets de fer doivent leur intensité et leur nuance bleuâtre à l'introduction d'une petite quantité d'oxyde de manganèse.

J'ai cherché, dit-il, pourquoi deux rouges différaient d'éclat, la pureté chimique étant la même. Je crois qu'on acceptera l'explication que j'ai proposée ; la voici, elle s'applique aux autres couleurs :

La différence de nuance qu'acquiert l'oxyde de fer pur dépend de la température à laquelle on l'a porté. Toutes les nuances ne se maintiennent pas à la même hauteur ; plus la température est élevée, plus le ton est vigoureux : on sait que toutes les couleurs que prend l'oxyde de fer varient de l'orangé au violet, c'est-à-dire qu'elles peuvent se décomposer en jaune-rouge et bleu, couleurs simples qui donnent du gris plus ou moins foncé suivant l'intensité des trois couleurs élémentaires. Plus la température est basse, plus il reste jaune; plus elle est élevée, plus il s'ajoute de bleu.

Il me paraît évident, d'après cela, que la couleur sera d'autant plus pure, que l'oxyde qui la produit sera formé de molécules identiques par la modification qu'elles auront reçue d'une même température. La nuance sera donc d'une pureté parfaite, si toutes les molécules ont reçu la température nécessaire pour la développer, si aucune n'a reçu un coup de feu capable de la modifier, ou trop faible qui laisserait du jaune, ou trop violent qui augmenterait la dose du bleu.

Le tour de main doit donc consister à ne composer la couleur que de particules d'oxyde ayant subi la même température. On parvient à ce résultant en n'opérant à la fois que sur de petites quantités et en agitant constamment la masse. On arrête le feu quand la température a été maintenue pendant un temps suffisant ; on essaie toutes les préparations successives, et on ne réunit que celles qui, au point de vue de la nuance, offrent un résultat identique, celles qui affectent la vue de la même manière ; et c'est ici qu'un œil bien exercé, bien sensible, est de première nécessité ; c'est ici que des études artistiques, même sérieuses, deviennent le complément indispensable de la science du chimiste : aussi M. Pannetier, qui, depuis longtemps et avec succès, s'était occupé de peinture, devait-il faire parvenir cette fabrication à une perfection inconnue jusqu'à lui.

COULEURS VERTES DE SAXE.

La manufacture de Meissen (Saxe), fabrique une série de verts à base de chrome qui sont justement remarquables. Leur composition a été transmise par M. Kühn à M. Salvétat. Nous la transcrirons à notre tour, pensant qu'elle peut rendre des services aux fabricants de ces couleurs.

On calcine au grand feu, mais dans la partie du four où la température est la moins élevée, un mélange de

Oxyde de chrome.. 3
Carbonate de cobalt hydraté. 1

On le broie et lave à l'eau bouillante, puis calcine de nouveau 3 parties de cette poudre avec 1 de carbonate de magnésie, mais à un feu moins fort. On broie et on lave de nouveau ce produit qui est la base B de toutes les autres préparations.

Vert foncé.

Base B. 16.5
Fondant W. . . . 83.5   Minium. 73
                        Quarz. 18
                        Acide borique. 9

Vert clair.

Base B. 12.5
Fondant W. . . . 62.6
Jaune. 25   Oxyde jaune de fer.. 4.5
                          Oxyde de zinc calciné. 9
                          Oxyde blanc d'anti-
                            moine. 14 5
                          Fondant W. 72

Vert jaunâtre.

Base B. 9.15
Fondant W. . . . 18.50
Jaune. . . . . . . 72.25   Oxyde blanc d'anti-
                            moine. 4.50
                          Oxyde de zinc cal-
                            ciné. 4.50
                          Quarz. 18.25
                          Minium. 72.75

Vert bleuâtre.

Base B. 5.75
Oxyde de zinc. . 5.75
Oxyde d'étain cal-
  ciné. 5.75
Fondant W. . . . 16.75
Autre fondant.. . 66   Minium. 34.5
                       Quarz. 24
                       Kaolin de Seilitz.. . 12
                       Feldspath calciné. . 12
                       Acide borique. . . . 17.5

A la manufacture de Sèvres, on fabrique un vert foncé, dit vert foncé V, par calcination, composé de :

Oxyde de chrome. . . . . 75 parties.
Carbonate de cobalt. . . . . 25 —

puis on le mélange avec 3 parties de fondant n° 6.

Ce même vert V, mélangé avec des bruns jaunes et des bruns divers, fournit tout une série de verts bruns.

CHAPITRE IV.

Opérations de la Peinture sur porcelaine.

Les couleurs, qui doivent toujours résister à l'action du feu, sont introduites, dans les décorations céramiques, tantôt dans la pâte, tantôt dans la glaçure (1), tantôt sur la pâte et sous la glaçure, tantôt enfin, et c'est le cas ordinaire de la peinture sur porcelaine, on les applique sur la glaçure elle-même.

Tout d'abord il faut les amener à l'état de pulvérisation nécessaire pour pouvoir en faire l'application, opération qui consiste dans un broyage et une union avec un véhicule convenable.

BROYAGE DES COULEURS.

Lorsque la couleur a été préparée comme il a été dit précédemment, il faut la mettre en état d'être employée. A cet effet, on la réduit, comme pour la peinture sur verre, à une ténuité extrême, en poudre impalpable.

On commence par concasser la couleur dans des mortiers en biscuits de porcelaine, qu'il est convenable de tenir très-propres, et de réserver toujours autant que possible pour la même couleur. Le pilon du mortier est

---

(1) Les glaçures se divisent en *vernis,* enduit plombifère transparent qui se fond à une basse température ; *émail,* enduit stannifère opaque ; *couverte,* enduit terreux qui ne se fond qu'à la température de la cuisson de la pâte.

recouvert d'une toile qui arrête les éclats, qui pourraient autrement se disséminer et se perdre. On passe au tamis les poussières et on les met de côté. On reprend sur le tamis les morceaux qui y sont restés.

Ou bien on se sert de moulins en porcelaine, en verre ou en cristal. Ces derniers sont trop peu résistants, mais ils offrent l'avantage de ne pas altérer beaucoup la couleur.

Nous avons donné (chapitre III, 1re partie) la description d'un moulin en porcelaine, représenté par les figures 6 et 7, qui, à quelques détails près, est le même que celui dont on se sert à la manufacture de Sèvres.

Quelque soin qu'on mette à broyer les couleurs au moulin, on ne peut arriver au broyage parfait, indispensable pour faire un travail de peinture soignée. On termine le broyage sur une glace au moyen de la molette. Voici ce qui dit M. Salvétat, au sujet de ces deux objets et des couteaux qui servent à relever la couleur.

Glaces. — Les glaces dont on se sert doivent satisfaire aux mêmes conditions que les moulins eux-mêmes : on les choisit en verre à glace ; elles sont bien dressées, ordinairement carrées et d'assez grande épaisseur; il faut les choisir dépourvues de bulles, et apporter le plus grand soin à leur nettoyage ; on les met en état de servir au broyage d'une couleur nouvelle en les employant au broyage de sable ou de felspath déjà très-pulvérisé.

Molettes. — On se sert, pour porphyriser sur la glace, de molettes en verre dur ou en porcelaine; les plus dures sont évidemment les meilleures. On rejette les molettes de cristal qui s'usent trop facilement ; il est certain, par exemple, que le carmin est altéré par le broyage lorsqu'on le pratique avec les molettes en cristal plombifère.

Couteaux. — On se sert de couteaux pour relever sur la glace la couleur broyée, soit afin de la ramener au centre de la glace pour continuer le broyage, soit afin de la mettre en réserve, lorsque la porphyrisation est complète.

Ces couteaux sont en corne, en acier, en ivoire ; ils ont tous leurs inconvénients et leurs avantages. Il faut en général être très-sobre de leur emploi et n'en faire usage que lorsqu'on ne peut agir autrement. On ramène au centre de la glace la couleur à broyer au moyen de la molette elle-même.

Les couteaux d'acier s'usent assez promptement ; ils introduisent du fer dans les couleurs qui n'en doivent pas contenir, et altèrent ces couleurs : les couteaux de corne et d'ivoire doivent alors être préférés ; c'est le cas des couleurs bleues par exemple ; mais on trouve aux couteaux de corne et d'ivoire des inconvénients ; ils s'usent promptement, et laissent un résidu de phosphate de chaux qui, s'il est en quantité sensible, s'oppose au glacé des couleurs.

Délayage des couleurs. — La couleur, broyée en poudre impalpable, doit être délayée avec une substance qui lui fait contracter une certaine adhérence avec la pièce avant la cuisson, et qui permet en même temps de la prendre avec le pinceau. L'on s'est servi longtemps de l'eau gommée, mais qui devient impropre avec les fondants riches en borax. Aujourd'hui on y a presqu'absolument substitué l'essence de térébenthine mélangée avec un peu d'huile grasse, à la condition que la térébenthine soit parfaitement privée de toute trace de résine. L'essence grasse s'obtient, en exposant à l'air en couches minces sur du verre, de l'essence distillée. Lorsque l'on a à poser de vastes teintes, pour éviter leur prompte dessiccation et être assuré d'obtenir des raccords convenables au pinceau, on ajoute à l'essence de térébenthine un peu d'huile essentielle de lavande, qu'il ne faut pas confondre avec l'huile grasse de lavande, impropre à cet usage.

La préparation des couleurs vitrifiables pour la peinture est assez délicate, le délayage se fait à la molette sur la glace, et la durée de l'opération dépend de la nature de la couleur. On doit donner à la couleur un peu moins de consistance que celle des couleurs employées ordinairement pour la peinture en huile. Un procédé assez rapide et donnant un bon résultat, consiste à former avec la couleur porphyrisée et l'essence une pâte liquide au couteau, qu'on broie à la molette sur la glace.

Atelier.

L'atelier et l'outillage nécessaires pour la peinture sur porcelaine sont des plus simples. On doit naturellement disposer d'un bon jour comme pour toutes les peintures. La poussière est le plus grand ennemi de ce genre de travail et on doit l'éviter à tout prix. L'outillage, qui se compose des pinceaux, d'une palette à trous en porcelaine ou en verre, des flacons d'essence, de carrés de verre épais enduits à l'envers d'une feuille de papier blanc, et qui servent à recevoir les petits tas de couleurs broyées et délayées, n'offre rien de bien particulier. D'ailleurs, ces détails pour beaucoup d'artistes sont bien simplifiés par l'emploi des couleurs de la maison Lacroix, déposées dans des tubes, à la façon des couleurs à l'huile, et qui s'emploient directement en évitant toute manipulation préparatoire.

La pose des ors exige quelques outils supplémentaires que nous décrirons en parlant du travail de la dorure.

Ajoutez à cela les outils nécessaires pour le dessin, crayons de mine de plomb, crayons lithographiques pour dessiner sur le blanc, pastel blanc pour tracer sur des couleurs sombres, quelques poinçons en ivoire à décalquer, une pierre ponce, un grattoir, en un mot les outils ordinaires du dessinateur. On emploie quelquefois, notamment pour les sujets de petite dimension, la pointe d'aiguille formée d'une aiguille cassée par le milieu et fichée dans un petit manche.

Il faut toujours éviter l'emploi de chiffons plucheux, dans toutes les circonstances où l'on aura à en faire usage.

Nous ne nous arrêterons pas ici à la description des méthodes de dessin applicables à la division des pièces sur lesquelles on veut peindre. Nous ne ferons que mentionner une petite machine très ingénieuse due à M. Peyre, qui a sa place marquée dans l'outillage, et qui facilite considérablement le tracé des cercles, ou des grandes divisions en lobes des pièces de porcelaine. Il est formé d'un plateau d'acier mobile autour de son axe, et portant une série de cercles concentriques qui servent à caler la pièce. Un crayon mobile dans un étui horizontal et porté sur une tige verticale, permet, en faisant tourner la pièce devant lui, d'y tracer une série de cercles horizontaux ou des génératrices par le déplacement du crayon sur sa tige, ou enfin par la combinaison de ces deux mouvements des spirales.

Application des couleurs.

Lorsque les couleurs ont été préparées ainsi qu'il vient d'être dit, si on n'a pas déjà eu l'occasion de peindre avec elles, et par conséquent de connaître le résultat qu'elles donnent au feu, on devra en appliquer de petits échantillons sur une plaque de porcelaine, appelée inventeuse, que l'on fait cuire. Par ce moyen, on peut apprécier d'avance les tons que donneront chacune des couleurs.

La manière de poser les couleurs exige que nous nous arrêtions un peu sur ce sujet. Les procédés sont en effet différents, suivant que l'on opère au pinceau, à la main, ou en saupoudrant la couleur sèche sur la pièce couverte d'un mordant, suivant encore que l'on opère sous ou sur la glaçure.

La pose au pinceau sur la glaçure s'opère comme pour toute opération de peinture ordinaire en ne revenant sur une teinte déjà posée que lorsque par un commencement de dessiccation elle forme adhérence avec la porcelaine. Il est bien entendu que la pièce a été parfaitement nettoyée, à l'essence de térébenthine, et que le dessin a été tracé soit directement, soit par un décalcage par l'intermédiaire d'un papier mince enduit de mine de plomb, et un léger frotté d'essence grasse sur l'émail. Généralement on fixe le dessin dans ce cas par un léger trait au carmin d'aquarelle délayé avec un peu de dextrine.

Lorsqu'il s'agit non plus de peindre un sujet mais de coucher un fond uniforme, on emploie le putois, comme nous l'avons dit à propos de la peinture sur verre. Les couleurs, dans ce cas, doivent être un peu plus grasses que pour la peinture proprement dite. Généralement on met deux couches pour obtenir un fond bien égal. Pour les grands vases, on commence par le haut. La pose des fonds exige certaines précautions, pour ne pas donner lieu à des accidents. C'est dans ce cas qu'il faut préférer l'essence de lavande à l'essence grasse. On emploie les pinceaux dits à queue de morue. Toutes les couleurs ne se manient pas de la même façon. Le bleu et le gris sont courts, les verts de chrome, les pourpres, se pelotent. Les rouges de fer et les bruns s'emploient par contre assez aisément.

Une précaution essentielle c'est d'éviter toute humidité, soit dans la couleur, soit dans l'atelier.

Lorsqu'il y a des réserves à faire, on peut les indiquer simplement par un trait, ou en protéger l'emplacement en y collant une série de petites bandes de papier.

Lorsque les couleurs pour produire leur effet exigent une certaine épaisseur, on les passe au mordant. La pièce ayant été enduite d'une couche d'huile grasse rendue visqueuse en la chauffant avec la litharge, on saupoudre avec un tamis de soie contenant la couleur réduite en poudre bien sèche. On peut employer également ce procédé pour le posage des fonds au grand feu.

Nous ne nous occuperons pas des autres procédés très nombreux de décoration de la porcelaine où les couleurs sont employées sous la glaçure pour donner des fonds unis ou nuagés. En réalité, cette partie du travail rentre plutôt dans l'industrie du porcelainier que dans celle du peintre proprement dite, et nous renvoyons le lecteur au *Manuel du Porcelainier*, de l'*Encyclopédie-Roret*, où ces sujets sont traités avec des développements que nous ne pourrions reproduire ici.

Nous ajouterons seulement quelques observations utiles, bien que pour l'étude de la peinture sur porcelaine comme dans tous les arts, l'expérience qu'une longue pratique peut donner, soit incontestablement le seul maître en cette matière.

Les fonds ne s'obtiennent généralement qu'avec deux couches, la première cuite à un feu plus doux que la seconde. Souvent l'on n'obtient un résultat complet que par la superposition de deux couleurs différentes, et dans ce cas on réserve la couleur la plus fusible pour le second feu.

Quant à la peinture proprement dite, c'est-à-dire celle des sujets, figures, fleurs, paysages, attributs, etc., au choix des couleurs, il est bien évident qu'il n'y a là aucune règle particulière à formuler ; c'est une question de goût, de sens artistique difficile à enseigner de vive voix, variable avec le tempérament de chaque peintre.

La confection d'un sujet quelconque comporte deux parties dans le travail : l'ébauche, dans laquelle on dispose largement les places, les ombres et les lumières, puis le modelé, les détails, les taches brillantes et les bruns vigoureux. On soumet à une première cuisson l'ébauche, et de cette condition il résulte qu'on doit chercher à employer les couleurs les moins fusibles, puisque le degré de température des cuissons s'abaisse à mesure que le nombre de celles-ci augmente.

Cuisson.

Quand les pièces de porcelaine ont été décorées, on les place dans des fourneaux particuliers nommés *moufles,* dans lesquels, soumises à la température convenable, les couleurs se fondent et prennent de l'adhérence sur la porcelaine.

Ces fourneaux sont les mêmes que ceux qui ont été décrits dans la première partie, chapitre 3, et que représentent les figures 1 et 2. Ils sont, en France, généralement accolés, réunis sur la même ligne, disposés sous la même cheminée, et les murs sont maintenus par les mêmes ferrements. En Allemagne, cette disposition n'est pas adoptée partout et souvent les foyers sont sur le côté, et en alendier.

Quand les moufles sont neufs, on recommande de les chauffer fortement à vide, avant d'y faire cuire aucune peinture. Les porcelaines y sont rangées par étage, de manière à ne jamais se toucher par les points recouverts d'émaux ; on doit éviter de les placer trop près des parois du moufle, sans y interposer des écrans en porcelaine, en ardoise, etc. On évite l'introduction de l'air froid qui pourrait faire casser les pièces, en mettant un tuyau de tôle à l'extrémité de la douille, avec une petite trappe à échancrures qui permettent de placer la tringle à laquelle est attachée la montre.

Les gaz qui traverseraient le moufle seraient toujours d'une influence fâcheuse pour la peinture : les pièces qui y seraient exposées, paraîtraient ordinairement ternes et embues.

Le chauffage du moufle se conduit de la même manière que pour le verre peint. Cependant nous allons compléter ce qui a été dit dans la première partie. Comme on l'a vu, il faut chauffer modérément en commençant. Ici c'est important pour éviter la casse des objets à cuire, s'ils sont épais. Ensuite on élève la température progressivement, et l'on finit par un feu pur et vif. Mais il faut être prêt à l'arrêter court pour qu'il ne dépasse pas le degré voulu par la nature des produits : cette considération a la plus grande importance lorsqu'il s'agit de peinture sur porcelaine. Pour maîtriser le feu dans le cas où la température monterait trop rapidement, on se réserve la facilité de retirer deux ou trois briques qui composent la porte.

La température qu'on peut donner aux couleurs dans ces fours s'étend depuis le rouge sombre jusqu'à celle de la fusion de l'argent, c'est-à-dire du 3e au 6e degré du pyromètre de Wedgwood.

Nous reviendrons en quelques mots sur le procédé d'emmouflement qui a une grande importance sur le succès de l'opération. On doit d'abord mettre dans le moufle autant de pièces qu'elle en peut tenir, les pièces à simples garnitures d'or peuvent être assez serrées les unes contre les autres, mais pour les pièces en couleur, l'écartement doit être plus considérable, afin d'éviter la réaction des vapeurs et l'altération des tons. On doit éviter l'introduction de toute poussière qui, en adhérant sur la peinture la troublerait. Les couleurs doivent autant que possible ne pas recevoir le courant ascendant des gaz. Les calles en terres cuites ou en porcelaine dégourdie sont nuisibles, et peuvent occasionner des avaries. L'on enduit quelquefois l'intérieur de la moufle avec du minium ou du borax. Quelques feux d'or sont le meilleur moyen de mise en train d'un moufle neuf. Les anciens moufles même fracturés et raccommodés, si l'on peut empêcher l'introduction de la fumée, sont ceux qui cuisent le mieux.

Avant l'emmouflement les pièces doivent être séchées et chauffées.

On apprécie la température par divers moyens. A la couleur du feu, mais il ne peut convenir que rarement, par suite de la grande expérience qu'il réclame de la part du conducteur de la cuisson. Un autre bien préférable consiste à examiner des pièces d'essai dites *montres*, formées de touches de couleur dont le ton varie suivant le degré de la température intérieure et posées sur de petites pièces de porcelaine dans le moufle.

On emploie généralement pour cet usage le carmin, dont nous verrons plus loin la composition. La fusion du carmin est ordinairement le criterium du degré de température convenable. Le carmin non cuit est violâtre ; trop cuit, il passe au jaune. Il faut observer que, quand le carmin est en fusion au centre, les pièces rapprochées des parois du moufle, sont déjà à une température plus élevée.

A Sèvres, les pièces d'essai ou *montres* sont de petites plaques de porcelaine sur lesquelles, en outre du carmin, on a couché de l'or qui indique, quand il commence à prendre de l'adhérence, que l'on approche de la température à laquelle la peinture serait trop cuite, et le carmin donne une échelle thermométrique, dont nous allons parler, assez exacte pour faire apprécier les diverses températures qu'il convient d'atteindre.

Voici les diverses nuances que prend le carmin, les noms correspondants donnés aux températures correspondantes, ainsi que leur valeur en degrés, suivant un tableau dressé par M. Salvétat.

DÉNOMINATION des feux:	ÉTAT du carmin.	DEGRÉS du pyromètre d'argent.	DEGRÉS centigrades.
Feu d'or sur fonds tendres.	Rouge brun sale, briqueté, à peine glacé.	200 à 230	620
Feu de 2e retouche	Rouge un peu briqueté.	250	800
Feu de 1re retouche	Rose dans les minces, un peu briqueté dans les épaisseurs.	255	800
Feu de peinture ou couleur ordinaire dite tendre.	Rose purpurin.	260	900
Feu d'or sur blanc	Rose tirant sur le violâtre.	275	920
Feu de garniture d'assiettes, en filet or.	Ton violacé.	287	950
Feu de couleur dure.	Ton violacé pâle.	290	950
Feu d'or mat.	Ton rose entièrement disparu, et ton violacé presque entièrement.	315 à 320 Fusion de l'argent.	1000

Refroidissement. — Le temps que dure le feu est variable suivant la dimension du moufle ou l'épaisseur et le volume des pièces qu'il s'agit de cuire.

On laisse le refroidissement s'opérer lentement : on abat le mur, en enlève la porte, mais on ne retire les pièces

que quand on peut y porter la main sans éprouver trop
de chaleur, c'est le moyen d'éviter l'écaillage des couleurs, ce qui n'est pas à redouter quand il ne s'agit que
de la cuisson des dorures.

Retouchage.

La cuisson des couleurs vitrifiables a pour résultat de
les fixer définitivement aux corps sur lesquels on les avait
déposées et de leur donner de plus un éclat et une transparence qui constituent un de leurs caractères. Toutefois,
ce dernier résultat peut ne pas être obtenu du premier
coup, ou tout au moins offrir des manques partiels.
D'autre part, il peut arriver certains accidents, soit qu'une
couleur ayant été soumise à une température trop élevée,
ait coulé, soit qu'elle se soit écaillée au refroidissement ;
en un mot, il peut, après la première cuisson, se manifester des avaries de diverses natures, qui quelquefois
provoquent la mise au rebut de la pièce décorée, et qui
souvent peuvent être corrigées par le travail spécial des
retouches. Le principe général du retouchage consiste à
déposer une nouvelle couche des couleurs manquées et
à repasser les pièces à la cuisson, dans certains cas plusieurs fois, mais en observant toujours cette règle essentielle, que le degré de température de ces cuissons successives doit s'abaisser d'autant plus que leur nombre se
multiplie.

Nous croyons utile d'examiner, bien que sommairement,
les diverses causes qui provoquent ces avaries, et dont
la connaissance est un guide indispensable pour le travail des retouches.

La nature de la couverte, émail ou vernis, qui recouvre
la pièce céramique, peut à la cuisson exercer une réaction
chimique sur les couleurs employées. On verra dans un
des chapitres suivants, où nous nous occuperons de l'analyse de ces matières, qu'en effet les couvertes peuvent,
soit par un excès de sel de plomb ou d'alcali, intervenir
chimiquement au moment de la fusion des couleurs, en
changer la nature et en altérer le ton. Ces accidents se

reconnaissent d'eux-mêmes, et leur seule inspection apprend qu'il faut modifier la composition de la couleur, soit en augmentant la proportion du fondant, soit en changeant la composition. Il est vrai que cette espèce d'accident est relativemement assez rare, la plupart des peintures se cuisant à une température inférieure à celle nécessaire au ramollissement de la couverte, et à la production de la réaction chimique. Mais pour certaines porcelaines et couleurs dites de grand feu, ces cas sont à prendre en sérieux examen.

L'écaille des couleurs peut provenir soit d'un défaut de composition, et c'est le cas le plus fréquent, soit d'un refroidissement trop brusque. Le défaut de composition correspond à un trop grand écart entre les degrés de dilatabilité de la couleur, et du corps sur lequel on les pose. Il peut provenir d'une trop grande épaisseur dans la couche de peinture. Le voisinage dans le moufle pendant la cuisson d'une pièce enduite d'un vernis plombeux, d'une pièce peinte, peut amener l'altération des couleurs par l'action des vapeurs plombeuses. Un trop grand degré de cuisson, ce qu'on nomme un coup de feu, est encore une autre source d'accident qui est irréparable. Une insuffisance de cuisson ne donne pas aux couleurs l'éclat qu'elles sont susceptibles de prendre. Il faut bien se garder de repasser directement à un feu plus vif sans avoir au préalable posé un léger glacis de la même couleur qui est le procédé général du retouchage, concurremment avec l'enlevage, opération qui consiste, soit à l'aide d'un grès argileux, soit par l'acide fluorhydrique, à enlever les parties de couleurs altérées pour repeindre de nouveau.

En tous cas, nous le répétons, les cuissons de retouche se feront à un feu moins élevé que la première fois.

Procédé pour cuire chez soi les couleurs vitrifiables,
par M. MARTIAL GABELLE.

M. Martial Gabelle, peintre amateur à Dijon, emploie depuis quelque temps avec succès, pour les pièces de por-

13.

celaine peinte, de forme pas trop compliquée, et de dimensious moyennes, un procédé qui permet de se passer du concours des fours ordinaires du porcelainier. Ce procédé nous semble intéressant à signaler, surtout pour les amateurs, qui bien souvent ne se trouvent pas placés de façon à trouver dans les localités où ils se livrent à cette artistique récréation, une fabrique disposée pour opérer ce travail.

La cuisson s'opère dans un poêle ordinaire en faïence ou en tôle ayant au-dessus du foyer un four à réchauffer.

Lorsqu'on a brûlé dans le foyer des bûches de bois dur, sec, que le bois est parfaitement consommé et qu'on a ainsi obtenu une couche bien ardente et homogène de braise, ou mieux encore quand cette braise provient de charbon de bois, on prend dans le four à réchauffer l'objet décoré qu'on y a placé pour le dégourdir au point convenable, on l'installe sur le charbon et on ferme rapidement la grande et la petite porte du foyer, de façon à laisser passer aussi peu d'air que possible. Après un espace de temps qui varie d'un quart d'heure à une demi heure, on ferme la clef du poêle pour arrêter le courant d'air et empêcher que la cendre, dont la surface des charbons commence à se couvrir, ne voltige et ne vienne s'attacher à la peinture. Au bout de 30 ou 50 minutes, suivant l'intensité du feu, on retire la pièce cuite et on la remet pendant quelque temps dans le four pour qu'elle ne se refroidisse pas trop brusquement. Pour les pièces plates, comme les assiettes, les coupes et les soucoupes, qui ne risquent pas de se renverser dans les cendres, il est bon de les laisser dans le poêle jusqu'à complet refroidissement.

Il est bien entendu que, avant comme après la cuisson, la pièce n'est jamais touchée qu'avec des pinces ou une petite pelle plate qui sont toujours chauffées préalablement à une température convenable. Le danger à courir est, en effet, la casse des pièces par un changement brusque de température. Il est plus grand pour la faïence que pour la porcelaine, dont la pâte est plus conductrice de la chaleur, mais on peut l'éviter, aisément à coup sûr, en se servant du poêle du four pour réchauffer et laisser refroidir lentement les pièces, en ne les touchant qu'avec des pinces et pelles convenablement chauffées, en évitant les courants d'air froid, et en employant les autres précautions simples que la pratique suggérera pour éviter les changements brusques de température.

Les pièces sortant du four à dégourdir sont souvent plus ou moins jaunes ou noircies. Il ne faut pas s'en inquiéter et cela disparaît au feu. Mais on ne saurait trop veiller, pour que même accident ne se produise pas pendant la cuisson, à ce qu'il ne reste aucun fumeron dans la braise du foyer, et à ce que la surface soit bien unie.

Cette méthode, très simple et peu coûteuse, jointe à l'emploi des couleurs vitrifiables de M. Lacroix, permet à toute personne qui se livre à cet agréable passe-temps d'opérer en quelqu'endroit qu'elle se trouve. A l'égard de l'emploi des couleurs dans ce mode de cuisson, M. Lacroix a constaté par lui-même, qu'il n'y avait aucune réserve à faire, sauf toutefois pour le carmin ordinaire qui exige un feu plus ardent, et auquel il est préférable de substituer la carmin tendre.

CHAPITRE V.

Observations diverses sur l'emploi des Couleurs.

Malgré l'impossibilité d'établir pour la peinture sur porcelaine, des règles fixes à l'aide desquelles un débutant pourrait se guider dans sa pratique, et de ne trouver en cette matière comme dans toutes les questions d'art, que l'expérience pour seul maître, nous pourrons toujours ajouter à ce que nous avons déjà dit précédemment quelques renseignements sur le maniement des couleurs, par suite de leur nature spéciale, laquelle, comme nous l'avons dit, établit une différence sensible entre la peinture à l'huile et la peinture sur verre, au moins au point de vue de la pratique des opérations.

Le peintre ne pouvant jamais estimer exactement le résultat qu'il obtiendra après la cuisson, par la simple

apposition des couleurs, ne devra jamais procéder à un
travail sans avoir la précaution d'établir un échantillonnage, sur deux tessons de porcelaine dont un est passé à la
cuisson. Il pourra ainsi avoir sous les yeux le moyen de
comparer l'effet définitivement obtenu, par rapport à celui que lui présente l'objet qu'il prépare pendant la durée
de son travail. Ces échantillons pourront encore être multipliés, afin d'être renseigné sur les diverses modifications que prendront les couleurs quand on modifie par
exemple les proportions de fondant et de matière colorante. Bien que la plupart des fabricants qui vendent des
couleurs préparées livrent également des plaques d'échantillons de couleurs cuites, il n'est pas nécessaire d'insister
sur l'avantage que l'on trouvera à les faire par soi-même,
ou tout au moins de ne pas l'omettre toutes les fois qu'on
voudra procéder à des teintes plus complexes et que ces
échantillons limités ne présentent pas.

Il faut toujours se garder de trop délayer les couleurs,
car un excès d'essence peut en modifier la teinte au feu.
Leur pose sera peut-être un peu plus difficile, mais
avec un peu de pratique cette expérience s'acquerra
promptement.

De même il faut bien se garder de chercher à former
une teinte en donnant trop d'épaisseur à la couleur, ce
qui amène forcément un écaillage; il est préférable de
rompre un peu la teinte naturelle avec une couche appropriée. L'ébauche doit toujours être tenue plus claire que
la teinte définitive, car en peinture sur porcelaine, il est
impossible de ramener par la cuisson une teinte du foncé
au clair. Les couleurs mélangées doivent être remuées au
pinceau avant l'emploi, sous peine de voir certains tons
remonter sur les autres.

Blancs.

Le blanc fixe sert à éclairer les parties lumineuses formées par le blanc de la couverte de porcelaine. Il permet
d'éclairer certaines parties omises dans l'ébauche en le
superposant à une certaine épaisseur sur les couleurs
déjà placées.

Le blanc chinois sert à faire des ornements en saillie à la manière des Chinois. Il peut se mêler aux autres couleurs pour leur donner du corps et de l'opacité, jouant à peu près le rôle du blanc de plomb dans la peinture à l'huile.

Gris.

Les gris s'altèrent facilement à une température élevée. Les gris servent à rompre les couleurs et à les faire passer dans l'ombre, le gris roussâtre et bleuâtre spécialement pour les chairs, le gris tendre est d'un emploi délicat et il faut le réserver pour augmenter la fusibilité de certaines couleurs. Il a une tendance à faire couler. Le gris de platine se recommande spécialement pour rompre le bleu, le rouge et l'ocre. Celui d'iridium remplit le même but, mais il est plus cher.

Noirs.

Le noir grisâtre permet de modifier plus facilement en gris les noirs. Le noir foncé sert en mélange avec toutes les couleurs.

Le noir d'iridium aurait tous les avantages si ce n'était son prix élevé.

Bleus.

Les bleus s'appliquent à très légères épaisseurs, le vert bleu surtout. Les ébauches se font un peu chargées et l'on ombre avec la même teinte en deuxième épaisseur, additionnée de gris à la deuxième cuisson pour les parties les plus foncées.

Jaunes.

Les jaunes sont très délicats à mélanger avec les autres couleurs qu'ils dévorent facilement. Ainsi le jaune d'ivoire ou jaune pâle pour les chairs, le n° 47 de Sèvres, ne doit jamais être en excès avec les rouges.

Les jaunes clairs écaillent facilement, les foncés sont moins fusibles, le premier feu les développe, le deuxième les remonte. Il faut éviter que les bleus et les jaunes ne se superposent, sans cela les deux couleurs prennent un ton verdâtre.

Le jaune fixe pour les touches joue le rôle du blanc fixe pour éclaircir les jaunes.

Le jaune orangé de chrome, et le jaune jonquille ne peuvent se mêler à d'autres couleurs. Leur mélange fournit un jaune dit jaune d'argent. Les jaunes d'ocre se mélangent avec toutes les couleurs.

Verts.

Outre les verts fournis naturellement par la couleur préparée, on peut encore employer les mélanges de bleus et de jaunes. Les gris, les bruns, les rouges peuvent servir à les nuancer.

Rouges.

Les rouges proprement dits s'emploient presque toujours seuls ; quand on opère par superposition sur des couleurs foncées le rouge disparaît, aussi vaut-il mieux, pour obtenir certains reflets rougeâtres, agir par juxtaposition.

Carmins, Pourpres, Violets.

Le carmin sert surtout pour la peinture de fleurs, on l'ombre par des mélanges de gris, de violets de fer, ou de vert bleuâtre. Il faut les employer très légèrement, sous peine de les voir jaunir à la cuisson.

Les pourpres et les violets supportent mieux les mélanges que le carmin, surtout avec les bleus, les bruns et les jaunes.

Bruns.

Ces couleurs s'emploient seules pour leur ton, et rendent de grands services pour ombrer et rompre toutes les autres.

Lorsque l'on veut peindre la figure, on fait l'esquisse au rouge chair n° 1, en indiquant les détails intérieurs du visage sans le cerner d'un trait extérieur, de même pour les autres parties de la tête et les mains, puis on forme la teinte locale avec un mélange de rouge chair et de jaune, et on fait les reflets en ajoutant du brun jaune. Le violet de fer permet de rehausser les tons. Les yeux se font avec le bleu de ciel et une pointe de vert bleu et retouché au gris, ou avec du jaune retouché au brun de sépia.

Les cheveux blonds s'ébauchent au jaune d'ivoire, et se modèlent au brun jaune.

Quand on a des personnages sur plusieurs plans, il faut tenir compte des couleurs qui déterminent naturellement ces plans. Au premier plan les couleurs claires, blanc, rose, lilas, bleu clair ; au second, le vert bleu, le pourpre, le rouge ; au troisième, le bleu foncé, le brun et le vert foncé.

Le genre Boucher, très souvent appliqué sur fond blanc, se prépare comme la figure, et quand l'ébauche est sèche, on la reprend et travaille les ombres par un petit pointillé.

Pour les fleurs, éviter autant que possible les traits au crayon ; le travail des pétales d'une fleur se fait toujours en tournant la teinte et convergeant vers le cœur. Les feuilles se font en allant de la tige à la pointe, et partageant le travail en deux parts, de la nervure centrale au bord suivant le sens des nervures intérieures.

Le paysage est le genre qui laisse le plus de liberté à l'artiste. On commence par le ciel, descendant ainsi jusqu'au bas du tableau.

La peinture sur porcelaine tendre est un peu plus délicate que celle sur porcelaine dure. On doit faire pour elle un échantillonnage spécial sur matière de même nature. On peut multiplier les feux davantage. Certaines couleurs, les rouges, les bruns, en un mot les couleurs de fer, ne peuvent servir pour cette peinture qu'à la condition d'être rendues beaucoup plus fusibles, à cause de la nature de l'émail, moins translucide, plus épais, d'un blanc laiteux, qui fait, ainsi que la nature de la pâte, que cette porcelaine ne peut être soumise à des températures aussi élevées que la porcelaine dure.

CHAPITRE VI.

Décoration au moyen des Métaux précieux à l'état métallique.

Tout le-monde connaît la porcelaine dorée. La dorure sur porcelaine nue, qui met en opposition la blancheur de celle-ci avec la vive couleur et l'éclat de l'or, est d'un très bel effet. Combinée avec les couleurs, la dorure forme encore une décoration fort agréable, dont l'industrie a tiré un grand parti.

L'argent est susceptible, comme l'or, de servir à la décoration de la porcelaine, ainsi que nous le verrons plus loin.

Jusqu'aujourd'hui, les métaux qu'il est possible d'employer et qui doivent satisfaire aux conditions d'être malléables, brillants, inaltérables sous les actions simultanées de l'air et du feu, sont limités à l'or, au platine et à l'argent.

Pour que ces émaux soient applicables, soit qu'on veuille les déposer sous forme de lignes déliées, de *filets* fins, ou les coucher en lames minces, pour faire un fond ou de larges filets, il faut qu'on sache les amener à l'état de poudres impalpables. Nous allons en indiquer les moyens.

Les ors sont toujours appliqués sur le blanc ou les fonds grand feu, et cuits avant le décor, le feu nécessaire étant trop fort pour la peinture qui serait altérée.

PRÉPARATION DES MÉTAUX EN POUDRES IMPALPABLES.

Poudre d'or. — Pour le préparer dans un état convenable à la dorure des porcelaines, il faut opérer avec certaines précautions.

On peut le retirer à l'état de pureté des monnaies ou des bijoux ; on les dissout dans l'eau régale, puis on concentre la liqueur pour enlever l'excès d'acide. L'argent forme du chlorure d'argent qu'on sépare par lévigation ; on étend d'eau le chlorure d'or et celui de cuivre qui restent mêlés, et qu'on sépare au moyen de sulfate de protoxyde de fer. L'or se précipite alors sous forme d'une poudre brune qu'on laisse déposer : on décante le liquide surnageant, formé de fer et d'un excès de sulfate de protoxyde du même métal. On lave à l'eau froide à plusieurs reprises ; il se dépose, au sein des dernières eaux de lavage, de l'hydrate de peroxyde de fer qui se mélange avec l'or et qu'il faut éliminer : on y parvient par un dernier lavage à l'eau bouillante additionnée d'acide chlorhydrique. On lave encore à l'eau bouillante, tant que l'eau reste acide.

Il est indispensable de faire sécher la poudre d'or au-dessous de 100 degrés pour éviter que le métal ne se lamine sous l'action de la molette qui doit la réduire en poudre assez fine pour qu'on puisse le mettre au pinceau sur les pièces qu'il doit décorer. On opère alors la dessiccation de l'or dans un bain-marie.

Lorsqu'on emploie la couperose verte (sulfate de protoxyde de fer) pour précipiter l'or, ce métal est en poudre dense qui donne une dorure solide. Lorsqu'on veut obtenir une dorure plus légère, on remplace le sulfate de protoxyde de fer par le nitrate d'oxydule de mercure, qui laisse un dépôt d'or métallique, volumineux et plus brun que l'or précipité par la couperose. C'est de cet or, dit *au mercure*, que le commerce fait principalement usage pour la dorure des porcelaines, faïences et cristaux.

Poudre de platine. — Le platine métallique peut être obtenu dans un grand état de division, qui le transforme en une poudre noire connue sous le nom de *noir de platine*. On le prépare sous cette forme en laissant bouillir une dissolution de chlorure de platine ($Pt Cl^2$) avec du carbonate de potasse et du sucre ; il se forme de l'acide carbonique aux dépens du sucre, du chlorure de sodium et du noir de platine, qu'on recueille sur un filtre et qu'on dessèche après l'avoir lavé. On le prépare encore en dissolvant à chaud le protochlorure de platine dans la potasse caustique en dissolution concentrée, versant de l'alcool par petites portions à la fois et en ayant soin d'agiter ; il se forme de l'acide carbonique, et du noir de platine qui se précipite. On le lave d'abord avec de l'alcool, puis avec de l'acide chlorhydrique; puis enfin avec de l'eau ; on le fait sécher en le comprimant dans des doubles de papier joseph.

Le noir de platine ressemble à du noir de fumée ; lorsqu'on le chauffe à la température du rouge naissant, il n'éprouve aucun changement, mais, chauffé plus fortement, il reprend l'éclat métallique. Il est soluble sans résidu dans l'eau régale.

Poudre d'argent — On obtient l'argent en poudre propre à la décoration de la porcelaine, ainsi qu'on le verra dans le chapitre de la chimie, en traitant le chlorure d'argent par le zinc métallique, l'eau et l'acide sulfurique. On lave avec l'acide sulfurique tant qu'il reste du zinc non dissous, puis on fait sécher.

On peut encore précipiter l'argent au moyen d'une lame de cuivre plongée dans une dissolution d'azotate d'argent.

OR MÉTALLIQUE.

Il existe une foule de procédés pour obtenir de l'or destiné à la dorure, mais nous nous contenterons d'indiquer, d'après M. Salvétat, les dosages qu'il convient, dit-il, d'employer pour obtenir de l'or dans de bonnes conditions de broyage et d'emploi.

Il a été dit plus haut qu'on avait deux méthodes pour précipiter l'or de sa dissolution dans l'eau régale : l'emploi du sulfate de protoxyde de fer (couperose) pour une dorure solide ; celui du nitrate d'oxydule de mercure, pour une dorure plus légère. Voici maintenant comment il faut opérer pour avoir l'or dans les conditions voulues.

Or à la couperose. — On dissout 300 grammes d'or dans un mélange formé de 900 grammes d'acide chlorhydrique du commerce et 1000 grammes d'acide nitrique ordinaire. (En volume pour 300 grammes d'or, 720 centimètres cubes ou 72 centilitres d'acide chlorhydrique

et le même volume d'acide nitrique). On dissout à froid
en ne faisant intervenir la chaleur que vers la fin de l'opération pour rendre la dissolution tout à fait limpide :
on décante pour enlever une petite quantité de chlorure d'argent, car l'or dit à 1000 millièmes contient toujours un centième à quinze millièmes d'argent métallique.
On étend d'eau : on fait pour cela quatre portions à peu
près égales de la dissolution d'or, puis on verse environ
10 litres d'eau dans chacune des portions. On ajoute de
la couperose dissoute et limpide tant qu'il se forme un
précipité. On laisse déposer pendant dix heures, on décante et on lave avec de l'eau d'abord à trois ou quatre
reprises, avec de l'acide chlorhydrique ensuite, pour
enlever l'oxyde de fer qui peut provenir de la décomposition par l'eau du sulfate de protoxyde de fer mis en
excès. On lave enfin à l'eau bouillante, puis on fait sécher
au bain-marie. On évite les paillettes qui se soudent
pendant le broyage, en écrasant l'or avec les doigts sur
un tamis de soie.

L'or précipité par la couperose est généralement très
dense ; il devient donc coûteux de se servir de ce procédé pour faire des décorations de peu de valeur, et pour
lesquelles l'or n'a pas à résister à des frottements considérables.

Or au mercure. — Un procédé moins coûteux que le
précédent consiste à faire usage de l'or précipité par le
nitrate d'oxydule de mercure, qui donne une masse beaucoup plus volumineuse, c'est-à-dire qui foisonne beaucoup plus, lorsqu'on l'applique au pinceau.

On fait dissoudre 250 grammes de mercure distillé dans
500 grammes d'acide nitrique sans autre addition, en
aidant faiblement la dissolution par une chaleur très
douce. On a le *nitrate d'oxydule de mercure.*

D'autre part, on traite 30 grammes d'or par une eau
régale faite de 75 grammes de sel ammoniac et de 350
grammes d'acide nitrique. On a la *dissolution d'or.*

On fait à chaud le mélange des deux solutions en ajoutant par petites portions le nitrate d'oxydule de mercure dans la dissolution d'or ; il se forme un volumineux

magma qui n'est autre chose que de l'or divisé. On le lave longtemps à l'eau bouillante, puis on le fait sécher au bain-marie. M. Salvétat dit qu'il a pris l'habitude de tamiser l'or au mercure comme il fait pour l'or à la couperose; on évite ainsi les paillettes qui se développeraient au broyage.

Procédé pour recueillir le mercure qui a servi à préparer l'or. — Les émaux de précipitation de l'or par un sel de mercure contiennent le mercure. On sépare ce métal pour l'employer de nouveau, en mettant des lames de cuivre dans le liquide : le mercure se revivifie et se dépose à la surface du cuivre. Il est alors facile de le recueillir. On essaie le liquide pour s'assurer que tout le mercure est précipité, en y plongeant une lame de cuivre décapé. Si elle ne se recouvre plus de mercure, on est certain qu'il ne s'en trouve plus dans la dissolution.

Application de l'or sur la porcelaine.

Avant d'être employé, l'or doit être broyé finement avec son fondant : il faut en ajouter pour la dorure sur toute sorte de poterie.

Le *fondant* est du nitrate de bismuth précipité par l'eau de sa dissolution dans l'acide nitrique. Il est blanc, légèrement jaunâtre. Il faut avoir le soin d'éviter l'addition du carbonate de potasse qu'on ajoute quelquefois, et qui précipiterait les oxydes de nickel et de cuivre, souvent contenus dans le bismuth métallique : la présence de quelques millièmes de cuivre empêcherait l'or de donner un beau mat. On ajoute à l'oxyde de bismuth 1/12 de borax fondu, et on mêle, suivant certaines circonstances, 1/12 ou 1/15 de fondant pour 1 partie d'or.

C'est ce fondant qu'on emploie pour dorer la porcelaine dure. Pour dorer la porcelaine tendre, on ajoute du borate de plomb préparé par voie de précipitation. On verra plus loin, dans le chapitre *Chimie*, que le borate de plomb s'obtient en traitant le nitrate de plomb par le borax en dissolution.

Observation. — On a remarqué que l'or ne s'employait avec facilité que lorsqu'il avait séjourné quelque temps sur la glace en mélange avec les essences qui doivent en faciliter l'application : il coule mieux et donne alors un mat beaucoup plus brillant que lorsqu'on l'applique immédiatement après le broyage. Il ne faut pas le broyer avec trop d'essence grasse, qui donne un corps trop mince et trop lavé.

Procédés d'application de l'or sur la porcelaine. — L'or, uni à son fondant, doit être fixé sur la porcelaine au moyen d'une substance adhésive. Il y a deux manières de faire cette opération.

La première consiste à appliquer une sorte de vernis appelé *mordant* sur les parties que l'on veut dorer ; puis, quand ce mordant a pris assez de consistance en séchant, à déposer dessus une poudre d'or sèche, au moyen d'un pinceau de blaireau. Ce pinceau qui est taillé perpendiculairement à son extrémité, se charge de la poudre d'or, quand on le met simplement en contact avec elle. Le mordant happe l'or, et le colle à la surface de la porcelaine. Le vernis qu'on emploie à cet usage est formé de :

Asphalte. . . . . 4 parties.
Essence de térébenthine. 6   —
Huile de lin cuite. 3   —

On fait bouillir ce mélange une demi-heure en l'agitant avec un bâton garni d'un nouet de linge renfermant 2 parties de litharge. — On donne au mordant l'épaisseur convenable, soit en évaporant l'essence de térébenthine, s'il y en a trop, soit en y ajoutant une nouvelle quantité de ce liquide, s'il y en a trop peu. Il doit avoir la consistance d'un sirop épais.

La seconde manière d'appliquer l'or sur la porcelaine est plus simple et plus expéditive que la précédente, à laquelle elle a été généralement substituée par les décorateurs. Suivant ce procédé, la poudre d'or unie à son fondant doit être broyée avec de l'essence de térébenthine épaissie à l'air ; et le mélange ramené à un état de fluidité convenable, est appliqué au pinceau sur la porcelaine. Tout cela se pratique exactement comme s'il s'agissait d'un émail pour la peinture. Par cette méthode, on peut encore appliquer l'or comme les couleurs à l'eau, avec un mucilage de gomme ou un sirop de sucre, mais l'essence de térébenthine est préférable.

Procédé de M. Rousseau et de M. Grenon.

Pour obtenir la dorure avec économie, mais en même temps avec solidité, plusieurs procédés ont été proposés; ils rendent la dorure plus durable sans en augmenter beaucoup le prix.

M. Rousseau pose une première couche de platine mêlé de fondant qu'il recouvre d'une couche très-mince d'or métallique. Ce procédé donne une dorure solide, mais qui, à l'usage, ne conserve pas une belle teinte, la couleur d'or étant modifiée par celle du platine que l'usure fait apparaître.

M. Grenon a un procédé qui consiste à appliquer successivement deux couches d'or, chacune avec un fondant particulier et dans des proportions différentes. La première couche est cuite à une température élevée; on la polit avec du grès, puis on applique par-dessus une couche mince d'or au mercure, préparé et cuit comme à l'ordinaire. Cette dorure se brunit avec facilité et prend un bel éclat. Des expériences faites à Sèvres ont permis de constater qu'elle résistait à des frottements par des corps durs qui altèrent profondément la dorure ordinaire. — La dorure de M. Grenon emploie 0gr.425 d'or par douzaine d'assiettes à filet d'une ligne (un peu plus de 2 mill. 1/4) de largeur; le prix des assiettes en est augmenté de 6 francs par douzaine. La dorure de Paris emploie seulement 0gr.212 par douzaine d'assiettes; elle se paie 4 francs. — L'élévation du prix de la dorure de M. Grenon est justifiée par la grande quantité d'or employée et par les doubles frais de posage et de cuisson.

Or en coquille.

On a fait autrefois, pour dorer la porcelaine tendre ancienne de Sèvres, un très grand usage de l'or en coquille, nommé aussi *or au miel,* à cause de son mode de préparation, comme nous allons le voir. Le nom *d'or en coquille* lui vient de ce que l'usage s'est établi de le vendre dans des coquilles de moules.

Lorsque l'or en coquille dont on se servait à Sèvres ne contenait aucun alliage, ou lorsqu'il ne renfermait que quelques millièmes d'argent, on avait de la dorure riche et très éclatante.

Appliqué sur porcelaine dure, cet or doit se cuire avec la plus grande précaution, généralement beaucoup au-dessous du feu de dorure ordinaire.

Cet or n'est autre chose que de l'or battu très pur, aussi pur qu'il est possible de l'avoir, et déchiré sur une glace au moyen d'une substance soluble à l'eau bouillante, telle que le sucre, le sel ou le miel.

On le prépare de la manière suivante : on prend des feuilles d'or battu ; on les triture avec une certaine quantité de miel pour en faire une bouillie que l'on broie ensuite sur un porphyre ou une glace à broyer. Un homme peut ainsi en broyer 30 à 60 grammes dans un jour. Quand l'or est réduit à une ténuité convenable, on met la bouillie dans un vase pour la délayer avec une grande quantité d'eau chaude. Lorsque le miel s'est dissous, on laisse reposer un instant. Dès que la partie la plus grossière de l'or a gagné le fond, on décante l'eau qui la surnage, pour entraîner la poudre plus légère encore en suspension. Celle-ci se précipite par le repos; on la recueille après l'avoir bien lavée, et on la conserve pour l'usage dans des coquilles de moules. Celle qui s'est précipitée la première, est destinée à être broyée une seconde fois. Dans cette opération, on peut remplacer le miel par d'autres substances ayant des qualités analogues. Un mucilage de gomme arabique convenablement épais, est assez propre à cet usage.

Ainsi le dissolvant de l'or en coquille est de l'eau miellée ou de la gomme. Le miel a deux inconvénients assez graves : il attire les mouches qui l'étendent partout avec leurs pattes, enlèvent la finesse des détails et font disparaitre l'assurance de touche du doreur. En second lieu, il est fermentescible, et les gaz qui se développent dans l'acte de la fermentation soulèvent l'or et s'opposent à son adhérence avec la porcelaine.

La gomme a moins d'inconvénients, mais elle doit être employée très fluide avec circonspection.

Dans tous les cas, qu'on fasse usage de gomme ou de miel, il faut n'appliquer la dorure que sur des parties entièrement dépouillées de corps gras. L'or se lèverait par écailles et ne tiendrait nullement.

Il est préférable, pour délayer l'or, de faire usage du mordant du frère Hippolyte, additionné d'un peu de gomme arabique dissoute; on le nomme *mucilage pour l'or*. Voici les dosages qu'il convient de prendre. On pèse :

> Oignons épluchés. . . . . 430 gram.
> Ail épluché. . . . . 430 —

on les fait bouillir avec 3 litres de vinaigre qu'on ajoute litre par litre; on fait réduire à petit feu jusqu'à ce que la matière devienne poisseuse; on met infuser alors dans le mélange 250 grammes de gomme arabique; on filtre à travers un linge; on exprime pour recueillir tout le jus; on filtre sur du papier en étendant avec assez d'eau pour que le liquide puisse passer facilement; on concentre enfin les liqueurs jusqu'à consistance sirupeuse.

Dorure des imitations de vieux Sèvres.

Pour faire la dorure des imitations du vieux Sèvres, on prépare de l'or en coquille avec un métal allié par une fonte préalable d'un millième de cuivre. L'or pendant le laminage et le broyage conserve le cuivre qui, sous l'influence du feu, s'oxyde et communique à la dorure un aspect terne que les amateurs attribuent à la vétusté de la pièce.

Filets.

Dans la dorure sur porcelaine, on a souvent besoin de tracer des lignes circulaires que l'on appelle *filets*, principalement sur les assiettes, les tasses, les soucoupes et les vases ronds en général. Pour le faire avec assez de précision, l'artiste se sert d'un instrument appelé *tour-nette*, qui est assez bien représenté par une petite table ronde à un seul pied, fig. 18. Sa construction est telle, que l'on peut, à volonté, lui donner la hauteur convenable pour travailler debout ou assis, suivant les circonstances. A cet effet, le pied est en deux parties; l'inférieure est percée dans sa longueur, de manière à recevoir plus ou moins profondément une tige de fer ronde que porte la partie supérieure, et qu'une vis de pression, placée sur le côté, sert à fixer à la hauteur désirée. D'autre part, le plateau horizontal de cet appareil est une espèce de roue percée au centre, d'un trou où l'on ménage une seconde tige en fer que porte le pied à sa partie supérieure. Elle peut être mise en mouvement sur cet axe, soit qu'elle s'appuie par un pivot sur l'extrémité de la tige, soit qu'elle porte sur un épaulement placé dans la longueur de cette tige.

Pour se servir de cet instrument, l'artiste pose la pièce à dorer sur le plateau circulaire, et met ce dernier en mouvement en lui donnant l'impulsion avec la main. Pendant qu'elle tourne avec et sur le plateau sans être fixée, il la pousse adroitement, de manière à la centrer, c'est-à-dire à faire exactement le point de centre du plateau; puis, prenant un point d'appui sur un établi voisin, il la touche avec le pinceau imprégné de la préparation d'or. Le filet se produit de lui-même par le mouvement circulaire que subit l'appareil.

CUISSON.

La cuisson des métaux s'exécute dans des moufles, à une température élevée, comme celle des couleurs.

La substance qui a servi à fixer l'or se brûle et se détruit complètement; celui-ci seul, avec son fondant, reste à la surface de la porcelaine où il adhère par la fusion du fondant.

BRUNISSAGE DES MÉTAUX.

L'or et les autres métaux appliqués sur la poterie n'ont généralement pas d'éclat métallique après la cuisson,

sauf les *lustres métalliques*, dont nous parlerons tout-à-
l'heure. Au sortir du moufle, l'or est d'un jaune mat,
mais il est susceptible d'être bruni. Le brunissage, qui
est la dernière opération de la dorure, est ordinairement
exécuté par des femmes.

Il se fait au moyen de brunissoirs d'agate ou de sanguine. La partie que l'on brunit, et le brunissoir lui-
même doivent être humectés avec du vinaigre ou de la
bière, pour rendre le frottement plus doux.

On brunit en frottant toujours dans le même sens, afin
de ne pas écorcher la dorure. Si l'on veut obtenir de
grandes surfaces brillantes, on brunit à plat en frottant
l'or fortement et avec adresse pour ne déterminer aucune
rayure; il faut surtout une grande habileté pour brunir
les fonds d'or. Si l'on veut obtenir des effets variés, on
dessine sur l'or en surface, avec des pointes très dures,
des ornements plus ou moins compliqués; c'est brunir
à l'effet. On se rend aisément compte des résultats qu'on
peut obtenir, en combinant les effets de l'or mat et de
l'or bruni. On achève l'opération en lavant avec soin la
pièce brunie, et l'essuyant avec un linge propre.

L'or en coquille donne, dit-on, le plus beau mat; l'or
précipité donne le plus beau bruni.

La dorure à effet se pratique aussi suivant un procédé
dont nous allons donner une idée : on prend de l'émail
blanc du commerce ou un émail jaune peu fusible, que
l'on prépare comme pour la peinture, mais avec de l'essence de térébenthine ordinaire seulement. On en fait au
pinceau des dessins en relief sur les endroits de la porcelaine que l'on veut dorer; ensuite on applique sur ces
reliefs de l'or comme à l'ordinaire. Après la cuisson, on
brunit les parties saillantes du dessin, et l'on obtient ainsi
des ornements mats avec des rehauts d'or bruni.

Brunissoirs.

On nomme brunissoirs des outils dont on se sert dans
un grand nombre d'ateliers. Les uns sont en hématite
brune, qu'on désigne sous le nom de *sanguine,* les au-

tres sont en agate; ils sont très variables de forme et de grosseur, et pour faire un bon brunissage, il faut être assorti de brunissoirs de formes très différentes.

Les brunissoirs se nettoient par le frottement sur un cuir chargé de potée d'étain.

On commence par dégrossir avec du sablon et de la craie qui donnent une sorte de poli; on finit avec de la sanguine.

ARGENTURE SUR PORCELAINE.

L'argent est susceptible d'être appliqué sur la porcelaine, de la même manière que l'or. Voici comment on procède : on met de l'argent pur dans un matras, on verse dessus de l'acide nitrique par parties, jusqu'à ce que la dissolution soit complète. Après avoir versé la liqueur dans un vase à large ouverture, on l'étend d'une grande quantité d'eau distillée, et on y introduit une lame de cuivre rouge. L'argent se précipite immédiatement en flocons blancs, légers, abondants, qui prennent naissance à la surface du cuivre. On agite fréquemment jusqu'à ce qu'il ne se sépare plus d'argent. Quand le précipité s'est rassemblé au fond du vase, on décante l'eau qui surnage, on lave le métal à plusieurs reprises avec de l'eau chaude, et on le fait sécher pour l'employer; on le mêle avec environ 1/12 de sous-nitrate de bismuth.

L'argent ainsi préparé, est broyé avec de l'essence grasse, et employé au pinceau, de la même manière que l'or. Il est nécessaire d'en appliquer jusqu'à trois couches successives. Pour en appliquer une seconde, il faut que la première soit parfaitement séchée à l'étuve. On cuit au moufle une première fois, et après avoir bruni, on cuit de nouveau, pour donner enfin le dernier poli.

L'argenture mate s'obtient avec une poudre d'argent préparée en broyant des feuilles de ce métal avec du miel, comme pour l'or en coquille. Cette poudre s'applique à l'eau gommée sur une première argenture faite par le procédé précédent. On pourrait employer de la même manière la poudre préparée pour l'argenture brunie, mais elle donne un mat moins beau. L'argent s'ap-

plique fort bien sur les fonds d'émaux colorés, mais alors
on n'y met point de fondant. On applique aussi facilement l'argent sur l'or, et l'or sur l'argent. Dans ce cas,
ces métaux doivent être purs. Le bruni *à l'effet* s'exécute
bien sur l'argent, et réussit également sur les reliefs d'é-
mail appliqués au pinceau, pourvu que l'argenture soit
faite ainsi qu'il a été prescrit.

Argenture ROUSSEAU.

Le procédé de M. A. Rousseau garantit complètement
l'argent de l'influence altérante du soufre, en quelque
quantité et sous quelque état qu'il soit.

M. Rousseau a su donner à l'argent mat, bien plus
facile à altérer par des émanations que l'argent poli, une
puissance de résistance à l'action délétère des émanations
hydrosulfureuses les plus fortes.

Cette puissance, M. Rousseau l'a trouvée dans l'or. Il
étend au pinceau une couche très mince de ce métal sur
l'argent dont la pièce était recouverte avant de passer
au feu de moufle qui, à l'aide d'un peu de fondant et
de l'action d'une chaleur rouge-cerise, doit fixer ces deux
métaux sur la porcelaine.

Voilà le principe du procédé et l'indication pour l'employer; mais son succès complet dépend de ces précautions empiriques, de cette adresse et habileté pratiques
d'où dépendent les succès complets et constants dans
toutes les industries où la main de l'homme joue un rôle
plus délicat et plus intelligent que les machines les plus
parfaites, mais aussi moins assuré et moins constant.

Ainsi, il faut que l'argent soit dissous dans un acide
étendu de beaucoup d'eau, qu'il soit précipité lentement
par le cuivre, qu'on lave à grande eau ce précipité métallique. Il faut que cet argent, mis sur le blanc de la
porcelaine ou sur un fond de couleur dure, et ne contenant aucune couleur tirée de l'or, soit placé épais et
visqueux, qu'on le laisse vingt-quatre heures dans cet
état avant d'y mettre la légère couche d'or dissous dont
on doit le couvrir, enfin, que le tout soit cuit ensemble
à un feu modéré.

Quoique le procédé certain et ingénieux de M. Rousseau pour conserver à l'argent mat sa couleur et son éclat métallique n'ait qu'un emploi limité et par conséquent qu'une faible importance, nous avons pensé qu'il était cependant utile de le faire connaître.

CHAPITRE VII.

Lustres métalliques.

Les lustres métalliques forment un genre à part de décoration. Ils sont formés par des métaux extrêmement divisés. Ils offrent cette particularité de se poser en couche excessivement mince et d'avoir de l'éclat, au sortir du moufle, sans brunissage. Les lustres produisent une décoration économique, très brillante, souvent avec les plus beaux effets de couleurs, et, dans certains cas, des tons irisés.

Il sera parlé à la fin de ce chapitre de la *position,* ainsi que de l'*application des lustres.*

LUSTRES D'OR.

On distingue suivant l'éclat de l'or et son épaisseur, ou suivant les procédés, les lustres d'or sous différentes dénominations.

Dorure de Meissen.

Quand l'or est bien préparé, la dorure de Meissen possède l'éclat métallique de ce métal. Les procédés en usage à Meissen, à Moabit et dans quelques manufactures d'Allemagne, sont encore secrets. Cependant le procédé particulier de M. Kulm, directeur de la manufacture de Meissen, paraît avoir été surpris par quelques-uns des ouvriers de cette manufacture.

Avant 1850, la dorure de Meissen n'était pas pratiquée en France, où elle a été faite depuis par les frères Dutertre, qui prirent un brevet le 12 décembre 1850. MM. Carré ont également pris un brevet pour ce genre de dorure, mais par un procédé différent.

Nous allons donner l'exposé de ces deux méthodes, telles que ces décorateurs les ont décrites :

Procédé de MM. Dutertre. — On met dans un vase que l'on chauffe légèrement :

Or pur.. . . . . 32 gram.
Acide azotique. . . . . 128 —
Acide chlorhydrique. . . . . 128 —

Lorsque les métaux sont dissous, on ajoute :

Etain métallique. . . . . 0,12 gram.
Chlorure d'antimoine (beurre d'antimoine). . . . . 0,12 —

Quand la dissolution est complète, on l'étend de 500 grammes d'eau.

D'autre part, on met dans un second vase :

Soufre. . . . . 16 gram.
Térébenthine de Venise. . . . . . 16 —
Essence de térébenthine. . . . . . 80 —

On fait chauffer jusqu'à ce que tout soit intimement combiné, après quoi l'on ajoute 50 grammes d'essence de lavande. On fait de la sorte un véritable baume de soufre térébenthiné.

Après ces préparatifs, on verse la dissolution d'or sur la seconde, on met chauffer, puis on bat jusqu'à ce que l'or ait passé dans les huiles. On enlève l'eau chargée des acides séparés de l'or; on lave avec de l'eau chaude, et lorsque les dernières traces d'humidité sont éloignées, on ajoute 65 grammes d'essence de lavande et 100 grammes de térébenthine ordinaire ; on fait chauffer jusqu'à complet mélange. On laisse reposer un peu la partie claire dans un vase à part, sur 5 grammes de fondant de bismuth. On fait chauffer pour que le liquide soit d'un emploi convenable.

La liqueur chargée d'or se présente alors sous forme d'un liquide visqueux à reflet très légèrement verdâtre; l'or y est à l'état soluble, lorsqu'un repos a permis à toutes les parties non dissoutes qui se sont précipitées sous forme cristalline de se réunir au fond du vase et qu'on les a séparées par la décantation.

La térébenthine de Venise donne à la liqueur la propriété siccative qu'elle doit posséder pour que les décors sèchent promptement. Les résines aurifères se décomposent par la chaleur en donnant à basse température, sans se fondre, un dépôt de charbon chargé d'or qui conserve l'apparence d'une feuille d'or laminé d'une excessive minceur. La beauté de la dorure résulte entre autres faits de l'absence de toute fusion dans la matière résineuse.

Procédé de MM. Carré. — On fait dissoudre, dans un matras, 10 grammes d'or au moyen de 100 grammes d'eau régale, on étend la dissolution dans 150 grammes d'eau. Ensuite, on ajoute 100 grammes d'éther rectifié; on agite afin que l'éther s'empare de l'or. On verse le tout dans un étonnoir de verre; on laisse déposer un instant; l'éther chargé d'or reste dessus, puis on laisse écouler l'acide tout doucement jusqu'à ce qu'il ne reste plus que l'éther qui est devenu jaune. On le remet dans le matras.

Dans un autre matras, on fait une dissolution de 20 grammes de sulfure de potassium qu'on décompose avec 200 grammes d'acide azotique; on lave le précipité jusqu'à ce que l'eau de lavage soit pure; on fait sécher le précipité lavé, puis on le remet dans le matras avec 5 grammes d'huile de noix et 25 grammes d'essence de térébenthine ordinaire. On fait dissoudre au bain de sable. On obtient de la sorte un baume de soufre dans lequel on mêle 25 grammes d'essence de lavande. On verse cette dissolution dans la dissolution d'éther; on agite pendant quelques minutes, puis on décante dans un bol de porcelaine; on concentre jusqu'à consistance sirupeuse. On ajoute :

Sous-nitrate de bismuth. . . . . . . 15 décig.
Borate de plomb. . . . . 15 —

La quantité de fondant varie du reste avec la nature de la poterie sur laquelle on applique ce produit : pour l'employer, on le met mince, en le délayant dans un mélange fait à volumes égaux d'essence de térébenthine et d'essence de lavande.

On voit que dans ce procédé ni l'étain ni le beurre d'antimoine ne sont employés.

Lustre de M. Boudon de Saint-Amans. — Ce lustre présente un aspect moins brillant que la dorure dont il vient d'être question ; cependant il est plus riche que le *burgos*, dont il sera bientôt parlé, et qui résulte de l'application d'une liqueur ne contenant pour ainsi dire que quelques traces d'or.

Le lustre de M. de Saint-Amans se prépare de la manière suivante :

On fait dissoudre à chaud avec précaution un mélange de :

> Eau régale. . . . . 28,8 gram.
> Or pur. . . . . 4,8 —

L'eau régale se compose de 30 grammes acide azotique, 90 grammes d'acide chlorhydrique. On ajoute graduellement 4gr.5 d'étain, qu'on projette par petites portions.

On verse d'abord une petite quantité de cette dissolution dans 20 grammes de baume de soufre. On délaie dans 10 grammes de térébenthine ; on mêle tous ces ingrédients avant de verser le reste de la dissolution d'or, qu'on ne doit mettre que graduellement en remuant par intervalles ; on arrête pour laisser fermenter un peu et on remue jusqu'à ce que tout s'épaississe. On ajoute en dernier lieu 30 grammes de térébenthine. Le lustre d'or est le magma qu'on ne peut employer qu'après l'avoir séparé de l'eau des acides liquides employés.

Lustres d'or fulminant et de sulfures d'or alcalins. — On a pu faire le lustre d'or au moyen de l'or fulminant. On broie, pendant qu'il est encore humide, avec de l'essence de térébenthine ; le broyage, difficile d'abord, devient plus facile lorsque, par suite de l'exposition à l'air libre, l'humidité s'est entièrement dissipée.

(On trouvera dans le chapitre *Chimie des couleurs vitrifiables,* 4ᵉ partie de ce Manuel, des renseignements sur les *composés fulminants d'or.*)

On a proposé de faire encore le lustre d'or en engageant l'or dans des dissolutions de sulfures alcalins. (Voir aussi quelques renseignements sur le sulfure d'or dans le susdit chapitre *Chimie des couleurs vitrifiables.*)

M. William Cornélius a pris un brevet en Angleterre, le 18 août 1853, pour employer l'or fulminant, auquel le mélange de certaines substances a enlevé ses propriétés explosives. On dissout l'or dans l'eau régale, on précipite par l'ammoniaque, et on lave avec soin le précipité jaune volumineux ainsi obtenu ; ce précipité est mêlé avec de l'huile, de la poix de Bourgogne et du vernis ; dans cet état, on peut le sécher et le travailler sans danger.

Additionnée de borax, cette préparation donnerait, d'après l'auteur, une dorure très solide, mais qui a besoin d'être légèrement brunie, et ce procédé permettrait une grande finesse dans le dessin, et réaliserait une économie dans l'emploi de l'or.

Lustre burgos. — Il s'obtient en précipitant par un acide faible, une solution de sulfure double d'or et de potassium, et broyant le précipité avec un peu de fondant et de l'essence de lavande. On l'étend en couche très mince (Debette).

Selon M. Salvétat, le burgos, qui tire son nom d'une coquille appelée *burgau*, ne serait autre chose que l'un ou l'autre des lustres cités plus haut, mais contenant peu d'or. L'examen attentif des pièces chargées de dorure brillante au sortir du moufle sans brunissage, le démontre clairement, dit-il ; toutes les parties très minces, celles qui proviennent du dépôt des maculatures apposées par les doigts, sont irisées et perdent l'opacité du métal en prenant la transparence du burgos. .

M. de Saint-Amans a fait connaître, en 1821, le procédé suivant pour préparer le burgos ou le *purple gold luster* (lustre d'or pourpre), comme on le connaît en Angleterre.

On prend une quantité convenable d'eau régale pour faire dissoudre 25 grammes d'or. On ajoute 6gr.5 d'étain par petites portions, jusqu'à ce que tout soit dissous. On verse ensuite dans une partie de cette dissolution 50 grammes de baume de soufre, mêlés de 20 grammes d'esprit de goudron. Quand ce premier mélange est fait, on verse le reste de la dissolution d'or et d'étain, on ajoute ensuite 50 grammes d'essence de térébenthine; on mêle le tout jusqu'à ce que la matière prenne la consistance d'une bouillie épaisse.

Il faut évidemment encore, comme plus haut, pour employer cette matière, laisser se dissiper les liquides aqueux avec lesquels la masse huileuse est en mélange.

LUSTRES D'ARGENT.

Lustre jaune. — Quelques pièces de poteries appartenant aux faïences communes de fabrication ancienne, offrent une coloration brillante métallique, à reflets jaunâtres. Je crois qu'il est possible, dit M. Salvétat, de reproduire ce lustre au moyen de l'argent, en le dissolvant dans l'acide azotique et cherchant à l'incorporer dans des liquides huileux, comme nous avons vu qu'on le faisait pour l'or.

On sait que le chlorure d'argent, appliqué sur certains verres, se décompose en donnant un silicate d'argent, qui colore en jaune plus ou moins foncé, par une sorte de cémentation, la surface sur laquelle il est appliqué. Le chlorure d'argent pourrait donc être de même appliqué sur porcelaine pour donner un lustre ayant un certain éclat métallique, sans qu'il soit nécessaire de le brunir. Il est seulement indispensable de cuire la pièce recouverte de ce lustre dans une atmosphère réductrice. Le chlorure d'argent est fondu préalablement avec un cristal plus ou moins fusible et plombifère. Le mélange broyé se pose au pinceau sur la poterie qu'on veut décorer. On cuit, et lorsque la pièce est encore rouge, on la fait passer dans une enceinte dans laquelle on dégage une fumée plus ou moins abondante.

Nous avons donné dans le chapitre précédent le procédé d'argenture de M. Rousseau, qui n'est plus un lustre, mais qui garantit l'argent contre les émanations hydrosulfureuses les plus fortes.

Lustre cantharide. — Il est remarquable par ses belles couleurs chatoyantes, qui rappellent les brillantes couleurs des cantharides ; il s'obtient avec un mélange de verre plombeux et d'un peu d'oxyde de bismuth et de chlorure d'argent, que l'on met au pinceau sur la poterie ; on cuit ensuite la pièce au feu de moufle, et on l'enfume, soit dans le moufle, en y faisant pénétrer une fumée fuligineuse, soit en la retirant encore rouge et en la faisant passer dans une enceinte où se dégage de la fumée. Le chlorure d'argent se décompose partiellement sous l'influence de cette fumée.

Le lustre cantharide, suivant M. Salvétat, est obtenu par la composition qui donne le *lustre d'argent* ou *lustre jaune* ; il n'y aurait de différence qu'en ce que ce lustre, au lieu d'être apposé sur une partie blanche, l'est sur une poterie colorée en bleu. La superposition du jaune sur le bleu forme une teinte verdâtre qui n'est pas sans agrément.

On comprend facilement la grande variété de fonds, que ce lustre peut donner s'il était appliqué sur des glaçures déjà variées de coloration.

Procédé d'argenture et de dorure brillantes sans brunissage, par MM. Dodé et Canler.

Ces procédés s'appliquent généralement sur porcelaines, cristaux, verreries, faïences et grès. Il consistent dans l'application de la méthode électro-chimique et la simple immersion.

On prend du platine ou de la couleur dite chatoyante d'or du commerce, et sortant du feu tout brillant sans brunissage. On emploie ces matières comme le font tous les peintres, ou doreurs sur porcelaine; on les pose sur les pièces à dorer, on les fait sécher dans un séchoir ordinaire, puis on les cuit au moufle. On procède ensuite pour la dorure comme si l'on dorait une pièce en cuivre ou tout autre métal par une des méthodes électro-chimiques ordinaires. On obtient ainsi une belle dorure, ne nécessitant aucun brunissage, et à l'aide de poncifs établissant des réserves, on peut d'une façon économique obtenir sur un grand nombre de pièces la reproduction d'un même dessin.

Autre procédé de MM. Tate et Berley, de Londres.

MM. Tate et Berley ont indiqué un procédé un peu différent du précédent et permettant d'obtenir le même résultat. On prend un objet en biscuit, on y trace un dessin quelconque à l'aide de la plombagine, et on le place dans un vase contenant une dissolution acide de sel de cuivre, et une feuille de même métal. L'objet est mis en contact avec le pôle d'une pile, la feuille de métal avec l'autre. Un dépôt de cuivre recouvre le dessin à la plombagine. On peut ensuite obtenir un dépôt d'or brillant sur celui de cuivre, on peut également recouvrir le premier dépôt de dessin en couleur, d'une glaçure et passer au feu.

LUSTRE DE PLATINE.

Le *lustre de platine* s'obtient avec une dissolution concentrée de chloride de platine mêlée avec de l'essence de lavande. On l'étend sur le vernis de la poterie, puis on passe la pièce au feu. Le platine paraît avec son éclat métallique. Il a un poli aussi vif, aussi éclatant que s'il l'eût reçu du brunissoir. Ce lustre n'est pas transparent, aussi ne se laisse-t-il pas traverser par la lumière, quand il est appliqué sur verre, et cache-t-il entièrement la couleur de la poterie sur laquelle on l'étend.

On obtient avec la plus grand facilité, dit M. Salvétat, le lustre de platine en broyant le chlorure de platine anhydre avec de l'essence de lavande ou toute autre huile essentielle, avec du baume de soufre et toute matière résineuse et siccative. On pourrait sans doute substituer avantageusement le chlorure double d'ammoniaque et de platine au chlorure simple de platine qui s'empare avec une très-grand facilité de l'humidité de l'atmosphère.

C'est le chimiste prussien Klaproth qui, dès 1793, fit connaître le lustre de platine.

Procédé de M. Lüdersdorff. — Suivant M. Lüdersdorff, on parvient, de la manière qu'il indique, à enduire de platine non-seulement les objets vernis, mais ceux qui ne le sont pas, et par conséquent la porcelaine en biscuit, ainsi que tous les autres produits non vernis de l'art du potier. Bien entendu que, dans ce dernier cas, l'enduit ne saurait avoir d'éclat, qu'il reste mat et que la couleur est d'autant plus blanche que la surface est d'une pâte plus fine, mais même avec des surfaces raboteuses le résultat est assez satisfaisant. Cet enduit donne alors à ces ustensiles l'aspect d'objets en fer non poli, et par conséquent la platinure s'applique très avantageusement aux objets artistiques en terre cuite.

On dissout à la manière ordinaire du platine à une température modérée dans l'eau régale, en terminant l'opération sur un feu modéré quand la dissolution devient épaisse, tout en poussant la dessiccation assez loin, sans toutefois laisser noircir le sel, et en lui conservant une couleur jaune rougeâtre. On le dissout aussitôt qu'il a refroidi dans un mélange d'alcool concentré à 95° et de 5 parties d'essence de lavande, en ajoutant le liquide peu à peu. On a ainsi une liqueur limpide de chlorure de platine, sans précipitation de métal. On peut conserver cette liqueur quelque temps dans un flacon bien bouché.

Pour appliquer le lustre, il suffit de peindre l'objet au pinceau avec cette liqueur, de laisser sécher, puis de cuire au moufle. Le degré de cuisson demande quelques précautions. Avec les objets facilement fusibles, il faut se borner au rouge naissant ou sombre pendant une demi-heure, avec la porcelaine dure, on peut atteindre le rouge vif, mais aussitôt baisser le feu. S'il faut une certaine température pour rendre le lustre solide, on le détruit aussi si la glaçure de l'objet était tant soit peu atteinte par le feu. Il ne reste plus qu'à frotter les objets avec un chiffon de coton chargé de craie lavée humide.

LUSTRE DE CUIVRE.

Le lustre cuivreux des Espagnols, analogue au lustre burgos par sa teinte, paraît, dit M. Debette, se produire avec du silicate de protoxyde de cuivre.

Quelques essais, dus à M. Brongniart, sembleraient porter à croire qu'on l'obtient en jetant de l'oxyde de cuivre dans les fours où s'opère la cuisson.

Le lustre de cuivre, dit M. Salvétat, offre le même aspect et le même chatoiement rosâtre et jaunâtre que le lustre burgos. On en trouve l'application fréquente sur les faïences communes d'Espagne et sur les spécimens les plus recherchés des majoliques de l'époque de Georgio. On ne peut conserver aucun doute sur la nature de ce vernis ; la couche colorante très mince est peut-être formée d'un silicate d'oxydule de cuivre.

Le lustre de cuivre n'est pas encore devenu l'objet d'une fabrication courante. Quelques recherches ont été faites pour retrouver les anciens procédés qui étaient assez certains pour permettre d'appliquer sur une faïence à glaçure stannifère des traits et des linéaments très déliés et d'un rouge rubis du plus brillant effet. J'ai fait quelques essais, ajoute M. Salvétat, qui m'ont prouvé que s'il était possible de faire passer dans le moufle de l'hydrogène ou de l'oxyde de carbone, pendant la cuisson de quelques dessins composés d'azotate d'oxydule de cuivre, on obtiendrait du rouge brillant comme le rouge des majoliques.

En enflammant simplement, dans un moufle chargé de tessons de faïence à glaçure stannifère, du papier contenant de l'oxyde de cuivre, on détermine une volatilisation suffisante de cet oxyde pour déposer sur les parties émaillées une sorte de lustre cuivreux aussi brillant que celui des poteries de Manassès près Valence.

LUSTRE DE PLOMB.

On donne le nom de *lustre de litharge* ou de *lustre de plomb* à la coloration irisée que présentent certaines pote-

ries à glaçure plombifère : ces poteries ont dû recevoir
pendant leur cuisson l'influence réductrice de quelques
vapeurs, qui ont en même temps fait réaction sur l'oxyde
de fer que ces glaçures peuvent contenir. Je n'ai jamais
remarqué, ajoute M. Salvétat, que les glaçures de porcelaine tendre, par exemple, qui sont exemptes de fer, présentassent l'apparence du lustre de litharge lorsqu'on les
cuit dans des conditions prononcées de réduction. Il se
développe souvent une coloration noire due à du plomb
métallique réduit. Peut-être les résultats seraient-ils différents en présence d'un grand excès de litharge.

LUSTRE A REFLETS CHANGEANTS DE NACRE DE PERLE.

*Décoration du verre, de la porcelaine et autres produits
céramiques, par M. BRIANCHON.*

On se propose de donner aux produits céramiques une
couleur d'or et une couleur blanche et nacrée, avec les
reflets changeants de la nacre de perle et de certains
minéraux et des images du prisme.

Pour cela, on se sert de divers agents chimiques qui
s'appliquent en particulier sur la porcelaine, les produits céramiques de toute sorte, les verres et les cristaux.
Ces agents donnent à ces produits, quand on les soumet
à une température convenable, un éclat et un brillant
métalliques comparables à ceux des miroirs et d'une solidité telle que les couleurs ont l'air d'être sous émail.

Les agents chimiques employés sont principalement
des carbures d'hydrogène et des sels métalliques dont
on enduit ou vernit les produits céramiques et qui
servent à faire le fond pour les décorations de tout
genre.

Le procédé se divise en deux opérations, d'abord celle
pour préparer les flux, puis celle pour la préparation
des couleurs.

Une fois obtenues, ces dernières sont ajoutées en proportions variables aux flux pour produire ainsi une
grande variété de teintes.

Les flux, qui servent à glacer les sels métalliques et les oxydes, sont les sels de bismuth et de plomb; les premiers sont préférables parce qu'ils résistent mieux que les autres à une haute température. On prend donc 10 parties en poids de nitrate de bismuth, 30 de résine et 75 d'essence de lavande ou autre essence ne produisant aucun précipité dans le mélange, pour lequel on procède ainsi qu'il suit :

On introduit 30 parties de résine dans une capsule posée sur un bain de sable, on chauffe peu à peu et, à mesure qu'elle fond, on y verse 10 parties de nitrate de bismuth par petites portions à la fois, en remuant continuellement pour incorporer les deux substances. Dès que le mélange commence à brunir, et à mesure qu'il brunit, on y verse 40 parties d'essence de lavande et on continue à remuer pour obtenir un mélange parfait des matières et leur solution. On enlève alors la capsule du bain de sable et on la laisse refroidir peu à peu, puis on ajoute les 35 parties restantes d'essence de lavande, après quoi, on laisse le tout reposer pendant quelques heures.

Les sels et oxydes métalliques qui servent à former les matières colorantes sont : les sels de platine, d'argent, de palladium, de rhodium, d'iridium, d'antimoine, d'étain, d'urane, de zinc, de cobalt, de chrome, de cuivre, de fer, de manganèse, etc., et parfois ceux d'or, pour produire, dans ce dernier cas, soit les teintes riches de la nacre, soit celles réfléchies du prisme.

Quant aux matières colorantes, voici comment on les obtient :

I. *Jaune.* — On fait fondre 30 parties de résine ordinaire dans une capsule chauffée au bain de sable: quand elle est à peu près en fusion, on y ajoute 10 parties de nitrate d'urane, et, pendant qu'on brasse, 35 à 40 parties d'essence de lavande. Quand le mélange est bien homogène, on retire du feu et on ajoute encore 30 à 35 parties d'essence.

Cette matière colorante, mélangée à partie égale de flux de bismuth et appliquée sur l'objet au pinceau, fournit une préparation qui, après la cuisson, développe une couleur jaune brillante.

II. *Rouge orangé*. — On prépare en faisant fondre 15 parties de résine et ajoutant, après la fusion, 15 parties de nitrate de fer et, en même temps, 18 parties d'essence de lavande. Ces additions se font peu à peu et en agitant toujours. Quand le mélange est homogène, on enlève du feu, et, aussitôt qu'il est refroidi, on y ajoute 20 parties d'essence.

Cette matière, mélangée aux flux dans la proportion de 2/5 ou 1/3 en poids, fournit une préparation qui, après la cuisson, donne des teintes rouge, orangé ou nankin et toutes les teintes intermédiaires, suivant la proportion du flux employé.

III. *Imitation d'or*. — On prépare en mélangeant les deux matières ci-dessus et mettant 2 ou 3 parties d'une préparation d'urane pour une partie de celle de fer.

C'est par le mélange des deux matières qu'on produit une couleur métallique qui, après la cuisson, imite les teintes diverses de l'or bruni.

IV. *Couleurs variées du prisme*. — On ajoute de l'ammoniure ou du cyanure d'or et de mercure, ou de l'iodure d'or. Ces compositions aurifères mélangées à l'essence de térébenthine, sont broyées sur une palette, de manière à former une pâte qu'on laisse sécher pour la broyer de nouveau avec l'essence de lavande. Cela fait, on ajoute 1, 2, 3 et jusqu'à 10 parties de flux de bismuth à une partie de produits aurifères.

En étalant sur la pièce en biscuit et couvrant d'une solution d'urane, on obtient des teintes foncées ou claires plus ou moins irisées.

Observations.

Toutes ces préparations se mélangent fort bien entre elles, et on peut les appliquer les unes sur les autres avec le pinceau; en cet état, elles fournissent, après la cuisson, des couleurs et des teintes très variées.

Les tons nacre de perle s'obtiennent plus aisément sur les cristaux et les verres que sur la porcelaine. Pour réussir, il faut mélanger le flux de bismuth à celui de plomb et parfois ajouter du chlorure d'antimoine mélangé à de la résine.

L'essence de lavande employée à ces préparations peut être remplacée par toute autre essence ne produisant pas de précipité dans les matières auxquelles on la mélange. La résine ordinaire peut aussi être remplacée par la colophane ou autre résine.

Quand on applique ces préparations au pinceau, il faut avoir soin de ne pas le faire en couches trop minces ou trop épaisses, qui produiraient des tons pâles ou trop foncés, et en outre, il faut éviter que les objets enduits se trouvent exposés à la poussière.

LUSTRE IRISÉ DES MAJOLIQUES.

Les majoliques du duché d'Urbin, qui appartiennent au XVIᵉ siècle, sont célèbres par les belles couleurs irisées qui les décorent et qui en ont considérablement élevé le prix, depuis longtemps que les procédés pour les produire ont été perdus. C'est dans cet art que s'est spécialement distingué Giorgio Andreoli, qui opérait à Gubbio, où il a fabriqué les plus belles pièces de ce genre par lesquelles l'industrie eugubbine s'était acquise une si haute renommée.

M. A. Fabri s'est proposé de faire revivre cet art aujourd'hui perdu, et voici ce qu'il a proposé dans deux mémoires qu'il a publiés.

Beaucoup de sels de fer donnent une couleur d'or irisée, mais celui qui réussit le mieux est l'iodure de fer qu'on prépare de la manière suivante : — On fait réagir ensemble 8 parties d'iode et 2 parties de limaille de fer dans 10 parties d'eau distillée. Quand la réaction vive et spontanée a cessé, on a soin de la compléter par la chaleur d'un foyer, d'où l'on retire la liqueur aussitôt qu'elle s'est légèrement décolorée et que la couche supérieure est devenue d'un blanc sale. On filtre à travers

un papier en opérant lestement, parce qu'avec le temps
cette liqueur s'altère et ne peut plus servir. On en applique, en couche très mince, avec un blaireau très fin sur
le vase déjà verni, cuit et blanc, et plus le vernis sera
cristallin, plus sera agréable la couleur d'or.

Pour bien fixer la liqueur d'iodure de fer, il faut l'associer à une quantité très minime de gomme arabique,
ainsi qu'à quelques gouttes d'une solution de sulfate de
magnésie ou d'alumine du commerce. L'eau régale ne
réussit pas, mais le dépôt résineux qui se forme par la
macération de la noix de galle dans la préparation de
l'acide gallique paraît être avantageux.

Dans l'application de la liqueur d'iodure, il faut avoir
soin de ne pas repasser avec le pinceau sur les traits
déjà faits.

Pour que la couleur d'or se manifeste, on recuit au
four la pièce préparée, à un feu qui fasse fondre la couleur du lustre sans ramollir l'émail blanc sous-jacent.
On obtient cet effet avec un feu de bois ordinaire, puis
un feu de bois tendre, lorsqu'on s'aperçoit par les éprou-
vettes que le lustre commence à fondre.

Parmi les autres sels de fer, il n'y a que le sulfate qui
puisse produire une couleur d'or qui se rapproche de
celle de l'iodure, mais ne l'égale pas.

Avec le pourpre de Cassius mélangé au verre, on obtient une couleur rose rubis.

Les vapeurs acides mises en contact avec quelques
émaux, leur font acquérir la propriété de réfléchir des
couleurs changeantes.

On obtient aussi des lustres irisés au moyen d'une
immersion dans une solution de divers acides organiques. M. Fabri a produit des briquettes irisées d'argile
crue, qu'il a recouvertes d'un vernis composé avec 1 partie
de silice et 2 parties de litharge et qu'il a fait recuire et
enfin bouillir dans une solution aqueuse de tamarin. Les
acides, que renferme ce fruit, mordent légèrement à la
surface du vernis siliceux et font naître l'effet irisé. Il
semble aussi que la vapeur de l'eau dans laquelle bout

le tamarin, possède la propriété de rendre irisées les terres vitrifiées.

Quand enfin on applique au biscuit une belle couleur jaune, un beau rouge ou un beau vert et qu'on recouvre ensuite d'un vernis au silicate de plomb et fait cuire, la pièce sort du four avec ses couleurs intactes qui apparaissent à travers le vernis, et si alors on plonge dans un bain de tamarin, il se forme une irisation, le jaune se reflète en or irisé, le rouge en rubis et le vert en émeraude.

POSITION ET APPLICATION DES LUSTRES (Salvétat).

Position. — La définition des lustres telle qu'elle a été donnée plus haut limite singulièrement la position de ces produits sur les poteries qu'ils décorent. Ils doivent toujours être sur la glaçure, et la condition la plus importante à remplir pour qu'ils soient réussis, c'est que la glaçure soit parfaitement brillante. (Il faut excepter les cas où l'application se fait sur biscuit.)

Application. — Les diverses méthodes à l'aide desquelles on applique les lustres se confondent avec celles employées pour l'application des couleurs et des métaux : on les applique, délayés dans des essences et des corps gras, pour faire adhérer la matière pendant le travail; on fait usage de putois ou de pinceaux de diverses grosseurs et de diverses formes, suivant la nature des produits qu'on veut décorer et suivant le genre de travail dont on désire faire l'application.

Les différentes couleurs doivent être appliquées au moyen de véhicules qui disparaissent pendant la cuisson. L'eau, dont l'usage est impossible lorsque la matière est naturellement huileuse, comme dans le cas des lustres, serait évidemment le véhicule le plus convenable, car elle disparaît par une simple exposition à l'air; mais les couleurs ne sont pas suffisamment fixées pour que les retouches soient faciles; on se sert de préférence d'essence de térébenthine ou d'essence de lavande. Comme ces essences sont elles-mêmes très-volatiles, on les rend visqueuses en les additionnant des essences graissées par une exposition prolongée au contact de l'air, ainsi qu'il sera dit dans la quatrième partie, quand nous parlerons des essences, à l'article des *Matières d'origine organique.*

On passe les fonds avec des essences de lavande, qui restent fluides et s'évaporent moins promptement. On peint avec la térébenthine. On peut enlever des parties peintes et faire des réserves soit en grattant, soit en délayant la couleur déjà posée.

Le grattage est une opération mécanique.

Le délayage est une opération chimique. On peut faire usage d'une dissolution alcaline, et mieux encore d'huile de lin, qui détrempe les résines par lesquelles la couleur est fixée. On colore généralement cette huile par de la cochenille ou du carmin.

Les réserves peuvent encore se faire en appliquant le fond sur des matières gommées, carbonate ou sulfate de baryte, placées au putois, ou bien au pinceau, sur la partie qu'il faut réserver, et qui tombent d'elles-mêmes par une cuisson convenable.

Ces divers moyens sont plus expéditifs que le grattage ordinaire.

CHAPITRE VIII.

Application de l'Impression à la décoration des porcelaines.

Nous avons, dans le chapitre consacré à la gravure sur verre, décrit les procédés d'impression de MM. Kessler et Dopter, applicables également à la décoration des objets en matière céramique. Pour celui de M. Dopter en particulier, l'impression se fait de la même manière, en substituant à l'enduit bitumineux les couleurs diverses qu'on veut appliquer; le collodion étant combustible est détruit pendant la cuisson des pièces peintes.

MM. Rickhus et Toft ont cherché un mode d'opération qui permette d'éviter la seconde cuisson; il est évident qu'il ne peut être employé qu'autant que l'on n'emploie

que des couleurs très infusibles, et que la cuisson de la
pâte n'ait lieu qu'à une température relativement basse.
Aussi son emploi est-il limité, mais dans certains cas il
peut rendre service. Il consiste à imprimer sur la pâte
en creux des dessins à l'aide de matrices convenables, à
remplir ces creux avec la couleur délayée avec un peu
de barbotine et à soumettre le tout à une seule cuisson.

Le procédé rapide d'impression d'un dessin en couleur
a donné lieu à de nombreux essais. Il est facile d'en
saisir tout l'intérêt quand on songe que, dans le commerce de la porcelaine, on livre à très bas prix des objets décorés et qui sont reproduits un très grand nombre
de fois dans la même fabrique. L'emploi des poncifs,
transportés par décalque, simplifie bien dans une certaine
mesure le travail, en supprimant tout dessin, et en réduisant la peinture à la plus simple pose de couleurs,
d'après un modèle donné dans des compartiments déterminés. Les poncifs eux-mêmes devenaient insuffisants
pour des sujets très compliqués. La photographie est
venue, dans ce cas, très utilement remplir une lacune
pour l'industrie. Notre intention n'est pas d'aborder ici
cette question, par elle-même très complexe, et que les
Manuels spéciaux de la Photographie de l'*Encyclopédie
Roret* traitent avec tous les détails nécessaires.

D'ailleurs, cette opération d'une grande importance au
point de vue industriel, constitue à elle seule un travail
spécial qui n'est plus du ressort du peintre proprement
dit. Celui-ci se contente de recevoir la pièce avec le dessin ou plutôt le sujet photographié, et à le passer en
couleur, travail facilité considérablement, puisque non-
seulement le dessin, mais encore le modelé est indiqué
entièrement.

Enfin l'on emploie encore un procédé d'impression analogue à celui dont nous avons parlé à propos de la peinture sur verre. Ayant adopté un dessin arrêté, on en fait
un certain nombre de décalques en divisant le travail
couleur par couleur, et en disposant toujours les tons
clairs sous les tons foncés, avec une série de points de
repère assurant la superposition de ces divers patrons

les uns au-dessus des autres. Ces patrons servent soit à graver des planches-matrices, soit à faire de nouveaux calques sur un papier glacé, quand on ne voudra produire qu'un très petit nombre d'exemplaires et éviter les frais de la gravure. Ces planches gravées reçoivent les couleurs correspondantes suivant la fraction du dessin général qu'elles représentent, pour imprimer ces couleurs sur un papier à transport qui, lui-même, sert à appliquer les couleurs sur la porcelaine. Pour achever la description sommaire de ce procédé, il nous suffira d'indiquer et la préparation du papier de transport et celle de la porcelaine, afin que les couleurs y forment adhérence quand on les y applique. Nous emprunterons ces deux recettes à M. C. Lefebvre qui s'est occupé tout spécialement de cette question.

Il prend du papier pelure, imprégné d'un côté seulement d'une couche d'alun. Sur cette couche une fois sèche, on en dépose une seconde d'albumine étendue d'eau, à laquelle on ajoute quelques gouttes d'alcool à 40°, après y avoir fait dissoudre un peu de gomme adragante. L'albumine peut être remplacée par la colle de caséine dissoute dans une solution saturée de borax.

Quant à la mixture dont il faut enduire la porcelaine, pour que la couleur des patrons de transport y fasse adhérence, elle se compose de résine fondue et clarifiée, de cire blanche épurée et de térébenthine de Venise avec un peu d'essence de thym, à l'état d'onguent un peu ferme, et que l'on étend au doigt sur la porcelaine tiédie. Ce procédé permet de reproduire rapidement et à un prix très modéré un même sujet un grand nombre de fois, et de livrer au commerce des pièces de porcelaine décorées, que l'on ne pourrait vendre dans les mêmes conditions s'il fallait les peindre à la main.

M. Salvétat donne, au sujet de ces procédés par impression, des renseignements très intéressants auxquels nous empruntons ce qui suit :

Bien que toutes les planches gravées puissent servir, il vaut mieux les disposer spécialement pour cet usage, en gravant à des profondeurs diverses, pour varier les intensités des tons. Il convient d'écarter les tailles pour ne pas avoir des taches au lieu d'ombres, surtout pour tirer des épreuves en or.

L'encre d'impression qu'on emploie à Sèvres, est formée d'huile de noix cuite, à un point voisin de celui d'inflammation, et en y jetant des tranches de pain grillé, puis on la laisse s'enflammer, on la retire du feu et ainsi de suite, jusqu'à ce qu'elle devienne visqueuse et d'un brun marron.

La planche se charge, avec un mélange de cette huile, de la couleur employée et d'une proportion variable de noir de fumée.

1/10 pour le bleu.

1/3 avec l'or.

0 avec le noir, le vert et le rouge.

On la nettoie légèrement au couteau, puis au chiffon légèrement empesé.

Dans le tirage sur papier, le travail n'offre aucune particularité spéciale. Seul le choix du papier exige quelques soins. Il faut se servir de papier absolument dépourvu de colle et humide.

Les pièces de porcelaine à imprimer doivent être recouvertes d'une mixtion, composée d'essence de térébenthine additionnée d'un dixième de vernis copal, ou d'une solution très faible d'alun qui a l'avantage de sécher sans avoir besoin de passer à l'étuve.

S'il s'agit d'impression d'or, M. Legros d'Anisy indique une petite opération supplémentaire qui assure la réussite du travail, et qui consiste à passer, à l'aide d'un pinceau, un peu de poudre d'or sur toutes les impressions, et à repasser un blaireau sec pour enlever les excès non adhérents.

Dans les impressions sur biscuit, on emploie les couleurs sans fondant, la glaçure qu'on met ensuite en tient lieu. L'encre d'impression doit être très visqueuse, elle renferme du bitume; et comme la glaçure broyée à l'eau ne pourrait pas prendre sur les parties grasses, entre l'impression et la glaçure, il faut passer à un feu suffisant pour détruire cet enduit.

Enfin un dernier procédé, un peu plus long, permet en retour d'obtenir des impressions beaucoup plus nettes et de ne fatiguer en rien les planches gravées. On enduit l'assiette, par exemple, d'une couche de celle de Flandre ou de colle de peau visqueuse qu'on laisse sécher. Cette couche a 2 à 3^{mm} d'épaisseur.

On charge la planche d'huile cuite et siccative de noix. Soit directement, soit par l'intermédiaire d'une épreuve sur papier, on fait un tirage sur la gélatine. On transporte sur la pièce de céramique cette épreuve à l'huile tirée sur la gélatine, et on saupoudre avec la couleur vitrifiable pulvérisée, qui vient adhérer partout où l'huile a tracé un dessin.

CHAPITRE IX.

De la peinture sur Faïence.

La peinture sur faïence est si intimement liée à la peinture sur porcelaine, que nous n'avons pas cru devoir former une partie séparée, de ce qui a trait à cette question, d'autant qu'il nous sera facile de l'exposer rapidement, puisque nous nous appuierons constamment sur ce qui précède.

La nature de la faïence s'oppose en général à ce que l'on y exécute des peintures aussi soignées que celles faites sur porcelaine. Les couleurs employées sont à peu près les mêmes que celles qui servent pour la porcelaine dure. Nous disons à peu près, parce qu'en effet il arrive assez souvent que la température nécessaire à la vitrification de certaines d'entre elles est supérieure à celle qui altère la glaçure de la pièce, ce qui limite le nombre des éléments dont on dispose sur la palette. En général, les décors des faïences anciennes que l'on cherche surtout à imiter, sont monochromes, ou tout au moins en camaïeu.

Quant au procédé même de peinture, il change également un peu, la faïence n'étant généralement passée qu'à un seul feu de peinture. On fait donc son ébauche qu'on laisse sécher, et qu'on reprend ainsi un certain nombre de fois, jusqu'à l'achèvement complet du travail, qui doit sortir achevé de la cuisson, sans nécessiter de retouches. L'on traite en général dans ce genre, des sujets plus larges à plus grands effets, que dans la peinture sur porcelaine, laissant plus de liberté à l'artiste, dont le travail se rapproche beaucoup plus de celui de la peinture à l'huile.

Les couleurs les plus ordinairement employées sont : Le jaune d'urane, les jaunes et les bleus de peinture sur porcelaine ; le vert foncé V de Sèvres, les verts bruns, le violet de manganèse, les verts bleus, quelques violets de fer, les carmins et les pourpres. Le noir s'obtient généralement par mélange du violet de manganèse et du vert noir.

On peint quelquefois sur émail cru. On entend par là un émail à base d'étain formant sur la terre cuite, un enduit pulvérulent très fragile et spongieux sur lequel on pose des couleurs métalliques qui cuisent en même temps que l'émail, à la température du rouge blanc et pendant 28 à 30 heures. Ce procédé, qui ne comporte que des pièces de certains genres à grands effets, convient surtout pour la décoration des carreaux de revêtement. Les plus beaux spécimens que l'on connaisse proviennent des pays orientaux.

M. Salvétat a indiqué pour cette peinture particulière un certain nombre de recettes que nous transcrirons ici :

Fondant.

Carbonate de soude. . . . . 100 parties.
Sable d'Etampes. . . . . 200 —

Blanc.

Fondant. . . . . 70 parties.
Minium. . . . . 80 —
Calcine (3 étain, 9 plomb). . . . . 35 —
Silice. . . . . 100 —
Chlorure de sodium. . . . . 53 —

Triturer.

Noir.

Fondant. . . . . 160 parties.
Oxyde de fer.. . . . . 200 —
Oxyde de cobalt. . . . . 100 —
Oxyde de manganèse. . . . . 100 —

Fondre.

Bleus.

	Clair.		Foncé.	
Fondant.	100	parties.	30	parties.
Oxyde de cobalt..	20	—	»	—
Oxyde de zinc..	20	—	»	—
Email blanc..	»	—	160	—

Fondre.

Vert.

Oxyde de cuivre. . . . . 80 parties.
Blanc. . . . . 100 —

Triturer simplement.

Jaunes.

	a	b	c
Antimoniate de potasse. .	60	60	60 parties.
Minium.	90	60	90 —
Carbonate de soude.. . . .	10	15	» —
Oxyde de fer hydraté.. . .	»	12	56 —

On mélange.

	Jaune pâle.	Jaune.	Jaune foncé.
Fondant	»	100	100 parties.
Email blanc.. .	100	»	» —
Jaune a..	100	»	» —
Jaune b..	»	100	» —
Jaune c..	»	»	125 —

Bruns.

On les obtient par des mélanges de jaune b et de bleu foncé, ou de jaune b et de noir.

On emploie également une couleur spéciale pour faïence, avec laquelle on décore en Angleterre la belle faïence dite Iron-Stone, et connue sous le nom de *Pink colour*, *rouge d'œillet ou stannochromique*, préparée d'après les recherches de M. Malagutti à l'aide des matières suivantes :

Acide stannique. . . . . 100 parties.
Craie. 34   —
Chromate de potasse. . . . . 3 à 4   —

auxquelles on ajoute :

Silice. . . . . 5 parties.
Alumine. 1   —

Triturer, fondre au rouge clair, laver après refroidissement à l'eau légèrement acidulée par l'acide chlorhydrique.

Un autre genre de décoration de la faïence, devenu très en vogue depuis quelques années, grâce aux travaux patients des Deck, Rousseau, Collinot, etc., qui ont cherché à retrouver les secrets des anciens, consiste à employer des émaux opaques fondus entre des petites cloisons de métal formant les contours du dessin. En réalité, ces objets s'écartent de la peinture proprement dite et nous n'insisterons pas davantage.

TROISIÈME PARTIE

PEINTURE EN ÉMAIL ET ART DE L'ÉMAILLEUR

CHAPITRE Ier.

Émaillage des Métaux précieux.

GÉNÉRALITÉS.

L'art de l'émailleur ne paraît pas avoir été de beaucoup postérieur à la découverte du verre, dit M. J. Girardin; les anciens le pratiquaient avec un très grand succès. Dans les hypogées de la ville de Thèbes, on trouve de petits tubes d'émail coloré, des poteries émaillées de diverses couleurs. On prétend que l'art de peindre en émail sur métaux n'a commencé en France que vers 1632. C'est une erreur, puisque plusieurs des pièces de la vaisselle de Charles V étaient émaillées. Palissy lui-même fait connaître que, de son temps (1580), les émailleurs de Limoges donnaient pour trois sous une douzaine de ces figures d'enseignes, en cuivre émaillé, qu'on portait alors au bonnet. Nous avons vu, dans le premier chapitre de la peinture sur verre, qu'il dit que l'art de ces émailleurs était « devenu si vil qu'il leur était difficile d'y gagner leur vie au prix où ils donnaient leurs œuvres si bien labourées et les émaux si bien fondus sur cuivre qu'il n'y avait peinture si plaisante. » Il est vrai qu'au commencement du XVIIe siècle, les artistes employèrent des émaux clairs et transparents, qui produisirent plus d'effet. Jean Toutin, orfèvre de Châteaudun, en 1630, se rendit célèbre par ses bijoux émaillés.

L'art de l'émailleur n'a rien de commun avec la fabrication de beaucoup de petits objets d'émail et de verre, qui se font très facilement et très promptement à la lampe dite *lampe d'émailleur :* l'art dont nous nous occupons consiste à appliquer sur certains métaux, tels que l'or, l'argent et le cuivre (1), des émaux de différentes couleurs. L'application des émaux sur les métaux, n'est pas d'un succès aussi assuré que sur le verre, ni sur les matières céramiques. La présence d'un métal oxydable est d'une influence toujours fâcheuse, à laquelle il est fort difficile de se soustraire. Il est rare même qu'il n'y ait pas quelque réaction entre les deux corps. Ces réactions sont de plusieurs sortes : le plus souvent .l'émail dissout l'oxyde qui s'est formé à la surface du métal par l'élévation de la température, et reçoit une coloration nouvelle qui modifie celle qu'il avait primitivement ; d'autres fois, l'émail oxyde lui-même le métal en le scarifiant par l'oxyde de plomb qu'il contient : dans ce cas, le plomb métallique réduit, ainsi que le nouvel oxyde formé, agissent à la fois pour détruire la coloration primitive. C'est pourquoi l'or s'émaille mieux que le cuivre et l'argent. Il n'est cependant pas toujours exempt d'insuccès, parce qu'il contient ordinairement une certaine quantité de cuivre qu'il est nécessaire d'y ajouter pour donner aux objets plus de résistance.

La plupart des applications d'émail s'exécutent sur des objets en métaux précieux, disposés à cet effet par les joailliers. Ce sont ordinairement des plaques d'une épaisseur variable que l'on émaille dans toute leur étendue, ou seulement dans quelques parties déterminées par un dessin que l'émail doit former. Dans le premier cas, ces plaques présentent un bord saillant destiné à retenir l'émail au moment de l'application ; dans le second cas, elles offrent des parties creuses, gravées suivant le dessin qu'on veut obtenir.

Emaillage et peinture en émail. — On émaille les métaux de plusieurs manières : tantôt on applique simple-

_____

(1) Le chapitre suivant traite de l'émaillage sur terre cuite et sur métaux communs.

ment des couches d'émaux colorés ; tantôt, sur un émail servant de fond, on exécute des peintures avec d'autres émaux de différentes couleurs. Cette dernière manière d'employer les émaux porte plus spécialement le nom de peinture sur émail.

Opacité et transparence. — Les émaux sont opaques ou transparents : ceux qui servent de fond sont opaques; ceux qu'on emploie pour peindre peuvent être transparents ou opaques ; mais il est préférable qu'ils aient cette dernière qualité. On ne peut guère appliquer que des émaux opaques sur le cuivre ou l'argent. Dans tous les autres cas, la transparence et l'opacité sont arbitraires.

Qualité des émaux. — Les émaux destinés à décorer les métaux, doivent avoir toutes les qualités requises pour ceux qu'on applique sur le verre ou la porcelaine. Leur fusibilité est subordonnée à celle du métal qu'ils doivent recouvrir; elle doit être plus grande pour le cuivre et l'argent que pour l'or. Ils peuvent être très fusibles, quand ils ne doivent pas supporter d'autres émaux ; au contraire, il est nécessaire qu'ils le soient aussi peu que possible, quand ils doivent servir de fond à une peinture.

Ce que nous avons dit de la nature des émaux, de leur composition, de leur préparation, à propos de la peinture sur verre et sur porcelaine, s'applique rigoureusement à ceux dont nous nous occupons ici. Nous ne reviendrons pas sur ces détails, qui sont largement exposés dans les autres parties de ce Manuel. Nous ne développerons que les spécialités que présente l'art dont nous nous occupons maintenant.

Métaux. — L'or peut être émaillé, quel que soit son titre, pourvu que les émaux soient appropriés à sa fusibilité. Cependant, moins il contient de cuivre, plus il est propre à cet usage, parce que les émaux sont moins susceptibles de s'obscurcir par la vitrification du cuivre, et en outre, parce que, pouvant être moins fusibles, ils seraient d'une plus grande dureté. L'or que l'on émaille ordinairement est au titre de 0,920.

Sur le cuivre et l'argent, il est presque impossible que la coloration des émaux, quels qu'ils soient, ne soit pas altérée par le contact de ces métaux : mais souvent cette altération est bornée à la couche qui est en rapport immédiat avec le métal. Si l'émail est transparent, sa perméabilité à la lumière rend tous les défauts perceptibles à la vue, comme s'ils étaient extérieurs; s'il est opaque, au contraire, sa surface n'étant pas altérée, dissimule les défectuosités des couches profondes. C'est pourquoi les émaux opaques sont les seuls qui soient employés avec quelque succès sur les métaux en question : encore arrive-t-il fréquemment que les bords sont souillés par la coloration accidentelle produite par le cuivre ou l'argent. Cependant, on peut appliquer des émaux transparents sur le cuivre et l'argent, après avoir préalablement recouvert ceux-ci d'un premier émail opaque, ou d'un émail noir surmonté d'une feuille d'or. Il semblerait qu'une dorure un peu forte dût donner le même résultat. Mais à la température nécessaire pour fondre les émaux, l'or se combine aux métaux qu'il recouvre, les pénètre profondément, et l'on n'a plus qu'un alliage où le cuivre et l'argent sont en trop grande proportion pour ne pas donner lieu aux mêmes accidents. Il est probable, néanmoins, qu'on aurait plus de succès, si les émaux employés étaient plus fusibles.

COMPOSITION DES ÉMAUX.

Tous les émaux opaques ou transparents qui doivent être appliqués directement sur les métaux, ont pour base commune un composé vitreux, transparent, incolore, dont nous allons donner plusieurs recettes.

Email transparent.

	No 1.		No 2.		No 3.	
Silice. . .	3	parties.	3	parties.	3	parties.
Minium. .	2	—	4	—	5	—
Nitre. . .	2,5	—	2	—	1	—
Borax. . .	»	—	1	—	1	—

	N° 4.	N° 5.
Silice	10 parties	3 parties
Minium	15 —	6 —
Nitre	4 —	» —
Borax	1 —	1 —

On donne de l'opacité à la matière commune des émaux, en y ajoutant une certaine quantité d'acide stannique, de phosphate de chaux ou d'acide antimonique. Le premier est le plus ordinairement employé.

L'acide stannique n'est pas introduit isolément dans les émaux : on le combine préalablement avec l'oxyde de plomb qui en doit faire partie, afin qu'il s'y trouve dans un état de division plus parfaite. A cet effet, on calcine un alliage de plomb et d'étain en proportion convenable, de la manière suivante : les deux métaux sont fondus ensemble, et portés à une température élevée, voisine du rouge ; on enlève l'oxyde qui se forme à la surface, à mesure qu'il se produit. Quand tout l'alliage est transformé en oxyde, on le chauffe encore pendant quelque temps pour rendre l'oxydation plus complète. Le produit est ensuite jeté dans un vase plein d'eau, où on l'agite pour en séparer les petites parties du métal qui auraient échappé à l'oxydation. Celui-ci, plus pesant, gagne toujours le fond du vase ; il est alors facile d'en séparer l'oxyde. Cet alliage porte le nom de *calcine*.

Les proportions d'étain et de plomb qu'il convient d'allier pour la calcine, varient suivant la composition de l'émail dont ces métaux doivent faire partie. La quantité d'acide stannique nécessaire pour rendre un émail opaque, est à peu près déterminée : il en faut environ 1/10 du poids de l'émail pour donner à celui-ci une blancheur et une opacité convenables ; mais c'est la quantité de l'oxyde de plomb, qui varie suivant la composition des émaux. En conséquence, le même rapport entre l'étain et le plomb, dans la calcine, ne peut être admis dans tous les cas.

Voici la composition des alliages qu'il convient de calciner pour les différents émaux que nous avons formulés tout-à-l'heure.

	No 1.	No 2.	No 3.	No 4.	No 5.
Plomb. .	3.5 part.	5 part.	6 part.	6 part.	7 part.
Etain. . .	1 —	1 —	1 —	1 —	1 —

Pour rendre opaque la matière commune des émaux, il faudra donc remplacer le minium indiqué par une quantité de calcine que nous allons déterminer pour chacun des nos dont nous avons parlé.

	No 1.	No 2.	No 3.
Silice.	3 parties.	3 parties.	3 part
Calcine no 1. .	1 Calcine no 2.	5 Calcine no 3.	6 —
Nitre.	2.5 part. .	2 part. . . .	1 —
Borax.. . . .	» —	1 —	1 —

	No 4.	No 5.
Silice.	10 parties.	3 parties.
Calcine no 4. . . .	18 Calcine no 5. .	7 —
Nitre.	4 parties.	» —
Borax..	1 —	1 —

Pour colorer les émaux opaques ou transparents, il n'est besoin que de les faire fondre avec une quantité convenable d'oxydes colorants. Ceux dont nous avons donné la composition, sont propres à être appliqués sur l'or. Lorqu'on veut les employer sur le cuivre et l'argent, il est nécessaire d'en augmenter la fusibilité, en y ajoutant environ 1/8 de leur poids de borax calciné. En général, on augmente la fusibilité à son gré, par une addition de borax.

Voici des exemples de la composition des émaux colorés que l'on prépare avec l'un ou l'autre des cinq numéros que nous avons cités, soit opaques, soit transparents.

Email bleu.

Email opaque ou transparent.. . . . 10 parties.
Oxyde de cobalt. . . . . 1 à 2 —

Email vert.

Email opaque ou transparent.. . . . 6 parties.
Oxyde de chrome. . . : . . . . . . 1 à 2 —

Autre.

Email opaque ou transparent.. . . 30 parties.
Deutoxyde de cuivre. . . . . . 1 à 2 —

Email violet.

Email opaque ou transparent.. . . 30 parties.
Peroxyde de manganèse. . . . . 1 à 2 —

Email jaune.

Email opaque ou transparent.. . . 6 parties.
Chlorure d'argent. . . . . . . 1 à 2 —

Email pourpre.

Email opaque ou transparent.. . . 12 parties.
Pourpre de Cassius. . . . . . . 1 à 2 —

On diminue la tendance à tourner au violet, en y ajoutant du borax, et on éclaircit la nuance avec de l'émail jaune ci-dessus.

Email noir.

Email transparent. . . . . 15 parties.
Oxyde de cuivre. . .
Oxyde de cobalt. . . } de chaque 1 à 2 —
Oxyde de manganèse.

Les émaux colorés avec d'autres substances, telles que l'antimonite de plomb, de fer, etc., font partie de ceux qu'on emploie pour peindre, et sont d'une autre nature que les précédents. Il serait superflu de les rapporter ici. Les émaux employés pour peindre sur émail, sont les mêmes que pour la peinture sur porcelaine et sur verre. Nous renvoyons le lecteur à ce que nous en avons dit ailleurs.

DE L'APPLICATION DES ÉMAUX.

Les émaux que l'on applique immédiatement sur les métaux, s'emploient toujours à l'eau. On commence par

les broyer dans un mortier d'agate, en les humectant
convenablement, et quand ils ont la finesse convenable,
on les conserve à l'abri de la poussière, dans un godet
de verre ou de porcelaine, avec assez d'eau pour qu'ils
en soient recouverts de deux millimètres. L'émailleur
doit entourer la plaque d'un petit filet dit bordement,
afin d'éviter que l'émail ne s'échappe quand on le tasse
sur la plaque. Avant de recevoir l'émail, les pièces doivent être parfaitement dégraissées : pour cela, on les fait
bouillir dans de l'eau de potasse, et on les lave à l'eau
pure. Lorsque l'or est à un titre inférieur, il n'est pas
indifférent de le faire bouillir, jusqu'à siccité, dans la
dissolution suivante :

Salpêtre. . . . . 40 parties.
Alun. 25
Sel marin. 35
Eau, le moins possible.

Cette opération enlève, à la surface de la pièce, le cuivre qui fait partie de l'alliage et l'émail se trouve ainsi
en rapport avec une couche d'or plus pur. Ordinairement
on guilloche les surfaces qui doivent recevoir l'émail, soit
pour rendre celui-ci plus adhérent, soit pour lui donner
plus d'éclat, en augmentant les reflets qui doivent le traverser, quand il est transparent.

Pour appliquer l'émail, on en prend avec une spatule
de fer, et on l'étend sur la pièce aussi également que
possible. En heurtant légèrement les bords de celle-ci,
on force l'émail à se tasser, et on achève d'égaliser la
couche en la comprimant avec la spatule, fig. 23. Si c'est
un émail transparent, il doit être mis en couche assez
mince pour que le métal puisse réfléchir la lumière ; si
c'est un émail opaque, il est rationnel de le mettre assez
épais, pour que l'altération possible de l'émail par le mélange sous-jacent ne parvienne pas jusqu'à la surface. Nous
avons dit que l'émail était mouillé : on le sèche, en le
touchant adroitement avec un linge vieux, de manière à
éponger l'eau qui tend à s'écouler. On achève de débarrasser l'émail de toute l'eau qu'il contient, en exposant

la pièce à une douce chaleur, sur des cendres chaudes, au moyen d'une plaque de tôle percée de trous nombreux. Elle est alors prête à être passée au fourneau de fusion, pour fixer l'émail à la surface du métal. Pour être placé dans le fourneau, l'objet émaillé doit être mis sur une plaque de tôle disposée à cet effet, au moyen de laquelle on peut l'introduire, le retourner, le retirer enfin, sans le toucher directement. La feuille de tôle est conformée de manière à ne se mettre en contact qu'avec les parties non émaillées : pour cela on la fait ordinairement concave, ou relevée sur les bords, fig. 25.

Le fourneau de l'émailleur est une sorte de fourneau à réverbère pourvu d'un moufle, comme celui qui sert aux essais d'or et d'argent.

Plan et élévation du fourneau, fig. 19.

Coupe transversale, fig. 20.

a a, laboratoire ; *b b*, foyer ; *c c*, cendrier formant ensemble une seule pièce qui repose sur une autre pièce additionnelle creuse *d d*, laquelle communique avec le cendrier, et est munie d'une ouverture *l*, fig. 19, pour donner passage à l'air.

f, grille du fourneau, en terre, séparant le foyer du cendrier.

i, fig. 19, petite ouverture transversale, par laquelle on introduit une tige de fer pour dégager la grille.

m m, moufle assujetti avec de la terre dans une ouverture pratiquée dans la paroi antérieure du fourneau.

g, porte du moufle.

h, tablette demi-circulaire, faisant corps avec le fourneau, et permettant d'approcher et d'éloigner à volonté la porte *g*, de l'ouverture du moufle.

l, fig. 19, dôme s'adoptant au laboratoire *a a*.

n, ouverture par laquelle on introduit le charbon.

t, porte de l'ouverture *n*.

On surmonte le dôme *l* d'un tuyau en tôle *d*, de 9 à 10 décimètres de longueur pour augmenter le tirage.

Lorsque le feu est allumé, et le fourneau convenablement échauffé (le moufle doit être au rouge vif), l'artiste prend avec des pinces, appelées relève-moustaches, fig.

Peint. sur Verre. 16

24, la plaque de tôle que supporte la pièce ; il l'approche de l'ouverture du fourneau de manière à chauffer l'émail doucement et progressivement, pour éviter qu'une chaleur trop brusque ne le fasse pétiller. Il porte, enfin, la plaque au fond du moufle. Dès qu'il s'aperçoit d'un commencement de fusion, il la tourne adroitement pour que la chaleur se propage également. Quand l'émail prend un aspect brillant, c'est une preuve que la fusion est complète. L'artiste alors s'empresse de la retirer avec les mêmes précautions, toutefois, qu'il a prises pour l'y introduire. Après l'avoir ramenée à l'entrée du moufle où elle subit un commencement de refroidissement, il la retire ensuite progressivement, en la tournant toujours, pour que le refroidissement se fasse graduellement. Une fois sortie du fourneau, il la préserve, le plus possible, des courants d'air froid qui pourraient saisir l'émail et le faire éclater. Il faut être attentif à retirer la pièce dès que l'émail est fondu ; car, si la température venait à s'élever tant soit peu, le métal lui-même entrerait en fusion : il n'y a qu'un pas de la fusion de l'émail à celle du métal.

· Si la première couche d'émail n'est pas suffisante, on peut en mettre, de la même manière, plusieurs autres. Après avoir été fixé sur le métal, l'émail a presque toujours besoin d'être poli. On commence par le dégrossir. Cette opération peut se faire de plusieurs manières. On employait autrefois une pierre à affiler, nommé *cos*, dont se servent les cordonniers (fig. 26). Après l'avoir humectée d'eau et saupoudrée de grès fin, on la promenait sur l'émail jusqu'à ce que les aspérités eussent disparu. On s'est servi aussi d'une lime à grain très fin ; mais le moyen le plus convenable est de faire usage d'émeri en poudre convenablement divisée, que l'on frotte sur l'émail, à l'aide d'une lame d'étain assez résistante. Quand toutes les ondulations sont effacées, on détruit par le polissage, les traits que l'action de l'émeri a laissés. On polit l'émail avec la terre pourrie, ou la potée d'étain, en se servant pour cela d'abord d'une lame d'étain comme pour l'émeri : on achève de donner le brillant et l'éclat, en substituant à la lame d'étain un morceau de bois tendre, tel que le tilleul, etc.

Lorsqu'on émaille une lame mince de quelque étendue, on est souvent obligé de la contre-émailler, c'est-à-dire d'appliquer au revers une autre couche d'émail, en même temps que la première : sans cette précaution, la lame deviendrait convexe du côté de l'émail. Voici pour quelle raison : la dilatabilité des métaux est bien plus grande que celle de l'émail ; en conséquence, lorsque la pièce émaillée se refroidit, la contraction est plus grande dans le métal que dans l'émail : elle est déjà près de son terme dans celui-ci, quand l'autre doit encore se contracter beaucoup. Ce mouvement est nécessairement arrêté du côté où l'émail retient, tandis qu'il continue d'avoir lieu au côté opposé qui doit nécessairement devenir concave. On évite cet inconvénient par un contre-émail. Si la plaque ne peut être contre-émaillée, on est obligé de ne mettre qu'une couche d'émail très mince. Au surplus, cela n'est nécessaire qu'autant que l'émail est appliqué en grande surface. Lorsque l'émail ne doit former que des dessins de peu de largeur, on se dispense toujours de contre-émailler, et dans ce cas on *champlève* ou *burine* ces dessins sur une profondeur égale à la hauteur qu'aurait eu le bordement dans le cas d'un émaillage en plein. Le fond des champlevures est strié pour faciliter la prise de l'émail.

COULEURS EMPLOYÉES DANS LA PEINTURE SUR ÉMAIL.

Dans la peinture sur émail, les couleurs s'appliquent au pinceau à l'aide d'un véhicule approprié, l'huile essentielle de lavande très pure, et l'on opère comme dans la peinture sur verre et sur porcelaine. Les couleurs les plus employées dans cette peinture sont les suivantes : bleu foncé, bleu outremer, brun clair, brun foncé, carmin clair, carmin foncé, gris noir, jaune clair, jaune foncé, noir ordinaire, noir d'iridium, pourpre cramoisi, pourpre riche, vert de chrome, vert tendre et violet noir.

On ébauche légèrement, et le nombre des retouches est aussi peu limité que celui des feux ; toutefois il ne saurait dépasser 4 ou 5 sans courir le risque de faire fondre ou couler l'émail.

Pendant longtemps la manufacture de Sèvres ne s'est occupée que des matières céramiques. Vers 1840, il y a été adjoint un atelier de peinture sur émail; et même plus tard on s'y est occupé de la question de l'émaillage des métaux en général, y compris les métaux communs, ainsi que nous le verrons plus loin.

Au sujet de la peinture sur émail, M. Salvétat a publié les recettes de la composition des couleurs vitrifiables propres à ce travail spécial, que nous transcrivons ici.

Les fondants sont réduits à deux : le second réservé aux pourpres et aux carmins.

	No 1.	No 2.
Sable.	200 parties.	400 parties.
Minium.	500 —	300 —
Borax fondu.	75 —	600 —

Noirs et Gris.

Les deux couleurs ne diffèrent que par la proportion d'oxyde noir employé, lequel se prépare comme pour les couleurs à porcelaine.

	Gris.	Noir.
Oxyde à noir..	40 parties.	80 parties.
Fondant no 1..	220 —	170 —

Bleus.

Fleurs de zinc.	8 parties.
Oxyde de cobalt..	4 —
Fondant aux gris.	20 —

Jaunes.

	Clair.	Moyen.	Foncé.
Mine-orange.	120 part.	102 part.	120 part.
Sable d'Etampes. . . .	40 —	40 —	40 —
Borax fondu.	40 —	40 —	40 —
Antimoniate de potasse.	40 —	40 —	40 —
Carbonate de zinc hydraté.	30 —	20 —	» —
Oxyde de fer.	» —	20 —	20 —

Ocre.

Zinc métallique. . . . . 1 } 85 part.
Fer métallique.. . . . . 1 }
Fondant. . . . . 170 —

Rouges et violets de fer.

En employant les divers oxydes du fer dans la proportion de 85 pour 170 de fondant.

Bruns.

Les bruns sont formés de 85 de composition avec 170 de fondant.

	Rouge.	Bois.	Sépia.
Fer métallique. . .	200 part.	200 part.	200 part.
Zinc métallique. . .	200 —	200 —	200 —
Oxyde de cobalt. .	10 —	40 —	60 —

Brun mordoré.

Chromate de fer. . . . . 85 parties.
Fondant. . . . . 170 —

Les carmins, les pourpres, les violets d'or se préparent comme pour les couleurs à porcelaine, en augmentant les proportions du précipité de pourpre de Cassius.

Les blancs se font avec de la calcine à 1 de plomb et 1 d'étain, ou 15 de plomb et 1 d'étain avec fondant spécial.

Sable. . . . . 100 parties.
Nitre. . . . . 60 —
Minium. . . . . 40 —

Malgré les nombreux points de ressemblance qui existent entre la peinture sur émail et la peinture sur verre ou sur porcelaine, il ne faut pas méconnaître que les difficultés sont bien plus grandes dans celle-ci. L'essai des couleurs se fait sur de petites plaques comme pour les autres genres de peinture.

Le blanc est une couleur dont on ne devra faire usage que le moins possible, et le réserver pour les rehauts lumineux. On peut, dans les parties ombrées et vigoureuses, empâter un peu comme dans la peinture à l'huile, l'écaillage n'étant pas tant à redouter que sur la porcelaine. Par contre, les parties claires devront toujours être traitées très légèrement.

Pour les chairs, on commencera par un fond de teintes mélangées de jaune et de pourpre, donnant au feu un ton rougeâtre sur lequel on modèlera par d'autres teintes variées dans les cuissons successives.

La seule règle que l'on puisse formuler pour ce genre de peinture, c'est d'opérer toujours par une succession d'ébauches, en ne cherchant jamais à obtenir l'effet final d'un seul coup, par l'application des diverses couleurs formant la teinte à produire.

Les émaux genre Limousin, s'exécutent non sur fond blanc, mais sur fond bleu ou noir, et les dessins sont ordinairement formés par de simples grisailles obtenues à l'aide d'émail blanc opaque. Quelquefois on revient sur ce premier dessin avec des teintes un peu colorées, qui permettent d'obtenir une grande richesse d'effet.

Voici le mode à suivre pour ce genre d'émaux. On dessine ou décalque un dessin sur la plaque de cuivre à l'aide d'un peu de minium délayé à l'eau gommée, on décape. On cerne alors le trait avec du blanc d'émail broyé à l'eau et graissé à l'essence. Seulement la façon de déposer cet émail diffère un peu de la peinture ordinaire. Au lieu de tracer au pinceau un trait fin et continu, on cherche à former une sorte de petit bourrelet par une suite de petites gouttelettes juxtaposées, de manière à avoir une sorte de bas-relief dont on règle l'épaisseur à la pointe d'aiguille en broyant en quelque sorte la couleur. C'est d'après l'épaisseur de cette couche aux divers points, qu'on obtiendra après la cuisson plus ou moins de transparence du fond, et c'est ce reflet du fond qui formera le modelé, et par suite la finesse du sujet. On ne doit pas oublier que l'épaisseur du blanc s'aplatit environ de moitié au feu. Il ne faut jamais attaquer à la fois plusieurs parties du dessin, car le blanc sécherait, et il serait impossible de le manier à l'aiguille.

En repassant à plusieurs feux, on peut recharger les parties trop maigres, ou user celles trop chargées de blanc.

Pour colorer ensuite ces dessins, il est préférable d'employer non plus des émaux, mais les couleurs à porcelaine. Les ors se pratiquent avec l'or en coquille, mélangé à une très petite quantité de fondant assez fusible pour n'avoir pas à craindre d'altérer les émaux ou les couleurs.

CHAPITRE II.

Emaux artistiques.

Bien que dans ce qui précède nous ayons donné la composition des émaux ordinaires que fournit le commerce, destinés à l'émaillage artistique de la bijouterie, ainsi que la manière de les employer, nous croyons utile d'indiquer ici quelques renseignements sur des émaux spéciaux et sur l'art du bijoutier émailleur.

Email de Néri.

Talc. . . . . 50 parties.
Calcine à parties égales de plomb
  et d'étain. 50   —
Potasse. . . . . 0.50 —

Email de Clouet.

Verre blanc. . . . . 300 parties.
Borax. 100   —
Nitre. 25   —
Antimoine diaphorétique lavé. . . 100   —

Email de Montamy.

Verre de tuyau de baromètre. . . 72 parties.
Borax calciné. 39   —
Salpêtre purifié. 78   —

Il est à observer que Montamy ne calcinait pas le borax jusqu'à le mettre en fusion.

Recette d'émail blanc donnée par M. Dumas.

Sable siliceux. . . . . 100 parties.
Calcine à 15 d'étain pour 100 de
    plomb. . . . . 200 —
Carbonate de potasse. . . . . . . 80 —

On fritte d'abord le mélange; on le met ensuite en fusion avec une quantité de manganèse suffisante pour détruire la coloration accidentelle; on le coule dans l'eau, et après l'avoir pulvérisé, on le fait fondre de nouveau. Cette opération est répétée trois ou quatre fois. Cet émail semble renfermer une quantité de potasse trop considérable; mais quand il a été fondu plusieurs fois, il se trouve ramené à une saturation convenable par la volatilisation d'une grande partie de l'alcali.

ÉMAUX DE WINN.

Fondant Nº 1.

Minium. . . . . 8 parties.
Borax calciné. . . . . 1 1/2 —
Silex pulvérisé.. . . . . 2 —
Flint-glass.. . . . . 6 —

Nº 2.

Flint-glass. . . . . 10 parties.
Deutoxyde d'arsenic. . . . . } 1 —
Nitre. . . . . }

Nº 3.

Minium. . . . . 1 partie.
Flint-glass.. . . . . 3 —

Nº 4.

Minium. . . . . 9 1/2 parties
Borax non calciné. . . . . 5 1/2 —
Flint-glass. . . . . 8 —

Nº 5.

Flint-glass. . . . . 6 parties.
Fondant nº 2. . . . . 4 —
Minium. . . . . 8 —

Nº 6.

Fondant nº 2. . . . . 10 parties.
Minium.. . . . . 4 —
Silex en poudre. . . . . 1 1/2 —

Nº 7.

Fondant nº 4. . . . . 6 parties.
Colcotar. . . . . 1 —

Nº 8.

Minium. . . . . 8 parties.
Borax non calciné. . . . . 1 —
Silex pulvérisé. . . . . 1 —

Tous ces mélanges sont fondus au creuset; on verse le produit dans de l'eau froide, et on le pulvérise. Ces fondants servent à préparer les émaux suivants.

Email jaune.

Minium. . . . . 8 parties.
Peroxyde d'étain. . . . . 1 —
Oxyde d'antimoine, ... 1 —

Ces oxydes réduits en poudre, doivent être mêlés intimement dans un mortier de verre ou de porcelaine, et ensuite chauffés jusqu'au rouge. On en mêle deux parties avec trois parties du fondant nº 4.

Email dit brun de Van Dyck.

Fondant nº 4. . . . . 3 parties.
Limaille de fer fine. . . . . 1 —

Faites fondre dans un creuset. Après avoir retiré le mélange, on y ajoute 1/5 de noir de cobalt.

Autre.

Peroxyde de manganèse. . . . . . .   2 1/4 parties.
Minium.. . . . .   8 1/2   —
Silex pulvérisé.   1   —

Calcinez ensemble et prenez :

De ce mélange. . . . .   1 1/2 partie.
Composition précédente. . . . . .   1 1/2   —
Fondant nº 4.   4   —

Noir pour peindre et pour mélanger.

Terre d'ombre calcinée au noir. . .   1   partie.
Oxyde noir de cobalt. . . . .   1 1/2 —
Fondant nº 4.   3   —

Broyez à l'eau, faites sécher, calcinez et ajoutez à la fusion :

Fondant nº 4. . . . .   1 1/2 partie.

Autre.

Terre d'ombre calcinée au noir. . .   10   parties.
Oxyde noir de cobalt.   10   —
Flint-glass. . . . .   10 1/2 —
Minium..   12   —
Borax.. . . . .   7 1/2 —

Email orangé.

Minium.. . . . .   12 parties.
Oxyde d'antimoine..   4   —
Oxyde rouge de fer.   1   —
Silex en poudre..   3   —

On fritte ce mélange, on y ajoute ensuite deux fois son poids de fondant nº 4, et l'on met en fusion. Enfin on broie une partie de ce produit avec deux parties de fondant nº 4.

Email noir pour fonds, mais qui n'est pas propre aux mélanges.

Fondant n° 4	2 parties.
Oxyde noir de cuivre	1 —

Broyez à l'eau.

Email rouge clair.

Sulfate de fer calciné	1 partie.
Fondant n° 1	3 —
Blanc de plomb	1 1/2 —

Email rouge foncé.

Fondant n° 7	3 parties.
Sulfate de fer calciné	1 —

Email rouge-brun.

Fondant n° 2	3 parties.
Sulfate de fer calciné brun	1 —

Les émaux de Winn n'offrent rien qui mérite d'être signalé particulièrement. Ils ne paraissent pas avoir été conçus par un homme bien initié à la théorie des émaux. Nous les avons mentionnés principalement parce qu'ils ont valu à l'auteur une récompense de la Société d'encouragement pour les arts de Londres.

ÉMAUX DE MM. PARIS ET AMI.

Cristal servant de base aux émaux.

Sable blanc	184 gram.
Minium	153 —
Potasse	75 —
Peroxyde de manganèse	12 décigr.
Deutoxyde d'arsenic	43 centigr.

Fondez et coulez.

Email rouge transparent.

Cristal. . . . . 30 gram.
Borax. . . . . 4 —
Pourpre de Cassius. . . . . 64 centigr.

Email bleu transparent.

Cristal. . . . . 34 gram.
Borax. . . . . 4 —
Oxyde de cobalt. . . . . 4 —

Email bleu opaque.

Cristal. . . . . 30 gram.
Os calcinés. . . . . 4 —
Borax. . . . . 6 —
Oxyde de cobalt. . . . . 4 —
Deutoxyde d'arsenic. . . . . 2 —

Email blanc.

Cristal. . . . . 30 gram.
Oxyde d'étain. . . . . 6 —
Borax. . . . . 6 —
Deutoxyde d'arsenic. . . . . 2 —

Email violet.

Cristal. . . . . 30 gram.
Borax. . . . . 4 —
Deutoxyde de manganèse. . . . . . . 4 —
Oxyde de cobalt. . . . . 13 décigr.

Email vert transparent.

Cristal. . . . . 30 gram.
Cendres bleues. . . . . 4 —
Borax. . . . . 2 —

Email vert opaque.

Cristal. . . . . 30 gram.
Cendres bleues. . . . . 4 —
Os calcinés. . . . . 4 —
Borax. . . . . 8 —
Deutoxyde d'arsenic. . . . . 2 —

Email noir.

Cristal. . . . . 30 gram.
Oxyde de cuivre. . . . . 4 —
  — de fer. . . . . 4 —
  — de cobalt. . . . . 4 —
  — de manganèse. . . . . . . 4 —
Borax. . . . . 8 —

Email gris.

Cristal. . . . . 30 gram.
Bleu d'azur. . . . . 6 —
Borax. . . . . 4 —

Préparation de l'émail noir ou niellé pour l'ornementation des tabatières en argent, par M. KNOWLYS.

On fait fondre au creuset :

Argent. . . . . 15 gram.
Cuivre. . . . . 90 —
Plomb. . . . . 150 —

Quand la masse est en fusion, on brasse avec un bâton en bois sec jusqu'à ce que le mélange soit devenu homogène ; ensuite on prend :

Soufre. . . . . 750 gram.
Sel ammoniac. . . . . 15 —

On mélange ces deux substances réduites en poudre, et on les incorpore à l'alliage, en continuant à chauffer jusqu'à ce que l'excès de soufre soit volatilisé ; après quoi, on coule la matière dans un vase approprié dont le fond est garni de fleurs de soufre, et on recouvre soigneusement. Quand la masse est refroidie, on la fait fondre de nouveau et on la coule en barres.

Pour appliquer ce produit sur les objets d'or ou d'argent, on procède de la manière suivante : on grave sur ces objets un dessin en creux, et avec un pinceau on enduit ce creux d'une composition faite avec le niellé ci-dessus, réduit en poudre fine et délayé avec de l'eau de gomme ; on fait sécher et on fait fondre le niellé, soit à feu nu, soit dans le moufle ; après le refroidissement, on n'a plus qu'à polir d'après les procédés usités dans le polissage de l'argent.

Émaux transparents et clairs.

Ces émaux ne peuvent s'appliquer que sur l'or. Pour faire cette opération, après avoir tracé le dessin sur la surface métallique, on le champlève et l'on donne au fond un poli bruni. On exécute ensuite sur ce fond la peinture choisie, en tenant toujours le niveau supérieur de l'émail au-dessous du filet formé par la surface de la plaque. Les couleurs doivent être données en couches telles, que ce sont les différentes distances du fond à la surface qui font les ombres et les clairs. Quand cette peinture est sèche, on y place l'émail transparent de la même manière que l'émail blanc, en l'employant un peu plus gros que dans la peinture ordinaire.

C'est par un procédé analogue que l'on fait les émaux dits paillons dont les objets anciens offrent de si beaux spécimens. Ils consistent en parties transparentes à fond d'or, mêlées au milieu de peintures ordinaires, et constituant soit des draperies, soit des ornements. Sur le fond d'émail, au lieu de peindre par le procédé déjà décrit, on commence par déposer de l'or en feuille très mince et on passe au feu pour déterminer l'adhérence de l'or et de la couche d'émail qui se trouve au-dessous. Puis sur cette couche d'or on peint avec un émail clair et transparent. Le plus souvent, au lieu de poser une feuille d'or d'une seule pièce, on emploie de préférence de l'or en paillettes qui ne forme pas une surface continue, et contribue à l'effet décoratif.

Procédés de placage.

On émaille la plaque avec ou sans peinture, puis on la pose sur un morceau de cristal plat, avec lequel on opère la fusion dans le four. On recouvre ensuite cette plaque

d'un autre morceau de cristal plat, auquel on fait éprouver
une semblable fusion avec le premier morceau, en ayant
le soin, avant que cette fusion ait lieu, de presser sur les
bords avec une spatule, afin de chasser l'air qui pourrait
rester entre les plaques et en empêcher la soudure.

On peut pratiquer la peinture directement sur une des
plaques de cristal et terminer en en soudant une autre
par dessus.

Enfin on peut employer non plus une plaque de métal,
mais un dessin au trait obtenu par découpage, fixer celui-ci au cristal, remplir avec de la peinture sur émail
et achever comme ci-dessus.

Émaux en bas-relief, par MM. Faisan-Maaden *et* Subit.

Pour émailler un objet de bijouterie de telle dimension
qu'il puisse être, en bas-relief d'émail, on commence par
graver le sujet en bas-relief sur un carré d'acier ; on
estampe sur cette gravure une plaque laminée d'or fin
qui offre alors une vraie gravure en creux, dans laquelle
on introduit, à l'aide d'une pointe d'acier, les différentes
couleurs d'émaux broyées à l'eau dans les parties qui
l'exigent, surtout dans les figures où l'on peint dans le
creux, par couches, avec les couleurs du peintre en émail,
broyées à l'huile essentielle de lavande ; on passe le sujet
au feu après chaque couleur : lorsque le sujet est terminé, c'est-à-dire que chacun des objets qui le composent
est rempli d'émail suffisamment, on procède au fond,
que l'on étend par couches d'émail transparent, et avant
de passer la dernière de ces couches au feu, on ajoute le
sujet sur les bijoux, en les fixant par un cramponnage,
s'il y a lieu ; alors un feu vif unit le sujet au bijou.

Il s'agit alors d'enlever l'or qui a modelé et qui recouvre encore le sujet. On peut y arriver par arrache-
ment, mais aussi on risque souvent de déchirer en même
temps l'émail. La méthode spéciale des auteurs du procédé consiste à enduire toute la partie de la plaque non
couverte par le bijou, d'un vernis de copal, puis à traiter
par l'eau régale qui dissout toute la pellicule d'or adhé-

rente à l'émail. Un lavage à l'essence de térébenthine permet d'enlever le vernis préservateur.

Pour les bas-reliefs indépendants à émaux transparents et clairs, on opère d'abord comme il vient d'être dit en se servant d'un émail opaque. On enlève la plaque d'or, en y faisant des réserves s'il y a lieu, ce qui est des plus facile par l'emploi du procédé décrit plus haut, puis on peint alors avec les émaux transparents sur l'objet en émail.

Ce dernier moyen permet également d'obtenir une médaille en émail à deux faces. On commence par faire chaque face comme il vient d'être dit, en leur laissant la calotte d'or, on colle ces deux demi-médailles l'une contre l'autre par une couche de la même nature que le fond. On unit les deux parties par une ligature d'or ou de fer, en bouchant bien les petits vides qui ont pu rester sur les bords, et passe au feu pour souder les deux parties. L'on dissout ensuite les deux enveloppes d'or comme il vient d'être dit.

Application de l'émail sur les objets en galvanoplastie, par MM. ROBILLARD et DOTTIN.

La peinture en émail ne pouvait s'appliquer que sur les métaux précieux, or, argent, platine, jusqu'au jour où MM. Dottin et Robillard parvinrent à exécuter le même travail sur les objets en galvanoplastie. C'était rendre un immense service aux arts, car par ce procédé il devenait aisé de reproduire à bon marché des pièces qui jusque là étaient toujours d'un prix élevé, quand on songe au travail considérable que l'orfèvre ou le ciseleur devait d'abord faire subir à la plaque de métal pour y pratiquer la ciselure ou le repoussé formant ces dessins en saillie qu'on trouve dans tant de pièces précieuses anciennes. La reproduction de la matrice sur laquelle l'émailleur opère son travail n'était plus qu'un jeu, et l'on a pu ainsi livrer au commerce la reproduction des pièces anciennes inabordables juqu'alors à beaucoup de personnes.

La base du procédé consiste dans une préparation particulière, sorte de dérochage par laquelle la surface de la pièce perd son poli, et devient apte à fixer l'émail.

La pièce galvanisée est recuite au rouge, refroidie, puis mise à l'ébullition dans une composition d'eau acide, formée de 40 gr. d'acide sulfurique pour 4 litres d'eau. Le séjour dans ce bain est de quelques minutes, la pièce est ensuite lavée dans l'eau ordinaire en la brossant avec une brosse rude et du grès fin, puis plongée dans de l'acide nitrique très concentré pendant 4 secondes, et lavée de nouveau.

Cette opération est répétée un certain nombre de fois, suivant la nature de la pièce, jusqu'à ce qu'elle atteigne un état convenable que la pratique peut seule apprendre à discerner.

La peinture s'applique ensuite comme pour les émaux ordinaires. La cuisson demande seulement des soins attentifs.

Émaillage des objets en laiton et en maillechort, par M. S. TEARNE.

Quand on fait fondre un émail sur du laiton, sur du maillechort ou argentan, on observe qu'il adhère très imparfaitement et que ces sortes de surfaces ne peuvent pas être convenablement émaillées par les procédés ordinaires. Voici un moyen pour enduire de cuivre la surface des pièces en laiton ou en maillechort qu'on veut émailler, ou seulement la portion de cette surface qu'on se propose de recouvrir d'émail, et où cet émail, après avoir été fondu, adhère avec force.

Pour produire des dessins en émail sur des pièces métalliques, la portion de leur surface qui doit être émaillée est généralement enlevée, gravée et repoussée en creux, et l'on met l'émail en fusion dans des portions ainsi creusées de la surface, puis par un dégrossissage, un douci et un polissage, on amène l'émail et la partie non émaillée à être parfaitement de niveau et dans le même plan.

Voici maintenant comment on procède pour creuser ou graver en creux les dessins sur laiton et maillechort qui doivent être ensuite émaillés.

On enlève ces dessins soit au burin, soit à l'eau-forte, ou bien on les produit par le transport d'un dessin qu'on imprime avec le cuivre, la pierre, le verre, l'acier, le zinc ou autres substances sur une surface inattaquable dans ses autres points par les acides, puis on fait mordre à l'eau-forte, à la profondeur voulue, les parties du dessin qui doivent être émaillées, ou bien on produit ces dessins par le gaufrage ou l'estampage au moyen de matrices, de cylindres ou autres outils.

Le dessin étant ainsi gravé ou imprimé en creux par l'un des moyens que l'on vient d'indiquer, on dépose une couche mince de cuivre sur tout l'article ou seulement sur les parties qu'on veut émailler, les autres portions étant réservées par les moyens employés en dorure et en argenture galvaniques. En cet état, on procède à l'émaillage à la manière ordinaire. On use ensuite et on polit la partie émaillée, on enlève le vernis, ou la réserve, et l'article émaillé est ensuite terminé en argentant, bronzant ou vernissant comme à l'ordinaire les parties non émaillées.

Quand la forme de la pièce est telle qu'on peut en atteindre toutes les parties par les moyens de polissage en usage, il est inutile de réserver une portion quelconque de la surface par le moyen d'un vernis avant le dépôt de cuivre sur cet article, c'est-à-dire que la surface entière peut être cuivrée. Après que l'émail a été introduit dans les parties creuses, toute la surface est dégrossie ou polie, et par cette opération le cuivre est enlevé sur les parties non émaillées, et celles-ci, ainsi que celles émaillées, sont amenées au même niveau, puis enfin on argente, bronze ou vernit.

On peut procéder aussi de la manière suivante : on dépose une couche de cuivre sur une pièce unie en laiton ou en maillechort, et l'on y fait flotter l'émail de manière à former un fond au dessin qu'on veut produire; après la fusion de ce fond on y transporte des dessins en couleurs vitrifiables ou en or, on met en fusion et l'on termine comme à l'ordinaire.

CHAPITRE III.

Emaillage des Métaux communs.

L'émaillage des métaux communs, c'est-à-dire de la tôle et de la fonte, est une industrie qui, bien que ne datant que d'une trentaine d'années, a pris rapidement un développement considérable, par suite des applications très-variées qu'elle a trouvées. Sans nous attacher particulièrement aux émaux décoratifs qui rentrent un peu dans la classe des émaux artistiques, mais pour lesquels on a pu arriver à établir des objets de grande dimension, impossibles à exécuter sur des plaques de cuivre, nous nous attacherons spécialement à étudier dans ce travail, ce qui a trait à l'emploi courant et pratique des métaux émaillés : ustensiles de cuisine, plaques à inscription de toutes sortes, dont on fait aujourd'hui un si grand usage, et qui explique très bien combien cette industrie a trouvé de nombreux débouchés.

Conditions particulières de cet émaillage.

Tout ce qui précède relativement aux divers chapitres concernant la nature des émaux, leur distinction en émaux proprement dits, en matières colorantes et en fondants trouvera naturellement sa place ici, et nous n'aurons à y revenir que pour insister sur les conditions qui résultent de la nature de ces matériaux. Mais avant de passer à l'étude de leur application à l'émaillage de la tôle et de la fonte, il est indispensable de préciser quelles sont les différences existant entre le problème actuel et les précédents que nous avons déjà étudiés. Jusqu'ici, lorsque l'on avait à recouvrir la surface d'un corps par une matière vitrifiable, opaque, transparente, uniforme ou de couleur variée, on trouvait sur la surface de ces corps, ou dans leur nature même, une sorte de couverte pouvant en quelque sorte former une combinaison avec la matière apposée, ce qui assurait son adhérence, et aussi quelquefois conduisait à des restrictions pour éviter des réactions ayant pour conséquence l'altération des matériaux employés, et la destruction de l'effet cherché. Lorsque l'on s'adresse aux métaux communs, les émaux ne s'unissent plus chimiquement avec eux, il n'y a qu'une union mécanique.

L'art d'émailler les métaux présentait de grandes difficultés. Avec les métaux qui n'ont qu'une faible affinité pour l'oxygène, l'émail dont on veut les recouvrir ne doit pas exiger pour sa fusion une température égale à celle où le métal entrerait lui-même en fusion. Avec les métaux qui ont, au contraire, une puissante affinité pour l'oxygène, il faut que l'émail coule à leur surface et la recouvre avant que celle-ci puisse s'oxyder; autrement l'émail se détacherait aisément du métal. Un corps oxydé, ne contractant pas facilement d'union avec un autre qui ne l'est pas, les deux matières ne sauraient adhérer l'une à l'autre par le mélange. Il était donc indispensable de provoquer l'adhérence de la portion oxydée avec celle qui ne l'est pas en donnant à cette dernière une surface inégale et raboteuse.

Les émaux, pour les métaux, doivent en outre présenter cela de particulier que lorsqu'on les broie avec de l'eau, ils ne se laissent pas enlever par celle-ci une portion de leurs parties constituantes; de plus, que leur poudre fine ne puisse pas, par le broyage, se transformer en un hydrate, qui se décompose ensuite au feu et donne des bulles ou bouillons qui s'opposent à l'adhérence de l'émail sur le métal, surtout sur le fer qui, dans ce cas, se recouvre d'oxyde.

L'expérience a démontré que l'émail ne peut adhérer que sur une surface métallique bien exempte d'oxyde de carbone, ou de corps renfermant du carbone. L'état brut ou raboteux de la surface du métal favorise beaucoup l'adhérence mécanique de l'émail au métal. Ces faits ont été contestés et on a soutenu qu'une surface oxydée était une condition nécessaire; on a cru qu'une surface métallique couverte d'oxyde se trouvait alors dans les mêmes conditions que celles des matières céramiques ou poteries, ce qui est évidemment contraire à la nature des matières en question. Cependant, il est possible qu'une oxydation extrêmement faible sur la surface métallique qu'on se propose de recouvrir d'émail, favorise l'affinité des matières qui doivent être mises en contact.

Afin d'obtenir le résultat exigé, on plonge ordinairement le fer dans l'acide sulfurique étendu; il vaudrait mieux faire usage de l'acide chlorhydrique, attendu qu'il forme avec le fer des combinaisons plus solubles et plus difficiles à décomposer que l'acide sulfurique. Par cette immersion, le fer est débarrassé à la surface de l'oxyde qui s'y était formé, ainsi que de quelques autres matières qui proviennent de la fonte, et en même temps cette surface acquiert un toucher rude et inégal. Dans cette opération, le carbone combiné à la fonte se trouve mis à nu et déposé sur le fer, d'où il faut l'enlever, ce qui n'est possible qu'en frottant vivement la surface décapée dans les points où elle doit recevoir la couverte d'émail. Après ce travail, les objets en fer sont lavés, séchés promptement et complètement, afin de les mettre à l'abri d'une nouvelle oxydation.

De même qu'une surface métallique qui présenterait des taches d'oxyde en quantité sensible, serait sujette à faire exfolier l'émail; de même le carbone qui adhérerait à cette surface déterminerait la formation des bulles et des bouillons dans l'émail, attendu qu'à une haute température, l'oxygène de l'air qui se trouve alors présent donnerait lieu à la transformation du graphite en gaz oxyde de carbone ou en acide carbonique.

Une condition indispensable au succès, c'est que les matériaux dont l'émail se compose aient été préalablement transformés en une fritte homogène par la fusion, afin que, lorsqu'on charge la surface du métal, il ne se produise pas, lors de la fusion et de l'union des matières, les inconvénients provenant d'une surface oxydée ou souillée par du graphite ou du carbone, et que nous venons de signaler.

Enfin, plus l'émail est fusible et moins l'objet à émailler se trouve exposé de temps au danger de l'oxydation. Dans le cas contraire, on court le risque de manquer les pièces et d'avoir beaucoup de rebut. Cette fusibilité désirable ne peut être donnée à l'émail que par la combinaison dans des proportions convenables de terres avec des fondants alcalins ou bien des oxydes de plomb ou de bismuth.

Puisque nous parlons de l'état des métaux, pour les disposer à recevoir l'émaillage, nous dirons que l'on vient de tirer de cette opération un moyen ingénieux d'estimer le degré de carburation de la fonte. On comprend aisément que le plus ou moins de carburation de la fonte joue un rôle considérable dans l'opération de l'émaillage.

La haute température à laquelle se trouve soumise la fonte pour y fixer l'émail, amène dans certains cas la combustion du carbone en excès qu'elle contient, et le dégagement de gaz qui l'accompagne provoque des bulles de gaz détruisant l'émail, y formant des bouillons et nuisant à l'adhérence. Aussi faut-il, lorsque l'on traite des fontes très riches en carbone, leur faire subir une sorte de cuisson préalable pour les décarburer en partie, cuisson opérée en présence de limaille de fer. En partant d'un émail déterminé, on peut par contre, d'après le résultat de l'émaillage, établir une échelle de comparaison du degré de carburation de la fonte. Il y a là une nouvelle sorte d'analyse industrielle qui peut offrir un certain intérêt, et dont MM. Juin et Cesbron ont déjà eu l'occasion de faire des applications utiles.

Revenons maintenant à la question de l'émaillage même. De ce qui précède, il est évident qu'avant d'apposer un émail sur une plaque de tôle, il est nécessaire de préparer cette opération, en mettant en contact direct avec le métal une couche d'un fondant approprié, qui remplisse le rôle de la couverte dans les poteries, ou de modifier la composition de certains émaux pour leur donner cette qualité. C'est là ce qu'on appelle le *fondant* ou *assiette* dans l'émaillage des métaux et dont nous allons nous occuper spécialement.

DES FONDANTS OU ASSIETTES.

De nombreuses études ont été faites sur les fondants, tant au point de vue général qu'à celui particulier de l'émaillage des métaux.

Tout le monde sait que l'émail consiste en une base vitreuse rendue opaque par un oxyde qu'on peut appeler émailleur, et de plus que l'opacité est produite par le simple mélange de l'oxyde émailleur avec la base vitrifiable.

Cette base vitrifiable semble exiger tout aussi bien que les émaux, pour être de qualité convenable, la présence du plomb. Toutefois, de même que pour les poteries, on a cherché à diminuer ou à supprimer la proportion de plomb dans la couverte, les mêmes tentatives ont été faites pour l'émaillage sur métaux.

Les assiettes qui, à la chaleur blanche, se frittent, il est vrai, mais aussi se contractent et présentent des ondulations, doivent être absolument rejetées. Par leur contraction, elles laissent à découvert une partie des surfaces métalliques sur lesquelles l'émail n'adhère point. D'un autre côté, les assiettes trop fusibles, par exemple les verres de gobeleterie et à vitres qui coutent facilement, ne recouvrent pas convenablement. Le verre mélangé à un peu de quarz en poudre réussit beaucoup mieux, quoiqu'il se fritte difficilement et donne des surfaces qui manquent de poli. La chaux et l'alumine en poudre, mélangées au verre, donnent une combinaison trop infusible.

MM. Jordan père et fils ont longuement étudié cette question dans une série d'expériences multiples, puis ensuite M. Salvétat, chargé vers 1846, du service de l'installation du laboratoire d'émaillage à Sèvres, a publié sur ce sujet des travaux du plus haut intérêt qui résument la question, et auxquels nous nous reporterons dans ce qui va suivre.

L'analyse des divers fondants trouvés dans le commerce a montré qu'ils renfermaient tous les mêmes éléments, bien qu'en proportions différentes, à savoir : de la silice, de l'acide borique, de l'oxyde de plomb, des alcalis, potasse et soude.

Les qualités d'adhérence ont surtout lieu lorsque la proportion d'oxyde de plomb n'est pas trop élevée, 27 à 28 0/0.

L'examen des divers résultats obtenus, comparativement à la composition de ces fondants, a conduit M. Salvétat à une nouvelle composition par synthèse d'un produit résumant les qualités de ceux étudiés sans en reproduire les défauts. Cette ou mieux ces compositions sont les suivantes :

Oxyde de plomb.	28.10 part.	27.51 part.
Acide borique.	5.49 —	4.04 · —
Alcalis.	17.21 —	16.14 —
Acide silicique.	47.70 —	49.00 —
Chaux, magnésie.	1.50 —	3 31 —
	100.00	100.00

Appliqués sur le fer à une très faible épaisseur, ils prennent un aspect noirâtre, et sous une épaisseur plus considérable un aspect opalin, apparence opaque qui ne doit être attribuée qu'à de petites bulles emprisonnées dans la masse, et masquant alors sa limpidité. Le second est plus glacé que le premier, l'adhérence est complète, c'est-à-dire que sous le choc de coups de marteaux, la couche vitreuse résiste, ne s'écaille pas et ne s'enlève pas par morceaux. Ces chocs évidemment ne peuvent pas dépasser une certaine intensité, car alors il n'y a pas de substance offrant la moindre adhérence. En revanche, ces matières sont beaucoup moins fusibles que d'autres n'offrant qu'une adhérence médiocre ou moyenne dans lesquelles la proportion d'oxyde de plomb s'élevait à près de 40 0/0.

En cherchant alors à reproduire ces fondants à l'aide de matières premières nouvelles, M. Salvétat est arrivé à formuler ainsi leur préparation :

Sable d'Etampes. . . . . 48 part.
Minium. . . . . 30 —
Borax fondu. . . . .   8 —
Carbonate de potasse à 28 p. 100 d'eau. 28 —
                                    ————
                                      100

On peut remplacer le carbonate de potasse par celui
de soude, sans rien changer à la qualité du produit,
qui prend seulement une teinte plus verte. Ce fondant
appliqué par quatre couches successives sur une plaque
de fer à des feux répétés 10 fois, n'a présenté ni bouillon
ni soufflure, et offrait une bonne résistance.

Si l'on cherche à présenter cette composition au point
de vue de sa constitution après la fonte, on a, en employant le nitre :

Silice. . . . . 48 parties.
Oxyde de plomb. . . . . 29 —
Potasse et soude. . . . . 10 —
Potasse du nitre. . . . .   5.25 —
Borax. . . . .   8 —
                                 ————
                                   100.25

ce qui conduit à conclure que cette matière n'est autre
que du cristal fondu avec du nitre et du borax ou du
cristal fondu avec de l'acide borique et du carbonate de
soude.

C'est d'ailleurs ainsi que M. Paris, en 1850, composait
le fondant translucide destiné à recouvrir le fer et à le
protéger de l'oxydation, état sous lequel M. Paris le dé-
signait sous le nom de fer contre-oxydé, et le destinait soit
par un emploi direct, soit comme M. Jacquemin, en le
recouvrant ensuite d'un émail stannifère, à remplacer
l'étamage dans une foule de circonstances.

La composition était formée de :

Flint-glass. . . . . 130 parties.
Carbonate de soude. . . . . 20.50 —
Acide borique. . . . . 12 —

Elle résiste au feu, à l'action des acides, mais point
à celle des alcalis.

Mais comme en employant le cristal tout fabriqué, on
ne peut pas être certain des proportions des matières
constituantes, notamment de celle de l'oxyde de plomb
qui joue un si grand rôle, M. Salvétat conseille de préparer le fondant de toute pièce avec des produits chimiques, purs et définis exactement, et voici les proportions employées :

Sable.	48.	Silice presque pure, 0,10 seule-ment de matières étrangères.
Minium..	30	
Carbonate de soude.	30	
Acide borique.. . .	10	
	118	

Nous devons aussi, avant de terminer, dire quelques
mots sur des travaux spéciaux dus à M. Salvétat, qui a
cherché en introduisant des matières céramiques à modifier l'adhérence du fondant et du métal, ainsi que les
rapports de dilatabilité de ces deux substances et la diminution de la proportion d'oxyde de plomb. Pour cela il
a cherché si l'on ne pourrait pas sur une couche de fondant disposer une autre couche de pâte céramique mêlée
ou non avec le fondant, le tout recouvert d'une dernière
couche de ce fondant. Les essais ont porté sur des matières diverses et il en est résulté un procédé particulier
employé à Sèvres, où l'on se sert des débris de porcelaine tendre ou de faïence fine pulvérisés, ce qui forme
la pâte céramique pour fer, et qui sert à opacifier le fondant.

Jusqu'ici nous avons parlé d'un fondant en quelque
sorte incolore, qui sous une certaine épaisseur prend seulement un aspect opalin. Mais il est possible de lui donner
un ton déterminé qui, dans certains cas, peut fournir un
fond utile aux décorations qu'on devra faire ensuite par-
dessus. Le peroxyde de manganèse, l'oxyde de cobalt,
l'oxyde de cuivre et d'urane fournissent des tons : noir,
bleu, bleu turquoise et jaune.

Ces fondants peuvent être appliqués directement sur
le fer, ou sur le premier fondant préalablement cuit, en
présentant les qualités du premier fondant incolore.

Les travaux de MM. Jordan, auxquels nous avons déjà fait allusion, sont antérieurs à ceux de M. Salvétat. Il est toutefois intéressant de citer parmi les nombreuses compositions qu'ils avaient essayées celles qui donnent les meilleurs résultats.

N° 26.

Un composé de :

Spath fluor..	45,4545 parties.
Gypse calciné.	45,4545 —
Silice.	9,0909 —

a fourni une masse d'un beau blanc mat, feuilletée, translucide dans les parties minces, et d'une pesanteur spécifique assez considérable, qui, après 5 minutes de feu seulement, a parfaitement adhéré sur la fonte.

N° 28.

On a formé un fond avec :

Silice..	26,66 parties.
Craie..	26,66 —
Argile d'Elbingerode.	13,33 —
Carbonate de potasse.	26,66 —
Minium.	6,66 —

et on a obtenu une masse vitreuse, blanc jaunâtre, homogène, translucide, qui, en 5 minutes, s'est étendue et a adhéré fortement sur la fonte, en présentant une couleur blanchâtre.

N° 30.

La masse composée de :

Silice..	45 parties.
Carbonate de soude sec.	24 —
Chaux hydratée.	8 —
Argile d'Elbingerode..	7 —
Litharge.	17 —

s'est fondue en un verre translucide, et en 5 minutes de chaleur rouge intense a adhéré solidement sur le fer.

No 31.

La masse suivante, composée de :

Carbonate de soude sec. . . . . 35 parties.
Silice. 35   —
Chaux hydratée. 10   —
Argile d'Elbingerode.. 8   —
Chlorure de plomb. 12   —

a fourni un verre blanc verdâtre, homogène, largement nacré, translucide. Elle a fondu en 5 minutes sur le fer. En réduisant le verre en poudre et le faisant bouillir avec de l'acide nitrique, on trouvait dans la liqueur du chlore et du plomb. Dans la combinaison des ingrédients, le chlorure de sodium ne s'était pas séparé de la masse.

No 34.

On a pris 33 parties de silice, 3 d'argile lavée d'Elbingerode, et on y a ajouté 14,5 parties de litharge et 0,5 partie de salpêtre. On a mis le mélange en fusion parfaite. La masse fondue était blanc de lait, bulleuse, et par une chaleur rouge modérée, elle a bien adhéré sur la fonte qu'elle a recouverte d'un enduite d'un grand éclat. Un essai consécutif sur la quantité d'oxyde de plomb contenue dans cette couverte après la fusion, a démontré qu'elle s'élevait à 35,60 pour 100.

No 35.

Lorsqu'on mélange 2 parties de litharge, 4,373 parties de silice et 0,5 de potasse, et qu'on met en fusion complète, on obtient également une masse très propre à faire une couverte, et dans laquelle on trouve après la formation jusqu'à 29,268 d'oxyde de plomb.

Dans les assiettes terro-alcalines plombeuses, dont les recettes ont été données avant ces dernières, il y a infiniment moins d'oxyde de plomb après la cuisson.

DES ÉMAUX.

Les verres purs, translucides, ayant beaucoup d'éclat et de poli, aisément fusibles, ou bien qui sont composés de matériaux qui fondent facilement, et qui, après la fusion, restent translucides et brillants, se nomment des vernis ou couvertes. Si on donne de l'opacité à ces vernis ou couvertes par un corps réduit en poudre très-fine, et plus difficilement fusible, jusqu'à ce que le fond sur lequel ils sont étendus ne s'aperçoive plus à travers, alors on a formé un émail.

Les émaux, considérés en général, sont plus ou moins blancs, mais de plus on peut leur donner une infinité de couleurs.

L'émail blanc des poteries est connu depuis bien longtemps; pour produire cet émail, on profite de la propriété que possède l'oxyde de plomb, combiné avec une certaine quantité de silice et de potasse, de former un verre translucide, dense et incolore, qu'on transforme ensuite en émail, au moyen de l'oxyde d'étain qui est peu fusible. Cet émail est pulvérisé très fin et porté sur les pièces en terre à l'état de bouillie, en le délayant dans l'eau, puis on le fixe par le secours de la chaleur.

On a cherché à perfectionner ce procédé; d'abord pour les poteries d'un beau blanc, en diminuant la dose d'oxyde de plomb, et, enfin, en la supprimant entièrement, parce qu'on s'est aperçu que ce corps, lorsqu'on l'employait en quantité trop considérable, nuisait beaucoup, par sa décomposition, à la beauté et à l'éclat des produits.

Pour le remplacer, on a eu recours aux alcalis, et on s'est aperçu que ces fondants, quoique combinés en trop grande quantité, n'avaient pas d'effet sensiblement nuisible, attendu que cet excès trouvait dans l'objet à émailler une matière avec laquelle il pouvait s'unir sans danger. D'un autre côté, on a vu qu'il n'y avait rien non plus à redouter d'une dose trop forte de fondant alcalin, puisqu'on pouvait y suppléer aisément par une élévation de température, ou un séjour plus prolongé dans les fourneaux des objets à émailler. Toutefois, des expériences maintes fois répétées, ont démontré que les produits émaillés de la sorte ne possédaient pas le bel aspect gras de la couverte à l'oxyde de plomb, et que ce nouvel émail était en définitive plus dispendieux que le dernier. On en revient donc à l'oxyde de plomb, qu'on a cherché à combiner avec d'autres substances, dans des rapports tels que les objets présentassent toutes les propriétés et les avantages des vernis plombifères, sans en avoir les défauts.

De nombreuses expériences ont été faites sur ce sujet, nous parlerons d'abord de celles dues à MM. Jordan père et fils.

Une fois les émaux plombeux rejetés, on a dû d'abord, dans la fabrication d'un émail, faire choix, autant que possible, de matières qu'on puisse obtenir en abondance et à bas prix. Par conséquent, il faut d'abord avoir recours aux compositions où entrent les verres blancs, les quarz, les os calcinés au blanc, l'argile, la craie, le gypse, le spath pesant, le sel marin et le carbonate de potasse associés à l'oxyde d'étain.

On a essayé, pour fabriquer des émaux, de se servir, au lieu d'oxyde de plomb, d'oxyde de bismuth, mais il est beaucoup inférieur et revient plus cher.

Ces corps sont mélangés, dans des proportions qui varient, introduits dans un bon fourneau à vent et amenés, par une chaleur blanche soutenue pendant deux heures, à un état d'union intime. C'est ainsi qu'on a fabriqué un certain nombre d'émaux bien fondus et de bonne qualité, à en juger au moins par leur aspect extérieur, et qui possédaient une densité convenable et n'étaient que peu ou point bulleux. Tous présentaient cependant le défaut d'être trop peu fusibles pour émailler les métaux aisément oxydables, tels que la fonte. On n'a trouvé qu'un petit nombre d'entre eux qu'on pût amener dans le moufle d'un fourneau d'essai fortement chauffé à se fritter en cinq minutes. Appliqués sur les poteries, ils ont fourni des résultats satisfaisants, non-seulement parce qu'ils couvraient bien, mais ils ont aussi donné un vernis dur, d'un grand éclat et insoluble.

On est donc disposé à croire que les émaux terro-
alcalins ne sont pas applicables sur le fer; la facile
oxydation de ce métal et la haute température dont on
a besoin se sont opposées aux tentatives qu'on a faites
à cet égard. On ne peut même parvenir à les appliquer
sur l'or et l'argent, puisque les émaux terro-alcalins,
même les mieux composés et combinés, exigent encore
une température qui s'élève au-delà du 28e degré du
pyromètre de Wedgwood avant de se fritter convenablement, température qui dépasse le point de fusion de ces
métaux.

Néanmoins il n'y a pas d'émaux, surtout ceux sans flux
plombeux, et par conséquent ceux où l'on doit emprunter
les fondants aux alcalis, et en particulier à la soude et
à la potasse, où une si faible quantité d'oxyde d'étain
suffise lorsqu'on fait fondre immédiatement l'oxyde, ainsi
que cela se pratique communément avec les autres ingrédients ; dans ce cas, il faut employer depuis 20 jusqu'à
30 pour 100 d'oxyde d'étain, surtout lorsqu'on travaille
la masse à une haute température, et qu'on la tient longtemps dans le feu. La théorie nous apprend que l'oxyde
d'étain, soumis pendant longtemps à une température
élevée, donne un verre translucide; ce qu'il est facile,
du reste, de constater au feu du chalumeau. Toutes les
fois qu'on ne mélange dans ce cas que 8 à 10 pour 100
d'oxyde d'étain avec les autres ingrédients de l'émail, on
obtient constamment un verre transparent.

Dans le travail des émaux, il n'y a donc que la portion
de l'oxyde d'étain qui, dans la fusion du verre, ne se
trouve pas dissoute par les alcalis, qui jouisse de la propriété de rendre le verre opaque; ce qui indique qu'il
faut former d'abord le verre d'émail par une fusion parfaite des matières qu'on y fait entrer, puis ajouter l'oxyde
d'étain lorsque la pâte se trouve à une température un
peu moins élevée; alors on agite la masse, on laisse encore quelques minutes au feu, et on coule.

Les propriétés émaillantes de l'oxyde d'étain ne sont
réellement énergiques que lorsqu'il est parfaitement bien
préparé.

Les émaux terro-alcalins possédant une trop grande infusibilité, on a eu recours à d'autres matériaux, plus chers, il est vrai, mais donnant de meilleurs résultats.

On a fait usage de la silice, de l'alumine et de la chaux, la dernière en partie à l'état de phosphate ou d'os pulvérisés finement et calcinés au blanc.

L'expérience a démontré que ces ingrédients combinés dans un grand nombre de proportions entre eux, peuvent se vitrifier. Si on y ajoute du carbonate de soude ou du borax, ou ces deux corps à la fois, en proportions telles qu'on obtienne un verre facilement fusible, alors il faut avoir soin de composer celui-ci de telle manière qu'une ébullition prolongée dans l'eau, et les acides faibles dont on fait usage dans l'économie domestique, ne puissent l'attaquer. Ces sortes de verres fusibles ne peuvent guère contracter une odeur d'hydrogène sulfuré, et il n'est pas possible de les colorer ou d'en détruire l'éclat par certains aliments, tels que les choux, la choucroute, etc.

On n'a ajouté également l'oxyde d'étain à ces émaux qu'après leur vitrification complète. On y a combiné aussi avec avantage de 12 à 15 pour 100 de salpêtre, afin d'oxyder au plus haut degré les matières colorées, qui, comme l'oxydule de fer et le charbon, se trouvent communément mélangées aux matériaux qui servent à composer l'émail et de leur enlever ainsi leurs propriétés colorantes. La potasse que le salpêtre, après sa décomposition, laisse dans le mélange, doit être toujours considérée comme fondant. On obtient aussi le même résultat par une addition de peroxyde de manganèse et d'arsenic; mais le peroxyde de manganèse colore les émaux à un degré assez considérable, même lorsqu'il y entre en faible proportion, ainsi que le n° 9 en présente un exemple; quant à l'arsenic, il faut le rejeter toutes les fois que les émaux sont destinés à être en contact avec des matières alimentaires. On a préparé de cette manière différents émaux qui avaient une belle couleur blanche, et qui ne présentaient qu'une faible translucidité sur les bords. Ces émaux fondaient aisément à la flamme d'une lampe à huile, et possédaient après le refroidissement un éclat remarquable et du brillant ; ils résistaient enfin à tous les agents qui peuvent attaquer les émaux dans les divers emplois économiques.

N° 9.

Proportions en centièmes des ingrédients bruts employés.		Composition en centièmes après l'élimination au feu des matières volatiles.	
Argile d'Elbingerode.	Alumine hydratée.. .	3.533	Alumine. 2 919
	Silice. .	4.689	Silice. 23.461
Silice.		14.097	Chaux. 5.224
Chaux hydratée. .		5.580	Soude. 21.217
Carbonate de soude calciné.		28.928	Borax. 21.079
			Potasse. 5.119
Borax fondu. . . .		16.887	Oxyde de manganèse. 0.091
Salpêtre.		8.810	Os calcinés. 6.965
Peroxyde de manganèse.		0.073	Oxyde d'étain. . . 13.935
Os calcinés.. . . .		5 580	─────
Oxyde d'étain. . .		11.160	100.010
		─────	
		99.337	

Email d'un très bel aspect et aisément fusible à la flamme d'une lampe.

Cette composition forme une couverte uniforme, brillante et d'une application facile dans la pratique.

Comme les émaux alcalo-terreux, même dans leur état de plus grande fusibilité, résistent encore beaucoup à l'influence fondante des alcalis, on a essayé d'ajouter à l'un de ces métaux, 10 pour 100 d'oxyde de plomb pour affaiblir cette propriété embarrassante. En effet, cette petite quantité d'oxyde de plomb a suffi pour produire une fusibilité plus grande et plus de fluidité.

La formule qui suit offre un exemple rentrant dans le dernier cas dont nous venons de parler.

No 11.

Proportions en centièmes des ingrédients bruts employés.		Composition en centièmes après l'élimination au feu des matières volatiles.	
Alumine hydratée.	9.453	Alumine......	7.819
Silice.......	14.128	Silice.......	17.706
Chaux hydratée. .	4.726	Chaux.......	4.442
Carbonate de soude		Soude.......	20.532
sec.	27.883	Borax.......	21.721
Borax fondu. . . .	17.331	Potasse......	4.595
Salpêtre......	7.878	Oxyde de plomb. .	10.333
Oxyde de plomb. .	8.275	Os calcinés.....	2.961
Os calcinés.....	2.363	Oxyde d'étain. . .	9.873
Oxyde d'étain. . .	7.878		
			99.982
	99.885		

Email blanc, homogène, nacré, aisément fusible à la flamme de la lampe.

Les émaux terro-alcalins plombeux sont les plus anciens et les plus étudiés. Les plus simples consistent uniquement en silicates alcalo-plombeux, rendus opaques par de l'oxyde d'étain, ainsi qu'on les préparait déjà au temps de Néri ou de Kunkel.

C'est à peu près la composition des émaux tels qu'on les prépare encore à Venise. Cet émail blanc jaunâtre renferme communément un peu d'oxyde d'antimoine. Tous ces émaux ou couvertes ont un bel éclat opalin ou de cire, et sont très fusibles quoiqu'un peu épais.

Pour la couverte la plus simple des poteries, blanc de crème, on prend, en Angleterre, 100 parties de litharge, 40 de silex pyromaque pulvérisé, ou bien 80 d'un granit de Cornouailles avec 100 de litharge. Si on rend ce mélange opaque avec de l'oxyde d'étain, on obtient un émail.

On ne peut jamais parvenir, sans oxyde de plomb, à donner aux émaux un éclat opalin et gras, par conséquent ces émaux ne sauraient être recommandés pour couvrir un grand nombre d'ustensiles employés dans l'économie domestique. Mais ils sont excellents comme fonds ou assiette pour la peinture en émail, attendu que les bases alcalines et l'oxyde de plomb n'altèrent presque aucune matière colorante et ne les font guère passer au mat.

On ne peut nier que le plomb ajouté en trop grande quantité, par exemple jusqu'à la moitié du poids de la masse, ne soit une chose très nuisible dans l'emploi économique des ustensiles de ménage. Une addition de chaux peut aussi favoriser notablement la décomposition des verres très plombeux, car l'oxyde de plomb fondu avec la chaux, donne un composé soluble dans l'eau. La silice, l'alumine et la soude ne paraissent pas former des composés insolubles, avec des proportions trop considérables de chaux et de plomb. Enfin une addition considérable de chaux, et qui dépasse 20 pour 100, donne déjà au verre commun une grande disposition à s'exfolier.

Tous les émaux à base de chaux, d'alcali et de plomb, jetés à l'état de poudre fine dans l'eau distillée, et agités pendant quelque temps, donnent bientôt un liquide qui a une réaction alcaline sur les couleurs. Le gaz sulfhydrique réagit également sur la liqueur.

Pour diminuer la tendance à la décomposition que possèdent les émaux plombeux, on a essayé d'y combiner le plomb avec les autres matières, tantôt à l'état de litharge, tantôt à celui de sels plombiques peu solubles, tantôt enfin à celui de chlorure de plomb. Ces matières ont été combinées de telle façon que 11 à 24 pour 100 d'oxyde de plomb suffisaient pour les compositions. Les produits fondus qu'on a obtenus ont été reconnus être de véritables combinaisons, d'après tous les signes tant extérieurs que chimiques ; ils formaient un émail homogène, brillant, se fondant aisément à la flamme de la lampe, et adhérant bien au fer. Tous les fragments du même émail ont montré une égale densité et une pesanteur spécifique identique, qui n'ont guère changé après l'addition de l'oxyde d'étain.

Dans une de ces compositions, on fait usage du sulfate de plomb; on a bien obtenu un émail ainsi qu'il a été dit précédemment, mais il s'était formé à sa surface une couche distincte de sulfate de soude. En analysant cet émail, on a trouvé encore une quantité notable d'acide sulfurique en combinaison dans la masse.

Le chlorure de plomb et le phosphate de même métal donnent dans les mêmes conditions des émaux semblables.

No 13.

Proportions en centièmes des ingrédients bruts employés.		Composition en centièmes après l'élimination au feu des matières volatiles.	
Argile d'Elbinge-rode. { Alumine hydra-tée.. .	4.136	Alumine.	3.214
{ Silice. .	5.463	Silice.	35.150
Silice.	24.390	Chaux..	8.615
Chaux hydratée. .	9.756	Soude.	18.559
Carbonate de soude sec.	26.829	Oxyde de plomb. .	17.230
Litharge.	14.634	Oxyde d'étain. . .	17.230
Oxyde d'étain.. . .	14.634		99.998
	99.842		

Email blanc de lait, non bulleux, translucide sur les bords. Il s'est bien fritté sur le fond ou assiette, après cinq minutes de feu.

No 15.

Silice..	31.413	Silice.	36.730
Carbonate de soude sec.	22.438	Soude..	15.414
Carbonate de potasse.	9 349	Potasse.	7.453
		Sel marin.	1.048
Sel marin.	3.897	Chaux..	7.870
Chaux hydratée. .	8.975	Oxyde de plomb. .	15.740
Litharge.	13.462	Oxyde d'étain. . .	15.740
Oxyde d'étain. . .	13.462		99.995
	102.996		

Email homogène, où l'on ne remarque que çà et là quelques bulles, et qui s'est fritté très fortement au bout de cinq minutes sur les fonds no 28 et no 33.

No 21.

Proportions en centièmes des ingrédients bruts employés.		Composition en centièmes après l'élimination au feu des matières volatiles.	
Silice.	28.000	Silice.	33.700
Litharge.	21.000	Oxyde de plomb.	24.375
Oxyde d'étain.	11.000	Oxyde d'étain.	11.750
Carbonate de soude sec.	4.000	Soude et potasse du salpêtre.	7.600
Borax.	30.000	Borax.	10.160
Argile d'Elbinge- rode..	4.000	Alumine.	1.700
Salpêtre.	8.000	Chaux..	1.200
Craie.	2.000		98.485
	108.000		

Email blanc, homogène, d'un grand éclat, aisément fusible à la flamme de la lampe, adhérant aisément et parfaitement et avec beaucoup d'éclat sur les assiettes no 34 et no 35.

Toutes les recettes qui précèdent fournissent un émail blanc opaque en masse, quelquefois translucide sur les bords.

Pour terminer ce qui est relatif à cette question, nous dirons comment on peut préparer l'oxyde d'étain.

Pour les émaux communs impurs, on prend 100 parties de plomb et de 15 à 50 d'étain, ou pour ceux de meilleure qualité, 50 d'étain pour 100 de plomb qu'on fait fondre ensemble; puis on place l'alliage dans une capsule en fer, sous la voûte d'un fourneau à réverbère et à courant d'air, où il se brûle peu à peu. Dans cet état, on voit ce mélange scintiller et se transformer en partie en protoxyde d'étain mélangé d'oxyde de plomb. Dans ce procédé d'oxydation, il est nécessaire d'agiter la masse dans la capsule, jusqu'à ce qu'elle soit complétement convertie en oxyde.

COLORATION DES ÉMAUX.

Souvent les ustensiles de ménage émaillés ont besoin d'être colorés ; et dans quelques pays on fait usage d'ornements en fonte, de pièces diverses, de poêles, de cheminées, etc., enduits d'un émail coloré.

Colorer d'une manière agréable et uniforme les diverses compositions d'émail est une opération qui présente des difficultés.

Avant tout, il faut que les couleurs qui entrent dans cet émail aient une nuance qui plaise à l'œil, et qu'elles ne soient pas trop sombres ; ensuite, on ne peut faire choix que des oxydes colorants des métaux fixes qui ne se décomposent pas à la température à laquelle on cuit l'émail. Enfin il est indispensable de transformer d'abord la base de l'émail en un verre translucide, de le colorer comme on le désire, et d'y ajouter ensuite la substance émaillante pour en former une couverte vitreuse.

Il ne sera pas ici question des couleurs pour la peinture sur émail qui a des règles toutes différentes.

Des portions sensibles d'oxyde de fer ou d'oxyde d'antimoine ont constamment des effets nuisibles sur un émail pur et blanc, en lui donnant toujours un reflet plus ou moins jaunâtre ou rougeâtre. Des traces d'oxyde de cuivre ont moins d'influence et produisent seulement les mêmes effets que le bleu employé dans le blanchiment.

L'expérience seule pourra apprendre les effets que les matières alcalines qui entrent dans la composition des émaux produisent sur leur coloration.

On obtient un *bleu saphir* avec de l'oxyde de cobalt pur. Si on veut un bleu tirant sur l'*améthyste*, on peut ajouter à l'oxyde de cobalt l'oxyde de manganèse. La couleur sera *rougeâtre* ou *brunâtre* lorsqu'on emploiera l'oxyde de manganèse seul. Avec le carbonate d'oxydule de manganèse, on peut produire un *rouge tirant sur le bleuâtre* assez agréable.

Le *jaune opalin* s'obtient avec de l'oxyde d'urane ou avec du chromate de plomb et de l'oxyde d'antimoine. Si on veut produire un *jaune topaze*, il faut faire usage de

---

sulfure d'antimoine avec un peu d'oxyde de fer. Veut-on avoir un *jaune d'ocre* au moyen de l'oxyde de fer, alors il faut maintenir la matière colorante au plus haut degré d'oxydation dans le mélange. Le salpêtre, le frittage de la base de l'émail, favorisent le développement de cette couleur. Les bases des émaux ne se combinent pas avec l'oxyde de fer ; elles sont rendues *opaques et rouges* par cette matière, avec laquelle elles ne font en grande partie que se mélanger.

Le *vert émeraude* est donné par les oxydes de cuivre ou de chrome. On peut modifier de bien des manières cette teinte avec les oxydes de cobalt et de fer.

Le verre *vert* ou *aigue-marine* se produit le plus aisément avec du sulfure d'antimoine et un peu d'oxyde de cobalt.

On colore rarement l'émail avec l'or; du reste, la couleur pourpre que ce métal produit est trop connue pour que nous entrions dans des détails à ce sujet, et, en tous cas, il en est longuement parlé dans le chapitre *Chimie* de ce Manuel.

La couleur brun que donne le platine, malgré ses bons effets, est rarement employée dans l'émaillage qui nous occupe.

Voici, à l'égard des émaux colorés, les recettes indiquées par M. Salvétat.

	Bleu clair.	Bleu violet.	Bleu foncé.
Sable.	825 part.	825 part.	825 part.
Minium.	500 —	500 —	500 —
Carbonate de potasse à 50 0/0 de potasse. .	400 —	400 —	400 —
Oxyde de cobalt. . . .	1.5 —	1.5 —	3 —
Oxyde de manganèse.	» —	3 —	3 —

	Vert bleu.	Vert bleuâtre.	Vert jaunâtre.
Sable.	825 part.	825 part.	825 part.
Minium.	500 —	500 —	500 —
Carbonate de potasse à 50 0/0 de potasse. .	400 —	400 —	400 —
Oxyde de cuivre. . . .	80 —	60 —	15 —
Oxyde de chrome. . .	» —	8 —	15 —

L'or à l'état de pourpre employé à très faible dose, 0,5 à 0,7, avec le même fondant donne des rubis clairs, des rubis foncé et groseille.

DÉCORATION SUR LES ÉMAUX.

Lorsqu'une pièce de métal a été ainsi émaillée, si l'on veut pousser la décoration plus loin, en un mot y appliquer une peinture spéciale, que M. Salvétat appelle peinture sur émail sous fondant, les décorations étant exécutées sur métal émaillé, mais recouvertes de fondant, on peut préparer un certain nombre de matières, limité, il est vrai, à cause des conditions spéciales qu'elles doivent remplir. En effet, l'on n'est pas aussi indépendant ici que pour la peinture sur porcelaine, où chaque couleur, n'ayant que son fondant propre, peut être aménagée convenablement d'après les matières qui y entrent. Ici le même fondant recouvrira toutes les matières qui ne devront pas être ainsi altérées par ce fondant recouvrant, lequel devra à son tour être en rapport avec le fondant qui entre dans la composition de la couleur. Il est vrai que si l'on employait un émail blanc assez fusible pour qu'à la température de cuisson, il pût de lui-même se combiner avec les oxydes composant la couleur, celle-ci n'aurait plus besoin de fondant propre, et des deux conditions précédemment énoncées, la seconde ne subsisterait plus. Toutefois cet avantage serait compensé par les difficultés qu'on rencontrerait pour bien poser les couleurs, trop fluides alors.

M. Salvétat emploie comme fondant incorporé dans les couleurs mêmes, la composition suivante :

Sable.	3 parties.
Minium.	6 —
Borax fondu.	1 —

qu'on mélange simplement avec des préparations diverses, dont nous donnons ci-après les compositions les plus usitées.

Noir solide.

Fondant. . . . . . . 1 partie.

Mélange calciné au
rouge blanc. . . . 1
$\left\{\begin{array}{l}\text{Oxyde de chrome. } 2 \\ \text{— de fer. . . . 1.5} \\ \text{— de cobalt.. . 1}\end{array}\right.$

Brun de bois.

Fondant. . . . . . . 1.25 partie.

Chromate de fer. . . 2.5
Oxyde à brun de
bois. 2.5
$\left\{\begin{array}{l}\text{Zinc métallique. . 2} \\ \text{Fer métallique. . . 2} \\ \text{Oxyde de cobalt. . 0.4}\end{array}\right.$

En mélangeant du rubis clair ou foncé décrit plus haut, avec du pourpre, on peut avoir du carmin et du pourpre.

Le fondant pour glacer ces couleurs est composé de :

Sable. . . . . 825 parties.
Minium. . . . . 500 —
Carbonate de potasse à 50 0/0 d'eau. 425 —

Enfin on peut décorer les émaux par des peintures en couleurs vitrifiables dont nous avons déjà parlé et sur lesquelles nous ne reviendrons pas.

———

Nous donnerons encore quelques recettes ou procédés spéciaux relatifs à cette question si importante de l'émaillage des métaux communs.

Moyen d'émailler sans plomb le fer et la tôle, par M. PLEISCHL.

Il est inutile de faire ressortir l'importance du procédé que nous allons décrire, après les observations que nous avons faites précédemment sur l'inconvénient des émaux plombeux pour les vases culinaires par exemple.

L'auteur indique deux compositions d'émail, savoir :

1° Silice. . . . . de 30 à 50 parties.
Pierre à fusil. . . . . 10 à 20 —
Kaolin. . . . . 10 à 20 —

Terre de pipe.	8 à 16	parties.
Craie.	6 à 10	—
Porcelaine pulvérisée.	5 à 15	—
Acide borique.	20 à 40	—
Azotate de potasse.	6 à 10	—
Gypse.	2 à 6	—

2° Quarz.. . . . . de	30 à 50	parties.
Granit.	20 à 30	—
Borax.	10 à 20	—
Verre.	6 à 10	—
Magnésie..	10 à 15	—
Feldspath.	5 à 20	—
Carbonate de soude effleuri .	10 à 20	—
Chaux..	5 à 15	—
Sulfate de baryte.	2 à 8	—
Spath fluor..	3 à 10	—

Chacune de ces matières doit être réduite séparément en poudre aussi fine que possible ; on les mêle avec soin et on les fond pour en former l'émail. On broie de nouveau ce produit ; puis on l'étend sur les pièces et on passe au feu.

Les proportions indiquées sont susceptibles de varier beaucoup et dépendent des diverses sortes de pièces métalliques qui doivent recevoir l'émail. On doit donc chercher, par des essais préliminaires, le rapport le plus utile pour les objets que l'on a en vue, puis le maintenir constamment.

Quant à la manière d'appliquer l'émail, il importe d'observer que la couche doit être mince, parce que, pendant les variations de la température, cette matière ne se dilate pas dans le même rapport que le fer, et que, comme le verre, elle ne peut prêter que si elle est mince. Les objets terminés doivent être refroidis le plus lentement possible, autrement le retrait pourrait être irrégulier, ce qui exposerait l'émail à éclater et à se soulever.

Emaillage de la tôle et du fer, par M. MORRIS,
à Pittsburg (Etats-Unis).

Cette invention a pour but de modifier la surface de
la tôle, de manière à y former une composition ferreuse
que l'auteur désigne sous le nom de protocarbide de fer,
composé consistant en un équivalent des trois corps, fer,
oxygène, carbone, laquelle présente l'aspect d'un bel
émail éclatant, si bien composé qu'on peut donner ensuite à la feuille les formes les plus compliquées sans
que l'émail s'en détache.

On prend des feuilles de tôle laminées, lisses, qu'on
couvre d'une couche uniforme de la matière connue généralement sous le nom de battitures, sel d'oxyde et de
sesquioxyde de fer. Puis on applique par-dessus une
couche de pétrole ou de carbone sous une forme quelconque. On forme un paquet de 25 à 30 de ces feuilles,
en recouvrant la dernière d'une feuille ordinaire servant
de couverte et dont les rebords rabattus servent à maintenir le paquet. Celui-ci est porté dans un moufle, et chauffé
à 500° C. Le paquet retiré est soumis, jusqu'à ce qu'il cesse
d'être rouge au centre, à l'action d'un marteau pesant 35
à 40 kilogrammes, frappant 100 coups à la minute. Les
feuilles sont alors recouvertes d'un émail éclatant. Comme
ce premier martelage les a considérablement durcies, il
faut les recuire à une température inférieure, pour ne
pas altérer l'émail, et on les fait refroidir sous une presse.

Plaqué vitro-métallique de M. PARIS.

M. Paris donne le nom de plaqué vitro-métallique à
l'application sur vase ou tout autre objet en tôle, fer,
fonte, etc., d'une feuille de métal mise en contact avec
un fondant vitreux, et amené à un état où tout en conservant l'aspect et les conditions du métal, elle présente
à sa surface des phénomènes de vitrification. Cette feuille,
qui peut épouser entièrement la forme du vase, ou n'y
tracer que des dessins, offre déjà un mode de décoration
assez varié ; de plus, on peut introduire dans les décou-

pures qui forment ces dessins, des couleurs qui augmentent considérablement le champ des effets décoratifs.

Ce procédé est basé sur ce fait, que si l'on applique sur une tôle contre-oxydée par un fondant vitreux, une feuille très mince d'argent battu, la partie vitreuse en se fondant traverse dans une certaine mesure l'argent, le fixe et lui donne un nouvel aspect, pourvu toutefois qu'on ne prolonge pas trop l'opération. On peut d'ailleurs à la feuille d'argent substituer l'or, le platine, le cuivre, ou la poudre de ces métaux.

La cuisson au four n'offre rien de spécial. Il faut seulement l'arrêter au moment où la pièce arrive au rouge cerise.

PROCÉDÉS D'EXÉCUTION.

L'émaillage des métaux exige, à cause de sa nature même, quelques précautions que nous n'avons pas eu à signaler dans les cas qui précèdent. Le broyage exécuté sous l'eau ne doit pas être poussé aussi loin que pour les couleurs vitrifiables, ou pour la peinture sur verre. C'est là une condition essentielle pour éviter les bouillons à la cuisson. Il faut briser et non pulvériser la matière. Certains émailleurs prétendent qu'il est indispensable de laver les émaux broyés à l'acide nitrique, sans quoi ils perdraient leur limpidité. Il est probable que cet incident peut provenir d'une altération lente du verre qui constitue les émaux, et que si ceux-ci étaient bien conservés à l'abri de l'air et de l'humidité, cette précaution serait alors superflue.

Avant de passer à l'émaillage, il faut, comme nous l'avons déjà dit, décaper parfaitement le métal; si cette précaution était omise ou mal remplie, l'émaillage manquerait absolument. Détail pratique également essentiel, lorsque l'on émaille de la tôle, comme pour toutes les plaques indicatrices si répandues aujourd'hui, plus la tôle sera aigre, et mieux l'émaillage réussira.

On peut étendre l'émail broyé à l'aide d'une spatule, et l'on éponge l'eau en couvrant d'un linge spongieux, puis on peut avec le plat de la spatule égaliser la couche dans les points trop défectueux, et l'on cuit.

Une seule couche d'émail n'est presque jamais suffisante, il y a toujours quelques vides, une seconde couche régularise la surface. Elle doit être absolument unie, sans bouillon, sans gerces ; lorsqu'il vient à s'en produire, on corrige les défauts à la râpe et au burin, crevant les bulles, égalisant les saillies, défonçant les crevasses, et après avoir bouché avec de l'émail en poudre, on repasse au feu. Lorsque les pièces offrent une grande surface, il est plus avantageux de poser l'émail broyé sec par saupoudration, en facilitant le dépôt par une légère couche de solution gommée posée au pinceau sur la plaque, puis on met sécher les pièces dans un four très chaud. Un enduit trop épais se crevasse aisément ou éclate après la cuisson. Lorsqu'il est sec, on porte les pièces dans la chambre au dégourdi, d'où, lorsqu'elles ont acquis la température convenable, on les transporte dans le moufle pour parfondre la couverte. Il faut avoir soin, avant d'introduire une seule pièce, que ce moufle ait atteint la température nécessaire. Quand le travail de la cuisson est terminé, on enlève rapidement ces pièces du moufle pour les transporter dans la chambre au dégourdi : on les place dans les points où la température est la plus élevée et peu à peu on les pousse dans ceux où cette température est de moins en moins haute, afin qu'elles puissent se refroidir et se contracter avec lenteur. On peut couvrir des pièces d'émail en une seule ou plusieurs fois ; mais, dans tous les cas, la fusion de cet émail s'opère toujours ainsi qu'il vient d'être dit. Les pièces étant terminées sont portées dans les magasins.

La dessiccation de l'enduit humide marche assez rapidement, mais le dégourdi doit avoir une marche plus accélérée encore, elle doit s'opérer en quelques minutes ; l'enduit humide, mais non encore complétement desséché, noircirait promptement dans la chambre. Les matières non volatiles ou riches en carbone qui ont servi à porter et à faire adhérer les substances pulvérulentes sur les pièces se décomposent, et aussitôt que le carbone libre

de cet enduit est en contact avec l'oxygène de l'air dans
cette chambre, il se volatilise promptement et l'enduit
devient blanc. C'est à peu près à cet instant qu'on transporte les pièces à l'entrée du moufle, où on les laisse
quatre minutes au plus, suivant leur volume. Au bout de
ce temps, on les fait glisser au milieu de ce moufle, et, de
cet endroit, on les pousse, si cela est nécessaire, dans la
partie la plus éloignée et la plus chaude ou le fond, où
on les laisse quelques minutes, ou au moins le temps
nécessaire pour que la fusion et la cuisson soient complètes. Lorsque l'enduit est en fusion parfaite, il paraît
uni et a un aspect gras. Quand on a atteint ce point, on
rapproche les pièces de l'entrée du moufle, où elles
passent bientôt après dans la chambre à recuire indiquée
ci-dessus. Les pièces creuses émaillées à l'intérieur, ont
besoin d'être soulevées de temps à autre, pour que la
chaleur pénètre complétement dans cet intérieur. La rapidité avec laquelle on conduit la cuisson est un élément
qui en assure le succès.

La température des fourneaux à émailler doit être assez
élevée pour que l'émail en poudre dont on fait usage
fonde aussi promptement que possible sur le métal. Un
fourneau dont le moufle est en fer, et où on garantit les
objets du contact direct de la flamme, est suffisant pour
les travaux en émail en petit. Si le moufle, pour éviter
autant que possible l'introduction de l'oxygène et pour
maintenir la température nécessaire, n'a pas d'ouverture
pour le tirage, et si celle de la porte est close avec un
bon tampon, alors le fourneau devient propre à émailler
les métaux ordinaires. Si on craignait l'altération des
pièces par la poussière d'oxyde de fer qui se détache et
voltige, alors on pourrait très bien construire le moufle
en carreaux d'argile bien cuits.

Pour le fourneau à émailler les grosses pièces, par
exemple, les diverses parties des poêles en métal émaillé,
les ustensiles ou les objets de ménage de grande dimension, on se servira avantageusement des fourneaux à réverbère ordinaires, mais il faut qu'ils soient bien établis
et qu'on puisse aisément y porter la température à un

point plus élevé que celle dont on a communément besoin. Ce qu'on nomme le moufle, ou la moufle, dans ce
fourneau est une voûte en briques qui s'étend sur une
hauteur convenable dans toute la longueur du fourneau.
La sole en est établie en briques : d'un côté du moufle est
le foyer qui y envoie la chaleur par quatre ou cinq ouvertures. A l'une de ses extrémités, le moufle est fermé par
un mur, et à l'autre il est clos par une porte à deux vantaux. Cette porte doit être bien lutée avec de l'argile ou
close avec des briques. Chacun des vantaux porte une
petite tirette par laquelle on peut observer ce qui se passe
dans le fourneau. Dans quelques usines, les moufles sont
munis de portes semblables à chacune de leurs extrémités.
Le côté du moufle opposé au foyer porte trois ou quatre
autres ouvreaux par lesquels le moufle laisse passer la
chaleur et la flamme qui servent à chauffer une chambre
particulière où les objets recouverts de l'émail sèchent
et dégourdissent. Les pièces passent non-seulement de
cette chambre dans le moufle, mais elles y retournent
ensuite après la cuisson pour y perdre en partie leur
haute température. Quelques fourneaux sont munis encore
d'une espèce d'arche sous le moufle, où s'opère le dégourdi et le refroidissement sur des plaques de fonte
sous lesquelles on brûle quelques charbons.

En quittant la chambre au dégourdi, les produits de
la combustion passent dans une cheminée.

Nous croyons n'avoir pas besoin d'insister beaucoup
sur le détail des opérations, quant à la décoration de ces
pièces ainsi émaillées, tout ce que nous avons dit, soit à
propos de la peinture vitrifiable, soit pour l'émaillage
des métaux précieux et la peinture sur émail serait à
répéter ici.

On commence d'abord pour poser le fondant directement en contact avec le métal, fondant soit incolore, soit
coloré, puisqu'ils jouissent des mêmes propriétés. Après
sa cuisson on pose l'émail sur toute la surface, si c'est
un émail blanc par exemple, ou suivant un dessin particulier, comme dans le cas des plaques à fond bleu et
à inscriptions en émail blanches, employées pour les noms

des rues, les numéros des maisons, etc., et on achève le travail par la cuisson, en passant plusieurs couches et à plusieurs feux, suivant les nécessités du travail. On peut encore pour ce genre d'inscription employer des peintures en couleurs vitrifiables exécutées sur émail blanc. C'est généralement ainsi que sont faites toutes les plaques de service, pour les usages ordinaires. On en trouve aujourd'hui à chaque pas, dans les bureaux d'administration, dans les wagons de chemins de fer. MM. Juin et Cesbron ont même imaginé un système très ingénieux de tableaux indicateurs disposés dans les rues, et offrant au public les noms, adresses et renseignements commerciaux des habitants de cette rue.

Enfin si l'on veut faire de la décoration encore plus riche, de la peinture, en un mot, de sujets, d'attributs, etc., après avoir émaillé en blanc sur fondant, on peut employer les émaux transparents et colorés qu'on étend en dégradant l'épaisseur pour obtenir un certain modelé, ou l'on emploie les couleurs sous fondant qu'on glace ensuite par une couche de fondant, les deux procédés peuvent s'allier avec avantage, les couleurs sous fondant servant à faire les émaux transparents. Quant aux retouches, on les exécute avec des couleurs vitrifiables de la peinture sur porcelaine, en ayant soin de choisir celles qui sont plus faibles que les émaux sur lesquels on les applique.

CHAPITRE IV.

Emaillage sur Terre cuite.

En dehors de l'émaillage translucide ou opaque sur les métaux précieux et de la peinture en émail ou sur émail, il y a un art fort intéressant par ses applications usuelles, qui peut être classé parmi les arts chimiques, qui consiste à recouvrir plus ou moins grossièrement d'émail des faïences communes.

Nous allons nous occuper d'abord de l'émaillage sur terre cuite, et en particulier des plaques qui servent à la fabrication des poêles. La pâte à l'aide de laquelle on fabrique ces produits a nécessité une série de recherches spéciales, sur lesquelles nous ne nous étendrons pas ici, car cette partie de la question ressort du domaine de l'art du faïencier, et on trouvera à ce sujet tous les renseignements désirables dans le *Manuel du Porcelainier* faisant partie de la collection de l'Encyclopédie Roret. Il nous suffira de dire que grâce aux travaux de M. Barral, on a pu arriver par une composition particulière, à vaincre les obstacles qui s'opposaient à l'émaillage, à savoir : combattre la porosité de la terre, et surtout éviter les gerces qu'elle offrait après la cuisson, et cela en rendant la pâte plus fusible. Nous ne nous occuperons que de l'émaillage proprement dit de ces objets.

Dans la confection des poêles en faïence, on fait souvent une composition plus soignée que celle qui forme le corps des plaques, destinée à être placée à la surface extérieure des pièces, et à rendre l'émail plus uni. Les poêliers appellent cette composition *terre à sable ;* elle est formée de :

Argile plastique de Gentilly. . . . 540 parties.
Sable de Belleville. . . . . 278 —
_____
818

Elle est étendue en couche mince sur l'autre pâte, dont elle corrige les inégalités provenant du ciment qui est en grains trop gros. Au lieu de sable employé dans cette composition, on pourrait mettre du ciment tamisé très fin ; les gerçures dont sont recouverts les panneaux et les carreaux seraient beaucoup moins apparentes. Mais cette précaution augmenterait peut-être trop le prix de cette faïence.

M. Barral a reconnu qu'en employant un mélange de parties égales d'argile de Gentilly et de craie passée au tamis, on obtenait un émail très glacé, mais les pièces gauchissent. Pour obvier à ce nouvel inconvénient, dit-il, on peut placer, sur la pâte ordinaire qui ne gauchit pas, une couche mince de cette même pâte tamisée, dans laquelle on a introduit une certaine quantité de ciment, très fin. Il est préférable toutefois, ainsi qu'il l'a constaté, d'employer une marne calcaire (comme celle de la plaine d'Ivry, près Paris), qui est en même temps siliceuse, et renferme, outre les autres éléments, 26 pour 100 de sable.

L'émail de la faïence pour poêles est à peu près le même que l'émail blanc de la faïence ordinaire pour ustensiles de ménage.

On peut faire deux émaux, l'un brun, l'autre blanc.

L'*émail brun* est rendu opaque par une matière terreuse. On réduit en poudre, on mélange, et l'on met en bouillie claire dans l'eau les proportions suivantes :

Minium.	52 ou bien	53	parties.
Manganèse.	7 —	5	—
Poudre de brique fusible (on prend à Paris celle de Sarcelles).	41 —	42	—
	100	100	

L'*émail blanc* exige dans sa fabrication plus de précaution que le précédent ; il est rendu opaque par le peroxyde d'étain.

Calcine. — Dans un petit four à réverbère qu'on appelle *fournette,* on fait oxyder ensemble du plomb et de l'étain ; on obtient une poudre jaunâtre qu'on appelle la calcine. On emploie pour cela environ les proportions suivantes :

Plomb.	84 part.	fournissant	Oxyde de plomb.	90 p.
Etain..	16 —		Oxyde d'étain. .	20 p.

La calcine obtenue, on la mêle avec des matières siliceuses et salines, et on place le mélange au fond du foyer du four, dans une place qu'on nomme bassin. Les proportions des mélanges varient un peu suivant les localités, la nature des pâtes et le but qu'on se propose.

M. Bastenaire-Daudenart (*Art de fabriquer les poteries communes*, page 303) indique les quatre compositions suivantes : la composition n° 1 est celle qui est la plus chargée d'étain, la plus dure ; — celle n° 2, qui renferme le plus de plomb, est la plus tendre et aussi plus communément employée.

Quand on n'a pas de sable de Nevers, qui est un peu fusible, on le remplace par du sable quarzeux pur, et alors on augmente un peu la dose du fondant (nos 3 et 4).

No 1.

Calcine composée de :
$\begin{cases} \text{Oxyde d'étain.} \quad . \quad 23 \\ \text{Oxyde de plomb.} \quad 77 \\ \overline{\qquad 100 \qquad} \end{cases}$ 44 parties.

Minium.	2 —
Sable de Decise, près Nevers.	44 —
Sel marin.	8 —
Soude d'Alicante.	2 —
	100

No 2.

Calcine composée de :
$\begin{cases} \text{Oxyde d'étain.} \quad . \quad 18 \\ \text{Oxyde de plomb.} \quad 82 \\ \overline{\qquad 100 \qquad} \end{cases}$ 47 parties.

Sable de Decise, près Nevers.	47 —
Sel marin.	3 —
Soude d'Alicante.	3 —
	100

No 3.

Calcine composée de :
$\begin{cases} \text{Oxyde d'étain.} \quad . \quad 32 \\ \text{Oxyde de plomb.} \quad 77 \\ \overline{\qquad 100 \qquad} \end{cases}$ 45 parties.

Sable quarzeux lavé.	45 —
Minium.	2 —
Sel marin.	5 —
Soude d'Alicante.	3 —
	100

Nº 4.

Calcine composée de :	Oxyde d'étain. . 18	
	Oxyde de plomb. 82	45 parties.
	100	

Sable quarzeux lavé.	45 —
Sel marin.	7 —
Soude d'Alicante.	3 —
	100

Nº 5.

A Paris, la composition suivante est employée par des fabricants de poêles :

Calcine composée de :	Oxyde d'étain. . 17	
	Oxyde de plomb. 83	43 parties.
	100	

Sable de Nevers.	43 —
Minium.	3 —
Cailloux de rivière pilés.	3 —
Sel marin.	6 —
Potasse du commerce.	2 —
	100

Traitement et application de l'émail. — On évalue à 60 ou 70 degrés du pyromètre de Wedgwood la température nécessaire pour fondre l'émail dans le bassin.

La masse fondue est broyée, réduite en poudre très fine, et cette poudre est ensuite mise en suspension dans l'eau, où elle doit faire une bouillie fine. Quelques faïenciers sont dans l'habitude de colorer cette bouillie en rouge clair par un peu de minium ajouté. Quand la pièce doit être émaillée tout entière, on la trempe dans la bouillie; quand elle ne doit l'être qu'intérieurement, on verse avec une tasse une portion d'émail dans l'intérieur, où on le promène par un mouvement approprié, et on rejette l'excédant dans le baquet contenant l'émail. Quand la pièce doit être émaillée seulement à l'extérieur, on procède à la fois par immersion et par arrosement.

Les pièces émaillées à l'épaisseur convenable sont retouchées au pinceau dans les parties où l'émail manque ; on en ajoute toujours d'ailleurs sur les parties saillantes, et l'on en ôte un peu dans les creux, parce que l'émail fondu peut couler, et alors les saillies laissent percer la couleur de la pâte, et les creux sont empâtés.

Pour augmenter l'épaisseur de l'émail, certains fabricants saupoudrent aussi, à l'aide d'un tamis, les pièces fraîchement trempées avec de l'émail en poudre fine. Quelques poêliers les saupoudrent avec un peu de minium.

Enfin, avec une brosse, on enlève l'émail qui est sous le pied des pièces pour les empêcher d'adhérer sur les supports pendant la cuisson, et pour économiser l'émail mis en excès dans les endroits inutiles. C'est une opération très nuisible pour la santé des ouvriers, dit M. Barral, à qui ces détails, extraits d'un travail remarquable, sont empruntés.

Email coloré.

L'émail de la faïence peut être coloré en jaune, en vert pur et en vert pistache, en bleu et en violet, par des oxydes métalliques.

Email jaune.

Email blanc.. . . . . 91 parties.
Jaune de Naples (oxyde d'antimoine).   9 —

Email vert pur.

Email blanc.. . . . . 95 parties.
Battiture de cuivre (protoxyde). . .   5 —

Email vert pistache.

Email blanc.. . . . . 94 parties.
Protoxyde de cuivre.. . . . .,   4 —
Jaune de Naples. . . . .   2 —

Email bleu.

Email blanc.. . . . . 95 parties.
Oxyde de cobalt à l'état d'azur. . . .   5 —

Email violet.

Email blanc.. . . . . 96 parties.
Peroxyde de manganèse. . . . . . .   4 —

Décorations colorées. — Au lieu de colorer entièrement
l'émail, on peut décorer de différents dessins la surface
des pièces par plusieurs procédés dont les fabricants font
des secrets.

Un des moyens qui réussit bien, dit M. Barral, consiste à saupoudrer l'émail coloré sur la faïence, fraîchement émaillée mais non cuite, et recouverte d'une
feuille de carton ou de clinquant percée de petits trous
qui dessinent les ornements qu'on veut obtenir. La poudre colorée ne s'attache qu'aux points de la faïence non
recouverts par la feuille de clinquant ou de carton.

Un autre procédé qui s'applique non-seulement aux
plaques pour poêles, mais encore aux carreaux pour re-
vêtements, dont les époques anciennes nous offrent de
merveilleux spécimens, consiste à imprimer en creux,
dans la pâte humide, des ornements variés à l'aide de
matrices convenables, à remplir ces creux de pâtes colorées par des émaux différents de celui qui formera le
fond, et dont on peut varier à volonté les tons pour
multiplier les effets. Quelquefois on se contente de cerner
les dessins par des liserés creux pour éviter le mélange
des couleurs entre elles. On peut aussi, en moulant les
plaques dans des moules en creux, obtenir les ornements
en relief. Enfin ce relief, mais alors de peu de valeur,
peut être obtenu en posant sur la plaque recouverte
d'une engobe de couleur des plaques de cuivre découpées à jour suivant le dessin choisi, et à enduire par ces
jours d'une couche de barbotine colorée.

--~~~~--

CHAPITRE Ier.

Contraste simultané des Couleurs.

Suivant l'expression de M. Chevreul, le contraste simultané des couleurs est un phénomène qui se manifeste en nous toutes les fois que nous regardons en même temps deux objets différemment colorés, placés l'un à côté de l'autre. Il consiste en ce que la différence de couleur qui peut exister entre les deux objets, est augmentée de telle sorte :

1o Que si l'un des objets est plus foncé que l'autre, celui-ci nous paraît plus clair et l'autre plus foncé qu'ils ne le sont réellement ;

2o Que les couleurs des deux objets sont elles-mêmes modifiées dans leur nature optique ; par exemple, si une feuille de papier bleu est placée à côté d'une feuille de papier jaune, ces deux feuilles, loin de nous paraître tirer sur le vert, comme on pourrait le présumer, d'après ce qu'on sait de la production du vert par le mélange du bleu et du jaune, semblent prendre du *rouge*, de sorte que le bleu paraît *violet* et le jaune *orangé*.

Par conséquent, dans le contraste simultané des couleurs, la différence du clair et de l'obscur est augmentée, comme l'est la différence optique des couleurs.

Nous regrettons de ne pouvoir donner ici la *table chromatique circulaire* des couleurs, de M. Chevreul, avec sa méthode de les déterminer et de les définir. Nous nous bornerons à ce qui suit, renvoyant au travail du savant académicien pour une étude plus approfondie.

Des essais de coloration ont été faits à Sèvres, par M. Salvétat, pour établir le premier cercle chromatique de M. Chevreul; ils démontrent qu'il est possible aujourd'hui, avec les seules ressources du peintre de porlaine, de faire soixante et une gammes des soixante-douze dont se compose la table. Les douze nuances comprenant : les troisième, quatrième, cinquième violet-rouge; le rouge; les premier, deuxième, troisième, quatrième et cinquième rouges; le rouge orangé; le premier et le deuxième rouge orangé, n'ont pu, jusqu'à ce jour, être faits en couleurs vitrifiables. C'est une lacune, dit-il, qu'il est difficile de combler aujourd'hui, mais c'est la seule.

APPLICATION DE LA LOI DU CONTRASTE SIMULTANÉ DES COULEURS.

Dans la composition des dessins qui nous occupent, il arrive que les couleurs ne sont pas nuancées ni fondues les unes dans les autres, ni modifiées par des rayons colorés provenant des objets voisins; l'exécution peut se réduire au choix des couleurs contiguës et à l'observation des linéaments bien tracés qui les circonscrivent; mais ce choix est encore soumis à la loi du contraste simultané des couleurs.

Cette loi, une fois démontrée (pour employer le langage de M. Chevreul, son auteur), devient un moyen *à priori*, d'assortir les couleurs pour en tirer le meilleur parti possible. Nous allons essayer d'expliquer les règles fondamentales, d'après les divers arrangements que M. Chevreul donne comme l'expression de son goût particulier, et que nous regardons aussi comme des connaissances nécessaires et indispensables aux dessinateurs et aux fabricants.

Ces règles sont précieuses pour tous ceux qui s'occupent de peinture et forment, comme nous l'avons dit, le seul guide certain à enseigner.

Couleurs d'intensités égales autant que possible, mises l'une à côté de l'autre, conformément aux règles du contraste simultané des couleurs.

Modifications qu'elles éprouvent.

Rouge et orangé.	Tire sur le violet, moins jaune, plus foncé. Tire sur le jaune, plus clair.
Rouge et jaune.	Tire sur le violet, ou est moins jaune, plus foncé. Tire sur le vert, moins rouge, plus clair.
Rouge et vert.	Couleurs complémentaires paraissant plus brillantes (1).
Rouge et bleu.	Tire sur le jaune. Tire sur le vert.
Rouge et violet.	Tire sur le jaune. Tire sur l'indigo (ou bleu verdâtre).
Orangé et jaune.	Tire sur le rouge. Tire sur le vert brillant, ou est moins rouge.
Orangé et vert.	Tire sur le rouge, moins jaune, plus brillant ou moins brun. Tire sur le bleu, moins jaune.
Orangé et bleu.	Couleurs complémentaires plus brillantes.
Orangé et violet.	Tire sur le jaune ou est moins brun (2). Tire sur l'indigo ou bleu verdâtre.

(1) Les physiciens entendent par couleurs complémentaires, celles qui, mélangées dans une certaine proportion, produisent la lumière blanche.

Ainsi ils disent :

Que le rouge est complémentaire du vert, *et vice versâ.*

Que l'orangé est complémentaire du bleu, *et vice versâ.*

Que le jaune est complémentaire du violet, *et vice versâ.*

Mais d'après le langage des peintres et des teinturiers, le mélange de ces couleurs donne au contraire du gris ou du noir; et c'est dans cette dernière acception que nous entendons désigner deux couleurs complémentaires, dont les noms sont écrits sur la table aux extrémités d'un même diamètre.

(2) Pour comprendre qu'une couleur, en tirant sur une autre de-

Jaune et vert.	Tire sur l'orangé, brillant.
	Tire sur le bleu, plus foncé.
Jaune et bleu.	Tire sur l'orangé.
	Tire sur l'indigo.
Jaune et violet.	Couleurs complémentaires plus brillantes.
Vert et bleu.	Tire sur le jaune.
	Tire sur l'indigo.
Vert et violet.	Tire sur le jaune.
	Tire sur le rouge, plus brillant.
Bleu et violet.	Tire sur le vert, moins foncé.
	Tire sur le rouge, plus brillant.
Noir et violet.	Paraissant plus différents que s'ils étaient vus isolément.
Rouge et blanc.	Paraît plus brillant, plus foncé.
	Paraît plus vert.
Orangé et blanc.	Paraît plus brillant, plus foncé.
	Paraît plus violet.
Jaune et blanc.	Paraît plus brillant, plus foncé.
	Paraît plus violet.
Vert et blanc.	Paraît plus brillant, plus foncé.
	Paraît plus rouge.
Bleu et blanc.	Paraît plus brillant.
	Paraît plus orangé.
Violet et blanc.	Paraît plus brillant, plus foncé.
	Paraît plus jaune.

vient plus foncée, ou moins brune, il est bon de rappeler que M. Chevreul classe les couleurs en deux groupes, suivant les différences qu'elles présentent quand on les considère sous le point de vue de leur éclat.

Le premier groupe comprend les couleurs lumineuses : rouge, orangé, jaune et vert.

Le deuxième groupe comprend les couleurs sombres : le bleu, le violet, qui, à hauteur égale de ton, n'ont pas l'éclat des premières. Toutefois, il faut observer que les tons foncés et rabattus des gammes lumineuses peuvent, dans beaucoup de cas, être assimilés aux couleurs sombres; de même que les tons clairs du bleu et du violet, peuvent quelquefois être employés dans des assortiments de couleurs lumineuses.

Rouge et gris.	Paraît plus pur, moins orangé peut-être. Paraît tirer sur le violâtre.
Vert et gris.	Paraît plus brillant, plus jaune peut-être. Paraît tirer sur le rougeâtre.
Bleu et gris.	Paraît plus brillant, plus verdâtre. Paraît tirer sur l'orangé.
Violet et gris.	Paraît plus franc, moins terne. Paraît tirer sur le jaune.
Rouge et noir.	Paraît plus clair ou moins brun, moins orangé. Paraît moins rouge.
Orangé et noir.	Paraît plus brillant et plus jaune, ou moins brun. Paraît moins roux et plus bleu.
Jaune tirant sur le vert et noir.	Est plus clair, plus verdâtre peut-être (1). Est plus violâtre.
Vert et noir.	Tire faiblement sur le jaune. Paraît plus violâtre ou rougeâtre.
Bleu et noir.	Paraît plus clair, plus vert peut-être. S'éclaircit.
Violet et noir.	Est plus brillant, plus clair, plus rouge peut-être. S'éclaircit.

Première proposition.—L'arrangement complémentaire est supérieur à tout autre dans l'harmonie de contraste.

Les tons doivent être, autant que possible, à la même hauteur pour produire le plus bel effet.

L'arrangement complémentaire auquel le blanc s'associe le plus avantageusement est celui du bleu et de l'orangé; et l'arrangement auquel il s'associe le moins heureusement est celui du jaune et du violet.

Deuxième proposition. — Le rouge, le jaune et le bleu, c'est-à-dire les couleurs simples des artistes, associés deux à deux, vont mieux ensemble, comme harmonie de contraste, qu'un arrangement formé d'une de ces mêmes

---

(1) Il est des échantillons de jaune qui paraissent appauvris par leur juxta-position avec le noir.

couleurs et d'une des couleurs binaires des artistes, dont la première peut être considérée comme un des éléments de la couleur binaire qui lui est juxta-posée.

Exemples :

Rouge et jaune valent mieux que rouge et orangé.
Bleu et rouge   —   —   rouge et violet.
Jaune et rouge   —   —   jaune et orangé.
Jaune et bleu   —   —   jaune et vert.
Bleu et rouge   —   —   bleu et violet.
Bleu et jaune   —   —   bleu et vert.

Troisième proposition. — Les arrangements du rouge, du jaune ou du bleu, avec une des couleurs binaires des artistes, que l'on peut considérer comme contenant la première, sont d'autant meilleurs comme contraste, que la couleur simple est essentiellement plus lumineuse que la couleur binaire.

D'où il suit que, dans cet arrangement, il est avantageux que le ton du rouge, du jaune ou du bleu, soit au-dessous du ton de la couleur binaire.

Exemples :

Rouge et violet valent mieux que bleu et violet.
Jaune et orangé   —   —   rouge et orangé.
Jaune et vert   —   —   bleu et vert.

Quatrième proposition. — Lorsque deux couleurs vont mal, il y a toujours avantage à les séparer par du blanc.

Dans ce cas, on conçoit qu'il y a plus d'avantage à placer les couleurs sur un fond blanc, en les isolant, qu'en les juxta-posant.

Cinquième proposition. — Le noir ne produit jamais un mauvais effet lorsqu'il est associé à deux couleurs lumineuses ; souvent même, alors, il est préférable au blanc, surtout dans l'arrangement où il sépare les couleurs l'une de l'autre.

Exemples :

Le noir est préférable au blanc dans les arrangements des couleurs suivantes :

> Rouge et orangé.
> Rouge et jaune.
> Orangé et jaune.
> Orangé et vert.
> Jaune et vert.

Le noir, avec tous ces arrangements binaires, produit des harmonies de contraste.

Sixième proposition.—Le noir, en s'associant aux couleurs sombres, telles que le bleu et le violet, et aux tons rabattus des couleurs lumineuses, produit des harmonies d'analogues qui peuvent être d'un bon effet dans plusieurs cas.

L'harmonie d'analogue du noir, associé au bleu et au violet, est préférable à l'harmonie du contraste de l'ar-. rangement blanc, bleu, violet, blanc, etc.; celle-ci étant trop crue.

Septième proposition.— Le noir ne s'associe point aussi heureusement à deux couleurs dont l'une est lumineuse et l'autre sombre, qu'il s'associe à deux couleurs lumineuses.

Dans le premier cas, l'association est d'autant moins agréable, que la couleur lumineuse est plus brillante.

Exemples :

Avec tous les arrangements suivants, le noir est inférieur au blanc :

> Rouge et bleu.
> Rouge et violet.
> Orangé et bleu.
> Orangé et violet.
> Jaune et bleu.
> Vert et bleu.
> Vert et violet.

Enfin, avec l'arrangement *jaune et violet*, s'il n'est pas inférieur au blanc, il ne produit du moins, en s'y associant, qu'un effet médiocre.

Huitième proposition. — Si le gris ne produit jamais précisément un mauvais effet en s'associant à deux couleurs lumineuses, dans la plupart des cas, cependant, ses assortiments sont fades, et il est inférieur au noir et au blanc.

Parmi les arrangements de deux couleurs lumineuses, il n'y a guère que celui du rouge et de l'orangé auquel le gris s'associe plus heureusement que le blanc.

Mais il lui est inférieur, ainsi qu'au noir, dans les arrangements rouge et vert, rouge et jaune, orangé et jaune, orangé et vert, jaune et vert.

Il est encore inférieur au blanc avec le jaune et le bleu.

Neuvième proposition. — Le gris, en s'associant aux couleurs sombres, telles que le bleu et le violet, et aux tons rabattus des couleurs lumineuses, produit des harmonies d'analogues qui n'ont pas la vigueur de celles du noir; si les couleurs ne vont pas bien ensemble, il a l'avantage de les séparer l'une de l'autre.

Dixième proposition. — Lorsque le gris s'associe à deux couleurs dont l'une est lumineuse et l'autre sombre, il peut être plus avantageux que le blanc, si celui-ci produit un contraste de ton trop fort; et, d'un autre côté, il peut être plus avantageux que le noir, si celui-ci a l'inconvénient de trop augmenter la proportion des couleurs sombres.

Exemples :

Le gris s'associe plus heureusement que le noir avec :

Orangé et violet.
Vert et bleu.
Vert et violet.

Onzième proposition. — Si, en principe, lorsque deux couleurs vont mal ensemble, il y a avantage à les séparer par du blanc, du noir ou du gris, il est important, pour l'effet, de prendre en considération : 1º la hauteur du ton des couleurs; 2° la proportion des couleurs sombres aux couleurs lumineuses, en comprenant dans les premières les tons bruns rabattus des gammes brillantes, et dans les couleurs lumineuses, les tons clairs des gammes bleue et violette.

Prise en considération de la hauteur du ton des couleurs.

Exemples :

L'effet du blanc est d'autant moins bon avec le rouge et l'orangé, que le ton de ces couleurs est plus élevé, surtout dans l'arrangement blanc, rouge, orangé, blanc, etc., l'effet du blanc étant trop cru.

Au contraire, le noir s'allie très bien avec les tons normaux des mêmes couleurs, c'est-à-dire les tons les plus élevés sans mélange du noir.

Enfin, si le gris s'associe moins bien que le noir au rouge et à l'orangé, il a l'avantage de produire un effet moins cru que celui du blanc.

Prise en considération de la proportion des couleurs sombres aux couleurs lumineuses.

Toutes les fois que les couleurs diffèrent trop, soit par l'éclat du noir ou du blanc qu'on veut y associer, l'arrangement où chacune des deux couleurs est séparée de l'autre par le noir ou par le blanc, est préférable à celui dans lequel le noir ou le blanc sépare chaque couple de couleurs.

Ainsi, l'arrangement blanc, bleu, blanc, violet, blanc, etc., est préférable à l'arrangement blanc, bleu, violet, blanc, etc., parce que la répartition du brillant et du sombre est plus égale dans le premier que dans le second ; j'ajouterai que celui-ci a quelque chose de plus symétrique relativement à la position des deux couleurs, et je ferai remarquer que le principe de la symétrie a de l'influence sur le jugement que nous portons sur beaucoup de choses, dans des cas où généralement on ne le reconnaît pas.

C'est encore conformément à cela, que l'arrangement noir, rouge, noir, orangé, noir, etc., est préférable à l'arrangement noir, rouge, orangé, etc.

Ces arrangements nous paraissent suffisants pour éclairer les peintres et les fabricants sur les diverses sensations que leur vue éprouve dans le travail des couleurs, et sur les avantages qu'ils pourraient retirer d'une étude plus approfondie de la loi du contraste simultané des couleurs.

Il est aisé, d'ailleurs, de démontrer par des exemples que les couleurs juxta-posées, ou des objets matériels qui nous les représentent, n'ont point d'action mutuelle, soit physique, soit chimique, mais que le changement qu'elles éprouvent dans ce cas, n'est dû, réellement, qu'à la modification qui se passe en nous lorsque nous percevons la sensation simultanée de leur principe colorant. Il suffit, pour s'en convaincre, de placer sur la couleur modifiée un carton découpé qui la laisse voir exclusivement. La vue, ramenée ainsi à l'état normal, perçoit facilement l'homogénéité de la couleur juxta-posée et son identité avec celle qu'on a isolée.

Il nous reste maintenant à indiquer quelques applications de ces principes à l'art de la peinture et à l'art des décorations.

Supposons qu'un peintre veuille placer dans un tableau deux teintes plates qui se touchent, l'une rouge et l'autre bleue ; à mesure qu'il peindra, il modifiera naturellement les couleurs de sa palette, parce que le phénomène du contraste se manifestera à la délicatesse de son œil exercé ; mais si ensuite un tapissier veut imiter, comme cela se pratique aux Gobelins, le tableau qu'on lui donne en modèle, et qu'il ignore la loi des contrastes, il prendra seulement deux espèces de laines, l'une bleue et l'autre rouge, et il les assortira, séparément, avec les deux couleurs du tableau ; qu'arrivera-t-il ? C'est que la laine bleue et la laine rouge, étant juxta-posées, changeront de nuances dans les zones voisines de la ligne de contact, et que le pauvre tapissier aura beau faire et se désoler, il ne produira jamais de teintes plates ; à moins que le hasard (ce qui est arrivé quelquefois) ou la science ne vienne à son secours.

Si, au contraire, le peintre a juxta-posé deux teintes plates qui alors *contrasteront*, le tapissier se donnera beaucoup de mal pour imiter, par une dégradation de laines colorées, ce qu'il obtiendrait sur-le-champ avec deux laines uniformes ; et, en résultat, il obtiendra des effets exagérés.

Les décorateurs doivent encore s'aider de là loi des contrastes, lorsqu'il s'agit d'assortir des couleurs aux objets qui les accompagnent. Ainsi, le rouge jaune, l'écarlate, couleur du feu, nacarat, ne vont pas avec l'acajou ; car alors la couleur rouge et brillante de ce bois est totalement éteinte et il prend l'aspect du noyer. On peut diminuer le mauvais effet de l'assortiment, par exemple, du cramoisi et de l'acajou, avec une large bordure verte ou noire placée dans les parties où le cramoisi et l'acajou sont en contact, ou bien encore avec une bordure jaune ou dorée.

M. Chevreul fait remarquer que les dessins noirs qui sont imprimés sur des fonds rouges, cramoisis ou amarantes, paraissent verts, parce que la couleur verte complémentaire du fond s'ajoute au noir. De même, le noir sur le vert perd toute sa vigueur.

La règle principale donnée par M. Chevreul, pour l'arrangement des fleurs, est de placer les bleues à côté des orangées, les violettes à côté des jaunes, et d'entourer les rouges et les roses de verdure ou de fleurs blanches.

CHAPITRE II.

Chimie des Couleurs vitrifiables.

Il n'est pas besoin d'insister beaucoup, pour établir que la fabrication des couleurs vitrifiables est une opération ressortant du domaine de la chimie, et que les notions de cette science sont même indispensables pour en faire un emploi judicieux. Le cadre de ce travail ne nous permettant pas d'insérer ici un traité de chimie, nous avons cru indispensable et suffisant pour les personnes étrangères à cette science de résumer rapidement, sur chacun des principaux corps dont nous avons eu à nous occuper, les notions indispensables pour en apprécier et en diriger l'emploi.

Il est d'abord utile de définir la signification de certains chiffres, dont il sera fait usage, qui, sans cela, ne seraient pour elles que des hiéroglyphes dépourvus de sens. Nous voulons parler des symboles, des équivalents et des formules chimiques, que nous expliquerons en deux mots.

SYMBOLES.

Les symboles des corps sont des lettres qui les représentent : ainsi l'oxygène est représenté par O, le carbone par C, le chlore par Cl, le plomb par Pb, etc.

ÉQUIVALENTS.

Nous regarderons comme équivalent chimique d'un corps simple le poids de ce corps qui, en se combinant avec 100 d'oxygène, donne naissance à un protoxyde. Ainsi l'équivalent de l'hydrogène est 12,5, parce que ce poids d'hydrogène, combiné avec 100 d'oxygène, forme du protoxyde d'hydrogène ou de l'eau.

Ou mieux, on donne le nom d'*équivalents chimiques*, d'après la définition de MM. Pelouze et Frémy, aux nombres qui représentent les quantités pondérables des différents corps pouvant se remplacer mutuellement dans les combinaisons chimiques.

Les corps simples ne se combinent pas entre eux en toutes proportions; ils se combinent toujours, pour former des corps composés, en proportions définies et invariables.

Les chiffres qui représentent les équivalents ou *nombres proportionnels* (voir plus loin le tableau des équivalents) indiquent les proportions suivant lesquelles les corps se combinent entre eux et se remplacent dans les produits chimiques.

FORMULES.

Dans les formules, chaque corps simple est représenté par son symbole. Lorsqu'un composé est formé par l'union de deux corps simples et qu'il ne contient qu'un équivalent de chacun d'eux, sa formule se compose de deux symboles des corps simples qui le constituent : le protoxyde de fer, par exmple, composé d'un équivalent de fer (Fe) et d'un équivalent d'oxygène (O), aura pour formule FeO; l'eau, composée d'un équivalent d'hydrogène (H) et d'un équivalent d'oxygène (O), sera représentée par HO.

Si le composé contient un équivalent d'un corps et plusieurs équivalents d'un autre corps, les chiffres placés à la droite et en haut du symbole, à la manière des exposants algébriques, multiplient l'équivalent à côté duquel ils se trouvent : ainsi la formule de l'acide sulfurique, composé d'un équivalent de soufre (S) et de trois équivalents d'oxygène (O), s'écrit SO^3; la formule Fe^2O^3 indique que le sesquioxyde de fer est formé de deux équivalents de fer et de trois équivalents d'oxygène.

Un chiffre placé à gauche multiplie tous les équivalents placés à sa droite jusqu'au signe $+$. Ainsi $2SO^3$ représente deux équivalents d'acide sulfurique; $2SO^3 + KO$ indique deux équivalents d'acide sulfurique et un seul équivalent de potasse.

Lorsqu'on veut indiquer par une formule que des corps sont mis en présence, ou qu'ils résultent d'une réaction, on sépare ces corps par le signe $+$.

Exemples : La formule Cu $+$ S indique que l'on a mis en présence un équivalent de cuivre et un équivalent de soufre; S O³ $+$ K O un équivalent d'acide sulfurique et un équivalent de potasse, etc.

Les produits d'une réaction sont séparés par le signe $=$ des corps que l'on a mis en présence, et l'on forme ainsi une *équation chimique*.

Exemples :

Le soufre, en se combinant avec du cuivre, donne du sulfure de cuivre : Cu $+$ S $=$ Cu S.

L'acide sulfurique, en se combinant avec la potasse, donne du sulfate de potasse : S O³ $+$ K O $=$ K O, S O³.

TABLEAU DES ÉQUIVALENTS CHIMIQUES (1).

OXYGÈNE. O $=$ 100.

Aluminium	Al.	170,90
Antimoine	Sb.	806,45 (du mot latin *Stibium*.)
Argent	Ag.	1349,01
Arsenic	Ar.	937,50
Azote	Az.	175,00
Baryum	Ba.	858,00
Bismuth	Bi.	1330,38
Bore	B.	136,21
Brome	Br.	1000,00
Calcium	Ca.	250,00
Carbone	C.	75,00
Chlore	Cl.	443,20
Chrome	Cr.	328,50
Cobalt	Co.	369,00

(1) Les corps simples, aujourd'hui connus, sont au nombre de soixante et un. Nous n'avons mis dans ce tableau que ceux dont il doit être ici question. — Ce tableau donne les équivalents des corps simples. En regard de chaque corps se trouvent : 1° son symbole (ou signe abréviatif par lequel on est convenu de le représenter); 2° le poids de son équivalent.

Cuivre	Cu.	396,60	
Etain	Sn.	735,29	(du mot latin *Stannum*.)
Fer	Fe.	350,00	
Fluor	Fl.	235,43	
Hydrogène	H.	12,50	
Iode	I.	1586,00	
Magnésium	Mg.	150,00	
Manganèse	Mn	344,68	
Mercure	Hg.	1250,00	(du mot latin *Hydrargirum*.)
Nickel	Ni.	369,75	
Or	Au.	1229,16	(du mot latin *Aurum*.)
Phosphore.	Ph.	400,00	
Platine	Pl.	1232,08	
Plomb	Pb.	1294,50	
Potassium.	K.	488,93	
Silicium	Si.	206,74	
Sodium	Na.	287,17	(du mot latin *Natrium*.)
Soufre	S.	200,00	
Zinc	Zn.	406,50	

ACIDE NITRIQUE OU AZOTIQUE. Az O⁵.

Cet acide, qui s'appelle aussi *eau forte,* est incolore, quand il est pur, odorant (d'une odeur particulière), tachant la peau, qu'il colore en jaune et qu'il désorganise promptement : il agit de même sur tous les tissus organiques. C'est un acide des plus énergiques. Dans son plus grand état de concentration, sa densité (1) est égale à 1,51 ; il se solidifie en une masse butyreuse à un froid de 50 degrés au-dessous de zéro ; à 86 degrés au-dessus de zéro, il entre en vapeurs.

(1) La densité ou pesanteur spécifique d'un corps *solide* ou d'un corps *liquide* est le poids d'un décimètre cube ou d'un litre de ce corps. L'unité est le poids d'un litre d'eau distillée, à la température d'environ 4°, qui est de 1 kilogramme.

La densité ou pesanteur spécifique des gaz et des vapeurs se rapporte à celle de l'air atmosphérique, qui sert d'unité. Or, comme 1 litre d'air, à zéro de température et 76 de pression, pèse 1 gramme 2995, quand on veut savoir le poids d'un litre de gaz ou de vapeur dont on connaît la densité, on multiplie cette densité par 1,2995.

Cet acide contient toujours de l'eau. Dans son plus grand état de pureté, il en contient 14,5 pour 100, c'est alors que sa densité est 1,51. Celui du commerce en renferme ordinairement 56 pour 100; il pèse 34° à 35° à l'aréomètre de Baumé, ce qui correspond à une densité de 1,315.

Dans le plus grand nombre des réactions chimiques où il joue un rôle, l'acide nitrique agit en cédant l'oxygène qu'il renferme. La facilité avec laquelle il se décompose (la chaleur de l'ébullition suffit pour le décomposer en partie) le rend extrêmement précieux comme corps oxygénant.

L'acide azotique ordinaire contient toujours de l'acide sulfurique, du chlore et de l'acide nitreux. Pour en séparer ces corps, on le distille sur un mélange de nitrate de baryte et de nitrate d'argent, ou sur du nitrate de plomb. Dans le premier cas, il reste dans la cornue du sulfate de baryte et du chlorure d'argent; dans le second cas, on trouve du sulfate et du chlorure de plomb, formés aux dépens de l'acide sulfurique et du chlore. L'acide nitreux s'est évaporé.

Nous avons dit que l'acide nitrique, aussi concentré que possible, retenait 14,5 pour 100 d'eau; dans cet état de concentration, il a pour formule $Az O^5$, HO. D'après cette formule, il nous est très facile de trouver sa composition en poids. Effectivement nous avons :

$$
\begin{array}{llr}
\text{1 équivalent d'azote (Az)} = & \ldots\ldots & 175 \\
\text{5 équivalents oxygène (O)} = & \ldots\ldots & 500 \\
\text{1 équivalent d'eau} \begin{cases} \text{Hydrogène (H).} & 12.5 \\ \text{Oxygène (O). .} & 100 \end{cases} & . & 112.5 \\
\hline
\text{1 équivalent d'acide nitrique hydraté} = & & 787.5
\end{array}
$$

ACIDE SULFURIQUE. $S O^3$.

L'acide sulfurique ou *huile de vitriol* a des usages très nombreux. Il est employé dans presque toutes les industries chimiques. Son importance dans les arts chimiques est comparable à celle de la vapeur dans les arts mécaniques.

La formule SO^3 représente l'*acide sulfurique anhydre*, qui est solide à la température ordinaire et se présente en houppes blanches et soyeuses comme l'amiante. On peut le comprimer entre les doigts sans qu'il les brûle. Sa densité, d'après M. Bussy, est 1,97. Il entre en fusion à 20°, et se volatilise à une température qui ne dépasse pas 30°.

L'acide *sulfurique ordinaire* ou acide anglais (SO^3, HO) est liquide, incolore, inodore ; sa densité à 20° est de 1,842 ; cet *acide sulfurique hydraté* marque 66° à l'aréomètre de Baumé. On trouve dans les traités de chimie les quantités d'eau que contient l'acide sulfurique suivant les degrés qu'il marque.

L'acide sulfurique détruit un grand nombre de matières organiques, en s'emparant de leur eau. Il décompose rapidement les membranes animales et agit comme un violent poison. Cet acide entre en ébullition à la température de 325°.

On peut obtenir l'acide sulfurique complètement privé d'eau. La distillation de l'acide sulfurique doit être faite dans une cornue de verre, dont le col s'engage dans un récipient qui ne porte ni bouchon ni lut, qui seraient détruits par les vapeurs acides. Cette distillation est dangereuse, à cause des soubresauts qui l'accompagnent presque toujours, et qui peuvent briser la cornue. D'après les conseils de Gay-Lussac, on évite les soubresauts en mettant dans l'acide des fils de platine qui régularisent son ébullition.

Toutefois, il vaut mieux opérer la distillation en chauffant latéralement la cornue à peu de distance du niveau de l'acide. La vapeur se condense sans que le récipient soit refroidi.

A l'état de gaz naissant anhydre, l'acide sulfurique attaque la surface du verre, quand celui-ci est d'une fabrication imparfaite. Guyton-Morveau a fondé sur cette propriété un mode d'essai pour les verres. On l'a également mise à profit pour imiter, sur le verre neuf, les traces que le temps a laissées sur celui des vitraux anciens.

Un grand nombre de métaux sont attaqués par l'acide sulfurique. Quelques-uns, comme le zinc, mis en contact avec l'acide sulfurique très étendu, décomposent l'eau pour former des sulfates en dégageant de l'hydrogène.

L'acide sulfurique, exposé à l'air, prend une teinte noire due à la présence de quelques matières organiques qui se sont carbonisées ; on décolore cet acide en le faisant chauffer légèrement ; le charbon disparaît, et il se forme de l'acide sulfureux et de l'acide carbonique qui se dégagent.

ACIDE SULFHYDRIQUE. HS.

Cet acide, qu'on nomme souvent acide *hydro-sulfurique* ou *hydrogène sulfuré*, est gazeux, incolore, d'une odeur fétide, qui rappelle celle des œufs pourris. Il en existe dans l'air des quantités appréciables.

Les métaux décomposent l'acide sulfhydrique, tantôt à froid, tantôt sous l'influence de la chaleur : il se forme des sulfures métalliques et l'hydrogène se dégage. Le gaz sulfhydrique se décompose en partie par la chaleur.

L'argent noircit rapidement quand il est exposé aux émanations sulfureuses.

ACIDE CHLORHYDRIQUE. H Cl.

L'acide chlorhydrique a été nommé pendant longtemps *acide marin, acide muriatique, acide hydrochlorique.* Cet acide est une combinaison de chlore et d'hydrogène.

L'acide chlorhydrique est gazeux et incolore ; il répand à l'air humide des fumées blanches ; son odeur est irritante.

Ce gaz est très soluble dans l'eau, qui peut, à la température de 0°, en dissoudre environ 480 fois son volume. La dissolution du gaz chlorhydrique se fait avec une telle rapidité que lorsqu'on met en contact avec l'eau une cloche remplie de ce gaz, la colonne de liquide qui s'introduit instantanément dans la cloche en détermine quelquefois la rupture.

Une dissolution d'acide chlorhydrique saturée à la température de 0° a pour densité 1,2109, et contient six équivalents d'eau. Lorsqu'on abandonne cette dissolution à l'air, elle répand d'épaisses fumées blanches, perd une partie de l'acide qu'elle contient, et se transforme en un hydrate représenté par la formule $H\,Cl, 12\,H\,O$.

La formule $H\,Cl$ représente :

$$
\begin{array}{lr}
\text{1 équivalent d'hydrogène} = & 12,5 \\
\text{1 équivalent de chlore} = & 443,2 \\
\hline
& 455,7
\end{array}
$$

L'acide chlorhydrique noircit les matières organiques et les détruit rapidement. Il n'agit pas, en général, sur les métalloïdes ; plusieurs métaux, tels que le potassium, le fer, l'étain, etc., le décomposent en se combinant avec le chlore et dégagent de l'hydrogène. La grande facilité avec laquelle l'acide chlorhydrique est décomposé à froid par le fer et le zinc, le fait quelquefois employer à la préparation de l'hydrogène (1).

L'acide chlorhydrique, à une température élevée, est décomposé par l'argent.

L'acide chlorhydrique réagit sur les oxydes en produisant de l'eau et des chlorures : $H\,Cl + M\,O = M\,Cl + H\,O$.

L'acide chlorhydrique en dissolution dans l'eau, est souvent appelé *acide chlorhydrique liquide*. L'acide chlorhydrique du commerce *(acide muriatique)* n'est pas pur ; il contient ordinairement tous les sels qui se trouvent dans l'eau commune employée pour la dissolution du gaz chlorhydrique ; il renferme, en outre, de l'acide sulfureux, de l'acide sulfurique, du perchlorure de fer, et quelquefois de l'acide arsénieux et de l'acide arsénique.

Les usages de l'acide chlorhydrique sont nombreux et importants. Entre autres, il sert dans les arts pour la pré-

(1) Les corps simples sont divisés en *métaux* et *métalloïdes*.

On désigne sous le nom de *matières organiques* les composés variés qui se forment sous l'influence de la vie ou qui dérivent de substances se développant dans l'organisme vivant des végétaux et des animaux. Il sera parlé de quelques substances organiques à la fin de ce chapitre.

paration du chlore, des chlorures décolorants, l'extraction
de la gélatine des os, etc. On l'emploie, seul ou mêlé à
l'acide nitrique, pour dissoudre un grand nombre de métaux ou d'alliages et préparer les chlorures métalliques.

Les fumées blanches qui se répandent, quand cet acide
est exposé à l'air, sont dues à la condensation de la vapeur d'eau par le gaz qui s'échappe. Ce gaz est dangereux à respirer : il produit de la suffocation.

L'acide chlorhydrique, de la densité de 1,164, marque
22° à l'aréomètre de Baumé, et contient environ 34 d'acide
réel et 36 d'eau.

EAU RÉGALE.

On appelle *eau régale* un mélange d'acide chlorhydrique et d'acide nitrique, dans les proportions d'une partie
de ce dernier avec trois ou quatre parties d'acide chlorhydrique. Ce nom lui a été donné par les chimistes,
parce que ce mélange jouit de la propriété de dissoudre
l'or, qu'ils regardaient comme le *roi des métaux*.

L'eau régale peut donc dissoudre l'or et le platine. Ce
qui peut paraître curieux, c'est que ni l'acide chlorhydrique ni l'acide nitrique *purs* n'attaquent ces métaux.
On peut mettre à profit cette propriété de l'eau régale de
dissoudre l'or et le platine pour dédorer la porcelaine
cassée, comme il a été dit dans le 4ᵉ chapitre.

Dans la dissolution de l'or ou du platine par l'eau régale, il se forme des chlorures d'or et de platine qu'on
sépare par l'évaporation des produits volatils qui se sont
formés spontanément.

ACIDE FLUORHYDRIQUE. H Fl.

L'acide fluorhydrique, ou *phtorhydrique* (1), résulte du
traitement par l'acide sulfurique concentré du fluorure
de calcium (spath fluor), que la nature présente en grande
quantité.

(1) Le *fluor* ou *phtore* est un corps simple qui existe dans le *spath
fluor* des minéralogistes et qui n'a pu être isolé jusqu'à présent.

L'acide fluorhydrique est un corps d'une préparation
et d'un maniement très dangereux : les moindres vapeurs
occasionnent des douleurs très aiguës sur les mains et
surtout sur les racines des ongles ; une petite quantité
répandue sur la peau produit une ampoule douloureuse
suivie d'accès de fièvre très intenses et difficiles à calmer ;
la cicatrisation de cette brûlure est toujours lente ; les
blessures qu'il produit occasionnent la mort si leur surface est quelque peu développée.

L'acide fluorhydrique qu'on trouve dans le commerce
est conservé dans des bouteilles de plomb qui sont promptement corrodées, ou dans des flacons de verre, qu'on
revêt à l'intérieur d'une couche épaisse de cire ; elles
finissent à la longue par se percer. Le récipient le plus
convenable serait des flacons de platine ; mais le prix
élevé de ce métal rend l'acquisition de ces bouteilles très
dispendieuse : l'argent peut être employé de préférence
au plomb. Enfin on peut encore citer comme matière propre à former des récipients pour ce corps, la gutta-percha,
très employée aujourd'hui.

La difficulté de conserver l'acide fluorhydrique a fait
conseiller d'en préparer, chaque fois qu'on en a besoin,
la quantité nécessaire. Nous parlerons bientôt de cette
préparation et d'un antidote de ce dangereux agent.

L'acide fluorhydrique est un liquide incolore, d'une
odeur piquante et suffocante, d'une saveur extrêmement
désagréable. Il est volatil, et répand dans l'air d'abon-
dantes vapeurs blanches, dues à son action sur l'humidité
de l'atmosphère. Son avidité pour l'eau est telle, que son
mélange avec elle, s'il n'était fait à petites doses, pourrait
donner lieu à une sorte d'explosion. En tombant dans
l'eau, il produit un bruit et un mouvement tumultueux
violent, comme ferait un fer rouge qu'on plongerait dans
l'eau. Ce qu'il offre de plus remarquable, surtout à notre
point de vue, c'est la propriété d'attaquer tous les silicates avec une très grande facilité, ainsi que la silice
libre, ce qui le rend précieux dans les arts céramiques,
ainsi que dans les arts de la verrerie. A la température
ordinaire, il attaque la silice pour former de l'eau et un

corps gazeux qui a reçu le nom de *fluorure de silicium* ou *acide fluosilicique*.

On emploie *l'acide fluorhydrique* dans la peinture sur porcelaine, pour corriger certaines parties que l'on veut enlever ; en réservant les places qu'on veut conserver, on lave avec l'acide fluorhydrique les parties qu'il faut faire disparaître. Il sert, comme nous l'avons vu, à la gravure sur verre.

Préparation de l'acide fluorhydrique.

Les détails relatifs à la préparation de l'acide fluorhydrique ont été donnés en 1810 par MM. Thénard et Gay-Lussac. Il se prépare en traitant le fluorure de calcium par l'acide sulfurique concentré et récemment bouilli :

$$CaFl + SO^3, HO = CaO, SO^3 + HFl.$$

Nous savons que l'opération ne peut pas être faite dans une cornue de verre, qui serait attaquée par l'acide fluorhydrique ; on emploie ordinairement un appareil distillatoire en plomb, qui se compose d'une cornue pouvant se démonter en deux parties.

On introduit dans la partie inférieure du fluorure de calcium pulvérisé très finement, sur lequel on verse trois parties d'acide sulfurique monohydraté à son maximum de concentration.

On recouvre la cornue de son chapiteau, en fermant la jointure au moyen d'un lut gras ou d'un lut composé de pâte de porcelaine et de farine de graine de lin, et l'on adapte au col de la cornue un récipient en plomb qui plonge dans l'eau froide.

En élevant la température à 130 degrés environ, on détermine la décomposition du fluorure de calcium par l'acide sulfurique et la volatilisation de l'acide fluorhydrique qui se condense dans le récipient ; pour faciliter cette condensation, on ajoute dans le récipient quelques grammes d'eau distillée ; mais cette addition ne doit être faite que dans le cas où l'on ne se propose pas de préparer un acide très concentré.

Antidote de l'acide fluorhydrique.

M. Kessler qui fabrique en grand l'acide concentré qu'il vend en dissolution, au prix de 8 fr. le kilog. dans des flacons de gutta-percha, s'est préoccupé de lui chercher un antidote. « J'y suis arrivé de telle sorte, dit-il, que l'on peut dire qu'aujourd'hui, à part l'effet de destruction accompli, ses effets ultérieurs ne sont pas à craindre, et que ses brûlures ne sont pas plus dangereuses que celles des autres acides.

« Il suffit, en effet, d'appliquer sur les plaies des compresses imbibées d'*acétate d'ammoniaque* pendant le premier jour ou la première heure, si la brûlure est récente, et d'en injecter dans les ampoules si on leur a laissé le temps de se former. Si cependant l'acide s'est insinué dans certaines places difficiles à imbiber, comme à travers les ongles, il faut substituer l'ammoniaque caustique à l'acétate, et ne pas se préoccuper de la douleur, souvent très vive, mais fugace, qui accompagne cette cautérisation. »

POTASSE ET SOUDE (Carbonates alcalins).

Quand on brûle des plantes, il reste des cendres. Ces cendres contiennent principalement de la potasse et de la soude à l'état de carbonates, puis des sulfates, des chlorures, des silicates, etc.

Les végétaux qui croissent dans l'intérieur des terres contiennent principalement de la potasse; ceux qui viennent sur le bord de la mer renferment surtout de la soude.

En traitant les cendres des végétaux par l'eau, qui dissout les sels solubles, c'est-à-dire les carbonates de potasse et de soude, les sulfates et les chlorures, et en évaporant la dissolution à sec, on obtient un résidu qui, avec les cendres de bois, est principalement composé de potasse, tandis que, avec les cendres des plantes marines, il est principalement composé de soude. La potasse s'extrait toujours des cendres de bois ; mais la soude provient aujourd'hui de la décomposition du sel marin.

La *potasse* brute renferme 60 à 80 pour 100 de carbonates de potasse et de soude ; le reste de la matière est formé de sulfate, de chlorure et d'une petite quantité de silicate de potasse. On peut purifier la potasse par voie de dissolution et obtenir un carbonate de potasse qui ne renferme que 2 à 3 pour 100 de matières étrangères (1).

La potasse entre dans la composition des pâtes de la porcelaine, ainsi que dans l'élément vitreux des glaçures.

Dans les arts qui nous occupent, la potasse dont on se sert pour précipiter les oxydes colorants s'obtient de la manière suivante : on fait dissoudre 30 parties de potasse (perlasse) dans une suffisante quantité d'eau, pour avoir une solution à 12 degrés; on y ajoute 15 parties de chaux vive, et le tout est mis à bouillir pendant deux heures, en remplaçant l'eau à mesure qu'elle s'évapore. On laisse reposer. La liqueur surnageante est décantée, et le résidu lavé deux fois. Les eaux de lavage, réunies aux premières, sont évaporées jusqu'à ce qu'elles marquent 46°. On fait refroidir pour laisser précipiter les sels étrangers. Le liquide décanté est conservé, pour l'usage, dans des vases bien fermés, si l'on n'aime mieux l'évaporer jusqu'à fusion ignée.

Dans le commerce, on appelle potasse, le carbonate de potasse impur ; telles sont : la potasse perlasse, celle de Dantzick, de Russie, etc. Pour les chimistes, la potasse est le *protoxyde de potassium anhydre* (KO), c'est-à-dire 488,93 de potassium combiné avec 100 d'oxygène.

L'hydrate de potasse produit une élévation considérable de température en se dissolvant dans l'eau; il en est de même de l'hydrate de soude (2).

(1) Voyez *Manuel du Porcelainier*, par M. Magnier.
(2) On peut facilement distinguer l'un de l'autre ces deux hydrates en les abandonnant à l'air : la potasse reste déliquescente, tandis que la soude, après s'être d'abord liquéfiée, absorbe peu à peu l'acide carbonique de l'air, et se transforme en carbonate de soude, qui est efflorescent et tombe bientôt en poussière.

La *soude* hydratée s'obtient, comme l'hydrate de potasse, par la décomposition du carbonate de soude par la chaux. Il se forme du carbonate de chaux et de l'hydrate de soude, qui porte le nom de *soude à la chaux*. Cet hydrate, purifié par l'alcool, donne la *soude à l'alcool*.

L'action des différents métalloïdes sur la soude est exactement la même que sur la potasse.

La soude est un des éléments du verre à vitre, et fait partie constituante de quelques émaux ; on la fait servir aussi à la préparation des oxydes métalliques colorants, comme le protoxyde de potassium.

La soude anhydre (Na O) est composée de 287,17 de sodium et de 100 d'oxygène.

Le carbonate de soude est employé dans la composition des glaçures de quelques poteries.

SELS DE POTASSE ET DE SOUDE.

Azotate de potasse. — Dans la composition des frittes de *porcelaines tendres*, on fait entrer de l'azotate de potasse pour introduire la potasse dans la pâte. L'azotate de potasse est connu dans le commerce sous les noms de *nitre, salpêtre, sel de nitre.*

On emploie l'azotate de potasse quand on veut faire entrer de la potasse pure dans les couleurs vitrifiables.

Sulfate de potasse. — Une dissolution de carbonate de potasse saturée d'acide sulfurique donne, après évaporation, des cristaux anhydres de sulfate de potasse (KO, SO^3), qui fondent à la chaleur rouge sans se décomposer.

Ce sel est inaltérable à l'air, ce qui permet de l'employer à la préparation de certains oxydes anhydres, pour les obtenir très divisés.

Si le sulfate de potasse était moins cher, on pourrait s'en servir dans la fabrication du verre.

Azotate de soude. — L'azotate de soude existe dans la nature. On le trouve en abondance au Pérou, où il forme sous l'argile une couche mince, mais d'une étendue très considérable.

Ce sel pourrait remplacer l'azotate de potasse dans tous les usages céramiques.

Sulfate de soude. — Le sulfate de soude est préparé en décomposant le sel marin ou sel ordinaire de cuisine (chlorure de sodium) par l'acide sulfurique. On s'en sert dans la composition de certains verres : mélangé en proportions convenables avec du charbon, il y a, en présence de la silice, dégagement d'acide sulfureux et formation de silicate de soude.

CHAUX. CaO.

Le chaux (protoxyde de calcium) et ses composés présentent un grand intérêt aux potiers et aux verriers. Le carbonate, le phosphate, le silicate, le sulfate, le borate, etc., s'offrent à eux sous des formes variées et sans de grandes dépenses.

Quand le carbonate de chaux (Ca O, CO^2) ou *pierre à chaux* est exposé à une très haute température, on obtient de la *chaux vive*, ou protoxyde de calcium anhydre (CaO) ; quand la chaux s'est *délitée*, c'est-à-dire qu'elle s'est réduite en poudre en absorbant de l'eau, elle représente sensiblement un monohydrate (CaO, HO); on lui donne souvent le nom de *chaux éteinte* pour la distinguer de la chaux vive.

On se sert du carbonate de chaux comme matière antiplastique dans la pâte des poteries. On s'en sert aussi comme fondant dans la composition des verres à glaces, à vitres, à bouteilles, et dans la composition d'un grand nombre de glaçures. Les craies fournissent un calcaire suffisamment pur.

Le *carbonate de chaux* sert de dégraissant quand la température du four n'est pas assez élevée pour le calciner ; il ne remplit le rôle de fondant que quand la température est suffisante pour que l'acide carbonique se dégage.

Le *phosphate de chaux* en usage est tiré des os des animaux. Ces os sont nettoyés, dégraissés ensuite par ébullition dans de grandes chaudières, puis calcinés. Quand ces os sont encore colorés par du charbon non brûlé, on

fait disparaître ce charbon au moyen d'une nouvelle
calcination dans des fourneaux convenables, desquels ils
doivent sortir parfaitement blancs. On les broie finement
pour s'en servir immédiatement. Ces cendres d'os sont
formées de 4/5 de phosphate de chaux et de 1/5 de carbonate de chaux.

Le phosphate de chaux, en mélange sous de faibles
proportions, ajoute à la fusibilité du feldspath. Il sert à
former quelques émaux blancs et opaques. Introduit en
petite quantité dans le verre ou le cristal, il y reste en
suspension, à la manière de la chaux dans le lait de
chaux, pour former des matières opalines qui conservent
toutes les qualités des matières vitreuses, moins la transparence.

Sulfates de chaux. — La combinaison de la chaux avec
l'acide sulfurique existe dans la nature sous deux états :
le *gypse* (pierre à plâtre) et l'*anhydrite*.

Le sulfate de chaux anhydre naturel, porté au rouge
vif en présence du sable, abandonne l'oxygène et le soufre
qu'il contient, il se produit un silicate de chaux. C'est en
vertu de cette réaction qu'il est employé dans la fabrication de la pâte et de la couverte des porcelaines.

Nous parlerons plus loin du borate de chaux.

ARGILES.

On donne le nom d'*argiles* à des substances éminem-
ment plastiques quand elles sont imbibées d'eau (1). Sous
le rapport de la composition chimique, les argiles peuvent être représentées par un *silicate d'alumine* de composition très variable, renfermant, d'après MM. Pelouze
et Frémy, 18 à 39 pour 100 d'alumine, 46 à 67 pour 100
de silice et 6 à 19 pour 100 d'eau.

La faculté dont jouit l'argile de se contracter par l'action du feu, a servi de base au pyromètre de Wedgwood,
dont nous donnerons la description.

(1) Voir *Manuel du Porcelainier*, par M. Magnier, où se trouvent
décrites les principales variétés d'argile.

Les argiles qu'il nous importe ici de connaître, sont : l'ocre jaune, la terre d'ombre et la terre de Sienne. Il est bon de ne pas perdre de vue que la composition de ces argiles n'est pas constante, ainsi qu'il est dit plus loin, à propos de l'oxyde de fer naturel, et qu'il faut les essayer.

L'*ocre jaune* est une argile colorée par une quantité variable d'hydrate de peroxyde de fer. Chauffée, elle perd de l'eau, se contracte, et prend une couleur rouge très intense ; elle est convertie en ocre rouge (1). On l'emploie dans la préparation du jaune et du rouge d'argent.

La *terre d'ombre* est une argile brune qui contient une grande proportion de peroxyde de fer et de peroxyde de manganèse hydratés. Celle de Chypre contient, suivant Klaproth :

Peroxyde de fer.	48 parties.
— de manganèse.	20 —
Silice.	13 —
Alumine.	5 —
Eau.	14 —
	100

La *terre de Sienne* est sans doute un mélange analogue au précédent, qui serait moins riche en oxyde de manganèse. A la chaleur, sa teinte jaune se change en un rouge-brun extrêmement intense.

La terre d'ombre et la terre de Sienne sont employées comme matières colorantes, pour les bruns et les bruns rouges.

SILICE. Si O^3.

La silice ou *acide silicique*, est la seule combinaison que forme le silicium avec l'oxygène. Cet acide se trouve dans la nature en quantité considérable. A l'état isolé, la silice forme le cristal de roche, qui est de l'acide silicique cris-

(1) Les argiles ocreuses sont maigres, siliceuses, colorées en rouge par de l'oxyde de fer, lorsqu'il est anhydre, ou en jaune, quand l'oxyde de fer est hydraté.

tallisé et parfaitement pur. Le quarz, l'agate, l'opale, le sable quarzeux, la pierre à fusil, sont autant de variétés de silice, c'est-à-dire d'acide silicique. Les roches ne sont, en général, que des *silicates* d'alumine, de potasse, de soude, de chaux, de fer, etc.

Les plus hautes températures de nos fourneaux ne suffisent pas pour fondre le cristal de roche, qui peut, sans altération, être mis en contact avec tous les réactifs à la température ordinaire, sauf l'acide fluorhydrique qui l'attaque fortement. La potasse caustique l'attaque également, mais seulement à la température rouge : il se forme des verres très alcalins et très solubles.

La silice employée pour former des *silicates fusibles* est fournie par le quarz hyalin en masse ; par le quarz à l'état de sable pur, et par les silex pyromaques.

L'acide silicique entre dans la composition de tous les verres et de tous les émaux.

ALUMINE. Al^2O^3.

L'alumine *anhydre* est blanche, elle happe à la langue ; elle est infusible aux plus hautes températures qu'on puisse produire dans les foyers industriels.

L'alumine forme avec le borax un nouveau corps qui, par la présence de traces d'oxyde métallique, constitue une partie des pierres précieuses, comme le rubis, la topaze, le saphir, l'améthyste.

L'*alumine hydratée* s'obtient en précipitant une dissolution d'alun par un excès de carbonate d'ammoniaque. Le précipité gélatineux blanc doit être bien lavé à l'eau bouillante ; desséché et calciné, il donne de l'alumine anhydre.

L'alumine hydratée est très soluble dans la potasse et dans la soude. L'ammoniaque ne la précipite pas de ces dissolutions.

MAGNÉSIE. MgO.

L'oxygène ne forme avec le magnésium qu'une seule combinaison qu'on nomme *magnésie*, ou oxyde de magnésium.

La magnésie forme des combinaisons nombreuses avec la silice ; généralement elles sont hydratées, cependant il existe des silicates anhydres.

La magnésie ne se rencontre pas dans la nature à l'état de liberté. On l'introduit dans les pâtes céramiques en combinaison avec la silice et l'acide carbonique.

ARSENIC. Ar.

L'arsenic, à l'*état de pureté,* est un corps solide, d'un gris d'acier, possédant l'éclat métallique. Inodore et insipide par lui-même, non vénéneux à l'état libre, il devient, par les plus légères circonstances d'oxydation, odorant, à saveur acide, vénéneux, volatil, sans décomposition.

L'arsenic forme avec l'oxygène deux combinaisons, dont la composition est représenté par ArO^3 (acide arsénieux) et ArO^5 (acide arsénique).

L'*acide arsénieux,* mélangé dans les verres, permet de les dépouiller des bulles qu'ils renferment avant l'affinage. Il donne à plus forte dose, des verres et cristaux opaques en se transformant sous l'influence des bases en acide arsénique. C'est un produit accidentel de la préparation des oxydes de cobalt et de nickel. Les arsénio-sulfures de ces métaux sont des produits naturels, ils sont grillés ; l'acide sulfureux, gazeux à la température ordinaire, se dégage, et les vapeurs d'acide arsénieux se condensent sous forme d'une poussière grisâtre. Une nouvelle sublimation permet de recueillir l'acide plus pur qui circule dans le commerce sous le nom d'*arsenic* ou de *mort-aux-rats.*

Dans les *empoisonnements par l'acide arsénieux,* la magnésie caustique est un contre-poison très efficace ; elle se combine avec cet acide et forme un composé insoluble qui n'exerce plus d'action vénéneuse. Il est bon que la magnésie soit à l'état d'hydrate, ou qu'elle n'ait été que faiblement calcinée. La magnésie ne peut pas être remplacée, pour cet objet, par son carbonate.

BORAX (Na O, 2 B O³) ET ACIDE BORIQUE (B O³).

Le borax du commerce est du *borate de soude*. Il se trouve dans la nature ou se fabrique au moyen de l'acide borique.

Le borax *anhydre* (Na O, 2 B O³) se compose d'un équivalent de soude et de deux équivalents d'acide borique :

$$\begin{array}{llll} \text{Na, sodium..} & 287.17 & \text{Soude.....}=387.17 & \text{Borate} \\ \text{O, oxygène.} & 100\ 00 & & \text{de soude} \\ \text{B, bore...} & 136.21 & \text{Acide borique}=436.21 & = 1259.59 \\ \text{O³, oxygène.} & 300.00 & \qquad\qquad +436.21 & \end{array}$$

Le borax *hydraté* se distingue en borax prismatique ou *borax ordinaire*, qui contient 10 équivalents d'eau (1125), et en *borax octaédrique*, qui n'en contient que 5 (562,5).

Du reste, les deux borax ont les mêmes propriétés, et agissent de la même manière dans tous les applications, puisqu'ils commencent toujours par perdre leur eau de cristallisation.

Le borax fondu a la propriété, à une haute température, de dissoudre les oxydes métalliques et de les transformer en verres transparents et colorés, suivant leur nature :

L'oxyde de chrome le colore en vert émeraude;
— de cobalt   —   bleu intense;
— de cuivre   —   vert pâle;
— de fer   —   vert bouteille ou jaune;
— de manganèse —   violet;
— de nickel   —   vert émeraude pâle.

Les oxydes blancs ne le colorent pas.

Le borax est indispensable dans quelques soudures et pour les brasures. Il entre dans la composition des verres fins et des glaces. On en fait un grand usage dans la fabrication des poteries et des fondants, dans la composition des glaçures, des faïences fines, auxquelles il communique des qualités précieuses de brillant et de dureté.

Peint. sur Verre.   21

L'*acide borique purifié*, cristallisé en écailles brillantes, contient 43,62 pour 100 d'eau, ce qui correspond à la formule $BO^3, 3(HO)$; il se compose donc de :

B, bore. 136.21		
O^3, oxygène. . . . 300.00	Acide borique = 436.21	
H^3, hydrogène. . . 37.50		
O^3, oxygène. . . . 300.00	3 équiv. d'eau = 337.50	
		773.71

Quand cette combinaison est chauffée à 100 degrés, elle perd 66 centièmes de l'eau qu'elle renferme, et se transforme en une nouvelle combinaison représentée par BO^3, HO ; ce qui donne 436,21 d'acide borique pour 112,5 d'eau.

Quand on chauffe au rouge, ce dernier équivalent d'eau disparaît, il ne reste plus que de l'acide anhydre (BO^3), qui est un liquide visqueux, transparent, analogue au verre fondu, et qui peut s'étirer en fils très fins. En refroidissant, il se solidifie en verre d'une transparence parfaite ; il devient opaque au bout d'un certain temps.

L'acide borique brut de Toscane renferme 18 à 25 pour 100 de matières étrangères.

L'acide borique est fixe ; cependant il se vaporise facilement dans un courant de vapeur. L'acide borique a la propriété de dissoudre aisément les oxydes métalliques : avec le *manganèse*, il donne un verre coloré en *rouge violacé*, avec le *cobalt* un verre *bleu*, avec le *cuivre*, un verre *bleu verdâtre*, avec le chrome un verre *vert émeraude*.

L'acide borique est peu soluble à froid, il est plus soluble à chaud. 100 parties d'eau dissolvent 2 parties d'acide borique cristallisé, à la température de 10°, et 8 parties à la température de 100°. De sorte qu'une dissolution, saturée à l'ébullition, laisse déposer les trois quarts de l'acide qu'elle contient, lorsqu'elle descend à la température ordinaire.

La dissolution d'acide borique a une légère saveur acide ; elle rougit le tournesol, mais seulement à la manière des acides faibles, en produisant le rouge vineux.

Presque tous les acides déplacent l'acide borique de ses combinaisons à la température ordinaire ; mais, au contraire, à la chaleur rouge, il déplace tous les autres acides à cause de sa fixité.

Combinaisons de l'acide borique.

Borates de potasse. — 1 équivalent d'acide borique anhydre fondu et 1 équivalent de carbonate de potasse, mélangés et portés au rouge-blanc, température à laquelle le sel finit par se fondre, donnent un borate de potasse (BO^3, KO) très soluble dans l'eau, qui se convertit en borate ($2BO^3$, KO) correspondant au borax.

Une troisième combinaison se forme en dissolvant, dans la solution chaude d'un des borates précédents, une nouvelle quantité d'acide borique. On obtient un borate ($6BO^3$, $KO + 10HO$) qui ne s'altère pas à l'air et ne se dissout que difficilement dans l'eau, même bouillante.

Ces divers borates se forment dans la préparation des glaçures suivant qu'on met en présence, en diverses proportions, l'acide borique et la potasse, ou les roches qui contiennent cet alcali.

Borate de soude. — C'est le borax dont il est parlé plus haut.

Borate de protoxyde d'étain. — Ce borate est une poudre blanche insoluble. Il fond difficilement en un verre opaque.

Borates de plomb. — En traitant le nitrate de plomb par le borax en dissolution, on obtient une poudre incolore, fusible, qui peut servir de fondant d'or pour les basses températures ; on en fait usage pour fixer la dorure sur les porcelaines tendres, sur le cristal, etc., etc.

Tous les borates de plomb sont entièrement fusibles. On les emploie dans la peinture sur verre et dans la décoration des porcelaines.

En fondant dans un four à courant d'air forcé les trois mélanges suivants :

	I.	II.	III.
Litharge.	116	372	372
Acide borique cristallisé.	393	393	786

ils ont donné : le n° I, une fonte extrêmement liquide qui a fourni, par le refroidissement, un verre homogène, transparent, d'un beau jaune de miel ; le n° II, une fonte très liquide qui a donné de même un verre transparent, très éclatant, d'un jaune de soufre très pur ; le n° III, une fonte liquide, mais un culot bulleux, incolore et transparent.

Lorsqu'on fait fondre les borates de plomb avec quelques centièmes d'oxydes variés, on obtient les couleurs indiquées pour les *silicates*. Ces borates sont très fusibles ; mêlés aux silicates de mêmes bases, ils donnent des espèces de strass colorés, très résistants et très purs. Nous reviendrons plus loin, en parlant du plomb, sur le borate de plomb.

Borate d'ammoniaque. — Le borate *neutre* s'obtient en dissolvant l'acide borique dans un grand excès d'ammoniaque faible et soumettant la liqueur à l'évaporation. La chaleur rouge décompose entièrement ce sel ; l'ammoniaque se dégage, l'acide borique fondu reste comme résidu.

Borate de baryte. — En fondant 800 de carbonate de baryte natif et 272 d'acide borique fondu, on obtient un culot très bien fondu, d'un vert olivâtre, à cassure grenue cristalline, caverneux au centre, et contenant dans la cavité beaucoup de cristaux prismatiques limpides.

Borates de chaux. — Le borate de chaux *naturel*, dont on pourrait extraire l'acide borique, vient de la province de Tarapaca de Pérou, très près du port d'Iquique ; il est blanc et se présente sous forme de cristaux soyeux et brillants, agglomérés en nodules plus ou moins volumineux.

En Angleterre, on fait entrer directement le borate de chaux natif dans la composition des glaçures pour faïences fines. Cette application réalise une économie notable.

Le borate de chaux *produit par l'industrie* résulte de la fonte du carbonate de chaux et de l'acide borique. En faisant fondre 300 de marbre blanc et 121 d'acide borique, on a un culot comme une scorie, blanc, opaque, grenu, à grains cristallins, friable. Si l'on fait fondre 300 de marbre blanc et 242 d'acide borique, on a un culot parfaitement fondu, sans bulles, blanc, translucide, lamelleux, à très grandes lames.

Borates de magnésie. — 103 de magnésie calcinée et 49 d'acide borique ont donné, dans le four à courant d'air forcé, un culot bulleux, incolore, translucide, à cassure cristalline et offrant, dans toutes les cavités, des cristaux limpides, et dans le four de Sèvres, une masse composée de grands cristaux entrelacés, incolores et transparents, dont quelques-uns se présentaient sous forme de prismes aplatis très nets. — 116 de magnésie calcinée et 37 d'acide borique, ont donné une masse homogène, un peu bulleuse, ayant l'aspect de la porcelaine.

Borates d'alumine. — Proportions égales d'alumine et d'acide borique donnent un culot bien fondu, bulleux, opaque, à cassure conchoïde, unie et luisante, d'un gris foncé, presque noir. — 128 d'alumine et 49 d'acide borique donnent un culot bien fondu, rempli de petites bulles, dur et tenace, à cassure conchoïde, luisante, opaque, gris de perle foncé.

Borates de silice. — 150 de sable et 150 d'acide borique cristallisé donnent un culot vitreux, extrêmement bulleux et boursouflé, incolore, transparent. — 232 de sable et 73 d'acide borique cristallisé donnent un culot vitreux, transparent, pénétré d'une multitude de très petites bulles.

Borate de manganèse. — 456 de peroxyde de manganèse et 129 d'acide borique donnent un culot parfaitement fondu, à cavités nombreuses, dur et tenace, d'un gris verdâtre, opaque, à cassure inégale et cristalline. Les cavités sont tapissées de cristaux éclatants et d'un beau vert.

Borates de fer. — La fusibilité de ces combinaisons varie avec le degré d'oxydation du métal. — Le *borate de protoxyde de fer*, préparé en fondant 91 de battitures de fer avec 154 d'acide borique chauffés dans un creuset nu, fond sans boursouflement en prenant une bonne qualité pâteuse. La matière est bulleuse, à cassure inégale, çà et là conchoïde, noire, opaque, et semblable pour l'aspect à une scorie de forge. — Le *borate de peroxyde de fer*, préparé par la fusion de 97 de peroxyde de fer et 154 d'acide borique ne se fond pas complétement; la matière reste pâteuse ; elle est bulleuse, noire et opaque : une partie de l'oxyde de fer se réduit à l'état de protoxyde.

Borates de cuivre. — Ces borates sont plus ou moins fusibles, suivant qu'ils contiennent de l'oxydule ou du protoxyde de cuivre. — Quand le borate de protoxyde de cuivre contient 178 d'oxydule de cuivre et 294 d'acide borique, il fond très facilement ; il devient très fluide ; la matière est compacte, très dure et très tenace, à cassure inégale, un peu luisante, opaque et rouge cinabre. — Quand le borate de cuivre contient 99 de protoxyde de cuivre et 147 d'acide borique, il se fond parfaitement sans aucun boursoufflement. Le culot est compacte, dur et taché de rouge et de bleu. Une partie de l'oxyde de cuivre se réduit à l'état d'oxydule pendant la calcination.

Borate de zinc. — 600 d'oxyde de zinc et 400 d'acide borique fondu donnent un verre incolore qui cristallise par refroidissement, en paillettes très éclatantes. — Quand les cristaux sont dépouillés des eaux-mères par l'acide chlorhydrique, ils contiennent 640 d'oxyde de zinc et 360 d'acide borique.

Borate d'alumine et de magnésie. —Selon M. Ebelmen, quand on fond dans les fours de Sèvres les mélanges d'acide borique fondu, de magnésie et d'alumine dans les proportions suivantes :

Acide borique fondu. . . . . 300 parties.
Alumine. . . . . 300 —
Magnésie.. . . . . 190 —

on obtient un verre très bien fondu, compacte, sans bulles et transparent, au sein duquel des cristaux d'alumine pure se sont développés. Ce verre peut être coloré en rose rubis, en ajoutant au mélange du bichromate de potasse, ou en bleu saphir par un peu d'oxyde de cobalt. Dans ces conditions, les cristaux d'alumine affectent l'apparence ou du *rubis* ou du *saphir*. La matière vitreuse varie de composition suivant qu'elle a perdu plus ou moins d'acide borique, et suivant que l'alumine a cristallisé en plus grande quantité. M. Salvétat a trouvé dans trois de ces verres :

	I.	II.	III.
Acide borique.	505	450	435
Alumine..	230	330	300
Magnésie..	255	220	265

L'acide borique, dit-il, est donc un bon fondant pour l'alumine et la magnésie : mais s'il y a plus du tiers d'alumine dans le verre, elle se sépare sous forme cristalline.

Borates doubles de soude et de magnésie. — En fondant l'oxyde de manganèse et le borax (borate de soude) dans les proportions suivantes :

	I.	II.	III.
Oxyde de manganèse.	137	222	445
Borax fondu.	126	126	126

on obtient : avec le n° I, au creuset brasqué, une masse bien liquide, qui se transforme par refroidissement en un composé compacte, à cassure lamelleuse, renfermant à son centre des cristaux assez gros ; — avec le n° II, un culot entièrement cristallisé, renfermant dans les cavités des cristaux prismatiques assez gros, légèrement translucides ; — avec le n° III, un culot compacte, un peu bulleux, pierreux, présentant çà et là, des indices de cristallisation.

Borates de soude et d'oxyde de fer. — En mélangeant à poids égal du borax avec des battitures de fer, on obtient par la fusion une masse liquide, sans bouillons ni boursoufflures, qui devient compacte, à cassure grenue, cristalline, d'un noir métalloïde très brillant. — Le peroxyde de fer, dans les mêmes conditions, fond moins facilement. Il donne un résultat identique au précédent, mais le culot fournit une poussière rouge.

Borates doubles de soude et de plomb. — En fondant 840 de litharge et 126 de borate de soude (borax), on obtient un beau verre compacte, à larges cassures conchoïdes, éclatant et d'un jaune topaze. — Les borates doubles de soude et de plomb forment des composés très fluides, dont il ne se sépare pas de plomb.

Borates doubles de soude et de chaux avec addition d'oxy-des métalliques. — En faisant fondre dans un borate double de chaux et de soude différents oxydes métalliques, M. Salvétat a obtenu des masses vitreuses colorées de la même manière que le seraient les silicates correspondants. Il faut que le borax soit en quantité suffisante.

Observations sur la fusibilité des borates. — Les observations qui concernent les limites de fusibilité des silicates pour le but qu'on se propose, sont applicables en tout point aux borates. Il n'y a donc rien à dire à ce sujet (v. les divers silicates), excepté que les borates métalliques semblent plus disposés à cristalliser que les silicates correspondants. La cristallisation paraît d'autant plus facile que le composé se rapproche plus de la combinaison qui renfermerait autant d'oxygène dans l'acide que dans la base.

FER.

Le fer est le plus important de tous les métaux. Le fer du commerce (fer, fonte, acier) n'est jamais pur ; il contient toujours des traces de carbone, de silicium, de soufre, et quelquefois de phosphore. On n'obtient le fer dans un état de pureté absolue que dans les laboratoires.

Protoxyde de fer FeO. — Quand on laisse refroidir lentement, au contact de l'air, une barre de fer rougie au feu, sa surface s'oxyde ; il se forme une pellicule noire, qui se détache sous le marteau et qu'on appelle *battiture de fer*. On en produit aussi en frappant à coups de marteau sur du fer au rouge-blanc. Ces battitures sont du protoxyde de fer impur.

On obtient du protoxyde de fer hydraté en versant une dissolution de potasse caustique dans un sel de protoxyde de fer ; il se forme un précipité blanc qui verdit promptement au contact de l'air.

Le protoxyde de fer colore les fondants en vert foncé.

Peroxyde de fer Fe^2O^3. — Le sesquioxyde ou peroxyde de fer est l'une des substances les plus importantes dans la préparation des couleurs vitrifiables.

Seul, il donne du rouge dont la teinte est variable depuis le rouge orangé jusqu'au brun violâtre, en passant par une foule de nuances intermédiaires, rouge clair, carminé, laqueux.

Avec l'oxyde de manganèse, il forme un gris foncé.

Avec l'oxyde de cobalt, il donne des noirs variables, du gris-noir au noir pur.

Avec l'alumine, il donne du jaune orangé.

Avec l'oxyde de zinc, il fournit du brun-jaune. Nous verrons, en parlant du zinc, l'effet que produit cet oxyde.

Il entre essentiellement dans la composition des jaunes, dont il permet de varier l'intensité, et auxquels il communique la propriété précieuse de pouvoir se mélanger à d'autres nuances sans les faire disparaître entièrement, ni même les altérer (1).

Oxyde de fer naturel. — L'oxyde de fer, disséminé en grande abondance dans la nature, ne se présente jamais dans un état de composition assez constant pour être employé immédiatement dans les couleurs vitrifiables. Les ocres, les terres d'ombre et de Sienne, offrant des différences tranchées sous le rapport de leur composition, ne doivent entrer dans la composition de ces couleurs qu'après de nombreux essais, destinés à reconnaître, non seulement leur ton, mais encore la fusibilité qu'ils peuvent acquérir avec les fondants dont on se sert. Nous

---

(1) Les couleurs de fer, appliquées à la peinture du moufle, sont solides ; elles résistent fort bien à la température de 700 degrés centigrades, en conservant les nuances les plus délicates, quand elles sont bien préparées : malheureusement, ajoute M. Salvétat, il n'en est pas ainsi à la température du grand feu des fours à porcelaine. Dans ces conditions, l'oxyde de fer peut disparaître complètement en se dissolvant dans la glaçure et passant, soit à l'état de silicate de protoxyde presqu'incolore, si la couverte est en grand excès, ou légèrement vert d'eau, dans le cas contraire, soit à l'état de peroxyde de fer d'un brun rougeâtre sale, dit laque brune, quelquefois noirâtre et tout tacheté.

Le bioxyde de manganèse résiste mieux que l'oxyde de fer au grand feu.

avons parlé précédemment de ces substances, à l'article des argiles.

Préparation de l'oxyde de fer (Salvétat).

C'est par la calcination du sulfate de fer qu'on prépare l'oxyde de fer, quel que soit le ton qu'il doive avoir ; la couleur qu'il conserve dépend non-seulement de la température à laquelle il a été soumis, mais encore de la promptitude avec laquelle on lui fait atteindre cette température. Nous entrerons ici dans quelques détails particuliers. On choisit la couperose verte (sulfate de fer), bien cristallisée ; pour en détacher toutes les parties déjà décomposées et transformées en oxyde, on la lave avec un peu d'eau ; quand les cristaux sont bien propres, on les concasse et on les expose pendant longtemps à une chaleur assez faible pour qu'ils ne se fondent pas dans leur eau de cristallisation. On réduit en poudre aussi fine que possible, la masse blanche qui reste après la dessiccation pour la placer en couches très minces sur des têts à rôtir ou dans des capsules de porcelaine larges et plates; on porte ensuite au rouge, progressivement et le plus lentement qu'on le peut, les capsules en les enfermant dans un moufle. On observe à chaque instant la couleur de l'oxyde en en prenant une petite quantité, soit avec une tige de fer, ou mieux avec une petite cuiller de platine, et s'il a acquis le ton que l'on désire, on arrête le feu pour laisser le moufle se refroidir lentement. — Ainsi calciné, le fer prend d'abord le ton jaune orangé, puis rouge de chair, puis carminé, puis laqueux, puis brun-rouge, et enfin rouge violâtre. Aussitôt que le moufle est refroidi, on retire l'oxyde et on le lave à plusieurs reprises avec de l'eau bouillante; enfin, on le fait sécher. Préparé de la sorte, l'oxyde de fer ne contient jamais que des traces d'alumine provenant du sulfate décomposé. Par ce procédé, on ne peut obtenir que de l'oxyde de fer rouge carminé, laqueux ou violâtre ; on ne saurait recourir à cette méthode lorsqu'on veut préparer du brun-jaune ou *jaune d'ocre*.

Pour avoir un oxyde de fer convenable à la confection de ces couleurs, on doit faire usage de l'hydrate de peroxyde de fer provenant de la composition spontanée, au moyen de l'eau aérée, du sulfate de protoxyde de fer. On met de la couperose dans un vase avec grand excès d'eau. On abandonne la dissolution à elle-même pendant une quinzaine de jours, en ayant soin de la remuer souvent. Le sulfate se décompose en donnant naissance au dépôt jaunâtre qu'on décante, et qu'on lave afin de le débarrasser de l'acide sulfurique et du sel non décomposé; l'exposition à l'air suffit pour faire sécher cet oxyde, dont on fait un assez bon emploi. Si l'on n'opère que sur de petites quantités de couperose à la fois, on peut hâter la préparation en ajoutant de l'eau chaude à la dissolution ; l'élévation de température remplace l'exposition prolongée au contact de l'air.

Ce dépôt, identique dans les deux cas, n'est autre chose que de l'*hydrate de peroxyde de fer*; chauffé au rouge, il abandonne 27 pour 100 d'eau; dissous dans l'acide chlorhydrique, il précipite en brun par l'ammoniaque, et la dissolution ne donne aucun précipité par le chlorure de baryum. L'hydrate de peroxyde de fer, précipité de sa dissolution par l'ammoniaque, la potasse ou la soude, est préférable pour préparer les bruns, les gris et les noirs; il est d'une préparation plus simple.

Nous terminerons ce sujet, dit M. Salvétat, par une dernière observation.

La nuance de l'oxyde de fer et ses propriétés, varient non seulement avec la nature du réactif employé pour le précipiter, mais avec celle de l'acide avec lequel il était combiné. Les sels de fer à acides végétaux, qui, sous l'influence de la chaleur, ne laissent pour résidu que du peroxyde de fer, donneraient probablement des oxydes rouges de tons variés. Il y a peut-être là le sujet d'une recherche toute nouvelle et lucrative. Ces couleurs pourraient en effet, sans doute, entrer dans la palette de la peinture à l'huile.

Sulfate de protoxyde de fer.

Le sulfate de protoxyde de fer, connu dans le commerce sous le nom de *couperose verte*, s'obtient en beaux cristaux d'un vert clair, au moyen du fer et de l'acide sulfurique étendu d'eau. On fait cristalliser lentement.

Quand la couperose provient du grillage des pyrites, elle est impure et chargée de sels divers. On ne doit pas en faire usage pour préparer les couleurs (1), mais elle convient cependant très bien pour précipiter l'or de sa dissolution dans l'eau régale, comme quand il s'agit de dédorer les porcelaines, et comme on le verra plus loin lorsque nous parlerons de l'or.

Quand on emploie du fer *pur* pour se procurer de la couperose au moyen de l'acide sulfurique, le sulfate est lui-même exempt de matières étrangères. On peut l'employer à la confection des rouges pour la peinture sur porcelaine. On s'en sert aussi dans la préparation des bruns-jaunes, et pour obtenir de l'or précipité sous un

---

(1) Dans la précédente édition de ce *Manuel*, M. Reboulleau indiquait le moyen suivant pour débarrasser la couperose verte du sulfate de cuivre qu'il contient généralement, et qui *noircit le rouge* à l'emploi.

« Après avoir fait dissoudre du sulfate de fer dans le double de son poids d'eau, à froid, on jette dans la dissolution, de la tournure de fer, de la limaille, ou des débris de fer quelconques. Le sulfate de cuivre se décompose, et le cuivre se précipite en poudre rougeâtre à l'état métallique. On remue la liqueur de temps en temps : quand la précipitation est complète, on décante, et on filtre à la chausse. On juge que tout le cuivre est précipité, si, en plongeant une lame de fer décapée dans la dissolution, elle ne se recouvre plus d'une couche de cuivre de couleur rouge.

« La dissolution filtrée du sulfate de fer est placée sur un fourneau ordinaire, dans un vase de fer ou de plomb, pour être concentrée par l'ébullition, jusqu'à ce qu'elle ait perdu les 5/8 de l'eau qu'on y a mise. Elle est alors à 40° à l'aréomètre, et la liqueur commence à se troubler. On la met à cristalliser dans un baquet de bois ; et douze heures après, on décante les eaux-mères, pour retirer les cristaux, que l'on fait égoutter et sécher. »

faible volume, condition convenable pour les dorures solides.

Silicates de fer.

Les silicates de fer sont nombreux dans la nature; mais la plupart sont des silicates de protoxyde. Artificiellement, on ne peut guère produire que ces derniers, car le peroxyde de fer s'unit difficilement à la silice. Cet oxyde étant une base faible, l'action de la chaleur tend à le faire passer à l'état de protoxyde; aussi, lorsqu'on cherche à combiner directement la silice avec le peroxyde de fer, ce dernier perd toujours de l'oxygène, et l'on n'obtient qu'un silicate de protoxyde. Il en est de même lorsqu'on chauffe un silicate de peroxyde; il se convertit promptement en silicate de protoxyde, surtout s'il est en contact avec des matières charbonneuses. Mais l'étude des silicates de fer nous offre en particulier des faits que nous devons signaler, parce qu'ils figurent avec importance parmi ceux qui servent de fondement à la théorie des émaux; nous voulons parler des silicates artificiels qui se produisent dans l'opération par laquelle on convertit la fonte en fer.

Dans les affineries ordinaires, les scories que l'on met en contact avec la fonte au moment de la fusion, et celles qui se produisent de nouveau par l'action de l'air du soufflet sur le métal fondu, sont des silicates plus ou moins basiques. Ces silicates, maintenus longtemps en présence de la fonte et du charbon en ignition, subissent une modification importante dans leur composition. L'oxyde de fer qu'ils renferment se réduit en partie; son oxygène s'unit au carbone et au silicium de la fonte; l'oxyde de carbone produit se dégage; la silice entre dans les scories. Il en résulte tout à la fois, pour ces dernières, augmentation de l'acide et diminution de la base. Cet effet se continue jusqu'à ce que les silicates soient ramenés à l'état neutre; ils n'agissent plus alors ni sur le carbone, ni sur le métal : la combinaison est stable. Les scories neutres prennent le nom de scories crues. Voici quelques exemples de celles-ci :

	Skebo.	Dax.	Rybnick.
Silice.	38.5	33.0	28.0
Protoxyde de fer.	44.5	61.2	61.2
Protoxyde de manganèse.	11.0	1.3	6.7
Magnésie.	»	1.9	2.4
Chaux.	3.1	»	0.9
Alumine.	3.1	1.5	0.2
Potasse.	»	0.2	»
	100.2	99.1	99.4

On peut juger, d'après ces analyses, que si les silicates qui constituent les scories crues n'ont pas une composition telle que l'oxygène de la base y soit exactement égal à celui de l'acide, du moins ils approchent beaucoup de cet état de saturation. Ces observations nous conduiront à apprécier quels sont les silicates les plus favorables à la composition des émaux de diverses natures, sous le rapport de la coloration, en nous faisant connaître le degré de stabilité de ces composés, suivant les proportions des éléments qui les constituent.

MANGANÈSE.

Oxydes de manganèse. — Le *protoxyde* de manganèse, combiné avec la silice, entre dans la composition du verre blanc et forme un silicate incolore. Le *peroxyde* est employé dans la fabrication du verre, pour détruire la coloration jaune produite par le charbon. Il entre aussi dans la préparation de quelques émaux.

La décoration des produits céramiques trouve d'assez nombreuses ressources dans les oxydes de manganèse. On se servait du *bioxyde* dans la composition des violets et des noirs dans l'ancienne porcelaine tendre de Sèvres. Il est encore aujourd'hui d'un usage général pour la porcelaine dure. Dans la préparation des noirs pour émail, il remplace avantageusement l'oxyde de cobalt qui coûte plus cher et ne conduit pas tout à fait aux mêmes résultats. Il résiste mieux que l'oxyde de fer pur au grand feu de porcelaine : aussi peut-on l'employer conjointement avec ce dernier oxyde pour obtenir les beaux bruns qu'on nomme *bruns écaille*.

L'oxyde de manganèse à l'*état de minerai*, tel que la nature le fournit, s'emploie dans la fabrication de quelques vernis. On se sert de protoxyde ou de sesquioxyde *natif* pour donner aux vases de terre communs, vernissés à l'oxyde de plomb, ces teintes brunes qu'on y remarque.

La *préparation d'un oxyde de manganèse* à peu près pur est très facile. On chauffe doucement du minerai de manganèse (peroxyde), préalablement trituré, avec de l'acide chlorhydrique. Il se dégage du chlore, la dissolution s'opère. Quand tout dégagement gazeux a cessé, on ajoute de l'eau en grande quantité. On décante la liqueur claire, puis on y verse peu à peu une dissolution d'ammoniaque ou de potasse également étendue d'eau, enfin on agite sans cesse. On abandonne à lui-même le précipité pendant quelque temps, puis on le lave à grande eau, on le sépare enfin, soit par filtration, soit par décantation. On le fait sécher et calciner.

Dans ces conditions, on a l'*oxyde rouge* de manganèse qui contient du *protoxyde* et du *sesquioxyde* de manganèse. Les acides puissants le dissolvent complètement quand ils sont concentrés; étendus, ils le dissolvent à chaud. L'acide azotique affaibli ne dissout que le protoxyde de manganèse; le sesquioxyde reste pour résidu.

Carbonate de manganèse.

A l'état naturel, le carbonate de manganèse est anhydre, il contient toujours du fer et de la chaux à l'état de carbonates. On l'obtient plus pur, mais hydraté, en versant du carbonate de soude dans une dissolution pure d'un sel de protoxyde. Le carbonate de manganèse est soluble dans un excès d'acide carbonique.

On emploie avec avantage le carbonate de manganèse dans la fabrication des émaux colorés en violet, quand on tient à ce que le manganèse ne renferme pas de fer qui modifierait la couleur de l'émail.

CHROME. Cr.

Le chrome est un métal qui a été découvert en 1797 par Vauquelin, dans un minerai qu'on appelait *plomb rouge de Sibérie* (chromate de plomb).

Le chrome est sans usage, mais il forme des combinaisons importantes.

Avant la découverte du chrome, les verts pour porcelaine dure manquaient entièrement. La fixité de l'oxyde de chrome même à 1600 degrés, en présence de silicates alumineux fusibles, le fit employer comme matière colorante verte, dès 1802, à la manufacture de Sèvres. Depuis lors, il fut introduit dans les couleurs de moufle, et, aujourd'hui, presque tous les verts de cuivre ont disparu de la palette du peintre sur porcelaine dure.

Quel que soit le procédé à l'aide duquel on l'a préparé, l'oxyde de chrome seul ne donne toujours que des tons franchement verts, et quelquefois d'un vert brun. Il faut pour en varier la nuance, le combiner avec des oxydes de cobalt, de zinc ou d'alumine.

Préparation de l'oxyde de chrome.

Parmi les nombreux procédés à l'aide desquels on peut se procurer l'oxyde de chrome *parfaitement pur*, M. Salvétat cite les quatre suivants :

1° Lorsqu'on décompose le bichromate de potasse par la chaleur, il se dégage de l'oxygène, et le résidu de l'opération est formé d'un mélange d'oxyde de chrome et de chromate neutre. Par ce procédé, on obtient un vert très agréable de ton, mais d'un emploi difficile.

2° Lorsque l'on traite du chromate de potasse par de l'acide chlorhydrique bouillant et concentré, en ajoutant un peu d'alcool pour faciliter la réduction de l'acide, on obtient du protochlorure de chrome, dont on précipite le chrome à l'état d'hydrate de protoxyde par l'addition de l'ammoniaque ; on jette sur un filtre, on lave à l'eau chaude, puis on calcine l'hydrate ainsi séparé. Dans beaucoup de cas, cet oxyde peut être avantageux pour les verts bleuâtres, qui doivent être combinés, en certaine proportion, avec l'oxyde de cobalt; l'oxyde préparé sous forme de gelée, mêlé finement avec de l'oxyde de cobalt également gélatineux, broyé sur la palette, puis séché et fortement calciné, donne des verts d'un éclat et d'une pureté remarquables.

3° Lorsqu'on soumet à une température élevée un mélange de 2 parties de bichromate de potasse et de 1 partie de fleurs de soufre, la masse se boursouffle, et il se forme de l'oxyde de chrome quelquefois cristallisé, en mélange avec du sulfate de potasse et du sulfure de potassium qu'on enlève par un lavage à grande eau. Cette préparation se fait en exposant le mélange à l'air et en l'enflammant; l'incandescence se propage jusqu'au centre de la masse.

4° Le chromate de protoxyde de mercure décomposé par la chaleur laisse un bel oxyde de chrome, pulvérulent et d'un emploi facile. Cette opération, quoique capricieuse, réussit généralement bien, surtout si le chromate de mercure, lavé par l'eau bouillante, ne donnait plus que des eaux également colorées.

ACIDE CHROMIQUE. $Cr O^3$.

L'acide chromique nous présente peu d'intérêt par lui-même, mais il devient très important par rapport aux sels qu'il forme avec les divers oxydes métalliques. — On le prépare en traitant une dissolution chaude et concentrée de bichromate de potasse par un excès d'acide sulfurique au maximum de concentration; l'acide chromique se dépose, par le refroidissement, sous forme d'aiguilles violacées. L'excès d'acide sulfurique a pour but de dissoudre le bisulfate de potasse formé pendant la réaction; on l'enlève en grande partie au moyen de plaques poreuses de dégourdi de porcelaine. Les cristaux sont purifiés par des lavages à l'eau et des cristallisations dans le vide.

L'acide chromique est très déliquescent; il attire l'humidité de l'air pour se résoudre en un liquide brun

foncé; il est réduit par l'acide sulfureux; l'acide chlorhydrique le transforme en sesquichlorure de chrome.

Chromates de potasse.—Il y a le *chromate neutre* (CrO^3,
KO), en cristaux jaunes, qui sont doués d'une faculté colorante très puissante; le *bichromate* ($2(CrO^3,)KO$), en
cristaux très volumineux d'un rouge orangé très foncé,
qui ne contiennent pas d'eau de cristallisation, sont employés comme oxydants très énergiques dans la peinture.

Les chromates de potasse sont employés dans les arts
céramiques pour obtenir quelques colorations de moufle.

Chromate de baryte. — Le chromate de baryte est jaune
clair, peu soluble dans l'eau, soluble dans l'acide azotique. Il peut servir à la préparation de certains jaunes,
mais il exige l'emploi de fondants particuliers.

On prépare le chromate de baryte en mélangeant des
dissolutions concentrées de chromate de potasse et d'un
sel de baryte; on verse le sel de baryte tant qu'il se forme
un précipité.

Ce précipité, lavé, puis séché, donne sur porcelaine
un jaune très éclatant; appliqué sur la couverte des porcelaines dures, il se décompose en formant du sesquioxyde de chrome qui colore en vert la surface sur laquelle il est étendu.

Chromate de fer. — Le chromate de fer offre le grand
avantage de donner sur les émaux, à basse température
et même à des températures élevées, comme celle du
grand feu de porcelaine, une coloration brune, qu'il serait impossible d'obtenir avec de l'oxyde de fer pur. Son
usage est encore assez nouveau dans le peinture en couleurs vitrifiables pour n'être connu que par très peu de
praticiens.

Pour se procurer le chromate de protoxyde de fer, on
dissout dans assez d'eau du chromate neutre de potasse,
puis on y verse peu à peu une dissolution non altérée
de protoxyde de fer. On recueille sur un filtre le précipité qui se forme, et qui lavé convenablement donne une
poudre brun foncé.

On ne connaît pas encore parfaitement la composition
de cette poudre, fait observer M. Salvétat, et la désigna-

tion de chromate de protoxyde de fer est peut-être impropre : rien ne prouve que ce n'est pas une combinaison de protoxyde de chrome et de sesquioxyde de fer, correspondant au fer chromé natif.

· Quoi qu'il en soit, cet oxyde est précieux pour la préparation des couleurs d'un usage fréquent dans les peintures qui doivent être vitrifiées.

COBALT.

Le cobalt a été isolé et décrit comme nouveau métal par Brandt en 1733. A l'état métallique, il n'a pas d'usage industriel, mais il est employé depuis longtemps à l'état d'*oxyde* pour la préparation des couleurs bleues. De tous les oxydes, c'est celui qui donne à tous les arts céramiques la couleur bleue la plus belle et la plus solide, quelle que soit la température de la cuisson. Il sert encore à la préparation des gris, des noirs, des verts bleuâtres, etc. Les Egyptiens, les Arabes, les Persans, les Chinois, en ont fait emploi, même dans l'enfance de l'art.

Le cobalt métallique s'obtient de ses oxydes, qui ne sont pas bien définis. — La préparation des oxydes est longue, et personne probablement, sauf les fabricants, ne traite aujourd'hui les minerais bruts pour les obtenir.

Le *protoxyde* est d'un gris clair, légèrement verdâtre. L'acide chlorhydrique le dissout sans dégager de chlore, ce qui le distingue essentiellement du peroxyde. Le protoxyde hydraté est bleu à froid, et lorsqu'il est nouvellement précipité; mais il passe au rose par l'ébullition ou en vieillissant. Il ne se décompose pas à la chaleur de l'eau bouillante. Exposé à l'air, il devient olive et se change, partie en carbonate de protoxyde, partie en hydrate de deutoxyde. Le protoxyde de cobalt s'emploie le plus souvent à l'état de silicate pour colorer les émaux en bleu. Il est d'une très grande richesse de coloration.

Le *peroxyde* de cobalt en poudre grossière est d'un noir mat ; il devient jaune-brun foncé lorsqu'il est très divisé par la porphyrisation. La chaleur le ramène à l'état de protoxyde.

Le peroxyde de cobalt sert à la préparation des émaux bleus. Dans ce cas, il est ramené à l'état de protoxyde par la chaleur, sous l'influence des fondants. Il entre aussi dans la composition du noir, de quelques bruns et de quelques gris. Il se prépare comme le sesquioxyde de nickel.

Silicate de cobalt. — On le trouve dans le commerce, où il est connu sous le nom de *smalt*. Il s'emploie dans la peinture sur verre et sur porcelaine. Ce silicate est inaltérable à une température très élevée.

Pour le préparer, on commence par griller l'arséniosulfure de cobalt (qui provient de Hongrie), pour éloigner, par volatilisation, la majeure partie du soufre et de l'arsenic. Le résidu provenant de ce grillage est mêlé d'une manière intime avec du carbonate de soude et du sable blanc, puis fondu. Il se dépose au fond du creuset un composé d'apparence métallique formé d'arséniure de fer et de nickel qui porte le nom de *speiss*. La scorie qui surnage le speiss est un verre bleu qu'on bocarde et qu'on écrase entre deux meules ; les parties les plus ténues sont séparées par lévigation.

Aluminate de cobalt. — On obtient pour la peinture sur verre et sur porcelaine, un oxyde bleu très estimé, dont le ton équivaut à celui de l'outremer naturel, en broyant ensemble sur une glace, et calcinant au rouge-blanc, un mélange de 3 parties d'hydrate d'alumine et de 1 partie d'oxyde de cobalt, ou bien encore en dissolvant dans l'acide nitrique le même mélange, en évaporant à sec et en chauffant dans un creuset de terre jusqu'à complète décomposition des nitrates formés.

Nitrate de cobalt. — On l'emploie souvent de préférence au peroxyde pour colorer les émaux en bleu.

On le prépare en traitant par l'acide nitrique le protoxyde ou le peroxyde de cobalt.

Arséniate de cobalt. — Ce sel passe pour exercer une influence favorable dans la coloration des émaux en bleu, par le cobalt.

On le forme en décomposant un sel soluble de cobalt par l'arséniate de potasse, et en séparant par le filtre le précipité qu'on lave avec soin.

NICKEL.

Dans les bleus de grands feux, les oxydes de cobalt, quand ils ne sont pas entièrement exempts de nickel, donnent lieu à des accidents qu'il faut éviter. Effective-ment, comme l'oxyde de nickel entre en vapeurs à la température de la cuisson de la pâte, il communique des colorations grisâtres, même assez loin de l'endroit où il a été appliqué.

L'oxyde de nickel s'emploie dans la préparation de quelques couleurs.

Le *protoxyde* s'obtient en précipitant une dissolution de nickel par la potasse caustique ; à l'état d'*hydrate*, il présente une coloration vert-pomme ; *anhydre*, il est gris-cendré.

Le *sesquioxyde* se prépare à l'état d'*hydrate* en faisant réagir l'hypochlorite de potasse sur l'hydrate de prot-oxyde de nickel récemment précipité. On le prépare en-core en faisant passer un courant de chlore à travers de l'hydrate de protoxyde de nickel en suspension dans l'eau. Il se forme du protochlorure de nickel et du ses-quioxyde de nickel.

Cet oxyde donne une poudre noire qui se dissout dans l'acide sulfurique avec dégagement d'oxygène, et dans l'acide chlorhydrique avec dégagement de chlore.

ANTIMOINE.

Bien que des préparations antimoniales soient em-ployées en médecine, il n'en est pas moins vrai que des composés d'antimoine agissent comme poison, comme le prouve l'origine du mot (1). Ce métal joue dans la vitri-fication un rôle important, car il est la base de tous les jaunes opaques que les faïences et les porcelaines présen-tent comme décoration. L'antimoine du commerce n'est

(1) Basile Valentin qui, le premier, sut extraire le métal pur de son sulfure, ayant vu des porcs acquérir un embonpoint extraordinaire pour avoir mangé le résidu d'une de ses opérations sur l'antimoine, crut que ce métal pourrait rétablir la santé des moines de son mo-

jamais pur ; il est communément souillé par du plomb, du fer, de l'arsenic et du soufre. Pour le purifier de ces corps étrangers, on le fait déflagrer avec le dixième de son poids de nitre, qui oxyde de préférence à l'antimoine les corps qui viennent d'être cités, et forme une scorie fusible qui surnage le culot d'antimoine pur et fondu. Dans cet état, le métal est blanc bleuâtre à éclat argentin, il est cassant et friable ; il fond à 350 degrés.

On peut, avec l'antimoine, obtenir des tons jaunes très vifs et variant du jaune soufre clair au rouge orangé, pourvu qu'il y ait de l'oxyde de plomb, en le mêlant en proportions convenables, pour les premiers, avec de l'oxyde de zinc, et pour les seconds, avec de l'oxyde de fer. Mais ces derniers ne sont jamais aussi vifs ni aussi chauds que ceux qu'on obtient à l'aide de l'urane ou du chromate de plomb.

L'antimoine se combine avec l'oxygène en plusieurs proportions. On connaît un oxyde d'antimoine, et deux acides qui ont la même composition.

L'*oxyde d'antimoine* (Sb^2O^3) se prépare en chauffant soit l'antimoine, soit son sulfure avec l'acide sulfurique concentré, il se dégage de l'acide sulfureux, et le sulfate d'antimoine qui prend naissance dans la réaction, décomposé par l'eau, forme de l'oxyde d'antimoine.

Les anciens ne connaissaient probablement pas l'usage de l'oxyde d'antimoine, sauf les anciens Egyptiens et les Arabes, qui s'en servaient pour colorer leurs émaux. Chez nous, on ne s'en sert comme matière vitrifiable jaune, que depuis une époque qui n'est pas très reculée.

Il peut former avec la silice des combinaisons d'un intérêt secondaire. On l'emploie quelquefois avec l'oxyde de cobalt pour former les bleus.

---

nastère qui, exténués par les jeûnes et les mortifications, avaient une piteuse mine, mais l'administration de ce remède, au lieu de leur donner l'apparence proverbiale, les fit mourir. De là vint, dit-on, le nom d'*antimoine*. La véritable étymologie paraît venir de deux mots grecs : αντι, μονος, qui indiquent bien l'affinité de ce métal pour les autres métaux.

L'*acide antimonique* ($Sb^2 O^3$) anhydre s'obtient en traitant l'antimoine métallique par l'eau régale ; on évapore à sec et l'on calcine au rouge sombre le résidu de l'évaporation. On l'obtient *hydraté*, lorsqu'on précipite par l'eau le perchlorure d'antimoine. Ce précipité floconneux qui se forme retient 2 équivalents d'eau ; il est incolore et léger.

L'acide antimonique forme avec les oxydes métalliques des composés qui jouent un rôle important dans la composition des émaux, surtout ceux destinés à la peinture sur porcelaine et sur émail.

Antimoniate de potasse. — L'antimoniate de potasse s'emploie pour introduire l'antimoine dans la matière vitrifiable. Sa préparation est facile : on prend de l'antimoine métallique, on le pulvérise avec deux fois et demie son poids d'azotate de potasse cristallisé ; on fait rougir un têt et l'on y projette, par petites portions, le mélange bien intime, qui s'enflamme en laissant un résidu parfaitement blanc qu'il ne s'agit plus que de laver à l'eau froide.

Quelques praticiens préfèrent à l'emploi de l'antimoniate acide de potasse, qu'ils font fondre avec le fondant convenable et de l'oxyde de zinc ou de l'oxyde de fer, l'usage de combinaisons jaunes, toutes formées d'antimoine et de plomb, et qu'on désigne dans le commerce sous le nom de *jaunes de Naples*. Il suffit de broyer ces jaunes avec les fondants sur une glace pour qu'ils donnent la couleur toute faite. La série complète des jaunes peut s'obtenir en faisant usage de *jaunes de Naples* de tons variés et choisissant des fondants appropriés ; mais comme dans le commerce ces substances varient beaucoup dans leur composition, qu'il faudrait, par de nouveaux essais, chercher de nouveaux fondants, etc., M. Salvétat conseille de préférer l'antimoniate de potasse, dont la préparation ne présente pas de difficulté, et qui d'ailleurs se trouve dans le commerce sous le nom d'*antimoine diaphorétique*.

Antimoniates divers. — Parmi les antimoniates, nous en signalerons plusieurs qui offrent un véritable intérêt

au peintre en émail. Nous ferons ressortir leurs caractères remarquables, en les réunissant dans le tableau
suivant :

ANTIMONIATES.	DEGRÉS de solubilité.	COLORATION		
		à l'état humide.	à l'état sec.	calcinés.
Antimoniates de zinc.	Sensiblement soluble.	Blanc.	Blanc.	Jaune.
— de fer. . . .	Insoluble.	Blanc.	Gris jau-nâtre.	Rouge.
— de cobalt .	Notablement soluble.	Rose.	Bleu vio-let.	Vert foncé.
— de cuivre. .	Insoluble.	Vert pâle.	Vert bleuâtre.	Pistache fon-cée.
— de plomb. .	Insoluble.	Blanc.	Blanc.	Jaune.

CUIVRE.

Le cuivre forme avec l'oxygène trois combinaisons,
dont deux seulement nous intéressent : l'oxydule et le
protoxyde.

Dans les glaçures des poteries les plus anciennes, on
s'est servi d'oxydes de cuivre pour les colorations vertes
et bleues. Les Egyptiens et les Persans en faisaient usage.
C'est au cuivre, dans un état inférieur d'oxydation, que
les Chinois ont emprunté ces belles couleurs pourpres
et rouges qu'on n'a encore vues que sur leurs porcelaines. On se sert d'oxyde de cuivre pour colorer en bleu
et en vert les faïences communes, les faïences fines, la
porcelaine tendre et les grès.

L'*oxydule de cuivre* (Cu^2O) ou *sous-oxyde de cuivre*, que
l'on nommait protoxyde de cuivre, se trouve dans la
nature tantôt sous forme de masses d'un beau rouge,

douées quelquefois de l'éclat vitreux, tantôt sous forme de beaux cristaux rouges, ou il s'obtient artificiellement. Il donne aux flux vitreux une belle couleur rouge rubis, dans quelques circonstances particulières.

L'oxydule de cuivre sert à colorer le verre en rouge vif, mais on ne l'emploie pas directement : on le produit dans la vitrification en ajoutant au verre fondu, du peroxyde de fer et du sulfate de cuivre.

L'oxydule de cuivre se prépare de différentes manières. Plusieurs procédés peuvent être employés, mais, dit M. Salvétat, ils sont tous incommodes ou dispendieux.

D'après M. Malaguti, on l'obtiendrait sans difficulté, en faisant fondre ensemble, à une douce chaleur, 100 parties de sulfate de cuivre et 57 parties de carbonate de soude cristallisé : on chauffe jusqu'à ce que la masse se soit solidifiée, on la pulvérise et l'on y mêle exactement 25 parties de limaille de cuivre, enfin, on l'entasse dans des creusets qu'on chauffe jusqu'au rouge-blanc pendant vingt minutes. On pulvérise la matière refroidie, puis on la lave. Le résidu forme le sous-oxyde de cuivre *anhydre*, d'un beau rouge, et d'autant plus beau qu'il est plus divisé et lavé.

L'oxydule de cuivre bien sec ne s'altère pas à l'air à la température ordinaire ; mais à la chaleur rouge, il absorbe de l'oxygène et se transforme en protoxyde de cuivre.

L'*oxydule de cuivre hydraté* s'obtient en précipitant par la potasse une dissolution de chlorure de cuivre. Il se précipite sous forme d'une poudre jaune qui absorbe promptement l'oxygène de l'air. Il se dissout dans l'ammoniaque sans colorer la liqueur, mais, par suite de l'absorption de l'oxygène de l'air, elle prend une belle couleur bleue.

On obtient encore, d'après M. Salvétat, l'oxydule de cuivre à l'état d'hydrate, en décomposant par la potasse le sous-chlorure de cuivre. Les flocons jaunes qui se déposent absorbent promptement l'oxygène atmosphérique. Sous l'influence des acides, il se forme un sel de protoxyde de cuivre et du cuivre métallique ; l'ammoniaque le dissout en donnant un liquide incolore, qui se colore vivement en bleu par le contact de l'air. La formule de cet hydrate est

$$4 (Cu^2 O) + HO.$$

Le *protoxyde de cuivre* colore les verres et les émaux en vert. C'est la base des verts et des bleus employés pour colorer les vernis plombeux qu'on emploie sur les poteries grossières vernissées au plomb. Il se prépare facilement à l'état pur en dissolvant le cuivre dans l'acide nitrique et, après avoir fait évaporer la dissolution jusqu'à siccité, en calcinant fortement le résidu dans un creuset. On l'obtient ainsi sous la forme d'une poudre noire, sans éclat, et difficilement fusible, facilement réductible par l'hydrogène et le carbone. Ainsi préparé, le protoxyde de cuivre est *anhydre*. Sa composition correspond à la formule $Cu O$.

L'*hydrate de protoxyde de cuivre* ($Cu O + HO$) s'obtient en versant de la potasse caustique dans la dissolution d'un sel de cuivre. Le précipité bleu-gris qui se forme s'altère rapidement à l'air et perd facilement son eau par la chaleur, sa couleur change : il suffit de faire bouillir la dissolution pour qu'il se change en poudre noire d'oxyde anhydre. L'hydrate de protoxyde de cuivre se dissout dans l'ammoniaque, et donne une dissolution d'un beau bleu légèrement pourpré, qu'on appelle *eau céleste*.

Silicates de cuivre. — La silice se combine avec les oxydes de cuivre, et forme des silicates de sous-oxyde et de protoxyde. Le premier est d'un rouge vif, et le second d'un beau vert. Le silicate de sous-oxyde exposé à l'air, à l'état de fusion, absorbe rapidement l'oxygène et se transforme en silicate de protoxyde vert. Celui-ci, au contraire, mis en contact avec les corps combustibles, dans les mêmes circonstances, se réduit en silicate de sous-oxyde.

Le silicate de sous-oxyde colore le verre en rouge ; c'est une des substances propres à teindre le verre, les plus riches en coloration. On le produit en mêlant au verre fondu un mélange de sulfure de cuivre et de peroxyde de fer. Il se forme du sous-oxyde de cuivre, qui se combine avec une partie de la silice du verre.

Le silicate de cuivre vert se produit en faisant entrer dans la composition du verre, du protoxyde de cuivre.

Il a été dit précédemment que, depuis la découverte de l'oxyde de chrome, les verts de cuivre ont disparu de la palette du peintre sur porcelaine dure.

ÉTAIN. Sn.

L'acide nitrique agit sur l'étain de diverses manières, suivant sa concentration : faible, il forme des nitrates de protoxyde et de deutoxyde; concentré, il ne produit que du peroxyde.

L'acide sulfurique ne le dissout qu'à l'aide de la chaleur : il donne lieu à du sulfate de deutoxyde.

L'acide chlorhydrique agit rapidement sur lui, surtout à chaud, et forme des protochlorures.

L'eau régale exerce une action puissante sur l'étain; il en résulte des chlorures, s'il y a un excès d'acide hydrochlorique, ou bien un mélange de ceux-ci avec des nitrates, si c'est l'acide nitrique qui domine.

L'étain se combine avec l'oxygène en plusieurs proportions.

Le *protoxyde d'étain* entre dans la composition du pourpre de Cassius. Le *peroxyde* joue un rôle très important dans la fabrication des émaux : il sert à donner de la stabilité à d'autres oxydes, à colorer les émaux en blanc, et fait aussi partie du pourpre de Cassius.

Chlorure d'étain.

Le protochlorure (Sn Cl) d'étain s'obtient en dissolvant l'étain dans l'acide chlorhydrique concentré. On fait cristalliser en évaporant à sec.

L'action de l'eau sur le protochlorure d'étain est remarquable : traité par une petite quantité de ce liquide, il se dissout; mais, avec un excès d'eau, la liqueur se

trouble, et le dépôt qui se forme est un oxychlorure d'é-
tain (Sn Cl + Sn O).

Le protochlorure d'étain a pour propriété caractéris-
tique un pouvoir réducteur considérable; il ramène à
l'état de protoxyde les peroxydes métalliques; il ramène
même les sels de mercure et d'argent à l'état métallique.
C'est en vertu de cette propriété des sels d'étain qu'ils
sont employés dans la préparation du précipité pourpre
de Cassius.

ZINC.

Quoique l'*oxyde de zinc* (Zn O), la seule combinaison
qu'il forme avec l'oxygène, soit incolore et ne donne
aucune coloration aux fondants, il a une action très avantageuse sur la nuance de la plupart des couleurs minérales. On s'en sert beaucoup pour la peinture sur porcelaine. Il entre dans la composition des jaunes, des verts,
des bruns et des bleus. Combiné avec le cobalt, il donne
des bleus azurés; avec l'oxyde de fer, il lui conserve la
coloration précieuse qu'il présente à l'état d'hydrate, et
dont il a été question en parlant du fer.

L'oxyde de zinc se trouve dans le commerce sous le
nom de *fleurs de zinc* ou *blanc de zinc*. Pur, il est parfaitement blanc. Il devient jaune quand on le chauffe, mais
il redevient blanc en se refroidissant. Il est soluble dans
la potasse caustique, la soude et l'ammoniaque.

Sulfate de zinc. $Zn O, S O^3 + 7 HO.$

Le sulfate de zinc pur s'obtient en dissolvant le zinc
du commerce dans l'acide sulfurique faible, et en faisant
passer un excès de chlore dans la liqueur pour suroxyder
le fer. On fait légèrement chauffer la dissolution avec du
carbonate de zinc qui précipite le sesquioxyde de fer;
il ne reste plus qu'à filtrer la liqueur et à l'évaporer,
pour obtenir des cristaux de sulfate de zinc pur.

Le sulfate de zinc s'emploie pour obtenir différentes
combinaisons de l'oxyde de zinc avec d'autres oxydes
métalliques qui servent à colorer les émaux.

BISMUTH.

Le précipité de *nitrate de bismuth* sert à obtenir le fondant d'or employé pour dorer la porcelaine et les autres poteries. On obtient facilement le nitrate de bismuth en traitant directement le métal par l'acide nitrique (qui l'attaque et le dissout facilement avec une grande vivacité, au point que, lorsqu'on verse quelques gouttes d'acide nitrique sur du bismuth réduit en poudre, il s'échauffe souvent jusqu'au rouge). En évaporant la liqueur, on a de gros cristaux incolores qui attirent l'humidité. Une petite quantité d'eau dissout complètement ces cristaux ; un excès de ce liquide forme du *sous-nitrate de bismuth* ou *blanc de fard*. Il est pulvérulent ; il noircit sous l'influence de l'acide sulfhydrique ou du sulfhydrate d'ammoniaque. Quand on ajoute du chlorure de sodium (sel de cuisine) à une dissolution acide de nitrate de bismuth, on obtient du *blanc de perle.*

Le *silicate de bismuth* jouit des mêmes propriétés et s'obtient de la même manière que le silicate de plomb.

PLOMB.

Nous savons que dans l'art des vitraux, le plomb est employé à construire le réseau qui enchâsse les différents morceaux de verre. Nous avons vu que la soudure des plombiers est un alliage, par poids égaux, de plomb et d'étain.

Le plomb n'est pas attaquable par l'acide sulfurique ; aussi, quand on veut enlever l'oxyde de fer qui peut souiller le feldspath et le rendre impropre à donner des matières incolores, emploie-t-on, dans la fabrication des boutons, des caisses de plomb.

L'acide nitrique est le meilleur dissolvant du plomb. L'acide chlorhydrique concentré et bouillant ne l'attaque que très faiblement.

Litharge et massicot.

On donne le nom de litharge à l'*oxyde de plomb* qui a éprouvé la fusion et celui de massicot à l'*oxyde pulvérulent*. Le premier est rougeâtre et feuilleté, le second est jaune. Cependant la litharge du commerce présente des colorations bien distinctes, suivant qu'elle a été refroidie plus ou moins lentement; elle est rouge quand le refroidissement s'est fait lentement.

Minium.

Quand on chauffe du *massicot* au contact de l'air et à une température ménagée, il absorbe de l'oxygène et se change en un composé de protoxyde et de bioxyde de plomb qui forme une poudre d'un rouge orangé appelée *minium*.

Si l'on fait passer un courant de chlore sur du minium en suspension dans l'eau, il se forme du chlorure et du bioxyde de plomb qui restent mélangés. En traitant par un grand excès d'eau, on enlève tout le chlorure. Le minium, traité directement par l'acide nitrique en excès, donne du *nitrate de protoxyde de plomb* qui se sépare du bioxyde de plomb par des lavages convenablement répétés. On fait sécher cet oxyde rapidement soit au bain-marie, soit dans le vide sec, pour obtenir le bioxyde de plomb d'une couleur brune connue sous le nom *d'oxyde puce*. Par la circulation, celui-ci abandonne de l'oxygène et se convertit en protoxyde; mélangé promptement avec le sixième de son poids de fleur de soufre, et broyé brusquement, il s'enflamme et se transforme en *sulfure*. L'acide chlorhydrique transforme le sulfure de plomb en *protochlorure* avec dégagement de chlore. Il absorbe et oxyde l'acide sulfureux; il en résulte du *sulfate de plomb*. Il entre en combinaison avec la soude et la potasse pour former l'*acide plombique*. Soumis à l'action d'une température élevée, le plombate de potasse se décompose en laissant dégager de l'oxygène et de la vapeur d'eau.

Le massicot ne se transforme pas en minium par une seule calcination : pour obtenir du minium de bonne qualité, on est toujours obligé de répéter deux fois cette opération.

On obtient aussi du minium par la calcination de la céruse ou carbonate de plomb (dont il va être parlé). On lui donne alors le nom de *mine orange*.

On peut obtenir du minium par la voie humide : il suffit de verser une dissolution de plombate de potasse dans une dissolution alcaline de litharge; il se forme un précipité jaune de minium hydraté que la dessiccation transforme en une poudre rouge de *minium hydraté*.

Le minium fournit aux matières vitreuses l'oxyde de plomb qu'on veut y introduire. Il est préférable à la litharge, parce qu'il contient un excès d'oxygène qu'il abandonne en se dissolvant, et qui sert à brûler les matières organiques que les matières premières des émaux peuvent renfermer accidentellement.

Céruse.

Le *carbonate de plomb,* qui prend dans l'industrie le nom de *blanc de plomb* ou de céruse, est souvent employé en place de la litharge ou du minium. Sous l'influence de la chaleur ce sel se décompose : il perd de l'acide carbonique et le résidu fixe de la décomposition n'est autre que le *protoxyde de plomb pur.* La céruse peut être façonnée par deux procédés distincts auxquels on a donné le nom de *procédé de Clichy* et de *procédé hollandais.* Ces procédés sont décrits dans les traités de chimie.

La céruse contient souvent des matières étrangères, comme du sulfate de plomb et des carbonates de baryte ou de chaux. Le *carbonate de plomb* est la seule matière que le consommateur entend payer. Pour reconnaître la présence du sulfate de plomb, on traite le mélange par l'acide nitrique qui ne dissout ni le sulfate de plomb, ni celui de baryte; les carbonates de chaux et de baryte se dissolvent : dans le cas où ces sels existent, on précipite le plomb par l'hydrogène sulfuré, on filtre, et dans la liqueur limpide on recherche la chaux et la baryte.

Silicate de plomb.

Le silicate de plomb mérite particulièrement de fixer notre attention, par l'importance du rôle qu'il joue dans les combinaisons vitreuses qui constituent les émaux.

Le silicate de plomb s'obtient en chauffant fortement, dans un creuset, un mélange de silice en poudre et d'oxyde de plomb ou de carbonate. Il entre dans la composition de la plupart des émaux; dans celles des différents cristaux, du strass, etc.

Les *silicates, en général,* où la silice domine, sont d'autant moins fusibles qu'elle y est en plus grande quantité; au contraire, ceux où l'oxyde est dominant, ont une fusibilité qui croît avec la quantité de cette base. Ils sont susceptibles de s'unir à d'autres silicates, surtout à ceux à base alcaline.

Les silicates acides sont blancs; les silicates basiques prennent une couleur jaune dont l'intensité augmente ou diminue, suivant que la quantité de l'oxyde varie en plus ou en moins.

Borate de plomb.

Nous avons déjà parlé du borate de plomb en nous occupant des composés de l'acide borique. Nous ajoutons ici sur ce sujet, les détails suivants, empruntés à M. Faraday, qui s'est livré à une étude spéciale sur ce sujet : Le borate de plomb offre la plus grande analogie avec le silicate. L'acide borique s'unit en toutes proportions avec l'oxyde de plomb, en les soumettant ensemble à une haute température. Les borates acides sont les moins fusibles. Le borate neutre l'est tellement, qu'il s'amollit dans l'huile bouillante. Ainsi la fusibilité est en rapport direct avec la quantité de base, en rapport inverse avec celle de l'acide. On peut en dire autant de la dureté des borates. Le borate neutre est tendre, le biborate est plus dur, le triborate l'est comme le cristal ordinaire. La coloration suit aussi la même marche. Plus le borate est acide, plus il est blanc; plus il est basique, plus il est jaune.

MERCURE.

Le mercure est le seul métal liquide à la température ordinaire. On fait usage de mercure dans la décoration des poteries. Il a des propriétés vénéneuses. Le mercure du commerce est à peu près pur. On le sépare des métaux étrangers qu'il peut contenir, soit en le faisant distiller, soit en le traitant par l'acide nitrique étendu. Lorsque le mercure est pur, il n'adhère ni au verre, ni à la porcelaine, il coule librement sans laisser de traces; il y adhère au contraire notablement lorsqu'il renferme des métaux étrangers, ou même de l'oxyde de mercure qui se produit, à la longue, par l'absorption de l'oxygène de l'air. Alors, en roulant lentement sur une plaque de verre, il ne forme plus de globules sphériques, mais des gouttes allongées sous forme de larmes, et ridées à leur surface; ces gouttes laissent une pellicule grise adhérente au verre; on dit alors que le mercure *fait la queue*. On peut purifier très notablement le mercure en passant sur la surface un gros tube de verre bien sec; on le tourne lentement entre les doigts, et la pellicule superficielle de mercure impur ou oxydé s'y attache.

Le mercure forme avec d'autres corps de nombreuses combinaisons.

Les sels de mercure, au minimum d'oxydation, absorbent l'oxygène avec avidité et sont des réducteurs énergiques. L'or, à l'état de chlorure, est ramené promptement à l'état d'or métallique, lorsqu'on le met en contact, à l'état de dissolution, avec le nitrate d'oxydule de mercure.

Le chlore attaque le mercure, même à froid; à chaud, la réaction est très vive, et le mercure brûle avec flamme.

L'acide nitrique dissout le mercure sous forme de nitrate de mercure.

L'acide sulfurique concentré se décompose en acide sulfureux, en même temps qu'il se forme du sulfate de mercure.

Les acides chlorhydrique et sulfurique étendus sont sans action sensible sur le mercure.

Le mercure forme avec d'autres corps de nombreuses combinaisons. — Les azotates d'oxydule de mercure servent à la préparation de l'or, lorsqu'on veut l'obtenir en poudre pour la décoration des poteries.

MÉTAUX PRÉCIEUX.

On a donné à l'or, au platine et à l'argent le nom de métaux précieux, parce qu'ils ont une valeur conventionnelle considérable. Leur caractère propre est de présenter un grand éclat et d'être généralement malléables. Il s'en fait une consommation assez considérable pour décorer les poteries, teindre les verres et colorer les métaux.

ARGENT.

L'argent est, après l'or, le plus malléable et le plus ductile des métaux. Il fond vers 1000 degrés. Il ne se volatilise que difficilement. Il noircit à l'air qui contient des vapeurs d'acide sulfhydrique. L'acide chlorhydrique n'exerce aucune action sur lui, même à chaud, à moins qu'il ne soit extrêmement divisé. L'acide sulfurique étendu ne l'attaque pas davantage, mais cet acide concentré forme avec l'aide de la chaleur, du sulfate d'argent, qui se dépose sous forme d'une poudre blanche ; de l'acide sulfureux se dégage. L'acide nitrique dissout l'argent, même à froid ; ce métal disparaît, en même temps qu'il se dégage du bioxyde de nitre qui, au contact de l'air, se transforme en vapeurs rutilantes. Le nitrate d'argent cristallise par refroidissement. L'acide sulfhydrique l'altère rapidement et le noircit ; il se forme du sulfure d'argent. Les chlorures l'attaquent aussi ; le sel marin forme du chlorure d'argent, surtout quand la surface est légèrement ternie.

Pour obtenir l'argent en poudre propre à la décoration de la porcelaine, on traite le chlorure d'argent par le zinc métallique, l'eau et l'acide sulfurique. On lave avec l'acide sulfurique tant qu'il reste du zinc non dissous, puis on fait sécher.

On peut encore précipiter l'argent au moyen d'une lame de cuivre plongée dans une dissolution de nitrate d'argent.

Oxyde d'argent. — L'argent forme avec l'oxygène trois combinaisons : le sous-oxyde Ag^2O, le protoxyde AgO et le bioxyde AgO^2. Nous ne nous occuperons que du protoxyde, qui joue le rôle d'une base énergique.

Le *protoxyde d'argent anhydre* est un corps pulvérulent, de couleur vert olive foncé, quelque peu soluble dans l'eau. Soumis à la température rouge, il est promptement ramené à l'état métallique. Il s'unit à tous les acides, avec lesquels il forme des corps neutres, et même des sels alcalins.

Le protoxyde d'argent se combine avec certains oxydes, qui lui communiquent une grande stabilité : tels sont le protoxyde de plomb et le protoxyde de cuivre. Ces combinaisons s'obtiennent en chauffant l'argent métallique avec le minium et le deutoxyde de cuivre, qui lui cèdent une partie de leur oxygène. Le peroxyde de manganèse est aussi susceptible d'oxyder l'argent. L'oxyde d'argent se décompose à la température ordinaire, quand il reste longtemps exposé à la lumière. Il est soluble dans l'ammoniaque, comme nous allons le voir, mais les autres alcalis ne se combinent pas avec lui.

Le protoxyde d'argent dissous par l'ammoniaque, laisse déposer, en évaporant, une poudre noire d'une constitution incertaine encore, d'un maniement dangereux, car elle détonne violemment, soit par un choc brusque, soit par une légère élévation de température.

Le protoxyde d'argent peut servir à colorer les émaux en jaune, mais on ne saurait le faire entrer dans ces composés, sans l'avoir préalablement combiné à un autre corps qui lui donne la stabilité.

Chlorure d'argent. $AgCl$.

Le chlorure d'argent nouvellement préparé, est blanc, cailleboté, insoluble dans l'eau, ainsi que dans l'acide nitrique. La lumière l'altère promptement : il se colore d'abord en bleu, puis en violet et enfin en noir. Il fond, suivant les uns, à environ 260°, d'après M. Salvétat vers 400°, et acquiert une fluidité telle, qu'il peut traverser les creusets. Refroidi lentement, après avoir été fondu, il se prend en masse élastique présentant l'aspect de la corne ; c'est ce que les alchimistes appelaient *argent corné*, *lune cornée*. Il résiste à l'action, même aidée de la chaleur, de l'oxygène et du carbone ; mais l'hydrogène le réduit avec facilité, même à la température ordinaire, lorsqu'on le met en contact avec lui, à l'état naissant. Le fer et le cuivre le décomposent à sec à la température ordinaire. Le zinc le ramène en présence de l'eau rendue légèrement acide par l'acide sulfurique, à l'état d'argent métallique. L'ammoniaque le dissout.

La préparation du chlorure d'argent consiste à dissoudre le métal dans l'acide nitrique, et à verser dans la dissolution, quand elle est complète et après l'avoir étendue de beaucoup d'eau, de l'acide chlorhydrique ; ou à verser dans la dissolution une solution de chlorure de soude en excès.

Le chlorure d'argent est mis à profit pour colorer le verre en jaune, dont l'intensité varie du jaune serin au jaune pourpre foncé. Pour la fabrication de couleurs vitrifiables, son usage se borne à faire les carmins et les pourpres tirés de l'or ; ses qualités ont sur la richesse et la beauté des tons une influence facile à remarquer.

Sulfure d'argent. AgS.

Le sulfure d'argent est gris, doué de l'éclat métallique, ductile, et assez mou pour être coupé au couteau. On le trouve tout formé dans la nature. Il est très fusible, et cristallise par le refroidissement. Il n'est pas décomposé par la chaleur seule ; mais s'il est chauffé au contact de l'air, l'action de celui-ci convertit le soufre en acide sulfureux et l'argent est réduit.

Le soufre s'unit facilement à l'argent ; la combinaison s'effectue soit directement, soit par précipité. Le sulfure d'argent s'obtient en chauffant dans un creuset fermé de l'argent métallique et du soufre; ce sulfure peut cristalliser. Quand on prépare le sulfure d'argent par l'acide sulfhydrique versé dans un sel d'argent, il se forme une poudre noire amorphe. Sous l'influence d'une température convenable, ce sulfure fond et se transforme en une masse cristalline.

Les anciens se servaient du sulfure d'argent pour colorer le verre en jaune, comme on fait aujourd'hui avec le chlorure. L'inaltérabilité de celui-ci, même au contact de l'air, lui a fait donner la préférence.

OR.

L'or fournit plusieurs préparations propres à teindre le verre dans sa masse, ou à colorer les émaux que la peinture met en usage. Il est employé dans la décoration des poteries et principalement de la porcelaine, en raison de son éclat et de sa couleur. Il colore le verre en rouge rubis (chlorure d'or), et les porcelaines en carmin, en pourpre, en violet.

L'or pur donne de la dorure jaune; en alliage avec l'argent, il fournit ce qu'on appelle l'*or vert*.

Dans le commerce, l'or n'est pas pur : il est allié soit au cuivre, soit à l'argent ; ceux-ci lui donnent de la consistance. Pour l'employer dans la décoration, il ne faut pas qu'il contienne de cuivre qui, en s'oxydant au feu, lui retirerait tout le mérite qu'il tire de son éclat, de sa couleur, de son inaltérabilité.

Pour préparer l'or dans un état convenable de pureté, il faut opérer avec certaines précautions. Nous allons répéter ce qui a déjà été dit, à propos de la préparation des métaux en poudres impalpables, pour la dorure sur porcelaine. On peut le retirer des monnaies ou des bijoux ; on les dissout dans l'eau régale, puis on concentre la liqueur pour enlever l'excès d'acide. L'argent, dit M. Salvétat, forme du chlorure d'argent qu'on sépare par lévigation ; on étend d'eau le chlorure d'or et celui de cuivre qui restent mêlés, et qu'on sépare au moyen du sulfate de protoxyde de fer. L'or se précipite alors sous forme d'une poudre brune qu'on laisse déposer; on décante le liquide surnageant formé de perchlorure de fer et d'un excès de sulfate de protoxyde du même métal. On lave à l'eau froide à plusieurs reprises ; il se dépose, au sein des dernières eaux de lavage, de l'hydrate de peroxyde de fer qui se mélange avec l'or, et qu'il faut éliminer : on y parvient par un dernier lavage à l'eau bouillante additionnée d'acide chlorhydrique. On lave encore à l'eau bouillante tant que l'eau reste acide.

Il est indispensable de faire sécher la poudre d'or, au-dessous de 100 degrés, pour éviter que le métal ne se lamine sous l'action de la molette qui doit le réduire en poudre assez fine pour qu'on puisse le mettre au pinceau sur les pièces qu'il doit décorer. On opère, au bain-marie, la dessiccation de l'or précipité.

Lorsqu'on emploie la couperose verte (sulfate de protoxyde de fer) pour précipiter l'or, ce métal est en poudre dense qui donne une dorure solide.

Lorsqu'on veut obtenir une dorure plus légère, on remplace le sulfate de protoxyde de fer par le nitrate d'oxydule de mercure, qui laisse un dépôt métallique, volumineux et plus brun que l'or précipité par le peroxyde de fer. C'est de cet or, dit *au mercure*, que le commerce fait principalement usage pour la dorure des porcelaines, faïences, verres et cristaux.

Oxyde d'or.

Quoique l'or ne se combine pas directement avec l'oxygène, on connaît divers degrés d'oxydation de ce métal : l'oxydule d'or, Au^2O ; le sesquioxyde d'or ou peroxyde d'or, Au^2O^3.

Suivant M. Dumas, l'oxyde d'or, nouvellement préparé, peut être employé à colorer en rouge le verre et les émaux. M. Reboulleau disait, dans la précédente édition de ce Manuel, qu'il pensait que son emploi serait plus sûr, si on le combinait avec une base forte avant de le mêler à la masse vitreuse.

Sesquioxyde d'or. — Cet oxyde qui se combine avec les bases, dit M. Salvétat, a reçu le nom d'*acide aurique*. On le prépare en faisant digérer le sesquichlorure d'or avec de la magnésie en léger excès. On enlève l'excès de magnésie au moyen de l'acide nitrique qui dissout la magnésie seule sans altérer le sesquioxyde d'or. Lorsqu'on fait bouillir, avec de la potasse en excès, jusqu'à ce que la liqueur soit en partie décolorée, si l'on traite la dissolution par un excès d'acide sulfurique, il se fait un précipité qu'on fait dissoudre dans l'acide nitrique concentré. En ajoutant de l'eau dans la dissolution nitrique, le sesquioxyde d'or se précipite de nouveau : on le lave tant qu'il abandonne de l'acide.

On prépare encore le sesquioxyde d'or en précipitant le perchlorure par l'oxyde de zinc ou la magnésie. L'aurate obtenu étant bien lavé, est mis en contact avec de l'acide nitrique qui dissout la base de l'aurate, et précipite l'oxyde d'or. Quand l'acide nitrique est faible, on obtient de l'oxyde d'or hydraté ; s'il est concentré, c'est de l'oxyde anhydre.

Quelle que soit la méthode à l'aide de laquelle on a préparé l'acide aurique, il présente, étant anhydre, l'aspect d'une poudre, tantôt brune et tantôt jaune ; lorsqu'il est à l'état d'hydrate, il change de couleur à 100 degrés et devient noir. A 250 degrés, il perd son oxygène et *se réduit à l'état d'or métallique*. La lumière solaire et même la lumière diffuse le décomposent ; les acides organiques, l'alcool, etc., le transforment en oxydule et en or métallique.

L'acide chlorhydrique le dissout en le transformant en *chlorure d'or*, qui a pour formule $Au^2 Cl^3$.

Les oxacides ne l'attaquent pas ; mais les alcalis, la potasse et la soude se combinent avec lui pour former des aurates solubles et cristallisables : ce sel sert à préparer, par voie de double décomposition, les aurates métalliques insolubles.

L'aurate de potasse cristallisé se présente avec la formule $Au^2 O^3, KO + 6(HO)$.

Composés fulminants. — L'acide aurique peut former avec l'ammoniaque des composés fulminants, qui ne doivent être maniés qu'avec les plus grandes précautions.

Lorsqu'on verse de l'ammoniaque en excès dans du sesquichlorure d'or, il se forme un précipité jaune brunâtre qu'on lave et qu'on dessèche au bain-marie; ce composé détone avec violence. Lorsqu'on le broie avec l'essence de lavande et qu'on l'applique sur porcelaine, il ne détone plus, mais laisse une couche très mince d'or métallique reflétant les couleurs pourpres et violacées du *lustre burgos*.

Si le fulminate d'or est mis à digérer avec de l'ammoniaque en excès, additionné de potasse caustique, tout le chlore est enlevé par la potasse, et le précipité prend une teinte plus brune ; après la dessiccation, il acquiert une couleur pourpre. À 100 degrés, ce corps détone avec une instantanéité telle, qu'une plaque métallique sur laquelle l'expérience est faite peut être percée ; l'explosion se fait quelquefois spontanément.

Intimement mêlé à différents corps qui n'ont pas sur lui d'action chimique, il se décompose sans détonnation : le soufre, la silice, la chaux, etc., produisent ce résultat. Les oxydes de cuivre et de fer le décomposent également sans explosion. — Voici la composition de l'or fulminant: or, 73 ; azote, 9,8 ; chlore, 4,5 ; hydrogène, 2,2; oxygène, 10,5.

Sesquichlorure d'or. Au^2Cl^3.

Nous avons vu que le sesquichlorure d'or servait à préparer le sesquioxyde d'or. Il sert aussi à préparer le pourpre de Cassius. Il s'emploie directement à colorer le verre en rouge rubis.

On obtient le sesquichlorure d'or, en traitant l'or pur par une eau régale formée de 1 partie d'acide nitrique et 2 parties d'acide chlorhydrique.

Ce sel est soluble dans l'alcool et l'éther ; l'éther enlève le chlorure d'or à sa dissolution aqueuse : il suffit pour cela d'agiter l'éther avec l'eau que contient le chlorure d'or dissous.

On fait usage de cette méthode pour enlever au chlorure l'excès d'acide, et on s'est servi de ce mode d'opérer pour obtenir la *dorure sortant brunie du moufle*, sorte de chatoyant analogue au lustre d'or, mais d'un éclat beaucoup plus riche.

Les acides organiques, les matières neutres végétales décomposent le chlorure d'or avec dépôt d'or métallique. Si la matière organique est en présence d'un alcali, la réduction est beaucoup plus prompte.

Sulfure d'or. Au^2S^3.

Les anciens ont proposé le sulfure d'or pour colorer le verre en pourpre.

On prépare le sulfure d'or en versant dans une dissolution d'or, étendue d'eau de manière à contenir 1 gramme d'or par litre, une solution de sulfure de potassium. Le sulfure d'or qui se précipite, est recueilli et lavé sur un filtre. Cette préparation est d'un mauvais usage lorsque la nuance est trop claire ou trop foncée; il faut s'attacher à l'obtenir bistre ou chocolat.

La chaleur décompose le sulfure d'or et le réduit en or métallique.

Le sulfure d'or forme, avec les sulfures alcalins, des sulfures doubles, solubles dans l'eau.

On obtient un sulfure d'or en faisant passer un courant d'hydrogène sulfuré dans une dissolution bouillante de chlorure d'or; il se fait un précipité brun très foncé qui devient presque noir par la dessiccation. Au rouge, ce sulfure dégage des vapeurs de soufre et laisse comme résidu de l'or métallique.

POURPRE DE CASSIUS.

. Les tons riches et variés que le pourpre de Cassius peut seul donner; les ressources qu'il offre sans cesse aux artistes en couleurs vitrifiables, surtout aux peintres de fleurs, et les difficultés qu'il faut vaincre pour l'obtenir dans un état convenable, donnent une grande importance aux détails relatifs à sa préparation.

Ce composé, découvert en 1683 par Cassius, contient de l'or, de l'étain et de l'oxygène. Il résulte du précipité qui se forme, quand on ajoute, à une dissolution d'un mélange de protochlorure et de deutochlorure d'étain, préparé dans des circonstances convenables, une dissolution d'or.

I. On dissout de l'or fin dans une eau régale, dont la composition varie avec les différents auteurs, comme nous allons le voir bientôt. Quand l'or est dissous, on étend la liqueur d'eau et on filtre ; enfin on ajoute la plus grande quantité d'eau possible. Il faut que la teinte de cette dissolution ne soit que légèrement citrine. On prépare en même temps avec beaucoup de soin, car c'est de là que dépend le succès de l'opération, une dissolution d'étain dans de l'eau régale, pour former à la fois les deux chlorures différents, dont la présence simultanée semble nécessaire à la formation du précipité pourpre.

Plusieurs conditions indispensables doivent être indiquées, ajoute M. Salvétat. L'étain de Malacca doit être aussi pur que possible ; on le préfère laminé, sous forme de feuilles minces ; il est plus facile à diviser en petits morceaux. Ces fragments, qu'on ajoute les uns après les autres, se dissolvent spontanément, et le plus lentement possible, en laissant un léger résidu noir qu'on sépare par décantation. Pour retarder encore la rapidité de la dissolution, il est urgent de maintenir l'acide dans un endroit frais, et de n'ajouter de nouvel étain que lorsque tout celui qu'on a déjà mis a disparu ; on empêche ainsi la dissolution de s'échauffer et de marcher trop vite. On empêche encore la dissolution de s'échauffer en mettant la fiole, dans laquelle elle s'opère, dans un vase rempli d'eau froide.

Les dissolutions étant ainsi préparées, on verse, sans attendre, les chlorures d'étain dans l'eau citrine qui renferme l'or ; on fait l'affusion goutte à goutte, en agitant sans cesse. On l'arrête, lorsqu'on opère avec une quantité d'étain non déterminée, dès que le précipité tourne au violet ; on laisse le pourpre se déposer, et l'on décante à plusieurs reprises ; enfin, on réunit le précipité sur un filtre pour qu'il prenne la consistance d'une gelée. On le conserve sous l'eau, et l'on en prend chaque fois qu'on veut s'en servir (Salvétat).

Tous les auteurs sont généralement d'accord sur l'importance des précautions qui viennent d'être mentionnées. Mais il n'en est pas de même pour la nature des dissolvants, pour les proportions de ces dissolvants relativement à l'or et à l'étain, pour les quantités respectives d'or et d'étain qu'il convient d'employer pour obtenir le beau pourpre ; en général, on peut le regarder comme bien préparé, lorsqu'il possède la teinte franchement vineuse.

D'après M. Salvétat, voici quelques dosages employés à la manufacture de Sèvres.

II. M. P. Robert employait, pour dissoudre l'or et l'étain, une eau régale composée en poids de 4 parties d'acide nitrique à 36 degrés pour 1 partie de sel ammoniac ; on fait dissoudre 0,63 d'or dans 30gr.59 de cette eau régale et 3gr.19 d'étain fin dans 22gr.94 de la même eau régale. On ralentissait la dissolution de l'étain en ajoutant aux 22gr.94, qui devaient dissoudre l'étain, à peu près leur volume d'eau distillée. Quand la totalité de l'étain se trouvait dissoute, on ajoutait à la dissolution son volume d'eau pure, on filtrait, et l'on ajoutait enfin ce liquide à la dissolution d'or étendue d'assez d'eau pour que le liquide ne soit que jaune paille.

III. M. Buisson a proposé pour la préparation du pourpre de Cassius, une voie différente. Il fait une dissolution neutre de protochlorure d'étain avec une partie de ce métal en grenaille et de l'acide hydrochlorique. D'une autre part, il dissout 2 parties d'étain dans une eau régale formée de 3 parties d'acide nitrique à 36 degrés et 1 partie d'acide chlorhydrique ordinaire, de manière que la dissolution soit neutre. Enfin, il dissout 6 parties d'or fin dans une quantité strictement suffisante d'une eau régale, composée de 1 partie d'acide nitrique contre 6 parties d'acide chlorhydrique. Il étend la dissolution d'or de 3lit.5 d'eau pure ; il ajoute le deutochlorure d'étain, et verse dans le mélange le protochlorure d'étain goutte à goutte, jusqu'à ce que le précipité soit de la couleur du vin vieux.

IV. M. Bolley a proposé, depuis quelques années, une méthode qui permet d'obtenir avec plus de facilité le mélange convenable de protochlorure et de deutochlorure d'étain. On prend 10 grammes de pinksalz (sel contenant 70,80 pour 100 de deutochlorure d'étain et 29,20 de chlorhydrate d'ammoniaque). Ce sel est anhydre et offre toujours la même composition ; on y ajoute 1^{gr}.07 d'étain métallique, et on fait chauffer avec 40 grammes d'eau jusqu'à ce que tout l'étain soit dissous. Quand la dissolution est complète, on ajoute de nouveau 140 grammes d'eau, et l'on se sert de cette liqueur pour précipiter la dissolution d'or qu'on a préparée en traitant 1^{gr}.34 d'or par l'eau régale, en évitant un excès d'acide et après avoir étendu de 480 grammes d'eau pure.

V. M. *Salvétat* donne les nombres suivants dont il fait constamment usage dans son service de la manufacture de Sèvres.

Je prépare, dit-il, au moment de m'en servir, une eau régale composée en poids de :

Acide chlorhydrique ordinaire. 16,8
Acide azotique (nitrique) 10,2

Je dissous 1/2 gramme d'or fin dans 9 grammes de cette eau régale, et quand la dissolution, qui se fait spontanément, est complète, j'ajoute 14 litres d'eau : ainsi étendue, la dissolution ne présente qu'une faible teinte paille.

Je prépare en même temps dans 18 grammes de la même eau régale, additionnée de 3 à 5 grammes d'eau pure, suivant la température, 3 grammes d'étain fin laminé que j'ajoute par petites portions, en maintenant dans un endroit frais le vase où s'opère la réaction. Il faut quatre heures pour que les 3 grammes soient entièrement attaqués. Quand tout est dissous, on décante la partie claire en la séparant du dépôt noir qui s'est formé, pour verser cette dissolution goutte à goutte dans la dissolution d'or. Le précipité pourpre, qui apparaît par l'agitation, lavé à l'eau bouillante, est d'une belle couleur vin vieux.

Par ce procédé, où tout est pesé, or, étain, eau régale et eau pure, nous avons constamment obtenu, en observant les précautions générales que nous avons prescrites, un précipité donnant de belles et bonnes couleurs avec les fondants convenables. (Voir les *fondants* des couleurs vitrifiables appliquées sur porcelaine, et les *fondants* du pourpre dans la *peinture sur verre*, chapitre « des émaux en particulier. »)

On peut voir que cette opération est longue, puisqu'elle ne permet d'opérer que sur 0gr.5 d'or à la fois ; je la rends plus expéditive et plus convenable, en opérant sur des volumes au lieu de poids, pour les liqueurs, et ne faisant qu'une seule dissolution d'or. Je dispose simultanément dix expériences. Je pèse 3gr.2 d'or pur d'une part, et d'autre part je mesure 72 centimètres cubes d'acide azotique à 36 degrés, puis 154 centimètres cubes d'acide chlorhydrique du commerce ; je mélange ces deux acides et je prends, pour faire dissoudre l'or, 120 centimètres cubes. Pour rendre ces opérations plus faciles, j'opère avec des bouteilles à fond plat dont le col rétréci porte un trait à la capacité déterminée. La dissolution d'or est étendue d'une quantité d'eau telle, qu'elle fasse 1 litre à 2 litres ; au moyen d'une burette graduée, on en prend un décilitre ou un double décilitre, suivant le cas. Chaque prise d'or correspond toujours à des poids égaux d'or métallique équivalents à 0gr.32. On étend chaque prise d'environ 14 litres d'eau.

Pour faire la dissolution de l'étain, je fais dix pesées successives de 3 grammes d'étain et je les dissous dans 10 centimètres d'eau régale précédemment préparée. Une pipette marquée d'un trait correspondant à une capacité de 10 centimètres cubes permet de peser rapidement et avec certitude. La même pipette peut porter deux traits, un à 12 centimètres cubes, l'autre à 10 centimètres cubes, et servir à faire les deux dissolutions d'or et d'étain ; il faut alors disposer dix petits flacons pour dissoudre l'or séparément et faire dix pesées de 0gr.32.

La première méthode est plus expéditive.

VI. M. *Figuier* donne comme étant préférable le procédé suivant : On fait dissoudre 20 grammes d'or dans 100 grammes d'eau régale faite avec 4 parties d'acide chlorhydrique et 1 partie d'acide nitrique. On chasse l'excès d'acide par l'évaporation à siccité ; on reprend par une quantité d'eau suffisante pour former 750 centimètres cubes (3/4 de litre) ; on place quelques lames d'étain dans le liquide qui bientôt se colore en brun et ne tarde pas à laisser déposer un précipité d'une belle couleur pourpre. Lorsque les liqueurs conservent une coloration brune, on ajoute une dissolution concentrée de sel marin (sel de cuisine ou chlorure de sodium) qui produit un nouveau précipité. Ce même composé s'obtiendrait encore en traitant l'oxydule d'or par le stannate de potasse. Ces deux dernières méthodes conduiraient, d'après M. Figuier, à des compositions constantes et qu'on peut formuler comme du stannate de protoxyde d'or : $3 (SnO^2)$, Au^2O, $4 (HO)$.

PLATINE.

Le platine, importé d'Amérique vers 1744, se fait remarquer par son inaltérabilité. Son éclat est voisin de celui de l'argent, mais plus grisâtre. Nous avons vu l'emploi qu'on en faisait dans la dorure sur porcelaine, soit pour la composition des gris, soit pour les lustres métalliques.

MATIÈRES D'ORIGINE ORGANIQUE.

On sait que tous les corps de la nature se divisent, au point de vue de l'étude de leurs propriétés chimiques, en trois grandes classes : les métalloïdes, les métaux, et les substances organiques.

Les matières organiques sont celles qui se forment sous l'influence de la vie ou qui dérivent de substances se développant dans l'organisme vivant des végétaux ou des animaux. Les anciens chimistes distinguaient même l'étude de ces matières, en raison de cette double origine, par les noms de chimie végétale et de chimie animale.

Cette distinction est remplacée aujourd'hui par celle de substances organiques et de substances organisées, suivant que les premières offrent des composés à caractères bien nets et définis analogues à ceux des matières minérales, ou bien au contraire, comme pour les secondes, qu'elles servent aux fonctions vitales. Toujours est-il que ce qui différencie principalement toutes les substances, rangées dans cette troisième classe, par rapport aux métalloïdes et aux métaux, c'est que dans leur plus grand état de complexité elles ne renferment que quatre corps appartenant à la classe des métalloïdes ; à savoir : du carbone, de l'hydrogène, de l'oxygène et de l'azote. Ces quatre éléments constituent, en effet, la presque totalité de ces substances ; à côté d'eux viennent se placer quelquefois de faibles quantités de matières minérales, dont la nature varie avec les espèces, et qui paraissent intimement liées à leur existence.

Nous ne saurions entrer ici dans l'étude très complexe, même en la restreignant aux grandes généralités, des propriétés des matières organiques. Nous n'en retiendrons qu'une essentielle à se rappeler, c'est que ces matières sont toutes décomposées sous l'influence du feu. Il semblerait donc inutile de chercher quel rôle peut offrir leur emploi dans les couleurs vitrifiables ; toutefois nous avons déjà eu l'occasion, en indiquant leur usage pour donner aux couleurs une adhérence sur les corps où on les dépose, avant la cuisson, de signaler certains cas où telle matière devrait être exclue de préférence à une autre, notamment quand le résidu charbonneux qu'elles donnent à une certaine température, peut ensuite, quand il vient à brûler à une chaleur plus intense, altérer la matière qui compose la couleur et en modifier la tonalité. Nous croyons donc utile de revenir en quelques mots sur les quelques matières organiques dont on fait usage dans les opérations que nous avons étudiées.

Les gommes sont des produits naturels qui s'écoulent de certains arbres, et qui forment avec l'eau des liquides épais et mucilagineux. Elles sont insolubles dans l'alcool. La gomme arabique donne avec l'eau une dissolution épaisse, visqueuse, insipide, inodore, laissant par évaporation un vernis brillant. Le sous-acétate de plomb la précipite complètement de sa dissolution aqueuse.

Les gommes que produisent les arbres fruitiers de nos contrées, comme les pruniers, les cerisiers, etc., ont à peu près les mêmes propriétés et la même composition que la gomme arabique, toutefois elles sont beaucoup moins solubles à froid, parce qu'en plus du corps constituant de la gomme arabique, l'*arabine*, elles en renferment un autre appelé *césarine*, insoluble à froid, et qui ne le devient que par une ébullition prolongée dans l'eau. Il en est de même pour la gomme adragante. Aussi emploie-t-on toujours la gomme arabique ou celle du Sénégal.

Les gommes servent à délayer à l'eau certaines couleurs et à leur donner une certaine adhérence à froid ; on les emploie aussi dans la préparation d'encollages et de quelques mordants. Le caractère qu'il faut toujours rechercher, c'est une solubilité complète à froid, peu de cendres comme résidu par l'action de la chaleur, et enfin aucun boursouflement dans la volatilisation.

Les matières sucrées ont été souvent employées dans la peinture en couleurs vitrifiables pour former des mordants. Nous avons eu l'occasion de signaler, à propos de la manipulation de l'or, les inconvénients qu'elles présentent, et qui les font exclure dans ce cas en particulier.

L'alcool possède un pouvoir dissolvant considérable. Il dissout les hydrates de potasse, de soude, les sulfures alcalins et terreux, les chlorures, les bromures, les iodures, le soufre et le phosphore ; mais principalement, au point de vue particulier qui nous occupe, les huiles fixes et les essences. On l'emploie dans les arts céramiques pour dissoudre les matières grasses et pour nettoyer les pinceaux et les planches gravées qui sont encrassées de couleurs.

L'éther peut être employé aux mêmes usages que ceux indiqués à propos de l'alcool.

Le vinaigre est employé dans les arts céramiques, en raison de la viscosité qu'il communique à des eaux pures tenant en suspension des matières pesantes et qui ten-

dent à se déposer. Il faut donner la préférence aux vinaigres de vin sur les vinaigres de bois, qui dissolvent
généralement une plus forte proportion de matières
étrangères carbonées ; ces dernières laissent à la calcination du charbon difficile à brûler, dont la présence
pourrait altérer certains oxydes métalliques, en particulier l'oxyde de plomb contenu dans la glaçure. On a
vu à propos du brunissage de l'or, que l'on faisait toujours usage du vinaigre pour humecter les brunissoirs
dans cette opération.

Les essences de térébenthine et de lavande sont, ainsi
qu'on l'a vu, le délayant le plus employé dans la peinture
en couleurs vitrifiables ; de plus, pour la dorure sur porcelaine, pour les lustres métalliques, elles servent également à donner de l'adhérence aux applications. Toutefois il est bon de noter quelques observations à leur
sujet.

On donne en général le nom de térébenthine au suc
résineux qui découle naturellement, ou au moyen d'in-
cisions, de plusieurs espèces d'arbres. La plus répandue
est la térébenthine commune ou du pin. Ce produit naturel est un mélange de résine et d'essence, qui est d'a-
bord purifié, afin d'y laisser le moins de résine possible.

L'essence de térébenthine, telle qu'on la trouve dans
le commerce, conviendrait peu dans la peinture en couleurs vitrifiables, il est nécessaire de lui faire subir une
nouvelle purification, et de la transformer dans l'état où
elle est désignée particulièrement sous le nom d'*essence
grasse de térébenthine*. Tout au moins on n'emploie jamais qu'un mélange d'essence grasse et d'essence ordinaire, cette dernière ayant subi au moins deux distilla-
tions, afin de la priver le plus possible de la résine qu'elle
renferme, qui donne un dépôt charbonneux nuisible.

Pour préparer l'essence grasse, on place dans une
capsule, sous l'influence des rayons solaires, de l'essence
nouvellement distillée, en recouvrant d'une cloche qui
sans intercepter l'accès de l'air, empêche toutefois les
poussières de pénétrer dans la capsule. On abandonne
ainsi la capsule jusqu'au moment où le liquide a pris

une consistance jugée convenable, et on la transvase dans des flacons bouchés pour la conserver.

L'essence grasse de lavande doit être entièrement rejetée dans le maniement des couleurs, mais convient au contraire parfaitement pour la pose des lustres métalliques. L'excès de carbone qu'elle renferme, qui peut altérer certains oxydes, et les empêcher d'acquérir le brillant désiré, devient au contraire une qualité, quand il s'agit des lustres, il revivifie les métaux et s'oppose à leur oxydation pendant la fusion du fondant. En revanche, l'huile essentielle de lavande est au contraire un bon délayant pour les couleurs vitrifiables. Dans certains cas son emploi est préférable à l'essence de térébenthine, parce qu'elle est moins volatile, et que la peinture ainsi faite sèche moins rapidement. Comme nous l'avons dit, on doit y recourir de préférence pour poser des fonds unis sur des surfaces un peu étendues, afin de pouvoir faire les raccords.

Les vernis sont de trois espèces, les vernis à l'esprit de vin, les vernis à l'essence de térébenthine, et les vernis gras, suivant qu'on s'est servi de l'alcool, de l'essence de térébenthine, ou des huiles grasses pour dissoudre les principes résineux qui les constituent. Les premiers sont très siccatifs, les derniers le sont moins, mais en revanche une fois bien secs, ils sont plus résistants.

Dans les arts céramiques, les vernis n'offrent que de rares cas d'application. Il servent à recouvrir certaines parties de poteries poreuses, sur lesquelles il convient de peindre des sujets décoratifs avant que la pièce soit cuite en pâte. C'est le cas de certaines peintures sous glaçures. On brûle l'enduit de vernis recouvert de peinture à l'essence avant la mise en glaçure.

Les huiles et les graisses sont employées dans les arts céramiques pour obtenir les réserves, c'est-à-dire pour enduire les parties sur lesquelles on ne veut pas mettre de glaçure, lorsqu'on emploie pour poser cette glaçure le procédé d'immersion.

M. Salvétat a fait remarquer que l'huile vierge d'olive, celles de noix, de pavots, etc., pourraient être employées comme délayants. Leur inconvénient est de se maintenir liquide jusqu'au moment de la cuisson. De plus, elles doivent toujours être fraîches, car autrement elles font relever et écarter les couleurs.

Les gélatines servent aussi à faire des réserves, mais principalement pour les procédés de peinture par impression. La gélatine la plus pure est celle qui provient de l'ichthyocolle ou colle de poisson, et en particulier celle qui vient de Russie. Les Chinois emploient la gélatine ordinaire, extraite des peaux, comme délayant des couleurs avec lesquelles on peint les porcelaines sur ou sous couverte.

CHAPITRE III.

Divers.

PYROMÈTRES.

On sait que les thermomètres sont des instruments qui servent à apprécier la température des corps. Ordinairement leurs divisions s'arrêtent à 100°. On peut faire des thermomètres à mercure qui marquent jusqu'à 350° ; mais ils ne vont pas plus loin, parce que cette température est voisine du point d'ébullition du mercure.

On a proposé diverses méthodes pour mesurer les températures qui dépassent l'étendue de l'échelle du thermomètre à mercure. Le meilleur moyen est de s'en rapporter aux points de fusion des métaux, qui ont été déterminés par les physiciens (V. Pouillet, *Éléments de physique, Chaleur*). On a là un repère constant et universel, tandis que les instruments ne donnent que des indications souvent contradictoires, ce qui fait qu'on trouve des différences énormes dans les températures indiquées par différents observateurs. Il vaudrait donc mieux, à ce que je pense, au lieu de degrés centigrades ou de degrés pyrométriques, indiquer le point d'une haute température par celui auquel tel ou tel métal pur, ou tel alliage entre en fusion. C'est du reste, ce que l'on fait déjà quelquefois.

Cependant, il y a des pyromètres (celui de Wedgwood et celui de Brongniart) assez connus et assez fréquemment appliqués dans les arts céramiques et de la verrerie pour que nous en parlions, ne serait-ce que parce que le degré pyrométrique de Wedgwood est souvent cité à propos de ces arts. La graduation ci-dessous du pyromètre de Wedgwood va jusqu'à une température impossible.

PYROMÈTRE DE WEDGWOOD ET DE M. BRONGNIART.

Le premier se fonde sur la propriété dont jouit l'argile, de se contracter en raison de la température qu'elle subit. Il consiste (fig. 31) en une lame de cuivre sur laquelle sont fixées deux ou trois règles, également en cuivre, entre lesquelles on fait glisser un cône d'argile durcie au feu, et qui a été exposé à la température qu'il s'agit de déterminer. Plus il a diminué de volume, plus la chaleur a été intense. L'instrument présente 240 divisions ; le zéro correspond à 580°55 centigrades ; chaque degré équivaut à 72°22. Ce pyromètre est propre à mesurer de très hautes températures.

Le *pyromètre de M. Brongniart* est basé sur la dilatabilité des métaux exposés à la chaleur. Il consiste en un appareil en terre cuite, AB, fig. 32, creusé dans toute sa longueur d'une rainure C, excepté à son extrémité B ; une verge de métal et une autre de terre cuite sont reçues dans cette rainure et placées bout à bout. L'extrémité A porte un cadran D, au centre duquel se meut une aiguille dont un des bouts est mis en rapport avec la verge de terre.

On introduit dans le moufle ou dans le four la partie de l'instrument qui renferme la verge métallique, de manière à ce que celle-ci y soit contenue tout entière. Lorsque, par l'action du calorique, elle vient à se dilater, appuyée qu'elle est, à l'extrémité de la rainure, elle pousse en avant la verge de terre cuite. Celle-ci, à son tour, communique l'impulsion à l'aiguille qui indique sur le cadran la dilatation produite.

La tige métallique doit être formée d'un métal dont le point de fusion soit bien supérieur à la température qui convient à la cuisson des objets; il est même nécessaire qu'il ne se ramollisse pas. Le fer et l'argent peuvent être employés : c'est ordinairement l'argent que l'on préfère, parce qu'il est moins oxydable. Si l'on voulait, en même temps, un métal moins fusible, on prendrait du platine. Pour faire un bon usage de cet instrument, il faut s'en servir dans les conditions suivantes, pour un moufle à verre, par exemple : la porte du moufle doit être pourvue de deux ouvertures, dont l'une à la partie inférieure, l'autre vers le milieu ou plutôt vers le tiers supérieur de sa hauteur, fig. 3. Un pyromètre est disposé à chacune d'elles. Lorsque l'inférieur marque la chaleur rouge, on modère le feu, pour le ranimer ensuite quand le calorique a pénétré plus profondément. On se conduit, en un mot, comme il a été dit dans le chapitre des *Opérations de la peinture sur verre*, à l'article des *Dispositions du verre dans le moufle*, jusqu'à ce que le pyromètre supérieur accuse une température convenable.

Différentes nuances lumineuses
des corps qui correspondent à leurs températures.

Couleurs du platine.	Températures.
Rouge naissant...	525°.
Rouge sombre...	700°.
Cerise naissant...	800°.
Cerise......	900°.
Cerise clair....	1000°, fusion de l'argent.
Orangé très foncé.	1050°, fusion de la fonte blanche.
Orangé foncé....	1100°, fusion de la fonte grise.
Orangé clair....	1200°, fusion de l'or.
Blanc......	1300°, fusion de l'acier.
Blanc soudant...	1400°.
Blanc éblouissant..	1500°, fusion du fer; cuisson de la porcelaine dure.

Ces indications, dit M. Pouillet, qui a donné ce tableau dans ses *Éléments de physique*, *Chaleur*, ne sont pas aussi vagues qu'elles pourraient le paraître au premier abord. Lorsqu'on est parvenu à étudier la marche comparative des nuances de la couleur et des degrés de chaleur marqués sur le pyromètre, il est facile de se convaincre qu'avec un peu d'habitude, on ne se trompe pas de 50 degrés sur la véritable température d'un corps dont on peut observer la nuance sans reflets étrangers.

PHOTOGRAPHIES VITRIFIÉES.

M. Sanson, rédacteur de la revue scientifique de la *Presse*, a rendu compte de la manière suivante, dans le n° du 29 juin 1865, d'une communication faite à l'Académie des sciences, au sujet de photographies vitrifiées, qui peuvent avoir un certain intérêt pour les arts dont s'occupe ce Manuel.

« M. Regnault, dit-il, a présenté lundi à l'Académie des sciences, au nom de MM. Tessié du Motay et G. R. Maréchal, de Metz, une note sur des procédés nouveaux de photographies vitrifiées, accompagnée de très beaux spécimens que nous avons pu voir et qui nous ont émerveillé.

» La méthode est applicable à la production d'images photographiques sur cristal, sur verre, sur émail, sur lave, sur porcelaine, sur faïence, etc. Il va sans dire qu'elle a été cherchée en vue surtout de la fabrication des vitraux : le nom de M. Maréchal l'indique assez. Dans son exécution, elle comprend une série de dix opérations qui la rendent un peu compliquée ; mais, eu égard à son objet, qui ne peut être destiné à devenir tout à fait usuel, cela ne lui fera point obstacle. La première de ces opérations consiste à former la couche sensible avec une dissolution de quatre parties de caoutchouc dans cent parties de benzine, additionnée d'une partie de collodion normal dissous dans l'éther, laquelle couche, une fois étendue sur la plaque, où doit se produire ou se reporter l'image photographique vitrifiable et séchée à l'air libre

ou à l'étuve, est recouverte de collodion ioduré. La plaque
ainsi préparée, est immergée dans le bain de nitrate
d'argent, puis exposée dans la chambre noire ou à la
lumière, suivant qu'il s'agit de générer l'image directement ou par superposition. Les photographes compren-
dront que l'emploi du caoutchouc a pour but, ici, de
donner à la couche sensibilisée une résistance qu'aucun
collodion ne possède tout seul.

» Les procédés employés pour faire apparaître l'image,
pour la révéler et la développer, pour la fixer, pour la
renforcer, etc., ne doivent pas nous arrêter ; ils ne sont
point tout à fait particuliers à la méthode. Il en est autrement des opérations qui suivent. L'image photographique
étant révélée, fixée et renforcée, elle est trempée pendant
une ou plusieurs heures, soit dans des bains de chlorure
ou de nitrate de platine, soit dans des bains de chlorure
d'or, afin que l'argent soit remplacé par du platine, par
un mélange de platine et d'or, ou par de l'or seul. Ces
substitutions ont pour but de faire varier la couleur ou
la nature de l'image vitrifiée. Les bains de nitrate et de
chlorure de platine donnent au feu de moufle, par la
réaction des fondants siliciques ou boraciques, des images
d'un noir-vert ; les bains d'or les donnent noires. Avant
d'être ainsi soumise au feu, l'image est l'objet de lavages
alcalins, puis d'une élévation de température qui brûle les
matières organiques et met les métaux à nu ; enfin elle
est couverte du fondant.

» C'est là une nouvelle extension de la merveilleuse
découverte de Daguerre, dont la communication à l'Académie a excité un très vif intérêt.

» Cette méthode, disent les auteurs, a pour but et aura,
croyons-nous, pour effet la conservation indéfiniment
prolongée des images photographiques. Elle est le développement des principes qui servent de base à la photographie aux sels d'argent sur collodion et sur papier.
Par là, elle diffère essentiellement des procédés d'émaillage par les chromates et les persels de fer, procédés
récemment inventés par MM. Poitevin et Lafon de Ca-
marsac. »

Ses avantages artistiques se font apercevoir tout seuls. Au point de vue scientifique, elle met en évidence la propriété qu'ont les bains alternés de cyanures et d'iodocyanures alcalins de dissoudre l'argent qui n'entre pas dans la constitution de l'image et qui résiste à l'action dissolvante des hyposulfites, de l'ammoniaque, et même des bains de cyanure alcalins employés seuls.

DÉDORAGE DE LA PORCELAINE ET DES CRISTAUX CASSÉS.

Le chlorure de chaux est avantageux pour dissoudre les métaux précieux, comme l'or et le platine, qu'on veut enlever à des pièces qu'on ne peut ni plonger dans des dissolutions acides, ni briser en petits morceaux.

Mais la meilleure méthode pour dédorer la porcelaine cassée consiste à mettre les morceaux dans une capsule de porcelaine percée de trous, puis à introduire cette capsule dans une bassine en grès contenant de l'*eau régale* et maintenue à une température de 60 à 80 degrés. (Nous avons vu que l'eau régale était un mélange d'acide chlorhydrique et d'acide nitrique.) Quand l'or est dissous, on enlève la capsule et on la plonge dans l'eau propre avec les tessons qu'elle contient pour laver le tout. On recommence l'opération sur de nouveaux morceaux à dédorer. On réunit toutes les eaux de lavage, précipitées par le sulfate de fer, avec le dépôt dissous dans l'eau régale, puis on retire l'or, contenu dans cette eau régale, par filtration, en éliminant le peroxyde de fer, qui se dépose au sein des eaux de lavage, en lavant à l'eau froide à plusieurs reprises et en terminant par un lavage à l'eau bouillante, additionnée d'acide chlorhydrique. Enfin on lave encore à l'eau bouillante tant que l'eau reste acide.

FIN.

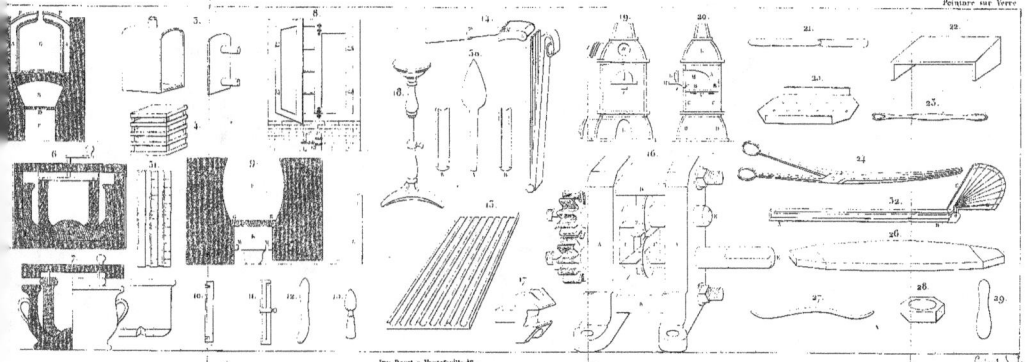

Imp. Roset, r. Hautefeuille 19.

Guiguet Sculp

TABLE DES MATIÈRES

DEUXIÈME PARTIE.

Peinture sur Porcelaine.

FIN DE LA TABLE DES MATIÈRES.

BAR-SUR-SEINE. — IMP. SAILLARD.

Septembre 1884.

Ce Catalogue annule les précédents.

LIBRAIRIE ENCYCLOPÉDIQUE

DE

RORET

RUE HAUTEFEUILLE, 12

AU COIN DE LA RUE SERPENTE

PARIS

AVIS IMPORTANT

Par suite de la reconstruction de l'immeuble
dans lequel la LIBRAIRIE RORET est établie depuis 1823,
elle sera transférée *provisoirement*

Boulevard Saint-Germain, 63,

à partir du 1ᵉʳ Novembre 1884.

DIVISION DU CATALOGUE

ENCYCLOPÉDIE-RORET

COLLECTION

DES

MANUELS-RORET

FORMANT UNE

ENCYCLOPÉDIE DES SCIENCES ET DES ARTS

FORMAT IN-18;

PAR UNE RÉUNION DE SAVANTS ET DE PRATICIENS,

Tous les Traités se vendent séparément.

La plupart des volumes, de 300 à 400 pages, renferment des planches parfaitement dessinées et gravées, et des figures intercalées dans le texte.

Les Manuels épuisés sont revus avec soin et mis au niveau de la science à chaque édition. Aucun Manuel n'est cliché, afin de permettre d'y introduire les modifications et les additions indispensables.

Cette mesure, qui met l'Editeur dans la nécessité de renouveler à chaque édition les frais de composition typographique, doit empêcher le Public de comparer le prix des *Manuels-Roret* avec celui des autres ouvrages, tirés sur cliché à chaque édition, et ne bénéficiant d'aucune amélioration.

Pour recevoir chaque volume franc de port, on joindra, à la lettre de demande, un mandat sur la poste (de préférence aux timbres-poste) équivalent au prix porté au Catalogue.

Cette franchise de port ne concerne que la **Collection des Manuels-Roret** (pages 4 à 31), et la **Bibliothèque des Arts et Métiers** (page 32). Elle n'est applicable qu'à la France et à l'Algérie. Les volumes expédiés dans les pays qui ne font pas partie de l'Union des Postes, seront grevés des frais de poste établis d'après les conventions internationales.

DIVISION PAR ORDRE ALPHABÉTIQUE.

Manuel pour gouverner les Abeilles et en retirer profit, par MM. RADOUAN et MALEPEYRE. 2 vol. 6 fr.

— **Accordeur de Pianos**, mis à la portée de tout le monde, par M. GIORGIO ARMELLINO. 1 vol. 1 fr. 25

— **Acide oléique, Acides gras concrets**, voyez *Bougies stéariques*, *Huiles*.

— **Actes sous signatures privées** en matières civiles, commerciales, criminelles, etc., par M. BIRET. 1 vol. (*En préparation.*)

— **Aérostation**, ou Guide pour servir à l'histoire ainsi qu'à la pratique des *Ballons*, par M. DUPUIS-DELCOURT. 1 vol. orné de figures. 3 fr.

— **Agents-Voyers**. V. *Ponts et Chaussées*, 1re *partie*.

— **Agriculture Élémentaire**, à l'usage des écoles primaires et des écoles d'agriculture, par M. V. RENDU. (*Ouvrage autorisé par l'Université.*) 1 vol. 1 fr. 25

— **Alcools**, voyez *Distillation*, *Liquides*, *Négociant en eaux-de-vie*.

— **Alcoométrie**, contenant la description des appareils et des méthodes alcoométriques, des Tables de Mouillage et de Remontage, et des indications pour la vente des alcools au poids, par M. F. MALEPEYRE. 1 vol. 1 fr. 25

— **Algèbre**, ou Exposition élémentaire des principes de cette science, par M. TERQUEM. (*Ouvrage approuvé par l'Université.*) 1 gros vol. 3 fr. 50

— **Alliages métalliques**, par M. HERVÉ, officier supérieur d'artillerie, ancien élève de l'Ecole polytechnique. (Ouvrage *approuvé par le Comité d'artillerie*). 1 vol. 3 fr. 50

— **Allumettes**, voyez *Briquets*.

— **Amidonnier et Vermicellier**, traitant de la Fabrication de l'Amidon, du Vermicelle et des Produits obtenus des Fruits et des Plantes qui renferment de la Fécule, par MM. MORIN et F. MALEPEYRE. 1 vol. avec fig. 3 fr.

— **Amorces fulminantes**, V. *Artificier*, 1re *partie*.

— **Anatomie comparée**, par MM. de SIEBOLD et STANNIUS ; trad. de l'allemand par MM. SPRING et LACORDAIRE, professeurs à l'Université de Liége. 3 gros vol. 10 fr. 50

— **Aniline (Couleurs d'), d'Acide phénique et de Naphtaline**, comprenant : l'étude des Houilles, la distillation des Goudrons, la préparation des Benzines, Nitrobenzines, Anilines, de l'Acide phénique, de la Naphtaline et de leurs dérivés, ainsi que leur Emploi en Teinture, par M. Th. CHATEAU. 2 forts volumes ornés de figures. 7 fr.

— **Animaux domestiques (Eleveur d')**, traitant de la Bouverie, de la Vacherie, de la Bergerie, de la Porcherie, du Clapier, du Pigeonnier et de la Basse-Cour. (*En préparation.*)

— **Animaux nuisibles** (Destructeur des).

1re *partie*, contenant les animaux nuisibles à l'agriculture, au jardinage, etc., par M. VÉRARDI. 1 vol. orné de pl.   **3 fr.**

2e *partie*, contenant les Hylophthires et leurs ennemis, ou Description et Iconographie des Insectes les plus nuisibles aux forêts, avec une méthode pour apprendre à les détruire et à ménager ceux qui leur font la guerre, à l'usage des forestiers, des jardiniers, etc., par MM. RATZEBURG, DE CORBERON et BOISDUVAL. 1 vol. orné de 8 planches. 2 fr. 50

— **Aquarelle**, voyez *Peinture à l'Aquarelle*.

— **Arbres fruitiers** (Taille des), contenant les notions indispensables de Physiologie végétale; un Précis raisonné de la multiplication, de la plantation et de la culture; les vrais principes de la taille et leur application aux formes diverses que reçoivent les arbres fruitiers, par M. L. DE BAVAY. 1 vol. orné de figures.   **3 fr.**

— **Archéologie** grecque, étrusque, romaine, égyptienne, indienne, etc., traduit de l'allemand de M. O. MULLER par M. NICARD. 3 vol. avec Atlas. Les 3 vol. 10 fr. 50 L'Atlas séparé : 12 fr. Les 3 volumes et l'Atlas : 22 fr. 50

— **Architecte des Jardins**, ou l'Art de les composer et de les décorer, par M. BOITARD. 1 vol. avec Atlas de 140 planches.   **15 fr.**

— **Architecte des Monuments religieux**, ou Traité d'Archéologie pratique, applicable à la restauration et à la construction des Eglises, par M. SCHMIT. 1 gros vol. avec Atlas contenant 21 planches.   **7 fr.**

— **Architecture**, voy. *Construction moderne, Maçon*.

— **Arithmétique démontrée**, par MM. COLLIN et TRÉMERY. 1 vol.   **2 fr. 50**

— **Arithmétique complémentaire**, ou Recueil de Problèmes nouveaux, par M. TRÉMERY. 1 vol.   1 fr. 75

— **Armurier**, Fourbisseur et Arquebusier, traitant de la fabrication des Armes à feu et des Armes blanches, par M. PAULIN DÉSORMEAUX. 2 vol. avec planches.   **6 fr.**

— **Arpentage**, ou Instruction élémentaire sur cet art et sur celui de lever les plans, par M. LACROIX, de l'Institut, MM. HOGARD, géomètre, et VASSEROT, avocat. 1 vol. avec figures. (*Autorisé par l'Université.*)   **2 fr. 50**

On vend séparément les MODÈLES DE TOPOGRAPHIE, par CHARTIER. 1 planche coloriée.   **1 fr.**

— **Art militaire,** ou Instructions pratiques à l'usage de toutes les armes de terre, par M. VERGNAUD, colonel d'artillerie. 1 volume avec figures.　　3 fr.

— **Artificier,** *Première partie,* PYROTECHNIE MILITAIRE, contenant la préparation et le chargement des Projectiles, des Artifices et des Combinaisons fulminantes, l'Art du Poudrier et du Salpêtrier, et la fabrication des Poudres de guerre et de chasse, par M. A.-D. VERGNAUD, colonel d'artillerie et M. P. VERGNAUD, lieutenant-colonel. 1 gros vol. orné de figures et de planches.　　3 fr. 50

— *Deuxième partie,* PYROTECHNIE CIVILE, contenant l'art de confectionner et de tirer les Feux d'artifice, par les mêmes auteurs, 1 vol. avec planche et vignettes.　　2 fr.

— **Asphaltes et Bitumes,** voyez *Chaufournier.*

— **Aspirants** aux fonctions de Notaires, Greffiers, Avocats à la Cour de Cassation, Avoués, Huissiers, et Commissaires-Priseurs, par M. COMBES. 1 vol.　　3 fr. 50

— **Assolements, Jachère et Succession des Cultures,** par M. Victor YVART, de l'Institut, et M. Victor RENDU, inspecteur de l'agriculture. 3 vol.　　10 fr. 50

— LE MÊME OUVRAGE, 1 vol. in-4. (V. page 47).　　12 fr.

— **Astronomie,** ou Traité élémentaire de cette science, trad. de l'anglais de W. HERSCHEL, par M. A.-D. VERGNAUD. 1 vol. orné de planches.　　3 fr. 50

— **Astronomie amusante,** Notions élémentaires sur l'Astronomie, par M. L. TOMLINSON, traduit de l'anglais par A. D. VERGNAUD. 1 vol. avec figures.　　fr. 50

— **Avocats,** voyez *Aspirants* aux fonctions d'avocats à la Cour de Cassation.

— **Avoués,** voyez *Aspirants* aux fonctions d'Avoués.

— **Ballons,** voyez *Aérostation.*

— **Bibliographie universelle,** par MM. F. DENIS, P. PINÇON et DE MARTONNE. 3 gros vols. à 2 colonnes.　20 fr.

— **Bibliothéconomie,** Arrangement, Conservation et Administration des Bibliothèques, par L.-A. CONSTANTIN. 1 vol. orné de figures.　　3 fr.

— **Bijoutier-Joaillier, Sertisseur,** traitant de la taille, du montage et de l'imitation des Pierres précieuses, du Sertissage des Pierres et de la fabrication des décorations des principaux Ordres, par MM. J. DE FONTENELLE, F. MALEPEYRE et A. ROMAIN. 1 vol. accompagné de planches.　　3 fr.

— **Bijoutier-Orfèvre,** traitant de l'Affinage de l'Or et de l'Argent, de l'Alliage et du Travail des Métaux précieux, de leur Essai, du titre et de la valeur de la

Bijouterie, de l'Orfèvrerie, des Monnaies françaises et étran-
-gères, etc , par MM. JULIA DE FONTENELLE, F. MALEPEYRE
et A. ROMAIN. 2 vol. avec figures et planches.   6 fr.

— **Biographie,** ou Dictionnaire historique abrégé des
grands hommes, par M. NOEL, ancien inspecteur-général des
études. 2 volumes.   6 fr.

— **Blanchiment et Blanchissage,** Nettoyage et
Dégraissage des fils de lin, coton, laine, soie, etc., par MM.
J. DE FONTENELLE et ROUGET DE LISLE. 2 vol. avec fig. 6 fr.

— **Boissons économiques,** voyez *Vins de Fruits.*

— **Boissons gazeuses,** voyez *Eaux Gazeuses.*

— **Bonnetier et Fabricant de bas,** renfermant
les procédés à suivre pour exécuter, sur le métier et à l'aiguille les divers tissus à maille, par MM. LEBLANC et
PREAUX-CALTOT. 1 vol. avec planches.   3 fr.

— **Botanique,** Partie élémentaire, par M. BOITARD.
1 vol. avec planches.   3 fr. 50
ATLAS DE BOTANIQUE pour la partie élémentaire. 1 vol.
In-8 renfermant 36 planches.   6 fr.
— **Botanique,** 2e partie, FLORE FRANÇAISE, ou Des-
cription synoptique des plantes qui croissent naturellement
sur le sol français, par M. BOISDUVAL. 3 gros vol.   10 fr. 50
— **Bottier et Cordonnier.** (*En préparation.*)
— **Boucher,** voyez *Charcutier.*
TABLEAU FIGURATIF DES MANIEMENTS ET DES COUPES DES
ANIMAUX DE BOUCHERIE, in-plano.   25 c.
TABLEAU FIGURATIF DES DIVERSES QUALITÉS DE LA VIANDE
DE BOUCHERIE, in-plano colorié.   1 fr.
— **Boucherie Taxée,** ou Code des Vendeurs et des
Acheteurs de Viande, suivi d'un Barème pour l'application
du prix à la pesée, par un MAGISTRAT. 1 vol.   1 fr. 50
— **Bougies stéariques et Bougies de paraf-
fine,** traitant de la fabrication des Acides gras concrets,
de l'Acide oléique, de la Glycérine, etc., par M. F. MALE-
PEYRE. 2 vol. accompagnés de planches.   7 fr.
— **Boulanger,** ou Traité de la Panification française
et étrangère, contenant les moyens de reconnaître la sophistication des farines, par MM. J. DE FONTENELLE et F. MA-
LEPEYRE. 2 vol. accompagnés de planches.   6 fr.
— **Bourrelier et Sellier,** contenant la fabrication
des harnais de toute sorte pour les chevaux d'attelage et de
selle, ainsi que la garniture des voitures, par M. LEBRUN.
1 vol. orné de figures.   3 fr.
— **Bourse et ses Spéculations** mises à la portée de tout le monde, par M. BOYARD. 1 vol.   2 fr. 50

— **Bouvier.** (*En préparation.*)

— **Brasseur,** ou l'Art de faire toutes sortes de Bières françaises et étrangères, par M. F. MALEPEYRE. 2 gros volumes accompagnés de 11 planches.　　　　　　7 fr.

— **Briquetier, Tuilier,** Fabricant de Carreaux, de tuyaux de Drainage et de Creusets réfractaires, contenant la fabrication de ces matériaux à la main et à la mécanique, et la description des fours et appareils actuellement usités dans ces industries, par MM. F. MALEPEYRE et A. ROMAIN. 2 vol. accompagnés de planches.　　6 fr.

— **Briquets, Allumettes chimiques,** soufrées, phosphorées, amorphes, etc., *Briquets électriques, Lumière électrique* et appareils qui la produisent, par MM. MAIGNE et A. BRANDELY. 1 vol. orné de figures.　　　3 fr.

— **Broderie,** ou Traité complet de cet Art, par Mᵐᵉ CELNART. 1 vol. avec un Atlas de 40 planches　7 fr.

— **Bronzage des Métaux et du Plâtre,** traitant des Enduits et des Peintures métalliques, de la Peinture et du Vernissage des Métaux et du Bois, par MM. DE-BONLIEZ, FINK et MALEPEYRE. 1 vol. orné de fig.　2 fr. 50

— **Cadres** (Fabricant de), Passe-Partout, Châssis, Encadrements, traitant de la réparation des cadres et des vieilles estampes, par M. DE SAINT-VICTOR. 1 vol. avec figures.　　　　　　　　　1 fr. 50

— **Calculateur,** ou COMPTES-FAITS utiles aux opérations industrielles, aux comptes d'inventaire, etc., par M. Aug. TERRIÈRE. 1 gros vol.　　　　　3 fr. 50

— **Calendrier** (Théorie du) et Collection de tous les calendriers des années passées, présentes et futures, par M. FRANCŒUR, professeur à la Faculté des sciences. 1 vol. 3 fr.

— **Calligraphie,** ou l'Art d'écrire en peu de leçons, d'après la méthode de CARSTAIRS. 1 Atlas in-8 obl.　1 fr.

— **Canotier,** ou Traité universel et raisonné de cet Art, par UN LOUP D'EAU DOUCE; vol. orné de fig.　1 fr. 75

— **Caoutchouc, Gutta-percha, Gomme factice,** Tissus imperméables, Toiles cirées et gommées, par M. MAIGNE. 2 vols. accompagnés de planches.　5 fr.

— **Capitaliste,** contenant la pratique de l'escompte et des comptes-courants, d'après la méthode nouvelle, par M. TERRIÈRE, employé à la trésorerie générale de la couronne. 1 gros vol.　　　　　　　3 fr. 50

— **Carrier,** voyez *Chaufournier, Mines, Sondeur.*

— **Cartes Géographiques** (Construction et Dessin des), par M. PERROT. 1 vol. orné de planches.　2 fr. 50

— **Cartonnier**, Cartier et Fabricant de Cartonnages, par M. Lebrun. 1 vol. orné de figures.   3 fr.

— **Caves et Celliers** (Garçons de), **Maîtres de Chais**, voyez *Vins (Calendrier des).*

— **Chamoiseur, Maroquinier, Mégissier, Teinturier en peaux, Fabricant de Cuirs vernis, Parcheminier et Gantier**, traitant de l'outillage nouveau et des procédés les plus récents et les plus en usage dans ces diverses industries, par MM. Julia-Fontenelle et W. Maigne. 1 vol. orné de figures.   3 fr. 50

— **Chandelier et Cirier**, contenant toutes les opérations usitées dans ces industries, par MM. Séb. Lenormand et F. Malepeyre. 2 vol. accompagnés de planches.   6 fr.

— **Chapeaux** (Fabricant de) en tous genres, tels que Chapeaux de soie, de feutre, de poils, de plumes et de paille, par MM. Cluz, F. et Julia de Fontenelle. 1 vol. orné de planches.   3 fr.

— **Charcutier, Boucher et Equarrisseur**, contenant l'Art de préparer et de conserver les différentes parties du Porc, les maniements et le Dépeçage du Bœuf, de la Vache, du Taureau, du Veau, du Mouton, du Porc et du Cheval, et traitant de l'utilisation des débris, par MM. Lebrun et P. Maigne. 1 vol. accompagné de planches.   3 fr.

On vend séparément :
Tableau des qualités de viande, in-plano col.   1 fr.
Tableau des maniements et des coupes, in-plano.   25 c.

— **Charpentier**, ou Traité complet et simplifié de cet Art, par MM. Hanus, Biston, Boutereau et Gauché. 2 vol. accompagnés d'un Atlas de 22 planches.   7 fr.

— **Charron et Carrossier.** (*En préparation.*)

— **Chasselas**, sa culture à Fontainebleau, par un Vigneron des environs. 1 vol. avec figures.   1 fr. 75

— **Chasseur**, ou Traité général de toutes les chasses à courre et à tir, par MM. de Mersan, Boyard et Robert. 1 vol. contenant la musique des principales fanfares. 3 fr.

— **Chaudronnier et Tôlier**, contenant l'Art de travailler au marteau le cuivre, la tôle et le fer-blanc, ainsi que les travaux d'Estampage et d'Etampage, par MM. Jullien, Valério et Casalonga, ingénieurs civils. 1 vol. et 1 Atlas in-18 de 20 planches.   5 fr.

— **Chauffage et Ventilation** des Bâtiments publics et privés, au moyen de l'air chaud, de l'eau chaude et de la vapeur, Chauffage des Bains, des Serres, des Vins, et des Vagons de chemins de fer, par M. A. Romain. 1 vol. accompagné de planches et orné de figures.   3 fr.

— **Chaufournier, Plâtrier, Carrier et Bitumier,** contenant l'exploitation des Carrières et la fabrication du Plâtre, des différentes Chaux, des Ciments, Mortiers, Bétons, Bitumes, Asphaltes, etc., par MM. D. MAGNIER et A. ROMAIN. 1 vol. accompagné de planches. 3 fr. 50

— **Chemins de Fer,** contenant des Études comparatives sur les divers systèmes de la voie et du matériel, le Formulaire des charges et conditions pour l'établissement des travaux, etc., par M. É. WITH. 2 vol. avec atlas. 7 fr.

— **Cheval (Éducation et dressage du)** monté et attelé, traitant de son hygiène et des remèdes qui lui conviennent, par M. le Comte DE MONTIGNY. 1 vol. accompagné de planches. 3 fr.

— **Chimie Agricole,** par MM. DAVY et VERGNAUD. 1 vol. orné de figures. 3 fr. 50

— **Chimie analytique,** contenant des notions sur les manipulations chimiques, les éléments d'analyse inorganique qualitative et quantitative, et des principes de chimie organique, par MM. WILL, F. VOEHLER, J. LIEBIG et MALEPEYRE. 2 vol. ornés de planches et de tableaux. 5 fr.

— **Chimie appliquée,** Voyez *Produits chimiques.*

— **Chimie Inorganique et Organique** par M. VERGNAUD. 1 gros vol. orné de figures. 3 fr. 50

— **Chirurgie,** voyez *Médecine, Instruments de chirurgie.*

— **Chocolatier,** voyez *Confiseur.*

— **Cidre et Poiré (Fabricant de),** indiquant les moyens d'imiter, avec le suc de pomme ou de poire, le Vin de raisin, l'Eau-de-Vie et le Vinaigre de vin, par M. DUBIEF. 1 vol. orné de figures. 2 fr. 50

— **Cirage,** voyez *Encres.*

— **Cire à cacheter (Fabrication de la),** voyez *Papetier-régleur, Papiers de Fantaisie.*

— **Ciseleur,** contenant la description des procédés de l'Art de ciseler et repousser tous les métaux ductiles, bijouterie, orfèvrerie, armures, bronzes, etc., par M. Jean GARNIER, ciseleur-sculpteur. 1 vol. orné de figures. 3 fr.

— **Coiffeur,** contenant l'Art de se coiffer soi-même, par M. VILLARET. 1 vol. orné de figures. 2 fr. 50

— **Colles (Fabrication de toutes sortes de),** comprenant celles de matières végétales, animales et composées, par M. MALEPEYRE. 1 vol. orné de planches. 2 fr. 50

— **Coloriste,** contenant le mélange et l'emploi des Couleurs, ainsi que l'Enluminure, le Lavis, le coloriage à la main et au patron, etc., par MM. PERROT, BLANCHARD, THILLAYE et VERGNAUD. 1 vol. accompagné d'une pl. 2 fr. 50

— **Commerce, Banque et Change,** contenant tout ce qui est relatif aux effets de Commerce, à la tenue des livres, à la comptabilité, à la bourse, aux emprunts, etc., par MM. GALLAS et PIJON. 2 vol.   6 fr.

On vend séparément la MÉTHODE NOUVELLE POUR LE CALCUL DES INTÉRÊTS A TOUS LES TAUX. 1 vol. in-18.   1 fr. 50

— **Commissaires-Priseurs,** voyez *Aspirants* aux fonctions de Commissaires-Priseurs.

— **Compagnie** (Bonne), ou Guide de la Politesse et de la Bienséance, par madame CELNART. 1 vol.   1 fr. 75

— **Comptes-Faits,** voyez *Calculateur*, *Capitaliste*, *Poids et Mesures (Barème des)*.

— **Confiseur et Chocolatier,** contenant les derniers perfectionnements apportés à ces Arts, par MM. CARELLI et LIONNET-CLÉMANDOT. 1 vol. orné de planches. 3 fr.

— **Conserves alimentaires,** contenant les procédés usités pour la conservation des Substances alimentaires, la composition de ces substances et le rôle qu'elles jouent dans l'alimentation, ainsi que les Falsifications qu'elles subissent, les moyens de les reconnaître, par M. W. MAIGNE. 1 vol.   3 fr. 50

— **Construction moderne** (La), ou Traité de l'Art de bâtir avec solidité, économie et durée, comprenant la Construction, l'histoire de l'Architecture et l'Ornementation des édifices, par M. BATAILLE, architecte, ancien professeur. 1 vol. et Atlas grand in-8 de 44 planches.   15 fr.

— **Constructions agricoles,** traitant des matériaux et de leur emploi dans les Constructions destinées au logement des Cultivateurs, des Animaux et des Produits agricoles dans les petites, les moyennes et les grandes exploitations, par M. G. HEUZÉ, inspecteur de l'agriculture. 1 vol. accompagné d'un Atlas de 16 pl. grand in-8°.   7 fr.

— **Contre-Poisons,** ou Traitement des Individus empoisonnés, asphyxiés, noyés ou mordus, par M. H. CHAUSIER, D.-M. 1 vol.   2 fr. 50

— **Contributions Directes,** Guide des Contribuables et des Comptables de toutes classes, etc.; par M. BOYARD. 1 vol.   2 fr. 50

— **Cordier,** contenant la culture des Plantes textiles, l'extraction de la Filasse, et la fabrication de toutes sortes de cordes, par M. BOITARD. 1 vol. orné de fig.   2 fr. 50

— **Correspondance Commerciale,** contenant les Termes de commerce, les Modèles et Formules épistolaires et de comptabilité, etc., par MM. REES-LESTIENNE et RÉMERY. 1 vol.   2 fr. 50

— **Corroyeur**, voyez *Tanneur*.

— **Coton et Papier-Poudre**, voyez *Artificier*.

— **Couleurs** (Fabricant de) à l'huile et à l'eau, Laques, Couleurs hygiéniques, Couleurs fines, etc., par MM. Riffault, Vergnaud, Toussaint et Malepeyre. 2 volume accompagnés de planches. 7 fr

— **Couleurs vitrifiables et Émaux**, voyez *Peinture sur Verre, sur Porcelaine et sur Émail*.

— **Coupe des Pierres**, contenant des notions de Géométrie élémentaire et descriptive, ainsi que l'art du Trait appliqué à la Stéréotomie, par MM. Toussaint et H M.-M., architectes. 1 vol. avec Atlas. 5 fr

— **Coutelier**, ou l'Art de faire tous les Ouvrages de Coutellerie, par M. Landrin, ingénieur civil. 1 vol. 3 fr. 5

— **Couvreur**, voyez *Plombier*.

— **Crustacés** (Hist. natur. des), par MM. Bosc et Desmarest, etc. 2 vol. ornés de planches. 6 fr
Atlas pour les Crustacés, 18 pl. Fig. noires, 1 fr. 50
— fig. coloriées. 3 fr

— **Cuirs vernis**, voyez *Chamoiseur*.

— **Cuisinier et Cuisinière**. (*En préparation.*)

— **Cultivateur Forestier**, contenant l'Art de cultiver en forêts tous les Arbres indigènes et exotiques, par M. Boitard. 2 vol. 5 fr

— **Cultivateur Français**, ou l'Art de bien cultiver les Terres et d'en retirer un grand profit, par M. Thibaut de Berneaud. 2 vol. ornés de figures. 5 fr

— **Dames**, ou l'Art de l'Élégance, traitant des Objets de toilette, d'ameublement et de voyage qui conviennent aux Dames, par madame Celnart. 1 vol. 3 fr

— **Danse**, ou Traité théorique et pratique de cet Art, contenant toutes les *Danses de Société* et la Théorie de la Danse théâtrale, par Blasis et Lemaître. 1 vol. 1 fr. 2

— **Décorateur-Ornementiste**, Graveur et Peintre en Lettres, par M. Schmit. 1 vol. avec Atlas in-4 de 30 planches. 7 fr

— **Dessin Linéaire**, par M. Allain, entrepreneur de travaux publics. 1 vol. avec Atlas de 20 planches. 5 fr

— **Dessinateur**, ou Traité complet du Dessin, par M. Boutereau, professeur. 1 volume accompagné d'un Atlas de 20 planches, dont quelques-unes coloriées. 5 fr

— **Distillateur-Liquoriste**, contenant les Formules des Liqueurs les plus répandues, les parfums, substances colorantes, etc., par MM. Lebeaud, Julia de Fontenelle et M. Lepeyre. 1 gros volume. 3 fr. 5

— **Distillation des Grains et des Mélasses,** par M. F. MALEPEYRE. 1 vol. accompagné d'un Atlas de 8 planches in-8. 5 fr.

— **Distillation des Pommes de terre et des Betteraves,** par MM. HOURIER et MALEPEYRE. 1 vol. accompagné de planches. 2 fr. 50

— **Distillation des Vins,** des Marcs, des Moûts, des Fruits, des Cidres, etc., par M. F. MALEPEYRE. 1 vol. orné de figures et accompagné de planches 3 fr.

— **Domestiques,** ou l'Art de former de bons serviteurs; Conseils aux Cuisinières, Valets et Femmes de chambre, Bonnes d'enfants et Cochers, par madame CELNART. 1 vol. 2 fr. 50

— **Dorure et Argenture sur Métaux,** au feu, au trempé, à la feuille, au pinceau, au pouce et par la méthode électro-métallurgique, traitant de l'application à l'Horlogerie de la dorure et de l'argenture galvaniques, et de la coloration des Métaux par les oxydes métalliques et l'Electricité, par MM. OL. MATHEY et MAIGNE. 1 vol. orné de figures. 3 fr.

— **Doreur sur bois,** V. *Art du Peintre, Doreur,* p. 51.

— **Drainage simplifié,** mis à la portée des Campagnes, suivi de la législation relative au Drainage, par M. DE LA HODDE. 1 petit vol. orné de fig. 90 c.

— **Draps** (Fabricant de), voyez *Tissus.*

— **Eaux et Boissons Gazeuses,** ou Description des méthodes et des appareils les plus usités dans cette industrie, le bouchage des bouteilles et des siphons, la Gazéification des Vins, Bières et Cidres, etc., par M. ROUGET DE LISLE. 1 vol. avec figures et planches. 3 fr. 50

— **Eaux-de-Vie (Négociant en),** Liquoriste, Marchand de Vins et Distillateur, par MM. RAVON et MALEPEYRE. 1 vol. 75 c.

— **Ebéniste, Marqueteur et Tabletier,** traitant des Bois, de leur Teinture et de leur Apprêt, de l'Outillage, du Débitage des bois de placage, de la fabrication des Meubles de tout genre et du travail de la Marqueterie et de la Tabletterie, par MM. NOSBAN et MAIGNE. 1 vol. orné de figures et accompagné de planches. 3 fr. 50

— **Economie domestique,** V. *Maîtresse de Maison.*

— **Electricité atmosphérique,** ou Instructions pour établir les Paratonnerres et les Paragrêles, par M. RIFFAULT. 1 vol. avec planche. 2 fr. 50

— **Electricité médicale,** ou Eléments d'Electro-Biologie, suivi d'un Traité sur la Vision, par M. SMEE, traduit par M. MAGNIER. 1 vol. orné de figures. 3 fr.

— **Encres (Fabricant d')** de toute sorte, telles que Encres d'écriture, Encres à copier, Encres d'impression typographique, lithographique et de taille douce, Encres de couleurs, Encres sympathiques, etc., suivi de la *Fabrication du Cirage*, par MM. DE CHAMPOUR et F. MALEPEYRE. 1 vol.   3 fr.

— **Engrais** (FABRICATION ET APPLICATION DES) animaux, végétaux et minéraux, ou Traité théorique et pratique de la nutrition des plantes, par MM. Eug. et Henri LANDRIN. 1 vol. orné de vignettes.   2 fr. 50

— **Entomologie élémentaire**, ou Entretiens sur les Insectes en général, mis à la portée de la jeunesse, par M. BOYER DE FONSCOLOMBE. 1 gros vol.   3 fr.

— **Épistolaire (Style)**, Choix de lettres puisées dans nos meilleurs auteurs et Instructions sur le Style, par M. BISCARRAT et Mme la comtesse d'HAUTPOUL. 1 vol. 2 fr. 50

— **Équarrisseur**, voyez *Charcutier*.

— **Équitation**, traitant du manège civil, du manège militaire, de l'Équitation des Dames, etc., par MM. VERGNAUD et D'ATTANOUX. 1 vol. orné de figures.   3 fr.

— **Escaliers en Bois** (Construction des), traitant de la manipulation et du posage des Escaliers à une ou plusieurs rampes, de tous les modèles et s'adaptant à toutes les constructions, par M. BOUTEREAU. 1 vol. et Atlas grand in-8 de 70 planches gravées sur acier.   5 fr.

— **Escrime**, ou Traité de l'Art de faire des armes par M. LAFAUGÈRE. 1 vol. orné de figures.   2 fr. 50

— **État Civil** (Officier de l'), pour la Tenue des Registres et la Rédaction des Actes, etc., etc., par M. LÉMOLT, ancien magistrat. 1 vol.   2 fr. 50

— **Étoffes imprimées et Papiers peints** (Fabricant de), traitant de l'Impression des Étoffes de coton, de lin, de laine, de soie, et des Papiers destinés à l'Ameublement et à la Décoration des appartements, par MM. Séb. LENORMAND et VERGNAUD. 1 vol. accompagné de planches. 3 fr.

— **Falsifications des Drogues** simples ou composées; moyens de les reconnaître, par M. PÉDRONI, chimiste. 1 vol. avec planche.   2 fr. 50

— **Ferblantier-Lampiste**, ou Art de confectionner tous les Ustensiles en fer-blanc, de les souder, de les réparer, etc., suivi de la fabrication des Lampes et des Appareils d'éclairage, par MM. LEBRUN, MALEPEYRE et A. ROMAIN. 1 vol. orné de fig. et accompagné de planches. 3 fr. 50

— **15** —

— **Fermier,** ou l'Agriculture simplifiée et mise à la portée de tout le monde, par M. DE LÉPINOIS. 1 vol. 2 fr. 50

— **Fermière** (Bonne), voyez *Habitants de la Campagne.*

— **Filateur,** ou Description des Méthodes anciennes et nouvelles employées pour filer le Coton, le Lin, le Chanvre, la Laine et la Soie. (*En préparation.*)

— **Filature du Coton,** suivi de Formules pour apprécier la résistance des appareils mécaniques, etc., par M. DRAPIER. 1 vol. avec planches. 2 fr. 50

— **Filets.** (*En préparation.*)

— **Fleuriste et Feuillagiste,** ou l'Art d'imiter, d'après nature, toute espèce de Fleurs et de Feuillage. 1 vol. orné de figures. (*En préparation.*)

On peut se procurer des *modèles coloriés,* dessinés d'après nature, par REDOUTÉ. La planche : 1 fr. 50

— **Fleuriste artificiel simplifié,** par mademoiselle SOURDON. 1 vol. 1 fr. 50

— **Fondeur,** traitant de la Fonderie du fer, de l'acier, du cuivre, du bronze et du laiton, de la fonte des statues, des cloches, etc., par MM. A. GILLOT et L. LOCKERT, ingénieurs. 2 vols. accompagnés de 8 planches. 7 fr.

— **Fontainier,** voyez *Mécanicien-Fontainier, Sondeur.*

— **Forestier praticien** (Le) et Guide des Gardes Champêtres, traitant de la Conservation des Semis, de l'Aménagement, de l'Exploitation, etc., etc., des Forêts, par MM. CRINON et VASSEROT. 1 vol. 1 fr. 25

— **Forgeron, Maréchal, Taillandier.** Voyez *Machines-Outils pour le travail des Métaux, Serrurier.*

— **Forges** (Maître de), ou Traité théorique et pratique de l'Art de travailler le fer, la fonte et l'acier, par M. LANDRIN. 2 vol. accompagnés de planches. 6 fr.

— **Formulaire de Mécanique et d'Industrie.** Voyez *Technologie physique et mécanique.*

— **Galvanoplastie,** ou Traité complet des Manipulations électro-métallurgiques, contenant tous les procédés les plus récents et les plus usités, par M. A. BRANDELY, ingénieur. 2 vol. ornés de vignettes. 6 fr.

— **Gants** (Fabricant de), voyez *Chamoiseur.*

— **Gardes-Champêtres, Gardes-Forestiers, Gardes-Pêche et Gardes-Chasse,** par M. BOYARD, ancien président à la Cour d'Orléans, M. VASSEROT, ancien adjoint, ancien sous-préfet, et M. V. EMION, avocat à la Cour de Paris. 1 volume. 2 fr. 50

— **Gardes-Malades,** et personnes qui veulent se soigner elles-mêmes, par M. le docteur MORIN. 1 vol. 2 fr. 50

— **Gaz** (Appareilleur à), voyez *Plombier.*

— **Gaz** (Éclairage et Chauffage au), ou Traité élémentaire et pratique destiné aux Ingénieurs, aux Directeurs et aux Contre-Maîtres d'Usines à Gaz, mis à la portée de tout le monde, suivi d'un *Memento de l'Ingénieur-Gazier,* par M. D. MAGNIER, ingénieur-gazier. 2 vol. avec planches. 6 fr.

On a extrait de ce Manuel l'ouvrage suivant :
MEMENTO DE L'INGÉNIEUR-GAZIER, contenant les Notions et les Formules nécessaires aux personnes qui s'occupent de la Fabrication et de l'Emploi du Gaz. Br. in-18. 75 c.

— **Géographie de la France,** divisée par bassins, par M. LORIOL (*Autorisé par l'Université*). 1 vol. 2 fr. 50

— **Géographie physique,** ou Introduction à l'étude de la Géologie, par M. HUOT. 1 vol. 3 fr.

— **Géologie,** ou Traité élémentaire de cette science, par MM. HUOT et D'ORBIGNY. 1 vol. orné de planches. 3 fr.

— **Glaces** (Fabrication des), voyez *Verrier.*

— **Glacier,** voyez *Limonadier.*

— **Glycérine** (Fabrication de la), Voyez *Bougies stéariques.*

— **Gnomonique,** voyez *Mathématiques appliquées.*

— **Gouache,** voyez *Peinture à l'Aquarelle.*

— **Gourmands,** ou l'Art de faire les honneurs de sa table, par CARDELLI. 1 vol. 3 fr.

— **Graveur,** ou Traité complet de l'Art de la Gravure en tous genres, par MM. PERROT et MALEPEYRE. 1 vol. (*En préparation.*)

— **Greffes** (Monographie des), ou Description des diverses sortes de Greffes employées pour la multiplication des végétaux, par M. THOUIN, de l'Institut, etc. 1 vol. orné de 8 planches. 2 fr. 50

— **Greffiers,** voyez *Aspirants* aux fonctions de Greffiers.

— **Grillages,** Voyez *Treillageur,* 2e *partie.*

— **Gutta-Percha,** Voyez *Caoutchouc.*

— **Gymnastique,** par M. le colonel AMOROS. (*Ouvrage couronné par l'Institut, admis par l'Université, etc.*) 2 vol. et Atlas. 10 fr. 50

— **Habitants de la Campagne** et Bonne Fermière, contenant tous les moyens de faire valoir, de la manière la plus profitable, les terres, le bétail, les récoltes, etc., par madame CELNART. 1 vol. 2 fr. 50

— **Histoire naturelle médicale et de Pharmacographie**, ou Tableau des Produits que la Médecine et les Arts empruntent à l'Histoire naturelle, par M. Lesson, ancien pharmacien de la marine à Rochefort. 2 vol. 5 fr.

— **Histoire universelle**, depuis le commencement du monde, par Cahen. 1 vol. 2 fr. 50

— **Horloger**, comprenant la Construction détaillée de l'Horlogerie ordinaire et de précision, et, en général, de toutes les machines propres à mesurer le temps ; par MM. Lenormand, Janvier et Magnier, revu par M. L. S.-T. 2 vol. accompagnés de planches. 6 fr.

— **Horloger-Rhabilleur**, traitant du rhabillage et du réglage des Montres et des Pendules, par M. Perségol. 1 vol. orné de figures et accompagné de planches. 2 fr. 50

— **Huiles minérales**, leur Fabrication et leur Emploi à l'Eclairage et au Chauffage, par M. D. Magnier, ingénieur. 1 vol. accompagné de planches. 3 fr. 50

— **Huiles végétales et animales** (Fabricant et Epurateur d'), comprenant la Fabrication des Huiles et les méthodes les plus usuelles de les essayer et de reconnaitre leur sophistication, par MM. J. de Fontenelle, F. Malepeyre et Ad. Dalican. 2 vols. avec 8 planches. 6 fr.

— **Huissiers**, voy. *Aspirants* aux fonctions d'Huissiers.

— **Hydroscope**, voyez *Sondeur*.

— **Hygiène**, ou l'Art de conserver sa santé, par le docteur Morin. 1 vol. 3 fr.

— **Imperméabilisation**. Voy. *Caoutchouc*.

— **Imprimerie**, voyez *Typographie*, *Lithographie*, *Taille-douce*.

— **Indiennes** (Fabricant d'), renfermant les Impressions des Laines, des Châles et des Soies, par MM. Thillaye et Vergnaud. 1 vol. accompagné de planches. 3 fr. 50

— **Instruments de Chirurgie** (Fabricant d'), Traité de la fabrication et de l'emploi des Instruments employés dans les opérations chirurgicales, par M. H.-C. Landrin. 1 gros vol. avec planches. 3 fr. 50

— **Irrigations et assainissement des Terres**, ou Traité de l'emploi des Eaux en agriculture, par M. le Marquis de Pareto, 3 vol. accompagnés de deux Atlas composés de 40 planches in-folio et de tableaux. 18 fr.

— **Jardinier**, ou Art de cultiver les Jardins, renfermant un Calendrier indiquant mois par mois tous les travaux à faire en Jardinage, les principes d'Horticulture, la Taille des arbres, les Greffes, etc., par un Jardinier Agronome. 1 gros vol. accompagné de figures. 3 fr. 50

— **Jaugeage.** Voyez *Tonnelier*.

— **Jeunes gens,** ou Sciences, Arts et Récréations qui leur conviennent, et dont ils peuvent s'occuper avec agrément et utilité, par M. VERGNAUD. 2 vol. ornés de fig. 6 fr.

— **Jeux d'Adresse et d'Agilité,** contenant les Jeux et les Récréations à l'usage des enfants, des jeunes gens et des jeunes filles de tout âge, par M. DUMONT. 1 vol. orné de figures. 3 fr.

— **Jeux de Calcul et de Hasard,** ou nouvelle Académie des Jeux, comprenant les Jeux de Dés, de Roulette, de Trictrac, de Dames, d'Echecs, de Billard, etc., par M. LEBRUN. 1 vol. (*En préparation.*)

— **Jeux de Cartes.** 1 vol. (*En préparation.*)

— **Jeux de Société,** renfermant les Rondes enfantines, les Jeux innocents, les Pénitences, les Jeux d'esprit, les Jeux de Salon les plus en usage dans les réunions intimes, par Mme CÉLNART. 1 vol. 2 fr. 50

— **Jeux enseignant la Science,** ou Introduction à l'étude de la Mécanique, de la Physique, etc., par M. RICHARD. 2 vol. 6 fr.

— **Justices de Paix,** ou Traité des Compétences et Attributions tant anciennes que nouvelles, en toutes matières, par M. BIRET, ancien magistrat. 1 vol. 3 fr. 50

— **Laiterie,** ou Traité de toutes les méthodes en usage pour la Laiterie, contenant l'Art de faire le Beurre, de confectionner les Fromages, de conserver les Œufs, etc. (*En préparation.*)

— **Lampiste,** voyez *Ferblantier*.

— **Langage** (Pureté du), par M. BLONDIN. 1 vol. 1 fr. 50

— **Langage** (Pureté du), par MM. BISCARRAT et BONIFACE. 1 vol. 2 fr. 50

— **Levure (Fabricant de),** traitant de sa composition chimique, de sa production et de son emploi dans l'industrie, principalement dans la Brasserie, la Distillation, la Boulangerie, la Pâtisserie, l'Amidonnerie, la Papeterie, par M. F. MALEPEYRE. 1 vol. orné de figures. 2 fr. 50

— **Limonadier,** Glacier, Cafetier et Amateur de thés, contenant la fabrication de la Glace et des Boissons frappées ou rafraîchissantes, par MM. CHAUTARD et JULIA DE FONTENELLE. 1 vol. accompagné de planches. 2 fr. 50

— **Liqueurs,** voyez *Distillateur, Liquides*.

— **Lithographie** (Imprimeur et Dessinateur), traitant de l'Autographie, la Lithographie mécanique, la Chromolithographie, la Lithophotographie, la Zincographie, et des procédés nouveaux en usage dans cette industrie. (*En préparation.*)

— **Liquides (Amélioration des)**, tels que Vins, Vins mousseux, Alcools, Spiritueux, Vinaigres, etc., contenant les meilleures formules pour le coupage et l'imitation des Vins de tous les crûs, des Liqueurs, des Sirops, des Vinaigres, etc., par M. LEBEUF. 1 vol.   3 fr.

— **Littérature** à l'usage des deux sexes, par madame D'HAUTPOUL. 1 vol.   1 fr. 75

— **Lumière électrique**, voyez *Briquets.*

— **Luthier**, contenant la Construction intérieure et extérieure des Instruments à cordes et à archet et la Fabrication des Cordes harmoniques et à boyaux, par MM. MAUGIN et MAIGNE. 1 volume avec planches.   2 fr. 50

— **Machines à Vapeur** appliquées à la Marine, par M. JANVIER. 1 vol. avec planches.   3 fr. 50

— **Machines Locomotives** (Constructeur de), par M. JULLIEN, Ingénieur civil. 1 gros volume accompagné d'un Atlas.   5 fr.

— **Machines-Outils** employées dans les usines et ateliers de construction, pour le Travail des Métaux, par M. CHRÉTIEN. 2 vol. et atlas de 16 pl. grand in-8.   10 fr. 50
LE MÊME OUVRAGE. 1 vol. in-8° jésus, renfermant l'Atlas. Voyez page 54.   12 fr.

— **Maçon, Stucateur, Carreleur et Paveur**, contenant l'emploi, dans ces industries, des matières calcaires et siliceuses, ainsi que la construction des Bâtiments de ville et de campagne, et les méthodes de Pavage expérimentées dans les grandes villes, par MM. TOUSSAINT, D. MAGNIER, G. PICAT et A. ROMAIN. 1 vol. orné de figures et accompagné de 7 planches.   3 fr. 50

— **Maires, Adjoints, Conseillers et Officiers municipaux**, rédigé par ordre *alphabétique*, et mis au courant de la législation actuelle, par M. Ch. VASSEROT, ancien adjoint au maire de Poissy. 1 gros vol.   3 fr. 50
Voyez *Manuel des Maires*, par M. BOYARD, page 67.

— **Maître d'Hôtel**, ou Traité complet des menus, mis à la portée de tout le monde, par M. CHEVRIER. 1 vol. orné de figures.   3 fr.

— **Maîtresse de Maison**, ou Conseils et Recettes sur l'Économie domestique, par MMᵉˢ PARISET et CELNART. 1 vol.   2 fr. 50

— **Mammalogie**, ou Histoire naturelle des Mammifères, par M. LESSON. 1 gros vol.   3 fr. 50

ATLAS DE MAMMALOGIE, composé de 80 planches représentant la plupart des animaux décrits dans l'ouvrage ci-dessus: figures noires, 6 fr.; fig. coloriées, 12 fr.

— **Marbrier, Constructeur et Propriétaire de maisons,** contenant des Notions pratiques sur les Marbres, ainsi que des Modèles de Monuments funèbres, de Cheminées, de Vases et d'Ornements de toute nature, par MM. B. et M. 1 vol. avec un bel Atlas renfermant 20 planches gravées sur acier. 7 fr.

— **Marine,** Gréement, manœuvre du Navire et Artillerie, par M. VERDIER. 2 vol. ornés de figures. 5 fr.

— **Maroquinier,** voyez *Chamoiseur*.

— **Marqueteur,** voyez *Ebéniste*.

— **Mathématiques appliquées,** Notions élémentaires sur les Lois du mouvement des corps solides, de l'Hydraulique, de l'Air, du Son, de la Lumière, des Levés de terrains et nivellement, du Tracé des cadrans solaires, etc., par M. RICHARD. 1 vol. avec figures. 3 fr.

— **Mécanicien-Fontainier,** comprenant la Conduite et la Distribution des Eaux, le mesurage aux Compteurs et à la Jauge, la Filtration, la fabrication des Robinets, des Fontaines, des Bornes, des Bouches d'eau, des Garde-robes, etc., par MM. BISTON, JANVIER, MALEPEYRE et A. ROMAIN. 1 vol. orné de figures et accompagné de planches. 3 fr. 50

— **Mécanique,** ou Exposition élémentaire des lois de l'Équilibre et du Mouvement des Corps solides, par M. TERQUEM. 1 gros vol. orné de planches. 3 fr. 50

— **Mécanique appliquée à l'Industrie,** voyez *Technologie mécanique*.

— **Mécanique pratique,** à l'usage des directeurs et contre-maîtres, par MM. BERNOUILLI et VALÉRIUS, 1 vol. 2 fr.

— **Médecine et Chirurgie domestiques,** contenant les moyens les plus simples et les plus efficaces pour la guérison de toutes les maladies, par M. le docteur MORIN. 1 vol. 3 fr. 50

— **Mégissier,** voyez *Chamoiseur*.

— **Menuisier en bâtiments, Layetier-Emballeur,** traitant des Bois employés dans la menuiserie, de l'Outillage, du Trait, de la construction des Escaliers, du Travail du Bois, etc., par MM. NOSBAN et MAIGNE. 2 vol. accompagnés de planches et ornés de figures. 6 fr.

— **Métaux** (Travail des). Voyez *Machines-Outils*.

— **Métreur et Vérificateur en bâtiments.** (*En préparation.*)

— **Meunier, Négociant en grains** et **Constructeur de moulins.** 1 vol. accompagné de planches. (*En préparation.*)

— **Microscope** (Observateur au). Description du Microscope et ses diverses applications, par M. F. DUJARDIN, ancien professeur à la Faculté des Sciences de Rennes. 1 vol. avec Atlas de 30 planches. 10 fr. 50

— **Minéralogie,** ou Tableau des Substances minérales, par M. HUOT. 2 vol. ornés de fig. 6 fr.

ATLAS DE MINÉRALOGIE, composé de 40 planches représentant la plupart des Minéraux décrits dans l'ouvrage ci-dessus; fig. noires, 3 fr. — Fig. coloriées. 6 fr.

— **Mines** (Exploitation des), par J.-F. BLANC, ingénieur. 1re *partie,* HOUILLE. 1 vol. avec figures. 3 fr. 50
2e *partie,* FER, PLOMB, CUIVRE, ÉTAIN, ARGENT, OR, ZINC, DIAMANT, etc. 1 vol. avec figures. 3 fr. 50

— **Miniature,** voyez *Peinture à l'Aquarelle.*

— **Morale,** ou Droits et Devoirs dans la Société. 1 vol. 75 c.

— **Moraliste,** ou Pensées et Maximes instructives pour tous les âges de la vie, par M. TREMBLAY. 2 vol. 5 fr.

— **Mouleur,** ou Art de mouler en Plâtre, au Ciment, à l'argile, à la cire, à la gélatine, traitant du Moulage du carton, du carton-pierre, du carton-cuir, du carton-toile, du bois, de l'écaille, de la corne, de la baleine, etc., contenant le moulage et le clichage des médailles, par MM. LEBRUN, MAGNIER, ROBERT, DE VALICOURT, F. MALEPEYRE et BRANDELY. 1 vol. orné de figures. 3 fr. 50

— **Moutardier,** voyez *Vinaigrier.*

— **Musique simplifiée,** ou Grammaire élémentaire contenant les principes de cet Art, par M. LED'HUY. 1 vol. accompagné de musique. 1 fr. 50

— **Musique Vocale et Instrumentale,** ou Encyclopédie musicale, par M. CHORON, ancien directeur de l'Opéra, fondateur du Conservatoire de Musique classique et religieuse, et M. DE LAFAGE, professeur de chant et de composition.

— PREMIÈRE PARTIE : EXÉCUTION. Connaissances élémentaires, Sons, Notations, Instruments. 1 vol. et Atlas. 5 fr.

— DEUXIÈME PARTIE : COMPOSITION. Mélodie et Harmonie. Contre-Point, Imitation, Instrumentation, Musique vocale et instrumentale d'Eglise, de Chambre et de Théâtre. 3 vol. et 3 Atlas. 20 fr.

— Troisième partie : Complément ou Accessoire. Théorie physico-mathématique. Institutions. Hist. de la musique. Bibliographie. Résumé général. 2 vol. et Atlas. 10 fr. 50

SOLFÈGES, MÉTHODES.

Solfège d'Italie.	12 f. »	Méthode de Cor.	11.50
— de Rodolphe.	4 »	— de Basson.	» 75
		— de Serpent.	1 50
Méthode d'Alto.	1 »	— de Trompette et	
— de Violoncelle.	4 50	Trombone.	» 75
— de Contre-basse.	1 25	— d'Orgue.	3 50
— de Flûte.	5 »	— de Piano.	4 50
— de Hautbois.	1 75	— de Harpe.	3 50
— de Cor anglais.		— de Guitare.	3 »
— de Clarinette.	2 »	— de Flageolet.	2 »

— **Mythologies** grecque, romaine, égyptienne, syrienne, africaine, etc., par M. Dubois. (*Ouvrage autorisé par l'Université.*) 1 vol. 2 fr. 50

— **Naturaliste préparateur**, 1re *partie* : Classification, Recherche des Objets d'histoire naturelle et leur emballage, Disposition et Conservation des Collections, par M. Boitard. 1 vol. orné de figures. 3 fr.

— *Seconde partie :* Art de préparer et d'empailler les Animaux, de conserver les Végétaux et les Minéraux, de préparer les Pièces d'Anatomie normale et d'embaumer les corps, par MM. Boitard et Maigne. 1 vol. orné de figures. 3 fr. 50

— **Navigation**, contenant la manière de se servir de l'Octant et du Sextant, les méthodes usuelles d'astronomie nautique, suivi d'un Supplément contenant les méthodes de calcul exigées des candidats au grade de Maître au cabotage, par M. Giquel, professeur d'hydrographie. 1 vol. accompagné d'une planche. 2 fr. 50

— **Notaires**, V. *Aspirants* aux fonctions de Notaires.

— **Numismatique ancienne**, par M. Barthélemy, ancien élève de l'École des Chartes. 1 gros vol. orné d'un Atlas renfermant 433 figures. 5 fr.

— **Numismatique moderne et du moyen-âge**, par M. Barthélemy. 1 gros vol. orné d'un Atlas renfermant 12 planches. 5 fr.

— **Oiseaux (Éleveur d')**, ou Art de l'Oiselier, contenant la Description des principales espèces d'Oiseaux indigènes et exotiques susceptibles d'être élevés en captivité; leur nourriture, leur reproduction, leurs maladies, etc., par M. G. Schmitt. 1 vol. 1 fr. 75

— ...seleur, ou Secrets anciens et modernes de la Chasse aux Oiseaux, traitant de la fabrication et de l'emploi des Filets et des Piéges, par MM. J. G. et CONRARD. 1 vol. orné de planches. (*En préparation.*)

· Optique, ou Traité complet de cette science, par BREWSTER et VERGNAUD. 2 vol. avec fig. 6 fr.

— Organiste, 1re PARTIE, contenant l'histoire de l'Orgue, sa description, la manière de le jouer, etc., par M. GEORGES SCHMITT. 1 vol. avec fig. et musique. 2 fr. 50

— Organiste, 2° PARTIE, contenant l'expertise de l'Orgue, sa description, la manière de l'entretenir et de l'accorder soi-même, suivi de Procès-verbaux pour la réception des Orgues de toute espèce, par M. CHARLES SIMON. 1 vol. orné de planches et de musique. 1 fr. 50

— Orgues (Facteur d'), ou Traité théorique et pratique de l'Art de construire les Orgues, contenant le travail de DOM BÉDOS et les perfectionnements de la facture jusqu'à nos jours, par M. HAMEL. 3 vol. avec un Atlas in-folio. 18 fr.

— Ornementiste, voyez *Décorateur*.

— Ornithologie, ou Description des genres et des principales espèces d'oiseaux, par M. LESSON. 2 vol. 7 fr.

ATLAS D'ORNITHOLOGIE, composé de 129 planches représentant la plupart des oiseaux décrits dans l'ouvrage ci-dessus. Figures noires, 10 fr.; figures coloriées. 20 fr.

— Orthographiste, ou Cours théorique et pratique d'Orthographe, par M. TRÉMERY. 1 vol. 2 fr. 50

— Paléontologie, ou des Lois de l'organisation des êtres vivants comparées à celles qu'ont suivies les Espèces fossiles et humatiles dans leur apparition successive; par M. MARCEL DE SERRES, professeur à la Faculté des Sciences de Montpellier. 2 vol. avec Atlas. 7 fr.

— Papetier et Régleur, traitant de ces arts et de toutes les industries annexes du commerce de détail de la Papeterie, par MM. JULIA DE FONTENELLE et POISSON. 1 gros vol. avec planches. 3 fr. 50

— Papiers (Fabricant de), Carton et Art du Formaire, par M. LENORMAND. 2 vol. et Atlas. 10 fr. 50

— Papiers de Fantaisie (Fabricant de), Papiers marbrés, jaspés, maroquinés, gaufrés, dorés, etc.; Peau d'âne factice, Papiers métalliques; Cire et Pains à cacheter, Crayons, etc., etc., par M. FICHTENBERG. 1 vol. orné de modèles de papiers. 3 fr.

— Papiers peints, voyez *Étoffes imprimées*.

— Paraffine (Fabrication et Épuration de la), voyez *Bougies stéariques, Huiles minérales, Huiles végétales et animales.*

— **Parcheminier**, voyez na

— **Parfumeur**, ou Traité complet de toutes les branches de la Parfumerie, contenant une foule de procédés nouveaux, employés en France, en Angleterre et en Amérique, à l'usage des chimistes-fabricants et des ménages, par MM. PRADAL et F. MALEPEYRE. 1 vol. orné de figures.   3 fr. 50

— **Pastel**, Voyez *Peinture à l'Aquarelle*.

— **Patinage** et Récréations sur la Glace, par M. PAULIN-DÉSORMEAUX. 1 vol. orné de 4 planches.   1 fr. 25

— **Pâtissier**, ou Traité complet et simplifié de Pâtisserie de ménage, de boutique e d'hôtel, par M. LEBLANC. 1 volume.   2 fr. 50

— **Paveur et Carreleur**, voyez *Maçon*.

— **Pêcheur**, ou Traité général de toutes les pêches *d'eau douce et de mer*, contenant l'histoire et la pêche des animaux fluviatiles et marins, les diverses pêches à la ligne et aux filets en rivière et en mer, la fabrication des instruments de pêche et des filets, la législation relative à la pêche fluviale et maritime, par MM. PESSON-MAISONNEUVE, MORICEAU et G. PAULIN.   (*En préparation.*)

— **Pêcheur-Praticien**, ou les Secrets et les Mystères de la Pêche à la ligne dévoilés, par M. LAMBERT. 1 vol. orné de vignettes et accompagné de planches.   1 fr. 50

— **Peintre d'histoire et Sculpteur**, ouvrage dans lequel on traite de la philosophie de l'Art et des moyens pratiques, par M. ARSENNE, peintre. 1 vol.   3 fr. 50

— **Peintre d'histoire naturelle**, contenant des notions générales sur le dessin, le clair-obscur, l'effet des couleurs naturelles et artificielles, les divers genres de peintures, etc., par M. DUMÉNIL. 1 vol. orné de teintes. 3 fr.

— **Peinture à l'Aquarelle**, Gouache, Pastel, Miniature, Peinture à la cire, Peintures orientales, etc. 1 vol. (*En préparation.*)

— **Peintre en Bâtiments**, Vernisseur et Vitrier, traitant de l'emploi des Couleurs et des Vernis pour l'assainissement et la décoration des habitations, de la pose des Papiers de tenture et du Vitrage, par MM. RIFFAULT, VERGNAUD, TOUSSAINT et F. MALEPEYRE. 1 vol. orné de fig. 3 fr.

— **Peinture sur Verre, Porcelaine, Faïence et Émail**, traitant de la décoration de ces matières, ainsi que de la fabrication des Emaux et des Couleurs vitrifiables et de l'Emaillage sur métaux précieux ou communs et sur terre cuite, par MM. REBOULLEAU, MAGNIER et ROMAIN. 1 vol. avec figures.   3 fr. 50

— **Pelletier-Fourreur et Plumassier**, traitant de l'apprêt et de la conservation des Fourrures et de la préparation des Plumes, par M. MAIGNE. 1 vol. orné de figures. 2 fr. 50

— **Perspective** appliquée au Dessin et à la Peinture, par M. VERGNAUD. 1 vol. accompagné de planches. 3 fr.

— **Pharmacie Populaire**, simplifiée et mise à la portée de toutes les classes de la société, par M. JULIA DE FONTENELLE. 2 vol. 6 fr.

— **Photographie** sur Métal, sur Papier et sur Verre, contenant toutes les découvertes les plus récentes, par M. DE VALICOURT. 2 vol. avec planche. 6 fr.

— SUPPLÉMENT à la Photographie sur papier et sur verre, par M. G. HUBERSON. 1 vol. 3 fr.

— **Photographie** (Répertoire de), Formulaire complet de cet Art, par M. DE LATREILLE. 1 vol. 3 fr. 50

— **Physicien-Préparateur**, ou nouvelle Description d'un cabinet de Physique, par MM. Ch. CHEVALIER et le docteur FAU. 2 gros vol. avec un Atlas in-8 de 88 pl. 15 fr.

— **Physiologie végétale**, Physique, Chimie et Minéralogie appliquées à la culture, par M. BOITARD. 1 vol. orné de planches. 3 fr.

— **Physionomiste des Dames**, d'après Lavater, par un Amateur. 1 vol. avec figures. 3 fr.

— **Physique appliquée aux Arts et Métiers**, principalement à la Chaleur, à l'Air, aux Gaz, aux Liquides, à la Lumière, à l'Electricité et au Magnétisme, par MM. GUILLOUD et TERRIEN. 1 vol. orné de figures. 3 fr. 50

— **Plain-Chant ecclésiastique**, romain et français, à l'usage des Séminaires, des Communautés et de toutes les Eglises catholiques, par M. MINÉ. 1 vol. 2 fr. 50

— **Plâtrier**, voyez *Chaufournier, Maçon*.

— **Plombier, Zingueur, Couvreur, Appareilleur à Gaz**, contenant la fabrication et le travail du Plomb et du Zinc et la manière de les souder, la Couverture des Constructions et l'Installation des Appareils et des Compteurs à Gaz, par M. ROMAIN. 1 vol. orné de figures et accompagné de planches. 3 fr. 50

— **Poêlier-Fumiste**, traitant de la construction des Cheminées de tous modèles, des Fourneaux et des Poêles en terre, de l'agencement et de la Tuyauterie des Fourneaux en maçonnerie et des Poêles en terre, en fonte et en tôle, et du Ramonage des divers appareils de Chauffage, par MM. ARDENNI, J. DE FONTENELLE, F. MALEPEYRE et A. ROMAIN. 1 vol. orné de figures. 3 fr.

— **Poids et Mesures**, par M. Tarbé, ancien conseiller à la Cour de Cassation.

Petit Manuel classique pour l'Enseignement élémentaire, sans Tables de conversions. (*Autorisé par l'Université*). 25 c.

Petit Manuel à l'usage des Ouvriers et des Écoles, avec Tables de conversions. 25 c.

Petit Manuel à l'usage des Agents Forestiers, des Propriétaires et Marchands de bois. Brochure accompagnée d'une planche. 75 c.

Poids et Mesures à l'usage des Médecins, etc. Brochure in 18. 25 c.

Tableau synoptique des Poids et Mesures. 75 c.

Tableau figuratif des Poids et Mesures. 75 c.

— **Poids et Mesures**, Comptes-faits ou Barême général des Poids et Mesures, par M. Achille Nouhen. *Ouvrage divisé en cinq parties qui se vendent séparément.*

1re partie : Mesures de Longueur. 60 c.
2e partie, — de Surface. 60 c.
3e partie, — de Solidité. 60 c.
4e partie, Poids. 60 c.
5e partie, Mesures de Capacité. 60 c.

— **Poids et Mesures** (Barême complet des), avec conversion facile de l'ancien système au nouveau, par M. Bagilet. 1 vol. 3 fr.

— **Poids et Mesures** (Fabrication des), contenant en général tout ce qui concerne les Arts du Balancier et du Potier d'étain, et seulement ce qui est relatif à la Fabrication des Poids et Mesures dans les Arts du Fondeur, du Ferblantier, du Boisselier, par M. Ravon, ancien vérificateur au bureau central des Poids et Mesures. 1 vol. orné de figures. 3 fr.

— **Police de la France**, par M. Truy, commissaire de police à Paris. 1 vol. 2 fr. 50

— **Politesse** (Guide de la), voyez *Bonne Compagnie*

— **Pompes (Fabricant de)** de tous les systèmes, rectilignes, centrifuges, à diaphragme, à vapeur, à incendie, d'épuisement, de mines, de jardin, etc., traitant des principales Machines élévatoires autres que les Pompes, par MM. Janvier, Biston et A. Romain. 1 vol. orné de figures et accompagné de planches. 3 fr. 50

— **Ponts-et-Chaussées** : *Première partie*, Routes et Chemins, par M. de Gayffier, ingénieur en chef des Ponts-et-Chaussées. 1 vol. avec planches. 3 fr. 50

— *Seconde partie*, Ponts et Aqueducs en maçonnerie, par M. de Gayffier. 1 vol. avec planches. 3 fr. 50

— *Troisième partie*, PONTS EN BOIS ET EN FER, par M. A. ROMAIN. 1 vol. avec figures et planches.   3 fr. 50

— **Porcelainier, Faïencier, Potier de Terre**, contenant des notions pratiques sur la fabrication des Grès cérames, des Pipes, des Boutons en porcelaine et des diverses Porcelaines tendres, par M. D. MAGNIER, ingénieur civil. 2 volumes avec planches.   5 fr.

— **Potier d'étain**, voyez *Fabr. des Poids et Mesures.*

— **Prestidigitation**, voyez *Sorcellerie.*

— **Produits chimiques** (Fabricant de), formant un Traité de Chimie appliquée aux arts, à l'industrie et à la médecine, et comprenant la description de tous les procédés et de tous les appareils en usage dans les laboratoires de chimie industrielle, par M. G.-E. LORMÉ. 4 gros volumes et Atlas de 16 planches grand in-8.   18 fr.

— **Propriétaire, Locataire** et Sous-Locataire, des biens de ville et des biens ruraux; rédigé *par ordre alphabétique*, par MM. SERGENT et VASSEROT. 1 vol. 2 fr. 50

— **Puisatier**, voyez *Sondeur.*

— **Relieur** en tous genres, contenant les Arts de l'Assembleur, du Satineur, du Brocheur, du Rogneur, du Cartonneur et du Doreur, par MM. Séb. LENORMAND et W. MAIGNE. 1 vol. avec figures et planches.   3 fr. 50

— **Roses** (Amateur de), leur Monographie, leur Histoire et leur culture, par M. BOITARD. 1 vol. orné de planches, figures noires.   3 fr. 50

— **Sapeur-Pompier**, *Manuel officiel* composé par les officiers du Régiment de la Ville de Paris, *publié par ordre du Ministre de la Guerre*. Nouvelle édition, refondue et corrigée d'après le nouveau matériel (Tuyaux *en Caoutchouc*). 1 vol. orné de 117 figures.   3 fr. 50

— **Sapeur-Pompier** (Abrégé), composé par les Officiers du régiment des Sapeurs-Pompiers de Paris, *à l'usage des départements*. 1 vol. orné de 113 figures.

Edit. A (Manœuvre 1880 avec tuyaux *en caoutchouc*.) 2 fr.

Edit. B (—   —   —   *en cuir*.)   2 fr.

— **Sapeurs-Pompiers** (Théorie des), extraite du Manuel officiel, contenant la manœuvre de la Pompe avec tuyaux *en cuir*, conformément au programme de 1868. 1 volume orné de 39 figures, broché.   75 c.

   Cartonné.   85 c.

— **Sapeur-Pompier**, ou Théorie sur l'extinction des Incendies, par M. PAULIN. 1 vol.   1 fr. 50

— **Sauvetage** dans les Incendies, les Puits, les Puisards, les Fosses d'aisances, les Caves et Celliers, les Accidents en rivière et les Naufrages maritimes, par M. W. MAIGNE. 1 vol. orné de vignettes et de planches. 2 fr. 50

— **Savonnier**, ou Traité de la Fabrication des Savons, contenant des notions sur les Alcalis et les corps gras saponifiables, ainsi que les procédés de fabrication et les appareils en usage dans la Savonnerie, par M. E. LORMÉ. 3 vol. accompagnés de planches. 9 fr.

— **Sculpture sur bois**, contenant les Styles de l'Ornementation, l'Art de Découper et de Denteler les Bois, la Fabrication des Bois comprimés, estampés, moulés, durcis, etc., par M. S. LACOMBE. 1 vol. avec figures. (*En préparation.*)

— **Serrurier**, ou Traité complet et simplifié de cet Art, traitant des Fers, des Combustibles, de l'Outillage, du Travail à l'Atelier et sur place, de la Serrurerie du Carrossage et des divers travaux de Forge, par M. PAULIN-DÉSORMEAUX et M. H. LANDRIN. 1 fort volume et un Atlas de 16 planches. 5 fr.

— **Soierie**, contenant l'Art d'élever les Vers à soie et de cultiver le Mûrier, traitant de la Fabrication des Soieries, par M. DÉVILLIERS. 2 vol. et Atlas. 10 fr. 50

— **Sommelier et Marchand de Vins**, contenant des notions sur les Vins rouges, blancs et mousseux, leur classification par vignobles et par crûs, l'art de les déguster, la description du matériel de cave, les soins à donner aux Vins en cercles et en bouteilles, l'art de les rétablir de leurs maladies, les coupages, les moyens de reconnaître les falsifications, etc., par M. MAIGNE. 1 vol. orné de fig. 3 fr.

— **Sondeur, Puisatier et Hydroscope**, traitant de la construction des Puits ordinaires et artésiens et de la recherche des Sources et des Eaux souterraines, par M. A. ROMAIN. 1 vol. accompagné de planches. 3 fr. 50

— **Sorcellerie Ancienne et Moderne expliquée**, ou Cours de Prestidigitation, contenant les tours nouveaux qui ont été exécutés et dont la plupart n'ont pas été publiés, par M. PONSIN. 1 gros vol. 3 fr. 50

— SUPPLÉMENT A LA SORCELLERIE EXPLIQUÉE, par M. PONSIN. 1 petit volume. 1 fr. 25

— **Souffleur à la Lampe et au Chalumeau**, traitant de l'emploi de ces instruments au dosage des Métaux et à diverses opérations chimiques de laboratoire, par M. PÉDRONI, chimiste. 1 vol. orné de figures. 2 fr. 50

— **Sténographie**, ou l'Art de suivre la parole en écrivant, par M. H. PRÉVOST. 1 vol. (*En préparation.*)

— **Sucre (Fabricant et Raffineur de)**, traitant de la fabrication actuelle des Sucres indigènes et coloniaux, provenant de toutes les substances saccharifères dont l'emploi est usuel et reconnu pratique, par M. ZOÉGA. 1 vol. orné de planches et de figures. 3 fr. 50

— **Tabletier,** voyez *Ebéniste*.

— **Taillandier,** voyez *Serrurier, Métaux*.

— **Taille-Douce** (Imprimeur en), par MM. BERTHIAUD et BOITARD. 1 vol. avec fig. 3 fr.

— **Tanneur, Corroyeur et Hongroyeur,** contenant le travail des Cuirs forts, de la Molleterie et des Cuirs blancs, suivi de la fabrication des Courroies, d'après les méthodes perfectionnées les plus récentes, par M. MAIGNE. 2 v. ornés de figures et accompagnés de planches. 6 fr.

— **Technologie physique et mécanique,** ou FORMULAIRE à l'usage des Ingénieurs, des Architectes, des Constructeurs et des Chefs d'usines, par M. ANSIAUX, ingénieur. 1 vol. 3 fr.

— **Teinture des peaux,** voyez *Chamoiseur*.

— **Teinturier, apprêteur et dégraisseur,** ou Art de teindre la Laine, la Soie, le Coton, le Lin, le Chanvre et les autres matières filamenteuses, ainsi que les tissus simples et mélangés, par MM. RIFFAUT, VERGNAUD, JULIA DE FONTENELLE, THILLAYE, MALEPEYRE, ULRICH et ROMAIN. 2 vol. accompagnés de planches. 7 fr.

— **Télégraphie électrique,** contenant la description des divers systèmes de Télégraphes et de Téléphones, et leurs applications au service des Chemins de fer, des Sonneries électriques et des Avertisseurs d'incendie, par M. ROMAIN. 1 vol. orné de fig. et accompagné de pl. 3 fr. 50

— **Teneur de Livres,** renfermant la Tenue des Livres en partie simple et en partie double, par MM. TRÉHERY et A. TERRIÈRE (*Ouvrage autorisé par l'Université*) 1 vol. 3 fr.

— **Terrassier** et Entrepreneur de terrassements, traitant des divers modes de transport, d'extraction et d'excavation, et contenant une description sommaire des grands travaux modernes, par MM. CH. ETIENNE, AD. MASSON et D. CASALONGA. 1 vol. et un Atlas de 22 planches. 5 fr.

— **Théâtral (Manuel)** et du Comédien, contenant les principes de l'Art de la parole, par Aristippe BERNIER DE MALIGNY. 1 vol. 3 fr. 50

— **Tissage mécanique,** contenant la Description des Machines génériques, leur installation, leur mise en œuvre, ainsi que l'organisation des établissements de Tissage, par M. Eug. BUREL, ingénieur. 1 vol. orné de figures et de planches. 3 fr.

— **Tissus** (Dessin et Fabrication des) façonnés, tels que Draps, Velours, Ruban, Gilet, Coutil, Châle, Passementerie, Gazes, Barèges, Tulle, Peluche, Damassé, Mousseline, etc., par M. TOUSTAIN. 2 vol. et Atlas in-4 de 26 planches. 15 fr.

— **Toiles cirées**, Voyez *Caoutchouc*.

— **Tonnelier et Boisselier**, contenant la fabrication des Tonneaux, des Cuves, des Foudres et des autres vaisseaux en bois cerclés, suivi du *Jaugeage* des fûts de toute dimension, par MM. P. DÉSORMEAUX, OTT et MAIGNE. 1 vol. orné de figures et accompagné de planches. 3 fr.

— **Tourneur**, ou Traité complet et simplifié de cet Art, enrichi des renseignements de plusieurs Tourneurs amateurs, par M. DE VALICOURT. 3 vol. et un Atlas grand in-8 de 27 planches. 15 fr.

— LE MÊME OUVRAGE, 1 vol. in-8 jésus, renfermant l'Atlas. (Voyez page 57.) 20 fr.

— **Treillageur**, *Première partie*, traitant de la fabrication à la main, de la Menuiserie des Jardins, et de la fabrication des Objets de jardinage, par M. P. DÉSORMEAUX. 1 vol. accompagné de planches. 3 fr.

— **Treillageur**, *Seconde partie*, traitant de l'outillage, de la fabrication à la main et à la mécanique, de la confection des Grillages, Claies, Jalousies, etc., par M. E. DARTHUY. 1 vol. avec figures et planches. 3 fr.

— **Tricots (Fabrication des)**, voyez *Bonnetier*.

— **Tuilier**, voyez *Briquetier*.

— **Typographie — Imprimerie**, contenant les principes théoriques et pratiques de cet art; ouvrage rédigé *par ordre alphabétique*, par MM. FREY et BOUCHEZ. 2 vol. accompagnés de planches. 6 fr.

On vend séparément les SIGNES DE CORRECTION. 50 c.

— **Vernis** (Fabricant de). (*En préparation.*)

— **Vernisseur**, voyez *Bronzage, Peintre en bâtiments*.

— **Verrier et Fabricant de Glaces**, Cristaux, Pierres précieuses factices, Verres colorés, Yeux artificiels, par MM. JULIA DE FONTENELLE et MALEPEYRE 2 vol. ornés de planches. 6 fr.

— **Vétérinaire**, contenant la connaissance des chevaux, la manière de les élever, les dresser et les conduire, la Description de leurs maladies, les meilleurs modes de traitement, etc., par M. LEBEAU et un ancien professeur d'Alfort. 1 vol. orné de figures. 3 fr. 50

— **Vigne** (CULTURE ET TRAITEMENT DE LA), ou Guide du Vigneron et de l'Amateur de Treilles, indiquant, mois par mois, les travaux à faire dans le vignoble et sur les treilles des jardins; la manière de planter, gouverner et dresser la vigne d'après toutes les méthodes en usage en France, et de la guérir de ses Maladies par les moyens reconnus les plus efficaces, par M. F.-V. LEBEUF. 1 vol. orné de vignettes. 2 f. 50

— **Vigneron**, ou l'Art de cultiver la Vigne, de la protéger contre les insectes qui la détruisent, et de faire le Vin, contenant les meilleures méthodes de Vinification, traitant du chauffage des Vins, etc., par MM. THIÉBAUT DE BERNEAUD et F. MALEPEYRE. 1 vol. orné de figures et accompagné de planches. 3 fr. 50

— **Vinaigrier et Moutardier**, contenant la fabrication de l'acide acétique, de l'acide pyroligneux, des acétates, et les formules de Vinaigres de table, de toilette et pharmaceutiques, ainsi que les meilleures recettes pour la fabrication de la moutarde, par MM. J. DE FONTENELLE et F. MALEPEYRE. 1 vol. orné de vignettes. 3 fr. 50

— **Vins** (Calendrier des), ou Instructions à exécuter mois par mois, pour conserver, améliorer ou guérir les Vins. (*Ouvrage destiné aux Garçons de caves et de celliers, et aux Maîtres de Chais, faisant suite à l'Amélioration des Liquides*), par M. V.-F. LEBEUF. 1 vol. 1 fr. 75

— **Vins**, voyez *Liquides, Sommelier*.

— **Vins de Fruits et Boissons économiques**, contenant l'Art de fabriquer soi-même, chez soi et à peu de frais, les Vins de Fruits, le Cidre, le Poiré, les Vins de Grains, les Bières économiques et de ménage, les Boissons rafraîchissantes, les Hydromels, etc., et l'Art d'imiter les Vins de crûs et de Liqueur français et étrangers, par MM. ACCUM, GUIL.... et MALEPEYRE. 1 vol. (*En préparation.*)

— **Vins mousseux**, voy. *Eaux et Boissons Gazeuses*.

— **Zingueur**, voyez *Plombier*.

BIBLIOTHÈQUE DES ARTS ET MÉTIERS

15 vol. format in-18, grand papier,
1 fr. 75 le volume.

Livre de l'Arpenteur-Géomètre, Guide pratique de l'Arpentage et du lever des Plans, par MM. PLACE et FOUCARD. 1 vol. accompagné de 3 planches.

Livre du Brasseur, Guide complet de la fabrication de la Bière, par M. P. DELESCHAMPS. 1 vol.

Livre de la Comptabilité du Bâtiment, Guide complet de la mise à prix de tous les travaux de Construction, par M. A. DIGEON. 1 vol.

Livre du Cultivateur, Guide complet de la culture des Champs, par M. MAUNY DE MORNAY. 1 vol. accompagné de 2 planches.

Livre de l'Économie et de l'Administration rurale, Guide complet du Fermier et de la Ménagère, par M. MAUNY DE MORNAY. 1 vol. accompagné d'une planche.

Livre du Forestier, Guide complet de la Culture et de l'Exploitation des Bois, traitant de la fabrication des Charbons et des Résines, par M. MAUNY DE MORNAY. 1 vol. accompagné d'une planche.

Livre du Jardinier, Guide complet de la culture des Jardins fruitiers, potagers et d'agrément, par M. MAUNY DE MORNAY. 2 vol. accompagnés de 2 planches.

Livre des Logeurs et des Traiteurs, Code complet des Aubergistes, Maîtres d'hôtel, Teneurs d'hôtel garni, Logeurs, Traiteurs, Restaurateurs, Marchands de Vin, etc., suivi de la Législation sur les Boissons. 1 vol.

Livre du Meunier, du Négociant en Grains et du Constructeur de Moulins, par M. MAUNY DE MORNAY. 1 vol. accompagné de 3 planches.

Livre de l'Éleveur et du Propriétaire d'Animaux domestiques, par M. MAUNY DE MORNAY. 1 vol. accompagné de 2 planches.

Livre du Fabricant de Sucre et du Raffineur, par M. MAUNY DE MORNAY. 1 vol. accompagné de 2 planches.

Livre du Tailleur, Guide complet du tracé, de la coupe et de la façon des Vêtements, par M. Aug. CANNEVA. 1 vol. accompagné de 2 planches.

Livre du Vigneron et du Fabricant de Cidre, de Poiré, de Cormé, et autres Vins de Fruits, par M. MAUNY DE MORNAY. 1 vol. accompagné d'une planche.

SUITES A BUFFON

FORMANT

AVEC LES ŒUVRES DE CET AUTEUR

UN COURS COMPLET

D'HISTOIRE NATURELLE

embrassant

LES TROIS RÈGNES DE LA NATURE.

BELLE ÉDITION, FORMAT IN-OCTAVO.

Les possesseurs des OEuvres de BUFFON pourront, avec ces suites, compléter toutes les parties qui leur manquent, chaque ouvrage se vendant séparément, et formant, tous réunis, avec les travaux de cet homme illustre, un ouvrage général sur l'histoire naturelle.

Cette publication scientifique, du plus haut intérêt, préparée en silence depuis plusieurs années, et confiée à ce que l'Institut et le haut enseignement possèdent de plus célèbres naturalistes et de plus habiles écrivains, est appelée à faire époque dans les annales du monde savant.

Les noms des Auteurs indiqués ci-après, sont, pour le public, une garantie certaine de la conscience et du talent apportés à la rédaction des différents traités.

Zoologie Générale (Supplément à Buffon), ou Mémoires et notices sur la zoologie, l'anthropologie et l'histoire de la science, par M. ISIDORE GEOFFROY-SAINT-HILAIRE. 1 vol. avec 1 livraison de planches.
Fig. noires.   10 fr. 50
Fig. coloriées.   14 fr.

Cétacés, BALEINES, DAUPHINS, etc.), par M. F. CUVIER, membre de l'Institut, professeur au Muséum d'Histoire naturelle. 1 vol. et 2 livraisons de planches.
Figures noires.   14 fr.
Fig. coloriées.   21 fr.

Reptiles, (Serpents, Lézards, Grenouilles, Tortues, etc.), par M. DUMÉRIL, membre de l'Institut, professeur à la faculté de Médecine et au Muséum d'Histoire naturelle, et M. BIBRON, professeur d'His-

toire naturelle, 10 vol. et 10 livraisons de planches, fig. noires. 105 fr.
Fig. coloriées. 140 fr.

Poissons, par M. A.-Aug. DUMÉRIL, professeur au Muséum d'Histoire naturelle, professeur agrégé libre à la Faculté de Médecine de Paris. Tomes I et II (en 3 vol.) et 2 livr. de planches.
Fig. noires. 28 fr.
Fig. coloriées. 35 fr.
(*En cours de publication.*)

Entomologie (Introduction à l'), comprenant les principes généraux de l'Anatomie, de la Physiologie des Insectes, des détails sur leurs mœurs, et un résumé des principaux systèmes de classification, etc., par M. LACORDAIRE, professeur à l'Université de Liège. (*Ouvrage adopté et recommandé par l'Université pour être placé dans les bibliothèques des Facultés et des Lycées, et donné en prix aux élèves.*) 2 volumes et 2 livraisons de planches.
Fig. noires. 21 fr.
Fig. coloriées. 24 fr. 50

Insectes Coléoptères (Cantharides, Charançons, Hannetons, Scarabées, etc.), par MM. LACORDAIRE, professeur à l'Université de Liège, et CHAPUIS, membre de l'Académie royale de Belgique. 14 volumes et 13 livraisons de planches.
Fig. noires. 143 fr. 50
Fig. coloriées. 189 fr. »

— **Orthoptères** (Grillons, Criquets, Sauterelles), par M. SERVILLE, de la Société entomologique de France. 1 vol. et 1 livr. de planches.
Fig. noires. 10 fr. 50
Fig. coloriées. 14 fr.
— **Hémiptères** (Cigales, Punaises, Cochenilles, etc.), par MM. AMYOT et SERVILLE, 1 vol. et 1 livr. de planches.
Fig. noires. 10 fr. 50
Fig. coloriées. 14 fr.
— **Lépidoptères** (Papillons).
— DIURNES, par M. BOISDUVAL, t. 1er, avec 2 livr. de pl.
Fig. noires. 14 fr.
Fig. coloriées. 21 fr.
— NOCTURNES, par MM. BOISDUVAL et GUÉNÉE, t. 1er avec 1 livr. de planches, t. V à X, avec 5 livr. de planches.
Fig. noires. 70 fr.
Fig. coloriées. 91 fr.
(*En cours de publication.*)

— **Névroptères** (Demoiselles, Ephémères, etc.), par M. le docteur RAMBUR, 1 vol. et 1 livr. de planches.
Fig. noires. 10 fr. 50
Fig. coloriées. 14 fr.
— **Hyménoptères** (Abeilles, Guêpes, Fourmis, etc.), par M. le comte LEPELETIER DE SAINT-FARGEAU et M. BRULLÉ; 4 vol. avec 4 livraisons de planches.
Fig. noires. 42 fr.
Fig. coloriées. 56 fr.
— **Diptères** (Mouches, Cousins, etc.), par M. MACQUART, directeur du Muséum d'Histoire naturelle de Lille;

2 vol. et 2 livr. de planches.
Fig. noires. 21 fr.
Fig. coloriées. 28 fr.

Aptères (Araignées, Scorpions, etc.), par M. WALCKENAER et M. GERVAIS; 4 vol. et 5 livr. de planches.
Fig. noires. 45 fr. 50
Fig. coloriées 63 fr.

Crustacés (Écrevisses, Homards, Crabes, etc.), comprenant l'Anatomie, la Physiologie et la Classification de ces animaux, par M. MILNE-EDWARDS, membre de l'Institut, professeur au Muséum d'Histoire naturelle. 3 vol. et 4 livraisons de planches.
Fig. noires. 35 fr.
Fig. coloriées. 49 fr.

Mollusques (Poulpes, Moules, Huîtres, Escargots, Limaces, Coquilles, etc.) (*En préparation.*)

Helminthes, ou Vers intestinaux, par M. DUJARDIN, doyen de la Faculté des Sciences de Rennes. 1 vol. et 1 livraison de planches.
Fig. noires. 10 fr. 50
Fig. coloriées. 14 fr.

Annelés (Annélides, Sangsues, Lombrics, etc.), par MM. DE QUATREFAGES, membre de l'Institut, professeur au Muséum d'Histoire naturelle, et LÉON VAILLANT, professeur au Muséum. Tomes I et II (en 3 vol.), avec 2 livraisons de planches.
Fig. noires. 28 fr.
Fig. coloriées. 35 fr.
(*En cours de publication.*)

Zoophytes Acalèphes (Physale, Béroé, Angèle, etc.) par M. LESSON, correspondant de l'Institut. 1 vol. avec 1 livr. de planch.
Fig. noires. 10 fr. 50
Fig. coloriées. 14 fr.

— **Échinodermes** (Oursins, Palmettes, etc.), par MM. DUJARDIN, doyen de la Faculté des Sciences de Rennes, et HUPÉ, aide-naturaliste. 1 vol. et 1 livr. de planches.
Fig. noires. 10 fr. 50
Fig. coloriées. 14 fr.

— **Coralliaires** ou POLYPES PROPREMENT DITS (Coraux, Gorgones, Eponges, etc.), par MM. MILNE-EDWARDS, professeur au Muséum, et J. HAIME, aide-naturaliste. 3 vol. avec 3 livr. de planches.
Fig. noires. 31 fr. 50
Fig. coloriées. 42 fr.

— **Infusoires** (Animalcules microscopiques), par M. DUJARDIN, doyen de la Faculté des Sciences de Rennes. 1 vol. avec 2 livr. de planches.
Fig. noires. 14 fr.
Fig. coloriées. 21 fr.

Botanique (Introduction à l'étude de la), ou Traité élémentaire de cette science, contenant l'Organographie, la Physiologie, etc., par ALPH. DE CANDOLLE, professeur d'Histoire naturelle à Genève. (*Ouvrage autorisé par l'Université pour les Lycées et les Collèges*). 2 vol. et 1 livr. de planches. 17 fr. 50

— 36 —

Végétaux phanéroga-
mes (Arbres, Arbris-seaux,
Plantes d'agrément, etc.),
par M. Spach, aide-natura-
liste au Muséum d'Histoire
naturelle. 14 vol. et 15 li-
vraisons de planches.
Fig. noires. 150 fr.
Fig. coloriées. 203 fr.
— Cryptogames (Mous-
ses, Fougères, Lichens,
Champignons, Truffes, etc.)
(*En préparation.*)
Géologie (Histoire, Forma-

tion et Disposition des Matériaux qui composent l'é-
corce du Globe terrestre),
par M. Huot, membre de
plusieurs Sociétés savantes.
2 forts vol. et 2 livraisons
de planches. 21 fr.
Minéralogie (Pierres,
Sels, Métaux, etc.), par M.
Delafosse, membre de l'Institut, professeur au Muséum
d'Histoire naturelle et à la
Sorbonne. 3 vol. et 4 livraisons de planches. 35 fr

CONDITIONS DE LA SOUSCRIPTION.

Les SUITES à BUFFON formeront cent volumes in-8 environ, imprimés avec le plus grand soin et sur beau papier ;
ce nombre paraît suffisant pour donner à cet ensemble
toute l'étendue convenable. Ainsi qu'il a été dit précédemment, chaque auteur s'occupant depuis longtemps de la
partie qui lui est confiée, l'Editeur sera à même de publier
en peu de temps la totalité des traités dont se composera
cette utile collection.

86 volumes et 88 livraisons de planches sont en vente.

Les personnes qui voudront souscrire pour toute la Collection auront la liberté de prendre par portion jusqu'à ce
qu'elles soient au courant de tout ce qui a paru.

Prix du texte (1) :

Chaque volume contenant environ 500 à 700 pages :
Pour les souscripteurs à toute la collection... 6 fr.
Pour les acquéreurs par parties séparées.... 7 fr.

Prix des planches :

Chaque livraison d'environ 10 planches noires. 3 fr. 50
— — — coloriées. 7 fr.

(1) L'Editeur ayant à payer pour cette collection des honoraires
aux auteurs, le prix des volumes ne peut être comparé à celui des
réimpressions d'ouvrages appartenant au domaine public et exempts
de droits d'auteurs, tels que Buffon, Voltaire, etc.

HISTOIRE NATURELLE.

Abeille (L'), voyez page 69.

Annales (Nouvelles) du Muséum d'Histoire naturelle, recueil de Mémoires de MM. les professeurs administrateurs et autres naturalistes. Années 1832 à 1835, 4 vol. in-4. Chaque volume : 30 fr.   120 fr.

Voyez *Mémoires de la Société d'Histoire naturelle de Paris,* page 42.

Animaux vertébrés (Sur les) de la Belgique, utiles ou nuisibles à l'Agriculture, par M. DE SÉLYS-LONG-CHAMPS. Br. in-8.   1 fr.

Arachnides (Les) de France, par M. E. SIMON, membre de la Société entomologique de France.

Tome 1er, contenant les familles des Epeiridæ, Uloboridæ, Dictynidæ, Enyoidæ et Pholcidæ. 1 vol. in-8°, accompagné de 3 planches.   12 fr.

Tome 2, contenant les familles des Urocteidæ, Agelenidæ, Thomisidæ et Sparassidæ. 1 vol. in-8°, accompagné de 7 planches.   12 fr.

Tome 3, contenant les familles des Attidæ, Oxyopidæ et Lycosidæ. 1 vol. in-8, accompagné de 4 planches.   12 fr.

Tome 4, contenant la famille des Drassidæ. 1 vol. in-8, accompagné de 5 planches.   12 fr.

Tome 5 (1re partie). contenant les familles des Epeiridæ (supplément) et des Theridionidæ. 1 volume accompagné de planches.   12 fr.

Tome 5 (2e partie), contenant la famille des Theridionidæ (Suite). 1 vol. accompagné de planches et orné de figures.   12 fr.

Tome 5 (3e partie), contenant la famille des Theridionidæ (Fin). 1 vol. accompagné de planches et orné de figures.   12 fr.

Tome 6. *(En préparation.)*

Tome 7, contenant les familles des Chernetes, Scorpiones et Opiliones. 1 vol in-8, accompagné de planches   12 fr.

Aranéïdes des îles de la Réunion, Maurice et Madagascar, par M. AUG. VINSON. 1 gros volume grand in-8, avec 14 planches, fig. noires.   20 fr

Fig. coloriées.   30 fr.

Botanique (La) de J. J. Rousseau, augmentée des méthodes de Tournefort et de Linné, suivie d'un Dictionnaire de botanique et de notes historiques, par M. Deville, 2e édit., 1 gros vol. in-12, orné de 8 planches. 4 fr.
Figures coloriées. 5 fr.

Catalogue des Lépidoptères, ou Papillons de la Belgique, précédé du tableau des Libellulides de ce pays, par M. de Sélys-Longchamps. In-8. 2 fr.

Catalogue raisonné des Plantes phanérogames de Maine-et-Loire, par M. A. Boreau, auteur de la Flore du centre de la France. 1 vol. in-8. 3 fr.

Catalogus Avium hucusque descriptorum, auctore Ad. Boucard. 1 vol. in-8. 15 fr.

Catalogus Coleopterorum Europæ et confinium, auctore S.-A. de Marseul. 1 vol. in-12. 2 fr.
Le *Catalogus* réuni à l'*Index* (p. 41). 1 vol. in-12. 5 fr.

Catalogue des Oiseaux d'Europe, rédigé par M. Parzudaki, d'après les classifications du prince Bonaparte. Notice par M. De Sélys-Longchamps. Br. in-8. 1 fr.

Collection iconographique et historique des Chenilles, ou Description et figures des chenilles d'Europe, avec l'histoire de leurs métamorphoses, etc., par MM. Boisduval, Rambur et Graslin.
Cette collection se compose de 42 livraisons, format grand in-8 ; chaque livraison comprenant *trois planches coloriées* et le texte correspondant. 3 fr.
Les 42 livraisons réunies. 100 fr.

Considérations sur les Lépidoptères envoyés du Guatémala à M. de L'Orza, par M. le Dr Boisduval. Brochure grand in-8. 3 fr.

Cours d'Entomologie, ou Histoire naturelle des crustacés, des arachnides, des myriapodes et des insectes, par M. Latreille, de l'Institut. 1 gros vol. in-8. 7 fr.

Description géologique de la partie méridionale de la chaîne des Vosges, par M. Rozet, capitaine d'état-major. 1 vol. in-8, orné de planches et d'une jolie carte. 10 fr.

Discours sur l'avenir physique de la terre, par M. Marcel de Serres, professeur à la Faculté des Sciences de Montpellier, in-8. 2 fr. 50

Discussion sur quelques expériences relatives à l'influence de la densité sur la chaleur spécifique des gaz, par P. Prévost, brochure in-4. 1 fr.

Enumération des Insectes Lépidoptères de a Belgique, par De Sélys-Longchamps. Br. in-8. 1 fr. 25

Essai monographique sur le genre Scrofularia, par H. WYDLER, brochure in-4, accompagnée de 5 pl. 3 fr.

Essai monographique sur les Campagnols des environs de Liège, par M. DE SÉLYS-LONGCHAMPS, in-8, fig. 3 fr.

Essai sur l'Histoire naturelle du Brabant, par feu M.   (Mammifères.)   2 fr. 50
(Analyse et Extraits par M. DE SÉLYS-LONGCHAMPS).

Études de micromammalogie, revue des sorex, mus et arvicola d'Europe, suivies d'un index méthodique des mammifères européens, par M. DE SÉLYS-LONGCHAMPS. 1 volume in-8.   5 fr.

Europeorum microlepidopterorum Index methodicus, sive Spirales, Tortrices, Tineæ et Alucitæ Linnæi, Auctore A. GUÉNÉE. Pars prima, in-8.   3 fr. 75

Fauna japonica, sive Descriptio animalium quæ in itinere per Japoniam, suscepto anni 1823-1830, collegit, notis, observationibus et adumbrationibus illustravit PH. FR. DE SIEBOLD.

Poissons, 16 livraisons coloriées, chaque.   26 fr.
Reptiles, 3 — noires, — 25 fr.
Les *Mammifères, Oiseaux* et *Crustacés* manquent.

Faune de l'Océanie, par le docteur BOISDUVAL. Un gros vol. grand in-8.   10 fr.

Faune entomologique de Madagascar, Bourbon et Maurice. — *Lépidoptères,* par le docteur BOISDUVAL; avec des notes sur les métamorphoses, par M. SGANZIN.

Huit livraisons, format grand in-8; chaque livraison contenant 2 *planches coloriées* et le texte correspondant. 3 fr.
Les huit livraisons réunies :   20 fr.

Faune (Sur la) de la Belgique, par M. DE SÉLYS-LONGCHAMPS, br. in-8.   1 fr.

Genera et Index methodicus Europæorum Lepidopterorum; pars prima sistens Papiliones Sphinges, Bombyces noctuas, auctore BOISDUVAL. 1 vol. in-8.   5 fr.

Génération (De la) chez le Séchot (*mulus gobio*), par le docteur PRÉVOST. Brochure in-4, accompagnée d'une planche.   1 fr. 50

Herbarii Timorensis descriptio, cum tabulis 6 æneis; auctore J. DECAISNE. 1 vol. in-4.   15 fr.

Hétéromères (Coléoptères) du Japon, par M. S.-A. DE MARSEUL. 1 vol. in-8.   6 fr.

Histoire des métamorphoses de quelques Coléoptères exotiques, par M. E. CANDÈZE. 1 vol. in-8, avec figures.   3 fr.

Histoire des Mœurs et de l'Instinct des Animaux, distributions naturelles de toutes leurs classes, par J.-J. VIREY. 2 vol. in-8.   12 fr.

Histoire des progrès des sciences naturelles, depuis 1789 jusqu'en 1831, par M. le baron G. CUVIER. 5 vol. in-8.   22 fr. 50
Le tome 5 séparément.   7 fr.
Le Conseil de l'Université a décidé que cet ouvrage serait placé dans les bibliothèques des Lycées et des Colléges et donné en prix aux élèves.

Histoire naturelle des Insectes, composée d'après Réaumur, Geoffroy, Degeer, Roesel, Linné, Fabricius, et les meilleurs ouvrages qui ont paru sur cette partie, rédigée suivant les méthodes d'Olivier, de Latreille, avec des notes, plusieurs observations nouvelles et les figures dessinées d'après nature : par F.-M.-G. DE TIGNY et BRONGNIART, pour les généralités. Édition augmentée et mise au niveau des connaissances actuelles, par M. GUÉRIN. 10 vol. in-18 accompagnés de 105 planches, fig. noires.   23 fr.
Figures coloriées.   39 fr.

Histoire naturelle des Végétaux classés par familles, avec la citation de la classe et de l'ordre de Linné, et l'indication de l'usage qu'on peut faire des plantes dans les arts, le commerce, l'agriculture, le jardinage, la médecine, etc.; des figures dessinées d'après nature, et un GENERA complet, selon le système de Linné, avec des renvois aux familles naturelles de Jussieu; par J.-B. LAMARCK et C.-F.-B. DE MIRBEL. 15 volumes in-18 accompagnés de 120 planches, fig. noires.   30 fr.
Figures coloriées.   46 fr.

Histoire naturelle des Coquilles, contenant leur description, leurs mœurs et leurs usages, par M. Bosc. 5 vol. in-18 accompagnés de 49 planches, fig. noires. 10 fr.
Fig. coloriées.   16 fr.

Histoire naturelle des Vers, contenant leur description, leurs mœurs et leurs usages, par M. Bosc. 3 vol. in-18 accompagnés de 25 planches, fig. noires. 6 fr.
Fig. coloriées.   10 fr.

Histoire naturelle des Crustacés, contenant leur description, leurs mœurs et leurs usages, par M. Bosc. 2 vol. in-18 accompagnés de 19 planches, fig. noires.   6 fr.
Fig. coloriées.   9 fr.

Histoire naturelle des Poissons, avec des figures dessinées d'après nature, par BLOCK. Ouvrage classé par ordres, genres et espèces, d'après le système de Linné,

avec les caractères génériques, par RÉNÉ RICHARD CASTEL.
10 volumes in-18 accompagnés de 160 pl., fig. noires. 26 fr.
Figures coloriées. 47 fr.

Histoire naturelle des Reptiles, avec des figures dessinées d'après nature, par SONNINI et LATREILLE.
4 vol. in-18 accompagnés de 54 planches, fig. noires. 10 fr.
Figures coloriées. 17 fr.

**Icones historiques des Lépidoptères nou-
veaux ou peu connus**, collection, avec figures coloriées, des papillons d'Europe nouvellement découverts;
ouvrage formant le complément de tous les auteurs icono-
graphes; par le docteur BOISDUVAL.
Cet ouvrage se compose de 42 livraisons grand in-8,
comprenant chacune deux planches coloriées et le texte
correspondant. Prix de chaque livraison. 3 fr.
Les 42 livraisons réunies. 100 fr.

**Iconographie et histoire des Lépidoptères
et des Chenilles de l'Amérique septentrio-
nale**, par MM. BOISDUVAL et JOHN LECONTE.
Cet ouvrage comprend 26 livraisons, renfermant trois
planches coloriées et le texte correspondant.
Prix de la livraison. 3 fr.
Les 26 livraisons réunies. 60 fr.

Illustrationes plantarum orientalium, ou
Choix de Plantes nouvelles ou peu connues de l'Asie occi-
dentale, par M. le comte JAUBERT et M. SPACH. Cet ouvrage
forme 5 vol. grand in-4, composés chacun de 100 planches
et d'environ 30 feuilles de texte; il a paru par livraisons
de 10 planches.
Le prix de chacune est de 15 fr.
L'ouvrage complet (50 livraisons). 750 fr.

Index des Coléoptères de l'ancien monde, dé-
crits depuis 1863, faisant suite au *Catalogus*, par M. S.-
A. DE MARSEUL. In-12. 4 fr. 25
L'*Index* réuni au *Catalogus* (page 38). 1 vol. in-12. 5 fr.

Mémoire sur la famille des Combrétacées,
par M. DE CANDOLLE. Br. in-4, avec 5 planches. 3 fr.

Mémoire sur la vallée de Valorsine, par
M. L. A. NECKER. Br. in-4, avec 4 planches. 3 fr.

Mémoire sur le Mont-Somma, par M. L.-A. NEC-
KER. Brochure in-4, accompagnée de 2 planches. 2 fr. 50

**Mémoire sur les grandes pierres primi-
tives alpines**, distribuées par groupes dans le bassin du
lac de Genève, et dans la vallée de l'Arve, par M. J.-A.
DE LUC. Brochure in-4, accompagnée d'une carte. 2 fr.

Mémoires sur les métamorphoses des Coléoptères, par W. DE HAAN. 1 vol. in-4° accompagné de 10 planches.   6 fr.

Mémoires de la Société d'Histoire naturelle de Paris, 5 vol. in-4 avec planches.   100 fr.

Chaque volume séparément :   20 fr.

Voyez *Nouvelles Annales du Muséum*, page 37.

Mémoires de la Société royale des Sciences de Liège. 31 volumes in-8, accompagnés de planches.

Première Série (23 volumes).

— Tome 1er (en 2 vol. in-8) chaque vol.   5 fr.
Les 2 vol. réunis.   8 fr.
— Tome 2 (en 2 vol. in-8) chaque vol.   5 fr.
Les 2 vol. réunis.   10 fr.
— Tome 3, 1845. Monog. des Coléoptères subpentamères-phytophages, par TH. LACORDAIRE, tome 1er. 1 v. in-8. 12 fr.
— Tome 4, 1847-49. Monographie des Productus, par M. DE KONINCK. 2 vol. in-8 et un atlas. La 1re partie, 1 vol. et 1 atl. 10 fr. La 2e partie, 1 vol.   5 fr.
— Tome 5, 1848. Monog. des Coléoptères subpentamères-phytophages, par TH. LACORDAIRE, tome 2. 1 vol. in-8. 12 fr.
— Tome 6, 1849. Monog. des Odonates. 1 vol. in-8. 10 fr.
— Tome 7, 1851. Exposé élémentaire de la Théorie des Intégrales définies, par MEYER. 1 vol. in-8.   10 fr.
— Tome 8, 1853, renfermant le catalogue des larves des Coléoptères connues jusqu'à ce jour, avec la description de plusieurs espèces nouvelles, par MM. CHAPUIS et CANDÈZE. 1 vol. in-8.   12 fr.
— Tome 9, 1854, contenant la monographie des Caloptérygines, par M. DE SÉLYS-LONGCHAMPS. 1 vol. in-8. 12 fr.
— Tome 10, 1856. Cours élémentaire sur la Fabrication des bouches à feu en fonte et en bronze, par COQUILHAT. 1re partie. 1 vol. in-8.   12 fr.
— Tome 11, 1858. Fabrication des bouches à feu, par COQUILHAT. 2e partie. — Calcul des variations, par A. MEYER. — Monographie des Gomphines, par M. DE SÉLYS-LONGCHAMPS. 1 vol. in-8.   18 fr.
— Tome 12, 1857. Monographie des Élatérides, par E. CANDÈZE. Tome 1er, 1 vol. in-8.   8 fr. 50
— Tome 13, 1858. Fabrication des bouches à feu par COQUILHAT. 3e partie. — Etudes sur un mémoire de Jacobi, relatif aux intégrales définies, par N.-C. SCHMITT. — Notice géologique, par J. Van BINKHORST. 1 vol. in-8.   12 fr.
— Tome 14, 1859. Monographie des Elatérides, par E. CANDÈZE. Tome 2. 1 vol. in-8.   10 fr.

— Tome 15, 1860. Monographie des Elatérides, par E. CANDÈZE. Tome 3, 1 vol. in-8. 10 fr.

— Tome 16, 1861. Des Brachiopodes munis d'appendices spiraux, par DAVIDSON, trad. par DE KONINCK. — Méthodes diverses de calculs transcendants, par PAQUE. — Métamorphoses de quelques Coléoptères exotiques, par E. CANDÈZE. 1 vol. in-8. 10 fr.

— Tome 17, 1863. Monographie des Elatérides, par E. CANDÈZE. Tome 4 et dernier, 1 vol. in-8. 10 fr.

— Tome 18, 1863. Clytides d'Asie et d'Océanie, par CHEVROLAT. — Percussions sur les affûts dans le tir des bouches à feu, par COQUILHAT, etc. 1 vol. in-8. 10 fr.

— Tome 19, 1866. Genera des Coléoptères Cérambycides, par J. THOMSON. 1 vol. in-8. 9 fr.

— Tome 20, 1866. Monographie des Platypides, par F. CHAPUIS. — Table générale des 20 tomes composant la Première Série des Mémoires. 1 vol. in-8, accompagné de figures. 14 fr.

Deuxième Série (8 volumes).

— Tome 1er, 1866. Expériences sur la détermination des moments d'inertie des canons en bronze, par COQUILHAT. — Mémoire relatif aux mathématiques élémentaires, par NOEL. — Tables usuelles des Logarithmes, par FOLIE. — Des surfaces réglées et des surfaces enveloppes, par STAMMER. — Notes sur les Notiophiles et les Amara, par PUTZEYS. 1 vol. 8°, avec figures. 9 fr.

— Tome 2, 1867. Mélanges mathématiques, par EUGÈNE CATALAN. 1 vol. in-8. 7 fr.

— Tome 3, 1873. Observations de Tératologie, par E. CHARLIER. — Exposition nouvelle du Calcul différentiel et du Calcul intégral, par J.-B. BRASSEUR. — Synopsis des Scolytides, par F. CHAPUIS. — Aranéides du midi de la France, par E. SIMON. — Monographie des Mylabrides, par DE MARSEUL. — Les Oiseaux et les Insectes, par E. PERRIS. 1 vol. in-8, avec figures. 10 fr.

— Tome 4, 1875. Révision de la Monographie des Elatérides (1er fascicule), par M. E. CANDÈZE. — Cours de probabilités, professé à l'Université de Liége de 1849 à 1857, par A. MEYER (Publié par F. FOLIE). — Nouvelle espèce de Lepidotus, par WINCKLER. 1 vol. in-8, avec pl. 10 fr.

— Tome 5, 1874. Dosage de l'acide carbonique, par KUPFFERSCHLAEGER. — Insectes recueillis au Japon par G. Lewis (1869-71); Elatérides (2e fascicule), par E. CANDÈZE. — Intégration des équations aux dérivés partiels des deux premiers ordres, par J. GRAINDORGE. — Essai sur les Antarctia

Dejean, par J. PUTZEYS. — Trajectoires des fusées volantes dans le vide, par COQUILHAT. — Cléonides, par CHEVROLAT. — Aranéides nouveaux du midi de l'Europe, avec 3 planches, par E. SIMON. 1 vol. in-8. 10 fr.

— Tome 6, 1877. Etudes sur l'électro-dynamique et l'électro-magnétisme, par M. GLOESENER. — Recherches sur les fossiles paléozoïques de la Nouvelle-Galles du Sud, par L.-G. DE KONINCK. — Théorie des lignes de courbure, par EUG. CATALAN. 1 vol. in-8 avec planches. 10 fr.

— Tomes 7 et 8. (*En préparation*).

— Tome 9, 1882. Elatérides nouveaux (3e fascicule), par E. CANDÈZE. — Tables des lignes trigonométriques naturelles et inverses des nombres, par FOLIE. — Formules du mouvement elliptique, par J. GRAINDORGE. — Coléoptères de la province de Liége (1re centurie), par A. PREUDHOMME DE BORRE. 1 vol. in-8. 5 fr.

— Tome 10, 1883. Problèmes et théorèmes d'arithmétique, par EUG. CATALAN. — Géométrie supérieure du troisième ordre, par LE PAIGE. — Involutions supérieures, par EM. WEYR. — Questions d'arithmétique, par ERN. CESARO. — Faisceaux de surfaces du second ordre, par VANECEK. — Coléoptères de la province de Liége (3e centurie), par PREUDHOMME DE BORRE. 1 vol. in-8. 5 fr.

Monographia Tryphonidum Sueciae, auctore AUG. EMIL. HOLMGREN, in-4. 13 fr.

Monographie des Caloptérygines, par MM. DE SÉLYS LONGCHAMPS et HAGEN, 1 vol. in-8, accompagné de 14 planches. 7 fr.

Monographie des Érotyliens, famille de l'ordre des Coléoptères, par M. TH. LACORDAIRE. 1 vol. in-8. 9 fr.

Monographie des Gomphines, par MM. Ed. DE SÉLYS-LONGCHAMPS et HAGEN. 1 vol. in-8, renfermant 23 planches. 10 fr.

Monographie générale des Histérides, par M. DE MARSEUL. 4 vol. in-8, accompagnés de 38 planches noires. 83 fr.

On vend séparément :

1er SUPPLÉMENT (Extr. des Annales de la Société entomologique de France). 1 vol. in-8 avec 13 planches. 24 fr.

2e SUPPLÉMENT (Extr. de la Société entomologique belge). 1 vol. in-8. 8 fr.

Monographie générale des Mylabres, par M. DE MARSEUL. 1 vol. in-8 avec 6 pl. Fig. noires. 22 fr.

Fig. contenant 14 types coloriés. 26 fr.

Note sur deux espèces de Musaraignes observées nouvellement en Belgique, par M. DE SÉLYS-LONGCHAMPS. 4 pages in-8. 30 c.

Note sur le Mus agrestis de Linné, par M. DE SÉLYS-LONGCHAMPS. 4 pages in-8. 30 c.

Note sur la Douve à long cou (*Fasciola lucii*), par le professeur L. JURINE. Br. in-4, avec planche. 1 fr. 50

Notice sur les Libellulidées, extraite des Bulletins de l'Académie de Bruxelles, par M. Ed. DE SÉLYS-LONGCHAMPS. Brochure in 8 avec planches. 2 fr.

Notice sur l'Hirondelle rousseline d'Europe et sur les autres espèces du sous-genre Cecropis, par M. DE SÉLYS-LONGCHAMPS. Br. in-8. 1 fr.

Nouvelles Libellulidées d'Europe, par M. DE SÉLYS-LONGCHAMPS. 8 pages in-8. 50 c.

Observations botaniques, par B.-C. DUMORTIER. In-8. 4 fr.

Oiseaux américains (Sur les) de la Faune européenne, par M. DE SÉLYS-LONGCHAMPS, 1 vol. in-8. 1 fr. 25

Pigeon voyageur (Le), sa description, sa nourriture, son logement, sa reproduction, ses maladies, suivi de l'entraînement des Pigeons de Concours, par M. F. CHAPUIS. 1 vol. petit in-8. 3 fr.

Pigeon voyageur (Le), dans les forteresses et au Zanzibar, par M. F. CHAPUIS. Br. in-8. 1 fr. 50

Plantes rares du Jardin de Genève, par A.-P. DE CANDOLLE, livraisons 1 à 4, in-4, fig. color., à 15 fr. la livraison. L'ouvrage complet. 60 fr.

Principes de Zooclasse, servant d'introduction à l'étude des Mollusques, par H. DE BLAINVILLE. 1 vol. in-8. 3 fr.

Récapitulation des Hybrides observés dans la famille des Anatidées, par E. DE SÉLYS-LONGCHAMPS, brochure in-8. 1 fr. 25

ADDITION A LA RÉCAPITULATION, br. in-8. 1 fr.

Règne animal, d'après M. DE BLAINVILLE, disposé en séries, de l'homme jusqu'à l'éponge, et divisé en trois sous-règnes. Tableau gravé sur acier. 3 fr. 50

Synonymia insectorum. — Genera et species Curculionidum (ouvrage comprenant la synonymie et la description de tous les Curculionides connus), par M. SCHOENHERR. 8 tomes en 16 vol. in-8. 144 fr.

Synopsis de la flore du Jura septentrional et du Sundgau, par FRIGHE-JOSET et MONTANDON. 1 v. in-12. 5 fr.

Synopsis des Caloptérygines, par M. DE SÉLYS-LONGCHAMPS. Br. in 8. 3 fr.

Synopsis des Gomphines, par M. DE SÉLYS-LONGCHAMPS. Br. in-8.   3 fr.

Tableau de la distribution méthodique des espèces minérales, suivie dans le cours de minéralogie fait au Muséum d'Histoire naturelle, par Alexandre BRONGNIART, professeur. Brochure in-8.   2 fr.

Théorie élémentaire de la Botanique, ou Exposition des Principes de la Classification naturelle et de l'Art de décrire et d'étudier les végétaux, par M. DE CANDOLLE. 3e édition; 1 vol. in-8.   8 fr.

Traité élémentaire de Minéralogie, par F.-S. BEUDANT. 2 vol. in-8, ornés de 24 planches.   21 fr.

Voyage à Madagascar, au Couronnement de Radama II, par M. AUG. VINSON. Ouvrage enrichi de Catalogues spéciaux publiés par MM. J. Verreaux, Guénée et Ch. Coquerel. 1 beau volume in-8 jésus :

  Papier fin glacé, fig. coloriées.   25 fr.
  Papier ordinaire, fig. coloriées.   20 fr.
  Papier ordinaire, fig. noires.   15 fr.

Voyage médical autour du monde, exécuté sur la corvette du roi *la Coquille*, commandée par le capitaine Duperrey, pendant les années 1822, 1823, 1824 et 1825, suivi d'un Mémoire sur les Races humaines répandues dans l'Océanie, la Malaisie et l'Australie, par M. LESSON. 1 vol. in-8.   4 fr. 50

Zoologie classique, ou Histoire naturelle du Règne animal, par M. F.-A. POUCHET, professeur de zoologie au Muséum d'Histoire naturelle de Rouen, etc. : seconde édition, considérablement augmentée. 2 vol. in-8, contenant ensemble plus de 1,300 pages, et accompagnés d'un Atlas de 44 planches et de 5 grands tableaux gravés sur acier.

  Figures noires.   20 fr.
  Figures coloriées.   25 fr.

NOTA. *Le Conseil de l'Université a décidé que cet ouvrage serait placé dans les bibliothèques des Lycées et des Collèges.*

AGRICULTURE, JARDINAGE.
ÉCONOMIE RURALE.

Agriculture française, par MM. les Inspecteurs de l'agriculture, publiée d'après les ordres de M. le Ministre de l'Agriculture et du Commerce, contenant la description géographique, le sol, le climat, la population, les exploitations rurales; instruments aratoires, engrais, assolements, etc., de chaque département. 6 vol., accompagnés chacun d'une belle carte, sont en vente :

Département de l'Isère. 1 vol. in-8.	3 fr. 50
— du Nord. In-8.	3 fr. 50
— des Hautes-Pyrénées. In-8.	3 fr. 50
— de la Haute-Garonne. In-8.	3 fr. 50
— des Côtes-du-Nord. In-8.	3 fr. 50
— du Tarn. In-8.	3 fr. 50

Amateur de fruits (L'), ou l'Art de les choisir, de les conserver, de les employer, principalement pour faire les compotes, gelées, marmelades, confitures, etc., par M. L. DUBOIS. In-12. 2 fr. 50

Amélioration (De l') de la Sologne, par M. R. PARETO. In-8. 2 fr. 50

Application (De l') de la vapeur à l'agriculture, de son Influence sur les Mœurs, sur la Prospérité des Nations et l'Amélioration du Sol, par GIRARD, Brochure in-8. 75 c.

Art de composer et décorer les jardins, par M. BOITARD; ouvrage orné de 140 planches gravées sur acier. 2 vol. format in-8 oblong. 15 fr.

Même ouvrage que le Manuel de l'Architecte des Jardins. (Voyez page 5.)

Cette publication n'a rien de commun avec les autres ouvrages du même genre, portant même le nom de l'auteur. Ce traité est un travail très-complet et publié à très-bas prix, qui permet aux amateurs de jardins de tirer de leurs propriétés le meilleur parti possible.

Assolements, Jachère et Succession des Cultures, par M. YVART, de l'Institut, avec des notes, par M. V. RENDU, inspecteur de l'agriculture. 1 vol. in-4. 12 fr.

LE MÊME OUVRAGE. 3 vol. in-18 (voyez page 6). 10 fr. 50

Asperges (Les), les Figues, les Fraises et les Framboises, Description des meilleures méthodes de culture pour les obtenir en abondance, et manière de les forcer pour avoir des primeurs et des fruits pendant l'hiver, avec l'indication des travaux à faire mois par mois, contenant la culture de l'Asperge à la charrue, par M. V. F. Lebeuf. 1 vol. in-18 avec vignettes. 1 fr. 50

Champignons (Culture des) de couche et de bois et des Truffes, ou Moyens de les multiplier, de les reproduire, de les accommoder, et de reconnaître les Champignons sauvages comestibles, etc., par M. V.-F. Lebeuf. 1 vol. in-18, orné de 17 gravures sur bois. 1 fr. 50

Cours complet d'Agriculture (Nouveau) du xixe Siècle, contenant la grande et la petite culture, l'économie rurale domestique, la médecine vétérinaire, etc., par les Membres de la section d'Agriculture de l'Institut de France. 16 forts vol. in-8, ornés de planches. 32 fr.

Cours d'Agriculture (Petit), ou Encyclopédie agricole, par M. Mauny de Mornay, contenant les livres du Cultivateur, du Jardinier, du Forestier, du Vigneron, de l'Economie et Administration rurales, du Propriétaire et de l'Eleveur d'animaux domestiques. 7 vol. grand in-18, avec fig. 12 fr.

Culture et taille rationnelles et économiques du Poirier, du Pommier, du Prunier et du Cerisier, contenant une Description des meilleurs fruits à cultiver en espalier et à haute tige, traitant des Formes nouvelles et naturelles propres à remplacer les formes de fantaisie connues, par M. V.-F. Lebeuf. 1 vol. grand in-18 orné de 60 silhouettes des meilleurs fruits en grandeur naturelle 2 fr. 50

École du jardin potager, par M. de Combles, 6e édition, revue par M. Louis Dubois. 3 tomes en 2 vol. in-12. 4 fr. 50

Éloge historique de l'abbé François Rozier, restaurateur de l'Agriculture française, par A. Thiébaut de Berneaud, in-8. 1 fr. 50

Encyclopédie du Cultivateur, ou Cours complet et simplifié d'agriculture, d'économie rurale et domestique, par M. Louis Dubois. 2e édition, 9 vol. in-12 ornés de gravures. 20 fr.
Le tome 9 se vend séparément. 4 fr.

Cet ouvrage, très-simplifié, est indispensable aux personnes qui ne voudraient pas acquérir le grand ouvrage intitulé : Cours d'agriculture du xixe siècle (page 48).

Engrais des Jardins. Moyens de s'en procurer, d'en fabriquer à discrétion et à bon marché; les meilleurs engrais animaux, végétaux, artificiels, chimiques et du commerce; la manière de modifier la nature du sol par leur emploi, d'avoir de l'eau pour les arrosements, etc., par V.-F. LEBEUF. 1 vol. in-18. 1 fr. 25

Etude sur les Sauterelles et les Criquets. Moyen d'en arrêter les invasions et de les transformer en Engrais, par M. C. HAUVEL, ingénieur. Brochure in-8. 1 fr. 50

Fabrication du fromage, par le docteur F. GERA, traduit de l'italien par V. RENDU, in-8, fig. (Couronné par la Société royale et centrale d'agriculture.) 5 fr.

Histoire du Pêcher, par DUVAL, in-8. 1 fr. 50

Histoire du Poirier (Pyrus sylvestris) par DUVAL. Brochure in-8. 1 fr. 50

Histoire du Pommier, par DUVAL. In-8. 1 fr. 50

Horticulteur (L')gastronome: BONS LÉGUMES ET BONS FRUITS, ou Choix des meilleures variétés de plantes potagères et d'arbres fruitiers, et moyen de conserver les fruits et les légumes pendant l'hiver, suivis des 365 salades de l'ami Antoine, de la manière d'établir un jardin potager fruitier de produit, et du Calendrier de l'horticulteur, par M. V.-F. LEBEUF. 1 vol. in-18. 1 fr.

Journal de médecine vétérinaire théorique et pratique; recueil publié par MM. BRACY-CLARK, CRÉPIN, CRUZEL, DELAGUETTE, DUPUY, GODINE jeune, LEBAS, PRINCE et ROBET. Années 1830, 1832 à 35. 5 vol. in-8. 20 fr.

Chaque volume séparément. 5 fr.

Melon (Du) et de sa culture, par M. DUVAL. Brochure in-8. 75 c.

Mémoires sur l'alternance des essences forestières, par GUSTAVE GAND. In-8. 1 fr. 50

Pharmacopée vétérinaire, ou Nouvelle pharmacie hippiatrique, contenant une classification des médicaments, les moyens de les préparer et l'indication de leur emploi, etc., par M. BRACY-CLARK. 1 vol. in-12 avec fig. 2 fr.

Révolution agricole, ou Moyen de faire des bénéfices en cultivant les terres, par M. V.-F. LEBEUF. 1 vol. in-18. 2 fr.

Traité des arbres et arbustes que l'on cultive en pleine terre en Europe et particulièrement en France, par DUHAMEL DU MONCEAU, rédigé par MM. VEILLARD, JAUME SAINT-HILAIRE, MIRBEL, POIRET, et continué par M. LOISELEUR-DESLONGCHAMPS; ouvrage enrichi de 500 planches gravées par les plus habiles artistes, d'après les dessins de

REDOUTÉ et BESSA, peintres du Muséum d'histoire naturelle; 7 volumes in-folio cartonnés, non rognés.

— Papier jésus vélin, figures coloriées. 750 fr.
— Papier carré fin, figures coloriées. 450 fr.
— Le même, figures noires. 200 fr.

Traité (Nouveau) des arbres fruitiers, par DUHAMEL, nouvelle édition, très-augmentée par MM. VEILLARD, DE MIRBEL, POIRET et LOISELEUR-DESLONGCHAMPS. 2 vol. in-folio, ornés de 145 planches gravées en taille-douce.

Fig. noires, format carré, 1/2 rel. basane. 50 fr.
Fig. coloriées, — — 100 fr.
Id. — 1/2 rel. chagrin. 110 fr.
Id. format jésus, — 170 fr.

Traité de culture théorique et pratique, par HUBERT CARRÉ. In-12. 2 fr.

Traité du chanvre du Piémont, de la grande espèce, sa culture, son rouissage et ses produits, par REY, in-12. 1 fr. 50

Traité raisonné sur l'éducation du Chat domestique, et du Traitement de ses Maladies, par M. R***. In-12. 1 fr. 50

Travail des Boissons. Ce qui est permis ou défendu dans les manipulations des Vins, Alcools, Eaux-de vie, Bières, Cidres, Vinaigres, Eaux gazeuses, Liqueurs, Sirops, etc., par M. V.-F. LEBEUF. 1 vol. grand in-18. 3 fr.

— ANNEXE AU TRAVAIL DES BOISSONS, par M. V.-F. LEBEUF. Brochure grand in-18. 75 c.

INDUSTRIE, ARTS ET MÉTIERS.

Aéronaute (L'), voyez page 69.

Ameublement (L'), voyez page 70.

Art (L') de découper le Bois, comprenant également la Marqueterie et la Sculpture, par E. BROCARD. Broch. in-8. 70 c.

Art du Peintre, Doreur et Vernisseur, par WATIN ; 12e édit., revue pour la fabrication et l'application des couleurs, par MM. Ch. et F. BOURGEOIS, et augmentée de l'*Art du Peintre en voitures en marbres et en faux-bois,* par M. J. DE MONTIGNY, ingénieur. 1 vol. in-8. 6 fr.

Barême du Layetier, contenant le toisé par voliges de toutes les mesures de caisses, depuis 12-6-6, jusqu'à 72-72-72, etc., par BIEN-AIMÉ. 1 vol. in-12. 1 fr. 25

Barême décimal pour le commerce des Liquides, par M. RAVON. Broch. in-18. 75 c.

Calcul des essieux pour les Chemins de Fer ; Coup-d'œil sur les roues de vagons, par A. C. BENOIT-DU-PORTAIL. Br. in-8 (*Extrait du Technologiste*). 1 fr. 75

Carnet de l'Inventeur et du Breveté. Précis des législations française et étrangères, renseignements et conseils pratiques, mémento pour l'enregistrement des échéances d'annuités, par M. CH. THIRION, ingénieur-conseil. 1 vol. in-18, cart. anglais. 3 fr.

Carnets du Garde-Meuble, 6 Albums grand in-8, publiés par D. GUILMARD.

No 1. ÉBÉNISTE PARISIEN, Recueil de dessins de Meubles dessinés d'après nature chez les principaux ébénistes du faubourg Saint-Antoine, dont la spécialité est le meuble simple. Album in-8° jésus de 130 feuilles, avec titre.

En noir, 25 fr.
En couleur, 40 fr.

Nº 2. FABRICANT DE SIÉGES, Recueil de dessins de Siéges non garnis, dessinés d'après nature chez les principaux fabricants du faubourg Saint-Antoine. Siéges simples. Album de 120 planches avec titre. En noir,   25 fr.

En couleur,   40 fr.

Nº 3. VIEUX BOIS, Recueil de dessins de Meubles et de Siéges en vieux chêne sculpté. Fabrication courante. Album de 26 planches. En noir,   6 fr.

En couleur,   10 fr.

Nº 3 bis. MEUBLES EN CHÊNE. Recueil de Meubles et de Sièges sculptés en chêne. Album de 26 planches.

En noir,   6 fr.

En couleur,   10 fr.

Nº 4. SCULPTEUR, Recueil de motifs sculptés employés dans la fabrication des meubles simples. Album de 24 planches. En noir (pas de couleur),   6 fr.

Nº 5. SCULPTURES DE FANTAISIE, Recueil de petits objets sculptés : Cartels, Pendules, Cadres, Miroirs, Vide-poche, petits meubles, etc., etc. Album de 24 planches.

En noir (pas de couleur).   6 fr.

Nº 6. MARQUETERIE ET BOULE, Recueil de meubles dans ce genre, contenant 24 planches in-8º jésus, et représentant 44 modèles différents. En noir,   6 fr.

En couleur,   12 fr.

Petit Carnet, Nº 1, MEUBLES SIMPLES, Petit Album de poche, contenant 40 planches, représentant 67 modèles différents. En noir,   5 fr.

En couleur,   7 fr.

Petit Carnet, Nº 2. SIÉGES. Petit Album de poche, contenant 40 planches. En noir,   5 fr.

En couleur,   7 fr.

Petit Carnet, nº 3, TENTURES. Petit Album de poche contenant 39 planches. En noir,   5 fr.

En couleur,   7 fr.

Garde-Meuble (Petit), nº 10, SIÉGES, TENTURES, petit Album de poche renfermant 32 pl. En noir,   5 fr.

En couleur,   7 fr.

Garde-Meuble (Le), voyez page 70.

Congrès international (le) de la Propriété industrielle, tenu à Paris en 1878, par M. CH. THIRION, Secrétaire général du Congrès. Tome Iᵉʳ : Questions générales ; Brevets d'Invention. 1 vol. in-8.   6 fr.

Considérations sur la perspective, par BENOIT-DUPORTAIL. Br. in-8 (*Extr. du Technologiste*). 1 fr. 25

Construction des Boulons, Ecrous, Harpons, Clefs, Rondelles, Goupilles, Clavettes, Rivets et Equerres, suivie de la construction des Vis d'Archimède, par A. C. BENOIT-DUPORTAIL. Br. in-8 (*Extr. du Technologiste*). 3 fr.

Constructions rurales modernes. Maisons bâties dans les environs de Paris et aux bains de mer, avec plans et coupes, par M. A. SANGUINETI. Album in-4 de 150 planches. En noir. 40 fr.
En couleur. 50 fr.

Corrélation du Pendule au rochet avec le levier de la Force motrice. Etude mécanique appliquée à l'Horlogerie, par M. J. E PERSEGOL. Cartonnage in-18. 50 c.

Cubage des Bois (Tarif pour le), système métrique mis en harmonie avec l'ancien système, à la portée de tout le monde, par M. GAMET, instituteur. 2ᵉ *édition*. 1 vol. in-12. 1 fr. 25

Décoration (La) au XIXᵉ Siècle, Décor intérieur des habitations, Riches appartements, Hôtels et Châteaux, par D. GUILMARD.
Album de 48 planches grand in-4 coloriées. 60 fr.

Décoration (La) en bois découpé, par A. SANGUINETI. 1ʳᵉ *partie*. Album de 32 planches, in-4 oblong.
Fig. noires, 8 fr.
Fig. coloriées, 15 fr.
— 2ᵉ *partie*. Petite charpente et menuiserie pittoresque, Album de 50 planches. Fig. noires, 15 fr.
Fig. coloriées, 25 fr.

Décoration (La) en Treillage, par A. SANGUINETI. Album de 44 planches, in-4 oblong.
Fig. noires, 10 fr.
Fig. coloriées, 25 fr.

Ebéniste parisien (Portefeuille pratique de l'), Elévation, Plan, Coupes et détails nécessaires à la fabrication des Meubles, par D. GUILMARD. Album in-4 de 31 planches coloriées. 15 fr.

Emploi du Collodion en Photographie, par M. H. DUSSAUCE. Broch. in-8. 75 c.

Escaliers (Album d'): élévations, plans, coupes et détails, par A. SANGUINETI, 25 planches in-4º table. 9 fr.

Etude sur le Rouge turc ou d'Andrinople, pour servir à l'histoire de sa fabrication, et théorie de cette Teinture, par M. Th. CHATEAU, chimiste. 1 vol. in-8. 5 fr.

Etude sur les Outils de tour et d'ajustage, leur emploi dans l'industrie et les meilleures formes qui leur conviennent, par M. P. MACARIES, ingénieur civil. Br. in-8 (extraite du *Technologiste*). 1 fr. 50

Études sur quelques produits naturels applicables à la *Teinture*, par ARNAUDON. Br. in-8. 1 fr. 25

Industrie (L') dentellière belge, par B. VAN DER DUSSEN. 1 vol. in-12, orné d'une planche. 1 fr. 50

Livret-Devaux, Guide indispensable aux Débitants de Boissons et à tous les Négociants soumis à l'exercice de la Régie, ainsi qu'aux consommateurs, par M. DEVAUX, receveur-buraliste. Cartonnage in-18. 50 c.

Machines-Outils (Traité des) employées dans les usines et les ateliers de construction pour le Travail des Métaux, par M. J. CHRÉTIEN, 1 volume in-8 jésus renfermant 16 planches gravées avec soin sur acier. 12 fr.

LE MÊME OUVRAGE, 2 vol. in-12 avec Atlas in-8 jésus. (Voyez page 19.) 10 fr. 50

Manipulations hydroplastiques, ou Guide du Doreur et de l'Argenteur, par M. ROSELEUR. In-8. 15 fr.

Manuel du Bottier, par A. MOUREY. In-12. 1 fr. 50

Manuel des Candidats à l'emploi de Vérificateurs des poids et mesures, par P. RAVON. 2e édition, in-8. 5 fr.

Manuel du Commerçant en Épicerie, Traité des marchandises qui sont du domaine de ce commerce, falsifications qu'on leur fait subir; moyen de les reconnaître, par MM. A. CHEVALLIER fils et J. HARDY, chimistes. 1 vol. in-12 accompagné de 4 planches. 2 fr. 50

Manuel de la Filature du Lin et de l'Étoupe, Application du Système au Calcul du mouvement différentiel, par M. ALEX. DELMOTTE. 2e *édition.* 1 vol. in-12. 2 fr. 50

Manuel du Fabricant de Rouenneries, comprenant tout ce qui a rapport à la Fabrication, par un FABRICANT. 1 vol. in-18. 2 fr. 50

Manuel du Marchand de bois, en quatre tableaux, comprenant le solivage des bois ronds et carrés la réduction des pouces en solives et l'estimation des bois carrés, par M. AUG. JANDEL. 1 vol. in-16. 1 fr. 50

Manuel métrique du Marchand de bois, par M. TREMBLAY. 1 vol. in-12. 1 fr. 50

Marbrerie (La) au XIXe siècle, par SANGUINETI.
1re *partie :* Cheminées, comptoirs, fontaines, pendules, autels, tombeaux, etc., etc. Album de 44 pl. in 8. 10 fr.
2e *partie :* Cheminées et autels, genre moderne, Album de 56 planches in-8. 12 fr.
Les deux parties réunies. 20 fr.

Memento de l'Ingénieur-Gazier, contenant, sous une forme succincte, les Notions et les Formules nécessaires à toutes les personnes qui s'occupent de la fabrication et de l'emploi du Gaz, par M. D. MAGNIER. Br. in-18. 75 c.

Memento des Architectes, des Ingénieurs, des Entrepreneurs, des Toiseurs vérificateurs et des personnes qui font bâtir, par M. C.-J. TOUSSAINT, architecte. 7 vol. in-8 dont un de planches. 60 fr.

On a extrait de cet ouvrage le suivant :

Code de la Propriété, Traité complet des Bâtiments, des Forêts, des Chemins, des Plantations, des Mines, des Carrières et des Eaux, par M. TOUSSAINT, architecte. 2 vol. in-8. 15 fr.

Mémoire sur la construction des Instruments à Cordes et à Archet, par FÉLIX SAVART. In-8. 3 fr.

Mémoire sur l'appareil des voûtes hélicoïdales et des voûtes biaises à double courbure, par M. A.-A. SOUCHON. In-4° avec 8 planches en taille-douce. 3 fr. 50

Mémoire sur les falsifications des Alcools, par M. THÉODORE CHATEAU, chimiste. (*Extrait du Technologiste.*) Br. in-8. 1 fr.

Menuiserie moderne (Album de la), Collection de nouveaux travaux exécutés dans les quartiers neufs de Paris. — Devantures de boutique, intérieurs et meubles de magasin, portes cochères et bâtardes, kiosques, pavillons, etc., etc., par A. SANGUINETI, 50 pl. in-4°. 12 fr.

Menuiserie moderne (Croquis de) pour Bâtiments, Devantures, Comptoirs, Portes, etc., avec plans et profils, par A. SANGUINETI. Album in-4 de 50 planches coloriées. 25 fr.

Menuiserie moderne (Croquis de) pour Eglises, Autels, Chaires, Confessionnaux, Stalles, Bancs, Orgues, Portes, Boiseries, par A. SANGUINETI. Album in-4 de 60 planches coloriées. 30 fr.

Menuiserie (La) parisienne, Recueil de motifs de menuiserie dans le genre moderne, par D. GUILMARD. Album de 30 planches in-4 coloriées, en carton. 15 fr.

Menuiserie (La) religieuse. Ameublement des Eglises, styles roman et ogival du x° au xiv° siècle, par D. GUILMARD. Album in-4 de 30 planches. 15 fr.

Notice industrielle sur le Papier et la Toile à polir, par L.-A. CHATEAU. Br. in-8. 50 c.

Ordonnance de Louis XIV, indispensable à tous les *marchands de bois* flottés, de charbon et à tous autres marchands dont les biens sont situés près des rivières navigables. 1 vol. in-18.　　2 fr.

Ornementation (La connaissance des styles de l'), Histoire de l'ornement et des arts qui s'y rattachent depuis l'ère chrétienne jusqu'à nos jours, par D. GUILMARD. 1 beau vol. in-4, richement illustré et accompagné de 42 planches noires.　　25 fr.

Ornements d'Appartements (Album des), Collection de tous les accessoires de décorations servant aux croisées et aux lits, par D. GUILMARD. Album de 24 planches in-8° oblong. En noir.　　6 fr.
En couleur.　　10 fr.

Photographie sur papier, par M. BLANQUART-EVRARD. 1 vol. grand in-8.　　4 fr. 50

Photographie sur plaques métalliques, par M. le baron GROS. 1 volume in-8°, avec figures.　　3 fr.

Revue des Sapeurs-Pompiers (La), voyez page 71.

Serrurerie (La) au XIX.e siècle, 4 Albums de Serrurerie nouvelle, reproduisant un très-grand nombre de modèles, par M. SANGUINETI, architecte.
1re *et* 2e *parties* : FER FORGÉ, TRAVAUX D'ART. 56 planches réunies en un Album in-4 cartonné.　　20 fr.
3e *et* 4e *parties* : CHARPENTES, CONSTRUCTIONS. 66 pl. avec Table explicative, réunies en un Album in-4 cart.　　30 fr.
On vend séparément les 1re et 2e parties, chacune : 10 fr.
　　— 　　la 4e partie :　　18 fr.
Les 4 premières parties réunies en un seul vol. :　45 fr.
5e partie : SERRES, SALONS ET JARDINS D'HIVER, VERANDHAS, ETC. 40 planches réunies en un Album in-4 cart.　　15 fr.

Serrurier (Le) parisien, par M. SANGUINETI.
1re *partie* : Grilles, Portes, Balcons, Impostes, etc., genre simple. Album in-8 de 48 planches.　　8 fr.
2e *partie* : Grilles simples et ornées, Marquises, Serrurerie de jardins, Serrurerie d'églises et de cimetières. Album in-8 de 52 planches.　　12 fr.
Les deux parties réunies. 1 vol. in 8° cart.　　20 fr.

Siéges(Portefeuille pratique du Fabricant de), Plan, Coupes, Elévation et Détails nécessaires à la fabrication des Siéges, par D. GUILMARD. Album in-4 de 31 planches coloriées.　　15 fr.

Tables techniques de l'Industrie du Gaz
CALCULS TOUT FAITS des diamètres et des longueurs de conduites, des volumes de gaz qui s'écoulent et des pertes de charges, du pouvoir éclairant et du titre du Gaz, etc., par M. D. MAGNIER, ingénieur. 1 vol. in-8.   3 fr. 50

Tapissier parisien (Album du), par D. GUILMARD. Album grand in-8 de 25 planches. En noir,   7 fr.
   En couleur,   12 fr.

Tapissier parisien (Le Porte-feuilles pratique du), Décors de lits, croisées, etc. Coupe et texte de ces diverses décorations, par D. GUILMARD. Album de 30 planches in-4°. En noir.   18 fr.
   En couleur.   25 fr.

Tarif-Bonnet, donnant le prix de revient du litre et de la bouteille pour tous les vins de France. Cart.   50 c.

Technologiste (Le), voyez page 71.

Tombeaux (Album de), exécutés récemment dans les principaux cimetières, par M. A. SANGUINETI.
1re *partie* : Album de 48 planches grand in-8.
Figures noires.   12 fr.
Figures coloriées.   15 fr.
2e *partie :* Chapelles funéraires. Album de 60 planches grand in-8, figures noires.   15 fr.
Figures coloriées.   20 fr.
Les deux parties réunies : 1 vol., figures noires.   25 fr.
Figures coloriées.   30 fr.

Tourneur parisien (Albums du), par D. GUILMARD. 2 Albums grand in-8 de 24 planches.   12 fr.
Chaque album séparé :   6 fr.

Tourneur (Art du), Profils et renseignements pour servir à l'usage dans tous les Arts et Industries auxquels le tournage se rattache, par M. MAINCENT. Album in-4 de 30 planches avec texte.   20 fr.

Tourneur (Manuel du), ou Traité complet et simplifié de cet Art, par M. DE VALICOURT. 1 vol. grand in-8, renfermant 27 planches in-4°. (Voyez page 30).   20 fr.

Traité complet de la Filature du chanvre et du lin, par MM. COQUELIN et DECOSTER. 1 gros vol. avec Atlas in-folio de 37 planches.   20 fr.

Traité du Chauffage au Gaz, par CH. HUGUENY. Br. in-8 (*Extrait du Technologiste*).   1 fr. 50

Traité de Chimie appliquée aux arts et métiers, par M. J.-J. GUILLOUD, professeur. 2 forts vol. in-12, avec planches.   10 fr.

Traité de la Comptabilité du Menuisier, applicable à tous les états de la bâtisse, par D. Clousier. 1 vol. in-8. 2 fr. 50

Traité de la Coupe des Pierres, ou Méthode facile et abrégée pour se perfectionner dans cette science, par J.-B. De la Rue. 3e édition, revue et corrigée par M. Ramée, architecte. 1 vol. in-8 de texte, avec un Atlas de 98 planches in-folio. 20 fr.

Traité des Échafaudages, ou Choix des meilleurs modèles de charpentes, par J.-Ch. Krafft. 1 vol. in-fol. relié, renfermant 51 planches gravées sur acier avec le plus grand soin. 25 fr.

Traité élémentaire de la Filature du Coton, par M. Oger, directeur de filature, et Saladin. 1 vol. in-8 et Atlas. 18 fr.

Traité élémentaire du Parage et du Tissage mécanique du coton, par L. Bedel et E. Bourcart. In-8, fig. 6 fr.

Traité d'Horlogerie moderne, par M. Claudius Saunier. (*Ouvrage honoré d'une médaille de première classe, d'une médaille d'or et d'un Diplôme d'honneur.*)

(*En préparation.*)

Traité sur la nouvelle découverte du levier-volute *dit* **levier-Vinet.** In-18. 1 fr. 50

Transmissions à grandes vitesses. — *Pâliers-graisseurs* de M. De Coster, par Benoit-Duportail. In-8. (*Extrait du Technologiste*). 75 c.

Travaux de la Scie à découper. Instructions pratiques sur la découpure, par J. Carante. 1 volume in-8. 3 fr. 25

Usage de la règle logarithmique, ou Règle-calcul. In-18. 25 c.

Véritable perfection du tricotage, br. in-12, par Mme Grzybowska. 1 fr.

Vidanges des fûts de vins et de liqueurs ; mouillage des spiritueux, par M. A. Bonnet. Brochure in-8°. 1 fr. 25

Vignole du Charpentier. 1re partie, Art du trait, contenant l'application de cet art aux principales constructions en usage dans le bâtiment, par M. Michel, maître charpentier, et M. Boutereau, professeur de géométrie appliquée aux arts. 1 vol. in-8, avec Atlas in-4 renfermant 72 planches gravées sur acier. 20 fr.

OUVRAGES CLASSIQUES ET D'EDUCATION.

OUVRAGES DE MM. NOEL ET CHAPSAL.

Abrégé de la Grammaire Française, par MM. NOEL et CHAPSAL. 1 vol. in-12. 90 c.

Grammaire française (Nouvelle) sur un plan très-méthodique, par MM. NOEL et CHAPSAL. 3 vol. in-12 qui se vendent séparément, savoir :
— LA GRAMMAIRE. 1 vol.
— LES EXERCICES. (*Première année.*) 1 vol. } (*Epuisés.*)
— LE CORRIGÉ DES EXERCICES.

Exercices français supplémentaires, sur les difficultés qu'offre la syntaxe, par M. CHAPSAL. (*Seconde année.*) 1 fr. 50

Corrigé des exercices supplémentaires. 2 fr.

Leçons d'analyse grammaticale, par MM. NOEL et CHAPSAL. 1 vol. in-12. 1 fr. 80

Leçons d'analyse logique, par MM. NOEL et CHAPSAL. 1 vol. in-12. 1 fr. 80

Traité (Nouveau) des participes, suivi de dictées progressives, par MM. NOEL et CHAPSAL. 3 vol. in-12 qui se vendent séparément, savoir :
— THÉORIE DES PARTICIPES. 1 vol. 2 fr.
— EXERCICES SUR LES PARTICIPES. 1 vol. 2 fr.
— CORRIGÉ DES EXERCICES SUR LES PARTICIPES. 1 vol. 2 fr.

Syntaxe française, par M. CHAPSAL, à l'usage des classes supérieures. 1 vol. (*Epuisée.*)

Cours de Mythologie. 1 vol. in-12 2 fr.

Dictionnaire (Nouveau) de la langue française. 1 vol. in-8, grand papier. 8 fr.
— Cartonné en toile, 8 fr. 75 ; — relié en basane, 9 fr. 50

OUVRAGES DE MM. NOEL, FELLENS, PLANCHE ET CARPENTIER.

Grammaire latine (Nouvelle) sur un plan très-méthodique, par M. NOEL, inspecteur-général de l'Université, et M. FELLENS. Ouvrage adopté par l'Université. 1 fr. 80

Exercices (latins-français) par les mêmes. 1 fr. 80

Cours de thèmes pour les sixième, cinquième, quatrième, troisième et seconde classes, à l'usage des collèges, par M. PLANCHE, professeur à l'ancien Collège de Bourbon, et M. CARPENTIER. *Ouvrage recommandé pour les collèges par le Conseil de l'Université.* 2e édition, entièrement refondue et augmentée. 5 vol. in-12. 10 fr.

Avec les corrigés à l'usage des maîtres. 10 vol. 22 fr. 50

On vend séparément les volumes de chaque classe, ainsi que les corrigés correspondants :

Les thèmes, 2 fr.; les corrigés, 2 fr. 50.

Cours de thèmes pour la 7e et la 8e, par MM. NOEL et FELLENS. 1 vol. in-12. 1 fr. 50

Corrigés pour les 7e et 8e. 1 fr. 50

Grammaire française (Nouveaux éléments de la), par M. FELLENS. 1 vol. in-12. 1 fr. 25

OEuvres de Boileau, édit. annotée par MM. NOEL et PLANCHE. 1 vol. in-12. 1 fr.

OUVRAGES CLASSIQUES DIVERS.

Abrégé de la Grammaire latine, ou Méthode brévidoctive de prompt enseignement, par B. JULLIEN. 1 vol. in-12. 2 fr.

Abrégé de la Grammaire de Wailly. 1 vol. in-12. 75 c.

Abrégé d'Histoire universelle, par M. BOURGON, professeur de l'Académie de Besançon.

Première partie, comprenant l'histoire des Juifs, des Assyriens, des Perses, des Égyptiens et des Grecs, jusqu'à la mort d'Alexandre-le-Grand, avec des tableaux de synchronismes. 2e édition. 1 vol. in-12. 2 fr.

— *Deuxième partie*, comprenant l'histoire des Romains depuis la fondation de Rome, et celle de tous les peuples principaux, depuis la mort d'Alexandre-le-Grand jusqu'à l'avènement d'Auguste à l'empire. 1 vol. in-12. 3 fr. 50

— *Troisième partie*, comprenant un ABRÉGÉ DE L'HISTOIRE DE L'EMPIRE ROMAIN, depuis sa fondation jusqu'à la prise de Constantinople. 1 vol. in-12. 2 fr. 50

— *Quatrième partie*, comprenant l'histoire des Gaulois, les Gallo-Romains, les Francs et les Français jusqu'à nos jours, avec des tableaux de synchronismes. 2 vol. in-12. 6 fr.

Abrégé du Cours de littérature de DE LA HARPE, publié par RÉNÉ PÉRIN. 2 vol. in-12. 3 fr.

Algèbre élémentaire, Théorique et Pratique, par M. JOUANNO. 1 vol. in-8. 3 fr. 50

Alphabet instructif pour apprendre facilement à lire à la jeunesse. Brochure in-8. 20 c.

La douzaine. 1 fr. 80

Animaux (Les) célèbres, anecdotes historiques sur les traits d'intelligence, d'adresse, de courage, de bonté, d'attachement, de reconnaissance, etc., des animaux de toute espèce, ornés de gravures, par A. ANTOINE. 2 vol. in-12. 2e édition. 3 fr.

Aquarelle (L'), ou les Fleurs peintes d'après la méthode de M. REDOUTÉ, par M. PASCAL, contenant des notions de botanique à l'usage des personnes qui peignent les fleurs, de dessin et de peinture d'après les modèles et la nature. In-4 orné de planches noires et coloriées. 4 fr. 50

Art de broder, ou Recueil de modèles coloriés, à l'usage des demoiselles, par AUG. LEGRAND, 1 vol. in-8 oblong, renfermé dans un étui cartonné. 3 fr. 50

Astronomie des demoiselles, ou Entretiens entre un frère et sa sœur, sur la mécanique céleste, par JAMES FERGUSSON et M. QUÉTRIN. 1 vol. in-12. 3 fr. 50

Astronomie illustrée, par ASA SMITH, revue par WAGNER, WUST et SARRUS. In-4 cartonné. 6 fr.

Chimie élémentaire, inorganique et organique, à l'usage des Ecoles et des Gens du monde, par E. BURNOUF. 1 gros vol. in-12. 3 fr.

Ciceronis (M. T.) orator. Nova editio, ad usum scholarum. Tulli-Leucorum, in-18. 75 c.

Cours de thèmes, pour l'enseignement de la traduction du français en allemand dans les collèges de France, renfermant un Guide de conversation, un Guide de correspondance, et des Thèmes pour les élèves des classes élémentaires supérieures, par M. MARCUS. 1 vol. in-12. 4 fr.

Cours de Thèmes latins, à l'usage des classes de huitième et de septième, par M. AM. SCRIBE, ancien maître de pension. 1 vol. 2 fr. 50

Dialogues anglais-français et français-anglais, ou Eléments de la Conversation anglaise, par PERRIN. In-12. 1 fr. 25

Dialogues Moraux, instructifs et amusants, à l'usage de la jeunesse chrétienne. 1 vol. in-18. 1 fr.

Dictionnaire de poche français-anglais et anglais-français, par NUGENT; revu par L.-F. FAIN. 2 vol. in-12 carré. 3 fr.

Éducation (De l') des Jeunes personnes, ou Indication de quelques améliorations importantes à introduire dans les pensionnats, par Mlle FAURE. In-12. 1 fr. 50

4

Éléments (Premiers) d'arithmétique, suivis d'exemples raisonnés en forme d'anecdotes, à l'usage de la jeunesse, par un membre de l'Université. In-12. 1 fr. 50

Enseignement (L'), par MM. BERNARD-JULLIEN, docteur ès-lettres, licencié ès-sciences, et C. HIPPEAU, docteur ès-lettres, bachelier ès-sciences. 1 fort vol. in-8. 6 fr.

Épitres et Evangiles des Dimanches et des Fêtes de l'année. 1 vol. in-12. 2 fr. 50

Essais de Géométrie appliquée, par P. LEPELLETIER In-8. 4 fr.

Essai d'unité linguistique, par BOUZERAN. 1 vol in-8 1 fr. 50

Essai sur l'Analogie des langues, par HENNEQUIN. 1 vol. in-8. 3 fr. 50

Études analytiques sur les diverses acceptions des mots français, par Mlle FAURE. 1 vol. in-12. 2 fr. 50

Études littéraires, par A. HENNEQUIN. (Grammaire et Logique). 1 vol. in-12. 2 fr

Exercices sur l'*Abrégé du Recueil de mots français,* par B. PAUTEX. 1 vol. in-12. 1 fr

Exposé élémentaire de la théorie des intégrales définies, par A. MEYER, professeur à l'Université de Liège. 1 vol. in-8. 10 fr.
(Publié dans les *Mémoires de la Société royale des Sciences de Liège,* V. p. 42).

Fables de Lessing, adaptées à l'étude de la langue allemande dans les cinquième et quatrième classes des colléges de France, moyennant un Vocabulaire allemand-français, une Liste des formes irrégulières, l'indication de la construction, et les règles principales de la succession des mots, par MARCUS. 1 vol. in-12. 2 fr. 50

Géographie ancienne des états barbaresques, d'après l'allemand de MANNERT, par MM. MARCUS et DUESBERG. In-8. 10 fr.

Géographie des écoles, par M. HUOT, continuateur de la Géographie de MALTE-BRUN et GUIBAL. 1 gros volume in-12, avec Atlas in-4. 1 fr. 50

Géométrie perspective, avec ses applications à la recherche des ombres, par le général G.-H. DUFOUR. 1 vol. in-8, avec un Atlas de 22 planches in-4. 4 fr.

Gradus ad Parnassum, par NOEL et AYNÈS, édit. de Toul. 1 vol. in-8, cartonné. 5 fr.

Grammaire française à l'usage des pensionnats de demoiselles, par Mme ROULLEAUX. In-12. 60 c.

Grammaire (Nouvelle) italienne, méthodique et raisonnée, par le comte DE FRANCOLINI. In-8. 7 fr. 50

Histoire de la Grèce, depuis les premiers siècles jusqu'à l'établissement de la domination romaine, par M. MATTER, ancien inspecteur-général de l'Université. 1 vol. in-18. 3 fr.

Histoire de la Sainte Bible, contenant le vieux et le nouveau Testament, par DE ROYAUMONT. Le Mans. 1 vol. in-12. 1 fr.

Histoire des douze Césars, par LA HARPE. 3 vol. in-32, ornés de figures. 5 fr.

Imitation de Jésus-Christ, avec une Pratique et une Prière à la fin de chaque Chapitre; trad. par le P. GONNELIEU. 1 vol. in-18. 1 fr. 75

Jardin (Le) des racines grecques, recueillies par LANCELOT, mises en vers par LE MAISTRE DE SACY et publiées par C. BOBET. In-8. 5 fr.

Justini historiarum, ex Trogo Pompeio, libri XLIV. Accedunt excerptiones chronologicæ ad usum scho larum. Tulli-Leucorum. In-18. 70 c.

Leçons élémentaires de Philosophie, destinées aux élèves qui aspirent au grade de bachelier ès-lettres, par J.-S. FLOTTE. 5ᵉ édit., 3 vol. in-12. 4 fr.

Levés (Des) à vue, et du Dessin d'après nature, par M. LEBLANC. In-18, figures. 25 c.

Méthode américaine de Carstairs, ou l'Art d'écrire en peu de leçons par des moyens prompts et faciles. 1 Atlas in-8 oblong. 1 fr.

(*Même ouvrage que le* Manuel de Calligraphie. *V.* p. 8.

Méthode de Langue allemande, précédée de modèles d'Écriture allemande, pour en faciliter la lecture aux élèves, par le professeur H. LÜHR. 1 vol. in-12. 2 fr.

On vend séparément :

MODÈLES D'ÉCRITURE ALLEMANDE. Brochure in 12. 75 c.
CLEF OU TRADUCTION DES THÈMES. Brochure in-12. 1 fr.

Méthode nouvelle pour le calcul des intérêts à tous les Taux, par PIJON. In-18. 1 fr. 50

Extrait du Manuel de Commerce. *Voyez* page 10.

Miniature (Lettres sur la), par MANSION. 1 vol. in-12, avec figures. 4 fr.

Modèles de l'enfance, par l'abbé Th. PERRIN. 1 vol. in-32. 50 c.

Morale de l'enfance, ou Quatrains moraux à la portée des Enfants, et rangés par ordre méthodique, par M. le vicomte de MOREL-VINDÉ. 1 vol. in-18. (Adopté par la Société élémentaire, la Société des méthodes, etc.) 1 fr

Le même ouvrage, cartonné. 1 fr. 10

Le même, texte latin, trad. par M. VICTOR LECLERC. 1 vol. in-16. 1 fr.

Le même, latin-français en regard. 1 vol. in-16. 2 fr.

Morale de l'Évangile, par Mme CELNART. In-8. 75 c.

Parfait modèle (le), ou la Vie de Berchmans. 1 vol. in-18. 1 fr.

Pensées et maximes de Fénelon. 2 vol. in-18, portrait. 3 fr.

— **de J.-J. Rousseau.** 2 vol. in-18, portrait. 3 fr.

— **de Voltaire.** 2 vol. in-18, portrait. 3 fr.

Philosophie anti-Newtonienne, ou Essai sur une nouvelle physique de l'univers, par J. BAUTÈS. In-8. 3 fr.

Plantes (Les), Poème, par R. R. CASTEL. 1 vol. in-18 orné de 5 planches. 3 fr.

Principes de littérature, mis en harmonie avec la morale chrétienne, par J.-B. PÉRENNES. In-8. 5 fr.

Principes de ponctuation, fondés sur la nature du langage écrit, par M. FREY. (*Ouvrage approuvé par l'Université.*) 1 vol. in-12. 1 fr. 50

Principes généraux et raisonnés de la Grammaire française, par DE RESTAUT. In-12. 1 fr. 25

Principes raisonnés de la langue française, à l'usage des colléges, par MORIN. 1 vol. in-12. 1 fr. 20

Principes de la langue latine, suivant la méthode de Port-Royal, à l'usage des colléges, par MORIN. 1 vol. in-12. 1 fr. 25

Rhétorique française, composée pour l'instruction de la jeunesse, par M. DOMAIRON. In-12. 3 fr.

Science (La) enseignée par les Jeux. Voyez *Manuel des Jeux.* 2 vol. in-18, page 18. 6 fr.

Selectæ e novo testamento historiæ ex Erasmo desumptæ. Tulli-Leucorum. In-18. 50 c.

Sermons du père Lenfant, prédicateur du roi Louis XVI. 8 gros vol. in-12, avec portrait. 2e édit. 20 fr.

Traité d'Arithmétique pratique, d'après la méthode de progressions, par M. F. CHORON. 1 volume in-12. 1 fr.

Traité d'Équitation sur des bases géométriques, par A.-C.-M. PARISOT. 1 vol. in-8, contenant 74 fig. 10 fr.

Véritable esprit (Le) de J.-J. Rousseau, par l'abbé SABATIER DE CASTRES. 3 vol. in-8. 15 fr.

OUVRAGES DIVERS.

Abus (Des) en Matière ecclésiastique, par M. BOYARD. 1 vol. in-8.   2 fr. 50

Analyse des traditions religieuses des peuples indigènes de l'Amérique. Brochure in-8.   3 fr.

Art de conserver et d'augmenter la beauté, corriger et déguiser les imperfections de la nature, par LAMI. 2 vol. in-18, ornés de gravures.   3 fr.

Caractères poétiques, par ALLETZ. 1 v. in-8. 6 fr.

Carte topographique de l'île Ste-Hélène, In-plano.   1 fr. 50

La Chine, l'Opium et les Anglais. Documents historiques sur la compagnie anglaise des Indes-Orientales, sur le commerce de la Grande-Bretagne en Chine et sur les causes qui ont amené la guerre entre les deux nations, par M. SAURIN. 1 vol. in-8 orné d'une carte.   5 fr.

Choix d'Anecdotes anciennes et modernes, tirées des meilleurs auteurs, contenant les faits les plus intéressants de l'histoire en général ; les exploits des héros, traits d'esprit, saillies ingénieuses, bons mots, etc., etc., par madame CELNART, 5e édition. 4 vol. in-18.   7 fr.

Christ, ou l'Affranchissement des Esclaves, drame humanitaire en cinq actes, par M. H. CAVEL. In-8. 3 fr. 50

Code des Maîtres de poste, des Entrepreneurs de diligences et de roulage et des voituriers en général par terre et par eau, par A. LANOE, avocat. 2 vol. in-8.   12 fr.

Cordon bleu (Le), Nouvelle cuisinière bourgeoise, rédigée et mise par ordre alphabétique, par Mlle MARGUERITE. 13e édition, augmentée de nouveaux menus appropriés aux diverses saisons de l'année, d'un ordre pour les services, de l'art de découper et de servir à table, d'un traité sur les vins et des soins à donner à la cave, etc. 1 vol. in-18 de 250 pages, orné de figures, broché.   1 fr.
Cartonné.   1 fr. 25

Contrefaçon des Billets de Banques, Papier timbré, Mandats, Actions industrielles et autres, et moyens d'y remédier, par M. KNECHT-SENEFELDER. Brochure in-18, accompagnée d'une planche.   50 c.

Derniers moments de la Révolution de Pologne en 1831. Récit des évènements de l'époque, par JANOWSKI. 1 vol. 8°.   3 fr.

Éléonore de Fioretti, ou Malheurs d'une jeune Romaine sous le pontificat de ***. 2 vol. in-12.   3 fr.

Emprisonnement (De l') pour Dettes. Considérations sur son origine, ses rapports avec la morale publique et les intérêts du commerce, des familles, de la société, suivies de la statistique générale de la contrainte par corps en France et en Angleterre, et de la statistique détaillée des prisons pour dettes de Paris et de Lyon, et de plusieurs autres grandes villes de France, par J.-B. BAYLE-MOUILLARD. (*Ouv. couronné par l'Institut.*) 1 v. in-8. 7 fr. 50

Epilepsie (De l') en général et particulièrement de celle qui est déterminée par des causes morales, par DOUSSIN-DUBREUIL. 2e édit. 1 vol. in-12.   3 fr.

Epitaphe des Partis; celui dit *du juste milieu,* son avenir; par H. CAVEL. In-8.   1 fr. 50

Esprit des Lois, par MONTESQUIEU. 4 vol. in-12. 8 fr.

Essai sur l'Administration, par Le Sous-Préfet de Béthune. 1 vol. in-8.   2 fr. 50

Essai sur le commerce et les intérêts de l'Espagne et de ses Colonies, par DE CHRISTOPHORO D'AVALOS. 1 vol. in-8.   2 fr. 50

Fille (La) d'une femme de génie, traduit de l'anglais par Mme HOFLAND. 2 vol. in-12.   4 fr.

Graissinet (M.), ou Qu'est-il donc?, nouvelle par E. BONNEFOI. 4 vol. in-12.   8 fr.

Histoire des Bibliothèques publiques de la Belgique, par P. NAMUR. 3 vol. in-8.   22 fr.

Histoire des légions Polonaises en Italie, sous le commandement du général Dombrowski, par LÉONARD CHODZKO. 2 vol. in-8.   17 fr.

Histoire générale de Pologne, d'après les historiens polonais Naruszewicz, Albertrandy, Czacki, Lelewel, Bandtkie, Niemcewicz, Zielinski, Kollontay, Oginski, Chodzko, Podzaszynski, Mochnacki, et autres écrivains nationaux. 2 vol. in-8.   7 fr.

Lettres sur la Valachie, de 1815 à 1821, par F. R. 1 vol. in-12.   2 fr. 50

Magistrature (De la), dans ses rapports avec la liberté des Cultes, par M. BOYARD. 1 vol. in-8.   6 fr.

Magistrature (De la), dans ses rapports avec la Liberté de la Presse et la Liberté individuelle, par M. BOYARD. 1 vol. in-8.   6 fr.

Manuel des Docks, Warrants, Ventes publiques, Comptes-courants, Chèques et virements, par M. A. SAUZEAU. 1 vol. grand in-18.   3 fr.

Manuel des Maires, Adjoints, Préfets, Conseillers de Préfecture, généraux et municipaux, Juges de Paix, Commissaires de Police, Prêtres, Instituteurs, Pères de famille, etc., par M. BOYARD, ancien président à la Cour d'Orléans, et M. CH. VASSEROT, conseiller général, ancien adjoint et ancien sous-préfet. 2 vol. in-8.   12 fr.

Manuel des Nourrices, par madame EL. CELNART. 1 vol. in-18.   1 fr. 50

Manuel des Sociétés de secours mutuels. Broch. in-12.   50 c.

Manuel du Négociant, dans ses rapports avec la douane, par M. BAUZON-MAGNIEN. 1 vol. in-12.   4 fr.

Mémoires du comte de Grammont, par HAMILTON. 2 vol. in-32.   2 fr.

Mémoires récréatifs, scientifiques et anecdotiques du physicien-aéronaute ROBERTSON. 2 vol. in-8 ornés de vignettes.   12 fr.

Mémoire sur la guerre de 1809 en Allemagne, avec les opérations particulières des corps d'Italie, de Pologne, de Saxe, de Naples et de Walcheren, par le général PELET, d'après son journal fort détaillé de la campagne d'Allemagne, ses reconnaissances et ses divers travaux; la correspondance de Napoléon avec le major-général, les maréchaux, etc. 4 vol. in-8.   28 fr.

Ministre (Le) de Wakefield, traduit en français par M. AIGNAN. 1 vol. in-12, avec figures.   1 fr.

Nosographie générale élémentaire, Description et traitement rationnel de toutes les maladies, par SEIGNEUR-GENS. 4 vol. in-8.   20 fr.

Notes sur les prisons de la Suisse et sur quelques-unes de l'Europe; moyen de les améliorer, par FR. CUNNINGHAM et T.-F. BUXTON. 1 vol. in-8.   4 fr.50

Opuscules financiers sur l'effet des Priviléges des Emprunts publics et des conversions sur le Crédit de l'industrie en France, par FAZY. 1 vol. in-8.   5 fr.

Poésies de Charles Froment, édition de Bruxelles. 2 vol. in-18.   5 fr.

Précis de l'Histoire des Tribunaux secrets dans le Nord de l'Allemagne, par LOEVE-VEIMARS. 1 vol. in-18.   1 fr. 25

Précis historique sur les révolutions des royaumes de Naples et du Piémont en 1820 et 1821, par le comte D. 1 vol. in-8.   4 fr. 50

Projet d'un nouveau système bibliographique des connaissances humaines, par P. NAMUR. 1 vol. in-8.   4 fr.

Recueil de recettes et de préparations chimiques d'Objets d'un usage journalier. Br. in-18. 75 c.

Recueil général et raisonné de la Jurisprudence et des attributions des *Justices de paix* en toutes matières, civiles, criminelles, de police, de commerce, d'octroi, de douanes, de brevets d'invention, etc., par M. BIRET. 2 vol. in-8.   14 fr.

Roman comique, par SCARRON, nouv. édition, revue et augmentée. 4 vol. in-12.   3 fr.

Suite au Mémorial de Sainte-Hélène. Observations critiques, anecdotes inédites pour servir de supplément et de correctif à cet ouvrage. 2e édition, ornée du portrait de Las-Cases. 1 vol. in-8°.   7 fr.

Tarif des prix comparatifs des anciennes et nouvelles mesures, suivi d'un abrégé de Géométrie graphique élémentaire, par ROUSSEAUX. 1 vol. in-12.   2 fr. 50

Théorie du Judaïsme appliquée à la Réforme des Israélites de tous les pays de l'Europe, par l'abbé CHIARINI. 2 vol. in-8.   10 fr.

Traité des Absents, contenant les Lois, Arrêtés, Décrets, Circulaires et Ordonnances, publiés sur l'Absence, par M. TALANDIER. 1 vol. in-8.   7 fr.

Traité de la mort civile en France, par A.-T. DESQUIRON. 1 vol. in-8.   7 fr.

Voyage de découverte autour du monde, et à la recherche de La Pérouse, par M. J. DUMONT D'URVILLE, capitaine de vaisseau, exécuté sous son commandement et par ordre du gouvernement, sur la corvette l'Astrolabe, pendant les années 1826 à 1829. 5 gros vol. in-8, ornés de vignettes sur bois, avec un Atlas contenant 20 planches ou cartes grand in-folio.   60 fr.

Cet important ouvrage, *qui a été exécuté par ordre du gouvernement sous le commandement de M. Dumont D'Urville et rédigé par lui, n'a rien de commun avec le voyage pittoresque publié sous sa direction.*

Voyages de Gulliver. 4 vol. in 18, avec fig. 2 fr.

PUBLICATIONS PÉRIODIQUES.

L'ABEILLE

JOURNAL D'ENTOMOLOGIE

Spécialement consacré aux Coléoptères

Rédigé par M. S.-A. DE MARSEUL.

Ce journal paraît deux fois par mois, par livraison de 36 pages in-18 jésus.

Les abonnements se font *pour un an* et *pour six mois*, à partir du 1er janvier et du 1er juillet.

Pour six mois (12 livraisons). . . . . 13 fr.
Pour l'année entière (24 livraisons).. . . . . 25 fr.

L'ABEILLE forme quatre séries, dont les trois premières se composent chacune de 6 vol. in-12, se vendant séparément.

1re Série (1864-1869), tomes I à VI. 90 fr.
Chaque volume séparément. 15 fr.
2e Série (1870-1875), tomes VII à XII. 108 fr.
Chaque volume séparément. 18 fr.
3e Série (1876-1881), tomes XIII à XVI, chacun : 18 fr.
Tome XVII, 1 vol., planches noires. 20 fr.
— — planches coloriées. 22 fr.
Tome XVIII, 1 vol. planches noires. 18 fr.
4e série, tome XIX (1880), tome XX (1882), chacun : 18 fr.
Tome XXI (1883). 18 fr.

L'AÉRONAUTE

Bulletin mensuel illustré de la

NAVIGATION AÉRIENNE

Dirigé par M. le Dr A. HUREAU DE VILLENEUVE.

17e année. — 1884.

PARIS : 6 fr.; — FRANCE : 7 fr.; — No SÉPARÉ : 75 c.
UNION DES POSTES (sauf l'Allemagne).. . . . . 8 fr.
ETATS-UNIS D'AMÉRIQUE.. . . . . 9 fr.
Etranger en dehors de l'Union. . . . . 15 fr.

Les abonnements se font *pour un an*, à partir du 1er janvier.

Les 5 premières années (1868-1872), chacune. . . . . 12 fr.
Les 9 années suivantes (1873-1881). . . . . 6 fr.
La *collection complète* (y compris l'année 1883). . . . . . . 108 fr.
franco à Paris; le port en plus pour la France et l'Etranger.

L'AMEUBLEMENT

Recueil de dessins
de Siéges, de Meubles et de Tentures, genre simple
Divisé en trois catégories :
SIÉGES, MEUBLES, TENTURES
Renfermant 72 planches par an,

Fondé par D. Guilmard et continué par A. Maincent.

Les abonnements ne se font que *pour un an*, à partir du 1er janvier.

3 catégories ensemble :	PARIS.	DÉPARTEMENTS.	ETRANGER.
En noir :	15 fr.	18 fr.	20 fr.
En couleur :	25 fr.	28 fr.	30 fr.
2 catégories ensemble :			
En noir :	10 fr.	12 fr.	13 fr.
En couleur :	17 fr.	18 fr. 50	20 fr.
1 catégorie séparée :			
En noir :	5 fr.	6 fr.	7 fr.
En couleur :	8 fr.50	9 fr.50	10 fr.50

Une planche séparée : En noir : 50 c. — En couleur : 75 c.

LE GARDE-MEUBLE
JOURNAL D'AMEUBLEMENT
Divisé en 3 catégories : SIÉGES, MEUBLES, TENTURES
Renfermant 54 planches par an,

Fondé par D. Guilmard et continué par A. Maincent.

Les abonnements se font *pour un an et pour six mois*, à partir du 15 janvier et du 15 juillet de chaque année. On ne reçoit pas d'abonnement de six mois pour une catégorie séparée.

3 Catégories réunies :	PARIS.		DÉPARTEMENTS.		ETRANGER.	
	6 mois.	1 an.	6 mois.	1 an.	6 mois.	1 an.
En noir :	11 f.25	22 f.50	13 fr.	26 fr.	14 fr.	28 fr.
En couleur :	18 fr.	36 fr.	20 fr.	40 fr.	21 fr.	42 fr.
2 catégories réunies :						
En noir :	7 f.50	15 fr.	9 fr.	18 fr.	10 fr.	20 fr.
En couleur :	12 fr.	24 fr.	14 fr.	27 fr.	15 fr.	28 fr.
1 catégorie séparée :						
En noir :	»	7 f.50	»	9 fr.	»	10 fr.
En couleur :	»	12 fr.	»	14 fr.	»	15 fr.

Une feuille séparée : En noir : 50 c. — En couleur : 75 c.

LA REVUE DES 8 PEURS-POMPIERS

Organe officiel

DE LA FÉDÉRATION DES OFFICIERS DE FRANCE

Journal paraissant tous les Dimanches

Rédacteur en chef : M. FERDINAND GORRIE,

Ancien Lieutenant de Sapeurs-Pompiers.

6e année (1884).

Sommaire des Articles traités dans le Journal :

Documents officiels. — Etudes relatives à l'Organisation et à l'Administration des Corps.—Comptes-rendus de Manœuvres et de Concours de Matériel d'Incendie, de Gymnastique, de Musique et de Tirs.—Inventions.—Jurisprudence. — Réglements de Sociétés de secours mutuels et de Caisses de retraites. — Informations diverses. — Annonces et réclames relatives au Matériel d'incendie, de Sociétés de Gymnastique, d'Escrime, de Tir, etc.

Les Abonnements ne se font que *pour un An* et partent du 1er janvier et du 1er juillet.

France et Algérie. . . . . 10 fr.
Pays étrangers compris dans l'Union des Postes. 12 fr.
Chaque numéro se vend séparément. . . . . . . 25 c.

LE TECHNOLOGISTE

Organe spécial des Propriétaires et des Constructeurs d'Appareils à vapeur

Rédacteur-Propriétaire : M. L.-V. LOCKERT,

Ingénieur civil, ancien élève de l'Ecole centrale.

TROISIÈME SÉRIE, *format in-4.* — TOME 7e (1884).

Les abonnements ne se font que *pour un an*, à partir du 1er janvier. Il paraît un numéro *tous les mois.*

Paris et France. . . . . 20 fr.
Union des Postes. . . . . 25 fr.
Hors de l'Union postale. . . . . 30 fr.

Les tomes I, II et III (1878-1880) forment 3 volumes in-4, avec titres et tables, du prix de 30 francs chacun.

Le tome IV comprend les années 1881 et 1882 et se vend 30 francs.

LE TECH OGISTE

Archives des progrès de l'Industrie française et étrangère

PREMIÈRE ET DEUXIÈME SÉRIES (*format in-8*)

Publiées sous la direction de M. F. MALEPEYRE,

avec la collaboration

de MM. MACABIES, GILLOT et LOCKERT.

———

La PREMIÈRE SÉRIE (1839-1875), complétement terminée, se compose de 35 volumes in-8, accompagnés de planches ou ornés de figures, chacun du prix de   15 fr.

La DEUXIÈME SÉRIE (1876-1877), également terminée, se compose de 4 volumes in-8, ornés de figures, chacun du prix de   10 fr.

TABLE alphabétique et analytique des Tomes I à XX (1839-1859). 1 vol. grand in-8°.   10 fr.

TABLE alphabétique et analytique des Tomes XXI à XXX (1859-1869). 1 vol. grand in-8°.   5 fr.

La Table des Tomes XXXI à XXXV, et celle des 4 volumes de la deuxième série (1869-1877), *sont en préparation.*

Ces Tables sont données *gratuitement* aux Abonnés à la Collection complète ou aux personnes qui font l'acquisition des deux premières séries.

On peut se procurer des *collections complètes* de ce recueil, ainsi que des volumes séparés.

A partir du 1er janvier 1878, le prix des COLLECTIONS COMPLÈTES *des deux premières séries,* est *réduit* à 500 fr., *au lieu de* 680 fr., prix de publication.

Le prix des volumes séparés est *réduit* de 18 à 15 fr. pour la première série et de 12 fr. 50 à 10 fr. pour la deuxième.

———

BAR-SUR-SEINE. — IMP. SAILLARD.

ENCYCLOPÉDIE-RORET

COLLECTION

DES

MANUELS-RORET

FORMANT UNE

ENCYCLOPÉDIE DES SCIENCES & DES ARTS

FORMAT IN-18

Par une réunion de Savants et d'Industriels

Tous les Traités se vendent séparément.

La plupart des volumes, de 300 à 400 pages, renferment des planches parfaitement dessinées et gravées, et des vignettes intercalées dans le texte.

Les Manuels épuisés sont revus avec soin et mis au niveau de la science à chaque édition. Aucun Manuel n'est cliché, afin de permettre d'y introduire les modifications et les additions indispensables.

Cette mesure, qui met l'Éditeur dans la nécessité de renouveler à chaque édition les frais de composition typographique, doit empêcher le Public de comparer le prix des *Manuels-Roret* avec celui des autres ouvrages, tirés sur cliché à chaque édition.

Pour recevoir chaque volume franc de port, on joindra, à la lettre de demande, un mandat sur la poste (de préférence aux timbres-poste) équivalant au prix porté au Catalogue.

Cette franchise de port ne concerne que la **Collection des Manuels-Roret** et n'est applicable qu'à la France et à l'Algérie. Les volumes expédiés à l'Étranger seront grevés des frais de poste établis d'après les conventions internationales.

Bar-sur-Seine. — Imp. SAILLARD.

www.ingramcontent.com/pod-product-compliance
Lightning Source LLC
Chambersburg PA
CBHW050544270326
41926CB00012B/1906